Petição Inicial, Contestação e Recursos

Gabriela Friske
Patricia Esteves
Ulisses Fialho Simas

Petição Inicial, Contestação e Recursos

Organização: Luciana Mendonça

2ª edição

Freitas Bastos Editora

Copyright © 2024 by Gabriela Friske, Patricia Esteves e Ulisses Fialho Simas.

Todos os direitos reservados e protegidos pela Lei 9.610, de 19.2.1998.
É proibida a reprodução total ou parcial, por quaisquer meios,
bem como a produção de apostilas, sem autorização prévia,
por escrito, da Editora.

Direitos exclusivos da edição e distribuição em língua portuguesa:

Maria Augusta Delgado Livraria, Distribuidora e Editora

Direção Editorial: *Isaac D. Abulafia*
Gerência Editorial: *Marisol Soto*
Copidesque: *Doralice Daiana da Silva*
Revisão: *Tatiana Paiva*
Diagramação e Capa: *Denilson Gomes*

Dados Internacionais de Catalogação na Publicação (CIP) de acordo com ISBD

F917p Friske, Gabriela

Petição Inicial, Contestação e Recursos / Gabriela Friske, Patricia Esteves, Ulisses Fialho Simas ; organizado por Luciana Mendonça. – 2. ed. - Rio de Janeiro, RJ : Freitas Bastos, 2024.
316 p. ; 15,5cm x 23cm.

Inclui bibliografia.

ISBN: 978-65-5675-402-4

1. Direito. 2. Petição Inicial. 3. Contestação. 4. Recursos. I. Esteves, Patricia. II. Simas, Ulisses Fialho. III. Mendonça, Luciana. IV. Título.

2024-1359   CDD 340
                                                                   CDU 34

Elaborado por Vagner Rodolfo da Silva - CRB-8/9410

Índice para catálogo sistemático:
1. Direito 340
2. Direito 34

Freitas Bastos Editora
atendimento@freitasbastos.com
www.freitasbastos.com

Agradecimentos

*Agradeço à minha irmã,
Karen dos Santos T. de Britto, minha amiga e amor
da minha vida, aos meus queridos amigos e à
família que escolhemos.*
Gabriela Friske

A Manu Mendonça e Luis Mendonça
Patricia Esteves

*A Ubirajara Simas e
Lúcia Helena Fialho Simas* (in memoriam)
Ulisses Fialho Simas

SUMÁRIO

INTRODUÇÃO 10

Capítulo 1 - PETIÇÃO INICIAL 11
1.1) Requisitos formais da petição inicial 12
1.2) A petição inicial e sua formatação 16
1.3) Modelo de formatação da petição inicial 17
1.4) Modelos de petições iniciais 21
    1.4.1) Despejo por falta de pagamento 21
    1.4.2) Despejo para uso próprio 23
    1.4.3) Reparação de danos materiais (por fato da coisa) 26
    1.4.4) Reparação de danos morais (por negativação de nome) 30
    1.4.5) Reparação de danos (furto de automóvel em estacionamento) ... 36
    1.4.6) Reparação de danos (furto de bagagem) 40
    1.4.7) Obrigação de fazer c/c reparação de danos e pedido de tutela de urgência ... 49
    1.4.8) Investigação de paternidade c/c alimentos 58
    1.4.9) Execução de alimentos com cabimento de prisão civil 61
    1.4.10) Reconhecimento e dissolução de união estável 65
    1.4.11) Regulamentação de visitas 68
    1.4.12) Alimentos 71
    1.4.13) Modelo de mandado de segurança 73
    1.4.14) Modelo de ação de reintegração de posse 90
    1.4.15) Modelo de petição de assistência 92
    1.4.16) Modelo de petição de oposição 93
    1.4.17) Modelo de petição de nomeação à autoria 94
    1.4.18) Modelo de petição de denunciação da lide pelo réu 95
    1.4.19) Modelo de petição inicial de chamamento ao processo 97
    1.4.20) Petição de execução de alimentos 97
    1.4.21) Modelo de ação indenizatória 99
    1.4.22) Modelo de interdição 102
1.5) Outros modelos 105
    1.5.1) Petição requerendo adiamento de audiência 105
    1.5.2) Modelo de petição de juntada de documento 106
    1.5.3) Modelo de petição requerendo perícia e apresentando quesitos ... 107
    1.5.4) Petição requerendo a suspensão do processo 107
1.6) Procuração e substabelecimento 108
    1.6.1) Modelo de procuração por instrumento particular 108
    1.6.2) Modelo de substabelecimento 109
1.7) Contrato de honorários 109
    1.7.1) Modelo de contrato de honorários advocatícios 111
1.8) Principais prazos no Código de Processo Civil 112

Capítulo 2 - RESPOSTA DO RÉU 114
2.1) A defesa do réu...114
2.2) A resposta do réu..115
2.3) Espécies de defesa...116
2.4) Defesa processual...117
2.5) Defesa de mérito...118
2.6) Contestação...119
    2.6.1) Conceito 120
    2.6.2) Conteúdo e forma 121
    2.6.3) Ônus da defesa especificada..122
    2.6.4) Preliminares da contestação..123
    2.6.5) Conhecimento *ex officio* das preliminares 130
    2.6.6) Defesa de mérito...130
    2.6.7) Réplica ou impugnação do autor..130
    2.6.8) Indicação de provas..131
    2.6.9) Modelos de contestação...131
2.7) Alegação de impedimento ou suspeição..232
    2.7.1) Conceito 232
    2.7.2) Prazo...232
2.8) Reconvenção...233
    2.8.1) Conceito 233
    2.8.2) Modelo de reconvenção..235

Capítulo 3 - RECURSOS 236
3.1) Teoria geral dos recursos...236
    3.1.1) Conceito 236
    3.1.2) Finalidade..237
    3.1.3) Admissibilidade dos recursos...239
    3.1.4) Princípio da fungibilidade dos recursos..240
    3.1.5) Efeitos dos recursos..240
3.2) Apelação..244
    3.2.1) Cabimento...244
    3.2.2) Forma...244
    3.2.3) Efeitos..245
    3.2.4) Teoria da causa madura...246
    3.2.5) Da Tutela de urgência..247
    3.2.6) Modelos de apelação..247
3.3) Agravo...263
    3.3.1) Cabimento...263
    3.3.2) Espécies 263
    3.3.3) Agravo de instrumento..263
    3.3.4) Agravo interno..269
3.4) Embargos de declaração..270
    3.4.1) Cabimento...270
    3.4.2) Efeitos..271
    3.4.3) Modelos de embargos de declaração 271

3.5) Recurso especial 273
    3.5.1) Cabimento 273
    3.5.2) Efeito 274
    3.5.3) Forma 274
    3.5.4) Processamento 274
    3.5.5) Modelo de recurso especial 275
3.6) Recurso extraordinário 284
    3.6.1) Cabimento 284
    3.6.2) Efeito 285
    3.6.3) Forma 285
    3.6.4) Processamento 285
    3.6.5) Modelo de recurso extraordinário 286

MATERIAIS COMPLEMENTARES 295

REFERÊNCIAS 296

INTRODUÇÃO

Segundo Piero Calamandrei[1], "o advogado deve saber sugerir de forma discreta ao juiz os argumentos que lhe deem razão, de modo que este fique convencido de os ter encontrado por conta própria". Pois bem, a ferramenta de que dispõe o advogado para tirar tais palavras da abstração é a sua petição.

Sabemos a tremenda dificuldade por que passam os alunos de Direito, bem como os recém-formados quando da necessidade de elaboração de uma simples petição, da feitura da peça inicial, como também da apresentação da peça de rebate, ou seja, a contestação. Muitos se prendem à forma, deixando de lado a importância do conteúdo, conteúdo este que será obtido por meio de muita leitura e que será imprescindível na construção de qualquer petição levada a Juízo.

Este livro tem por objetivo dar orientação e ajuda ao aluno de Direito, e jovens advogados, mostrando-lhes um norte de como se deve dar a construção de uma peça inicial, de uma contestação, de um recurso e uma medida cautelar. Para tanto, uma simples abordagem sobre algumas questões introdutórias de processo civil foi feita, para que o aluno possa entender, ainda que superficialmente, alguns institutos ligados à matéria, dando-lhe algumas ferramentas para a elaboração de suas peças.

Nos dias de hoje, observamos que boa parte dos estudantes de Direito objetiva ingressar em carreiras como a magistratura, a promotoria, a procuradoria, mais pelo futuro confortável que lhes será assegurado do que pelo próprio objetivo de vida. Isto cria uma ideia, naqueles que estão iniciando no mundo do Direito, que a construção de uma peça seja apenas um mero "detalhe". E por qual motivo dá-se tal pensamento? Em razão de a advocacia estar sendo levada à condição de uma atividade de menor importância no mundo jurídico, contribuindo para a falta de interesse no ingresso da profissão. De forma silenciosa, isto acaba por ser introduzido na mente dos estudantes de Direito, fazendo com que eles não se preocupem com a sua boa formação, deixando tudo a cargo da fase pós-graduação, na esperança de que os cursos jurídicos lhes deem aquilo que deixaram de aproveitar na época de faculdade.

Que a frase de Calamandrei possa ecoar em você, estudante, e em você, advogado recém-formado, como um despertar! Para que você lembre que "o advogado é indispensável à administração da justiça, prestando-o, no seu ministério privado, um serviço público e exercendo função social"[2]. E mais, que "o advogado contribui na postulação de decisão favorável ao seu constituinte, ao convencimento do julgador, e seus atos constituem múnus público"[3].

E tudo isso tem início com a construção de seu trabalho, por meio da sua ferramenta de trabalho, que é a petição.

---

1 CALAMANDREI, Piero. *Eles, os Juízes, Vistos por um Advogado*. Ed. Martins Fontes. 1998, p. 41.
2 CALAMANDREI, 1998.
3 *Ibid.*

CAPÍTULO 1
PETIÇÃO INICIAL

A petição inicial continua sendo a peça mais importante do processo, de acordo com o novo Código de Processo Civil. Segundo o artigo 319 do Código, a petição inicial deve conter: "a indicação do juízo a que se dirige; os nomes, prenomes, estado civil, profissão, domicílio e residência do autor e do réu; o fato e os fundamentos jurídicos do pedido; o pedido, com as suas especificações; o valor da causa; as provas com que o autor pretende demonstrar a verdade dos fatos alegados; e o requerimento para a citação do réu".

A importância da petição inicial é ressaltada pelos doutrinadores, que a consideram como um pressuposto processual tanto de existência quanto de validade. Como defende Piero Calamandrei (1998), o advogado deve saber sugerir de forma discreta ao juiz os argumentos que lhe deem razão, de modo que este fique convencido de ter encontrado esses argumentos por conta própria.

Para construir a narrativa fática da petição inicial, é necessário ter em mente as principais informações trazidas pelo assistido. Por exemplo, em uma ação de alimentos, além dos dados pessoais do autor e do réu, é importante mencionar o vínculo jurídico entre o menor e o seu pai, se a mãe da criança exerce alguma função laborativa, as necessidades da criança, o trabalho exercido pelo pai e a quantia recebida por ele em razão de sua função, se o pai vem ou não contribuindo para o sustento da criança, entre outras informações relevantes.

Assim, ao redigir a petição inicial, é fundamental selecionar as informações relevantes e organizá-las de forma clara e coerente, a fim de fundamentar juridicamente o pedido formulado.[4]

Demanda é o ato pelo qual alguém pede ao Estado a prestação da atividade jurisdicional. Pela Demanda começa a exercer-se o direito de ação. Salvo as exceções previstas em lei, o processo civil não se inicia sem demanda que o instaure: princípio da iniciativa das partes (artigo 2º do NCPC, devendo ser leitura obrigatória os artigos 1º, 3º a 12 do NCPC).

Por meio da demanda, formula a parte um pedido, dentro do qual o juiz decidirá a lide (artigo 141 CPC), acolhendo ou não o pedido do autor (artigo 490 CPC), estando impedido de conceder objeto diverso do que se pediu (artigo 492 do CPC). É o

---

[4] AgInt no RECURSO ESPECIAL Nº 2045121 - PA (2022/0400092-9) EMENTA AGRAVO INTERNO NO RECURSO ESPECIAL – AÇÃO CONDENATÓRIA – DECISÃO MONOCRÁTICA QUE DEU PARCIAL PROVIMENTO AO RECLAMO DA ORA AGRAVANTE. INSURGÊNCIA DA PARTE AUTORA. 1. "O indeferimento da petição inicial, quer por força do não preenchimento dos requisitos exigidos nos arts. 319 e 320 do CPC, quer pela verificação de defeitos e irregularidades capazes de dificultar o julgamento de mérito, reclama a concessão de prévia oportunidade de emenda pelo autor, nos termos do art. 321 do CPC." (REsp nº 2.013.351/PA, relatora Ministra Nancy Andrighi, Segunda Seção, julgado em 14/9/2022, DJe de 19/9/2022). 2. Não cabe ao Superior Tribunal de Justiça fixar os parâmetros de exigibilidade da emenda à inicial. Nos termos do art. 321 do CPC/15, incumbe ao juiz da causa verificar se estão preenchidos os requisitos da petição inicial e de sua instrução e, caso contrário, determinar que sejam os vícios sanados. 3. Agravo interno desprovido.

princípio da correlação ou da congruência entre o pedido e a sentença. O instrumento da demanda é a petição inicial em que o autor formula por escrito o pedido. A ação considera-se proposta desde que despachada ou distribuída, onde houver mais de um órgão competente (art. 312 do NCPC).

1.1) Requisitos formais da petição inicial

É a peça inaugural do processo, por meio da qual o autor provoca a atividade jurisdicional, que é inerte (artigo 2º, NCPC). É nela que se fixam os limites da lide (artigos 141 e 492 do NCPC), devendo o autor deduzir toda a pretensão, sob pena de preclusão consumativa, somente podendo fazer outro pedido em ação distinta. Elementos da ação (partes, causa de pedir e pedido) são os requisitos mais importantes da inicial: "quem, por que e o que se pede".

O juiz, ao decidir a causa, não pode fazê-la fora (*extra*), acima (*ultra*) ou abaixo do pedido (*citra* ou *infra petita*).

JUÍZO COMPETENTE

A petição exordial deverá indicar o Juízo ou tribunal competente. A indicação incorreta não enseja o indeferimento da inicial. Trata-se de incompetência absoluta (matéria-funcional), o juízo destinatário deverá de ofício declinar de sua competência e a incompetência relativa, não poderá o juiz pronunciar-se de ofício (Súmula 33, STJ). Quanto às questões de competência territorial-funcional, você deve observar a organização judiciária do seu estado. A demanda é voltada contra o estado e em face do réu, contra este apenas é formulada a pretensão contida na demanda.

NOME E QUALIFICAÇÃO DAS PARTES (artigo 319, inciso II do Código de Processo Civil)

A individualização das partes é necessária na inicial, embora nem sempre iremos ter a qualificação completa do réu. Desse modo, é comum em ações possessórias haver impossibilidade de qualificar os réus; mas, sendo possível sua individualização, ainda que incompleta a qualificação, o requisito estará preenchido. Além disso, há a modificação sobre a obrigação de incluir o CPF, CNPJ, existência de união estável e endereço eletrônico. E se você não tiver a qualificação completa do réu? Em verdade, devem-se esgotar todos os meios legais para localização, e, muitas vezes, recorremos ao próprio Poder Judiciário para expedição de ofício a órgãos públicos e privados na tentativa de localização.

NOME DA AÇÃO

Para caracterizar a ação, é suficiente e relevante o exame da causa de pedir e do pedido. O nome que o autor dá a ação é irrelevante. Ainda que a nomeie INCORRETAMENTE, a petição inicial preencherá os requisitos legais se estiverem corretos o pedido e a causa de pedir.

FATOS E FUNDAMENTO DO PEDIDO

O CPC, quando exprimiu a norma do inciso III do artigo 319, filiou-se à teoria da substanciação[5].

TEORIA DA SUBSTANCIAÇÃO ADOTADA PELO CPC DE 2015

A teoria da substanciação exige que haja indicação de fatos e da fundamentação jurídica correspondente, entendida esta última como a demonstração do "encaixe do fato à norma", onde resulta a demonstração do fato constitutivo do direito pleiteado.

A teoria da individualização que não fora abraçada pelo CPC exige apenas a presença do suporte jurídico ensejador da demanda. Em outras palavras, pela teoria da substanciação, o legislador determina que os fatos narrados na petição inicial estejam em plano primário, pois é dali que se extrairão os possíveis fundamentos da sentença. A simples indicação da categoria jurídica não é suficiente para o legislador brasileiro.

Quando indicamos fundamentos fáticos e jurídicos, na verdade estamos expondo as razões do pedido, ou seja, as justificativas que resguardam o seu direito à tutela jurisdicional favorável.

Pela teoria da substanciação, o conteúdo da causa de pedir é formalizado pelo fato ou conjunto de fatos constitutivos do direito do autor. Como consequência lógica – para os fins que esses trabalho propõe –, a mudança dos fatos acarreta, consequentemente uma nova causa de pedir e, portanto, uma diferente demanda (artigo 337, § 2º do NCPC).

Quando indicamos fundamentos fáticos e jurídicos, estamos expondo as razões do pedido, ou seja, as justificativas que resguardam o seu direito a tutela jurisdicional favorável.

CAUSA DE PEDIR PRÓXIMA (FATO)

CAUSA DE PEDIR REMOTA (FUNDAMENTOS JURÍDICOS)

Fatos e fundamentos do pedido – causa de pedir remota (FATO – É A LESÃO) e próxima (FUNDAMENTO JURÍDICO DO PEDIDO – É O QUE FOI LESIONADO).

A indicação da causa de pedir é importantíssima, pois além de constituir-se em um dos elementos da ação, é imprescindível para verificação do princípio da inalterabilidade da demanda (artigo 329 do NCPC). Ademais, tem papel fundamental na verificação da possibilidade jurídica do pedido (condição da ação), uma vez que não basta que apenas o pedido seja juridicamente possível, sendo necessário que a sua causa de pedir seja admitida no sistema como lícita. Devemos agora distinguir o fundamento jurídico do fundamento legal.

Fundamento legal: é a indicação correta do dispositivo previsto na norma (código ou lei esparsa).

---

5   ACO 1.357 AgR Órgão julgador: Tribunal Pleno Relator(a): Min. EDSON FACHIN Julgamento: 01/09/2017 Publicação: 12/09/2017.

Fundamento jurídico: exigido na norma em comentário. É a correta indicação do substrato jurídico, do fundamento do Direito que constitui a razão do pedido. Por isso, se a parte fundamentar juridicamente correto o seu pedido, porém, por qualquer motivo, indicar o dispositivo legal errado, obviamente que o pressuposto do artigo 319, III do CPC, terá sido preenchido. Aplica-se no caso a máxima de que o juiz não desconhece o direito: *iura novit curia*.

A causa de pedir se compõe dos seguintes elementos:
a. O direito afirmado pelo autor e a relação jurídica de que esse direito se origina;
b. Os fatos constitutivos daquele direito e dessa relação jurídica;
c. O fato (normalmente do réu) que torna necessária a via judicial e, por isso, faz surgir o interesse de agir, ou interesse processual.

PEDIDO

Ao ajuizar a demanda, pede o autor determinada providência: declare a existência de uma relação jurídica, anule este ou aquele ato jurídico, condene o réu a pagar tal ou qual importância, a praticar ou a deixar de praticar certo ato etc.

Objeto Imediato do pedido: é a providência jurisdicional solicitada (condenação).

Objeto Mediato do pedido: é o bem que o autor pretende conseguir por meio dessa providência (a importância X).

O objeto imediato é sempre único e determinado, diferentemente do mediato.

Pedido imediato: conteúdo processual – providência jurisdicional: condenação, declaração, constituição ou desconstituição da relação jurídica.

Pedido mediato: conteúdo material – traduz bem jurídico material: pagamento, desocupação do imóvel, nulidade do contrato.

VALOR DA CAUSA

Para que se possa fixar o valor das custas, taxa judiciária e honorários, é necessário dar valor à causa, ainda que não tenha conteúdo econômico imediato (artigos 291 e 292 do NCPC).

PROVAS

O autor deverá, desde o início, requerer as provas com que pretende demonstrar os fatos constitutivos de seu direito (artigo 369 do NCPC). Não é suficiente o mero protesto de provas. Na petição inicial, o autor deve indicar quais provas pretende produzir para comprovar seus argumentos. As provas podem ser documentais, testemunhais, periciais, entre outras.

A omissão na enumeração dos meios de prova pode gerar preclusão, impedindo que a parte requeira sua produção em momento posterior.

No novo CPC, o art. 276 foi revogado e substituído pelo art. 319, que estabelece a obrigação de indicação das testemunhas e dos documentos comprobatórios na petição inicial, sem mencionar especificamente a necessidade de quesitos da perícia. Entretanto, no art. 357, que trata das provas, é prevista a possibilidade de o juiz, de ofício ou a pedido das partes, formular os quesitos da perícia. Portanto, embora não seja obrigatória a indicação dos quesitos na petição inicial, é importante que o autor informe ao juízo os pontos específicos que deseja que sejam esclarecidos pela perícia, a fim de garantir uma análise adequada da causa.

CITAÇÃO DO RÉU

Deve haver pedido expresso de citação do réu para que seja completada a relação triangular do processo, mesmo que nosso legislador tenha suprimido esse item no artigo 319 do Código de Processo Civil. Os tipos de citação, na forma do artigo 246 do NCPC, são: pelos correios, por oficial de justiça ou por edital.

A citação é um dos atos fundamentais do processo civil, pois é por meio dela que se integra a lide. O autor deve requerer a citação e especificar a forma como ela deve ser feita, conforme previsto no art. 279 do Novo Código de Processo Civil. Caso não especifique, a citação será feita pelo correio ou por oficial de justiça. A citação é o ato pelo qual se chama a juízo o réu, dando-lhe ciência da demanda e garantindo-lhe o direito de se defender. Por sua vez, a intimação é o ato pelo qual se dá ciência a alguém dos atos e termos do processo para que faça ou deixe de fazer alguma coisa.

ENDEREÇO DO ADVOGADO E DA OBRIGAÇÃO E COLOCAR O *E-MAIL* NA PROCURAÇÃO

No novo CPC, a obrigação em informar o endereço para recebimento da intimação está descrita como um DEVER das partes e do advogado, estabelecido no inciso V do artigo 77 do Código de Processo Civil, e, quando o advogado estiver postulando em causa própria, utiliza-se o artigo 106 do NCPC. O artigo 287 do CPC obriga que o advogado forneça seu endereço eletrônico ou não eletrônico.

DA OPÇÃO DO AUTOR PELA REALIZAÇÃO OU NÃO DA AUDIÊNCIA DE CONCILIAÇÃO OU MEDIAÇÃO

É um dos requisitos da petição inicial elencados no artigo 319 do NCPC. Assim, o advogado deverá informar e dar ciência por escrito ao seu cliente, aconselhando a abrir um item que apresente a opção do autor, tendo em vista esse novo procedimento. É preciso destacar sobre a necessidade de leitura da totalidade do procedimento para termos uma noção da importância desta audiência, tendo em vista o princípio esculpido no § 3º do artigo 3º do NCPC e pela imposição de multa em caso de falta injustificada, conforme determina o § 8º do artigo 334 do NCPC.

Vale a pena ler também os artigos 165 a 175 do NCPC sobre a conciliação e mediação, bem como a Lei Federal nº 13.140/15, que estabelece regra sobre mediação. A implementação desses parâmetros de conciliação e mediação é fator preponderante para que o Poder Judiciário informe ou "mande seu recado" para a população, na tentativa de se buscar a autocomposição e haver estímulo à conciliação, a mediação e outros métodos de solução de conflitos, que deverão ser incentivados por juízes, advogados, defensores públicos e membros do Ministério Público, inclusive no curso do processo judicial, tudo na forma do § 3º do artigo 3º do NCPC.

1.2) A petição inicial e sua formatação

Quando da construção da petição inicial, o profissional deverá observar alguns parâmetros, no caso:
- margem direita: 2 cm;
- margem esquerda: 4 cm;
- fonte, no mínimo:12 pt;
- espaço entrelinhas: 1,5;
- recuo nas primeiras linhas dos parágrafos;
- alinhamento justificado;
- juízo a que é dirigida em CAIXA-ALTA;
- 10 cm de espaço entre o endereçamento e o preâmbulo;
- nomes das partes em CAIXA-ALTA;
- nomes dos representantes legais em caixa baixa;
- nome da ação em CAIXA-ALTA;
- discurso indireto. Não se deve escrever em primeira pessoa, mas sim "o autor requer", "o réu entende", já que o procurador (advogado) atua em nome de seus constituintes (clientes), não no seu próprio nome. Utilizar expressões "autor" e "réu" ou "demandante" e "demandado", com exceção do processo cautelar, no qual são utilizadas as expressões "requerente" e "requerido". Com relação às expressões "suplicante" e "suplicado", já que estas eram cabíveis quando da interposição de recursos junto à Casa da Suplicação, de Portugal, não há necessidade de sua utilização aqui o Brasil;
- fatos narrados em ordem cronológica;
- parágrafos curtos;
- coesão e coerência no discurso;
- nas citações deverá ser esclarecida a fonte do texto, sendo citação doutrinária (o nome do autor, obra citada, editora, ano e página), e em citação jurisprudencial (o tribunal, câmara ou turma, espécie de recurso, número do processo, data da publicação do acórdão);
- quanto à forma, o texto de citação deve vir entre aspas, devendo haver um recuo da margem direita de 4 cm, o tamanho da letra deve diminuir um ponto, e o espaço entrelinhas deve ser reduzido a 1,5;
- a conclusão da causa de pedir é muito importante, devendo ser um fecho adequado para a pretensão do Autor;

- não se termina a causa de pedir com citação de texto alheio;
- o pedido segue a ordem dos atos processuais que serão realizados, devendo ser claro, conciso e, preferencialmente dividido em itens;
- prova não é item do pedido;
- os meios de prova que serão produzidos devem ser indicados;
- o valor da causa deve ser expresso em reais (R$ XXXX).

1.3) Modelo de formatação da petição inicial

EXMO. JUÍZO DE DIREITO...

(NOME DA PARTE AUTORA), nacionalidade, estado civil, profissão, portador da carteira de identidade nº XXXXXXXX, expedida pelo IFP, inscrita no CPF/MF sob nº XXXXXXXXXX, residente na Rua (endereço completo), por seu advogado, com endereço profissional na Rua (endereço completo), vem a V. Exa. propor

AÇÃO _____, pelo rito ...

em face de (NOME DA PARTE RÉ), nacionalidade, estado civil, profissão, portador da carteira de identidade nº XXXXXXXX, inscrito no CPF sob o nº XXXXXX, residente na Rua (endereço completo), pelas razões de fato e de direito que passa a expor.

DA OPÇÃO DO AUTOR PELA REALIZAÇÃO / OU/ PELA NÃO REALIZAÇÃO DA AUDIÊNCIA DE CONCILIAÇÃO OU MEDIAÇÃO

Declara o autor, conforme documento em anexo que OPTA ou NÃO OPTA pela realização de audiência de conciliação ou mediação.

DA GRATUIDADE DE JUSTIÇA

Na forma dos artigos 98 e 99 da Lei nº 13.105/2015 (NCPC), o autor declara ser beneficiário da gratuidade de justiça, não tendo condições de arcar com custas, taxa judiciária e todos os demais itens elencados no § 1º do artigo 98 do CPC.

DOS FATOS

DOS FUNDAMENTOS

DO PEDIDO

Diante do exposto, requer a V. Exa.:
1. a citação do réu;
2. a procedência do pedido para ...
3. a condenação do réu aos ônus de sucumbência.

DAS PROVAS

Requer a produção de prova documental, pericial, testemunhal e o depoimento pessoal do réu, na amplitude do artigo 369 do CPC.

DO VALOR DA CAUSA (artigos 291 e 292 do CPC)

Dá-se a causa do valor de R$..........

Nestes termos,

Pede deferimento.

Local e data.

Nome do advogado
OAB

EXMO. SR. DR. JUÍZO _____ [6]

NOME DO AUTOR, nacionalidade, ESTADO CIVIL, (existência de união estável), profissão, e-mail, CPF, CI, residente e domiciliado na, CEP, vem por seu procurador, com escritório na _ CEP_, local onde receberá intimação na forma do inciso V do artigo 77 do Código de Processo Civil, propor a presente

AÇÃO____

pelo procedimento comum, em face de NOME DO RÉU, nacionalidade, ESTADO CIVIL (existência de união estável), profissão, e-mail, CPF, CI, residente e domiciliado à, CEP, pelos fatos e direitos a seguir elencados.

---

[6] Este modelo é utilizado pelo Professor Ulisses Simas em suas aulas de Prática Jurídica.

I- DA OPÇÃO DO AUTOR PELA REALIZAÇÃO / OU/ PELA NÃO REALIZAÇÃO DA AUDIÊNCIA DE CONCILIAÇÃO OU MEDIAÇÃO

Declara o autor, conforme documento em anexo que OPTA ou NÃO OPTA pela realização de audiência de conciliação ou mediação.

II- DA GRATUIDADE DE JUSTIÇA

Na forma dos artigos 98 e 99 da Lei n° 13.105/2015 (CPC), o autor declara ser beneficiário da gratuidade de justiça, não tendo condições de arcar com custas, taxa judiciária e todos os demais itens elencados no § 1° do artigo 98 do CPC.

III- DOS FATOS E FUNDAMENTOS JURÍDICOS DO PEDIDO

Neste ponto, você deve narrar os fatos de forma cronológica e que a pessoa que vier a ler tenha conhecimento de que o fato deva estar em acordo com a norma jurídica ou violando a norma jurídica[7].

O conteúdo da causa de pedir é formalizado pelo fato ou conjunto de fatos constitutivos do direito do autor. Como consequência lógica – para os fins que esses trabalhos propõem –, a mudança dos fatos acarreta uma nova causa de pedir e, portanto, uma diferente demanda (CPC, artigo 337, § 2° do NCPC).

Quando indicamos fundamentos fáticos e jurídicos, estamos, em verdade, expondo as razões do pedido, ou seja, as justificativas que resguardam o seu direito à tutela jurisdicional favorável.

CAUSA DE PEDIR PRÓXIMA (FATO)

CAUSA DE PEDIR REMOTA (FUNDAMENTOS JURÍDICOS)

Fatos e fundamentos do pedido – causa de pedir remota (FATO – É A LESÃO) e próxima (FUNDAMENTO JURÍDICO DO PEDIDO – É O QUE FOI LESIONADO)

---

[7] [N. A.] A teoria da substanciação exige que haja indicação de fatos e da fundamentação jurídica correspondente, entendida esta última como a demonstração do "encaixe do fato a norma", onde resulta a demonstração do fato constitutivo do direito pleiteado, nota do autor.
A teoria da individualização que não fora abraçado pelo CPC exige apenas a presença do suporte jurídico ensejador da demanda. Em outras palavras, pela teoria da substanciação o legislador determina que os fatos narrados na petição inicial estejam em plano primário, pois é dali que se extrairão os possíveis fundamentos da sentença. A simples indicação da categoria jurídica não é suficiente para o legislador brasileiro.
Quando indicamos fundamentos fáticos e jurídicos estamos em verdade, expondo as razões do pedido, ou seja, as justificativas que resguarda o seu direito à tutela jurisdicional favorável.

III- DA JURISPRUDÊNCIA[8]

IV- DA DOUTRINA

V- DO PEDIDO

    a. Seja concedido o benefício da gratuidade de justiça;
Seja o réu citado para, querendo, contestar o presente pedido, cujo prazo tem início com a inexistência de conciliação ou mediação ao término da respectiva audiência ou no caso de informar por escrito seu interesse em não participar da audiência de conciliação ou mediação, na forma dos incisos I e II do artigo 335 do Código de Processo Civil (Lei nº 13.105/15);

    b. Seja julgado procedente o pedido para_____.

DAS PROVAS

Requer a produção de todos os meios de provas em direito admitidas, notadamente, documental, testemunhal e pericial, na amplitude do artigo 369 do CPC.

DO VALOR DA CAUSA

Dar-se à causa o valor de R$ (ARTIGOS 291 E 292 CPC).

Local e data.
Advogado
OAB

---

[8] [N. A.] A indicação da causa de pedir é importantíssima, pois além de constituir-se em um dos elementos da ação, é imprescindível para verificação do princípio da inalterabilidade da demanda (artigo 329do NCPC). Ademais tem papel fundamental na verificação da possibilidade jurídica do pedido (CONDIÇÃO DA AÇÃO), uma vez que não basta que apenas o pedido seja juridicamente possível, sendo necessário que a sua causa de pedir seja admitida no sistema como lícita.

Dentro dos fatos e fundamentos do pedido deverá o advogado observar se a causa dispensa fase instrutória, isso significa dizer, que não há provas a serem produzidas, tendo em vista a serventia da fase instrutória no processo.

Normalmente quando estamos diante de situações fáticas com relação direito ao direito e precipuamente no novo CPC a intensão do legislador ao analisar todo o conteúdo fora de abrir possibilidades quanto as hipóteses elencadas no artigo 332 CPC, para que julgue improcedente liminarmente o pedido que contrariar as hipóteses do inciso I ao IV do artigo 322 CPC.

Atente o advogado para esses casos, pois o P. Judiciário será uma "máquina" equipada com extinção de pedidos de forma liminar (Ler o artigo 487, inciso I do CPC).

Neste sentido será claro e fácil em um primeiro momento para o P. Judiciário identifique os casos concretos que se adequem as hipóteses já mencionadas do artigo 322 NCPC, mas em contrapartida a sentença em sua parte de fundamentos deverá ser e cumprir os requisitos do inciso IV, V e VI e § 1º todos artigo 489 do NPC.

Explicar a questão do ônus da prova no NCPC e a questão da carga dinâmica da prova. (Artigo 373, Inciso I e II) e (§ 1º do artigo 373).

1.4) Modelos de petições iniciais

A partir do próximo tópico, passaremos a apresentar alguns modelos de petições iniciais, ressaltando que as referidas peças somente servem para que o aluno tenha uma noção da construção delas, sendo certo que a elaboração, na realidade, dos fatos e dos fundamentos irá depender de cada caso que lhe for apresentado na prática jurídica do dia a dia.

1.4.1) Despejo por falta de pagamento

EXMO. JUÍZO DE DIREITO DA __ ª VARA CÍVEL DA COMARCA DE NITERÓI

FULANA DE TAL, brasileira, casada, comerciante, portadora da carteira de identidade n° XXXXXXXXXX, inscrita no CPF sob n° XXXXXXXXXX, residente na Rua Lopes Trovão, n° XXXXXXXXXX, Niterói, Rio de Janeiro, por seu advogado infra-assinado (mandato incluso – doc. 01), com endereço profissional na Av. Ernani do Amaral Peixoto, n° XXXX, sala XXXX, Centro, Niterói, vem à presença de V. Exa., propor a presente

AÇÃO DE DESPEJO POR FALTA DE PAGAMENTO C/C COBRANÇA
DE ALUGUÉIS ATRASADOS E ACESSÓRIOS DA LOCAÇÃO

pelo rito comum, em face de BELTRANO DE TAL, brasileiro, casado, médico, portador da carteira de identidade n° XXX, inscrito no CPF sob n° XXX, com endereço na Rua Moreira César, n° XXX, ap. XXXX, Niterói, pelos seguintes fatos e fundamentos que a seguir expõe:

DOS FATOS

A autora celebrou contrato de locação residencial com o réu, do imóvel localizado na Rua Moreira César, n° XXX, ap. XXXX, Niterói, pelo período de 30 (trinta) meses, com início em 02/10/XX e término em 02/02/XX, conforme disposto na Cláusula I, do Contrato de Locação (doc. 02).

De acordo com a Cláusula II, o valor do aluguel é de R$ 500,00 (quinhentos reais), vencendo-se no 5° (quinto) dia útil de cada mês vencido.

Entretanto, o réu não vem cumprindo com a sua obrigação contratual e legal de pagar os aluguéis, inobstante as constantes reclamações da autora (doc. 03), reclamações estas que caem no vazio, já que o réu, utilizando-se sempre de desculpas e subterfúgios para esquivar-se das obrigações contratuais (doc. 04), não efetua os pagamentos.

Desta forma, não resta à autora outra medida senão promover a competente ação de despejo cumulada com cobrança de aluguéis atrasados e acessórios da locação.

Encontram-se em atraso os aluguéis dos meses de novembro e dezembro de 20XX, bem como os de janeiro, fevereiro e março de 20XX, perfazendo o débito total, a título de aluguéis atrasados, de R$ 2.500,00 (dois mil e quinhentos reais), conforme demonstrativo de cálculo (doc. 05).

Da mesma forma, o réu encontra-se em débito com a autora, e encontram-se pendentes débitos relativos à cota condominial dos meses de janeiro, fevereiro e março do corrente ano, perfazendo um valor total de R$ 300,00 (trezentos reais), conforme demonstrativo de cálculo em anexo (doc. 06).

Ressalte-se que, a título de multa contratual em caso de rescisão, também tem o réu a obrigação do pagamento à autora do valor equivalente a dois meses de aluguel, no caso, R$ 1.000,00 (um mil reais), conforme a cláusula X do contrato de locação (doc. 07).

Assim sendo, o valor total dos débitos relativos a aluguéis e cota condominial, incluindo a multa rescisória, importa em R$ 3.800,00 (três mil e oitocentos reais), conforme demonstrativo de cálculo anexo à presente (doc. 08).

DOS FUNDAMENTOS

Os fatos narrados acima evidenciam a inadimplência do réu em relação às obrigações contratuais e legais de pagamento dos aluguéis e acessórios da locação, o que configura motivo justo para a rescisão da locação e o despejo do imóvel.

De acordo com o art. 9º, inciso III, e art. 59, inciso III, da Lei nº 8.245/91, o inadimplemento do locatário deixa ao locador a faculdade de rescindir o contrato e exigir o imóvel.

O pagamento pontual dos aluguéis ajustados é obrigação do locatário, conforme o art. 23, inciso I, da Lei nº 8.245/91, assim como a obrigação de arcar com as demais despesas previstas no contrato de locação, conforme o art. 22, inciso III, da mesma lei.

São justos e legítimos os pedidos de despejo e cobrança de aluguéis atrasados e acessórios da locação, bem como a aplicação da multa rescisória prevista no contrato.

A jurisprudência dos tribunais é pacífica no sentido de que a falta de pagamento dos aluguéis é motivo suficiente para a rescisão da locação e despejo do imóvel, conforme recentemente reafirmado no Enunciado nº 44 da III Jornada de Direito Civil do Conselho da Justiça Federal.

Assim, a autora tem o direito de ter seu contrato de locação devidamente cumprido e de receber os valores devidos pelo réu.

DO PEDIDO

Diante do exposto, requer a V. Exa.:
a. citação do réu, por meio de oficial de justiça, no endereço sito na Rua Moreira Cesar, nº XXX, Icaraí, Niterói, para, no prazo legal, purgar a mora acrescida de juros, correção monetária, custas processuais e honorários advocatícios, bem como oferecer garantia locatícia preferencialmente na modalidade de fiança ou contestar a ação no prazo legal, querendo, sob pena de revelia, e, ao final, se não purgada a mora, seja o pedido julgado procedente, rescindindo-se a locação com a decretação judicial do despejo do imóvel;
b. a condenação do réu no pagamento dos aluguéis, taxas de condomínio e IPTU vencidos e vincendos, todos até a data da efetiva desocupação, bem como no cumprimento integral das disposições contratuais, multa e juros de mora, atualizados nos termos da legislação, custas processuais e honorários advocatícios, estes fixados em 10% (dez por cento) sobre o valor da causa, nos termos do art. 85, § 2º, do CPC.

DAS PROVAS

Requer a produção de todos os meios de provas em direito admitidos, especialmente pelo depoimento pessoal do réu, sob pena de confissão, juntada de documentos, inquirição de testemunhas a serem oportunamente arroladas, pericial e demais meios probantes que se fizerem necessários.

DO VALOR DA CAUSA

Dá-se à presente causa, a importância de (12x o valor do aluguel) R$ (___).

Pede deferimento.

Local e data.

Nome e OAB do advogado

1.4.2) Despejo para uso próprio

EXMO. SR. DR. JUÍZO DE DIREITO DO XIII JUIZADO ESPECIAL CÍVEL[9]

FULANO DE TAL, brasileiro, solteiro, advogado, portador da carteira de identidade nº XXXXXXXXX, inscrito no CPF sob nº XXXXXXXXX, residente na Rua Lopes Trovão, nº XXXXXXXXX, Niterói, Rio de Janeiro, por seu advogado

---

[9] "Nos Juizados Especiais só se admite a ação de despejo prevista no art. 47, inciso III, da Lei nº 8.245/91" (FPJC, enunciado 4).

infra-assinado (mandato incluso – doc. 01), com endereço profissional na Rua Castro Alves, n° XXXX, sala XXXX, Méier, vem à presença de V. Exa., nos termos do art. 3°, III da Lei n° 9.099/95, c/c 5° e 47, III da Lei n° 8.245/91, propor a presente

AÇÃO DE DESPEJO PARA USO PRÓPRIO

pelo rito da Lei n° 9.099/95[10], em face de BELTRANO DE TAL, brasileiro, casado, médico, portador da carteira de identidade n° XXXXXXXXXX, inscrito no CPF sob o n° XXXXXXXXXXX, com endereço na Rua Castro Alves, n° XXX, ap. XXXX, Niterói, pelos seguintes fatos e fundamentos que a seguir expõe:

DOS FATOS

O autor, advogado da Exporta Rápido Ltda., em 10/04/XX, recebeu proposta de transferência para a filial da referida empresa, na cidade de Natal, Rio Grande do Norte, a fim de assumir o departamento jurídico.

Tendo respondido positivamente, a transferência foi concretizada em 10/06/03, conforme os comprovantes e anexo (doc. 02).

Por este motivo, em 15/05/XX, o autor celebrou contrato de locação com o réu, pelo período de 01 (um) ano, com início em 10/06/XX e término em 10/06/04, pelo valor de R$ 1.000,00 (um mil reais).

Entretanto, em razão de dificuldades da referida empresa no estado do Rio Grande do Norte, esta foi obrigada a fechar aquela filial, tendo o autor retornado para o Rio de Janeiro, em 02/02/XX, conforme documentos que ora são juntados (doc. 03).

Tendo vislumbrado a possibilidade de fechamento da filial e o seu retorno ao Rio de Janeiro, o autor, no mês de dezembro de 20XX, notificou extrajudicialmente o réu, no sentido de rescindir a locação, dando-lhe um prazo de 30 (trinta) dias para desocupação do imóvel, contados da data de sua chegada, ocorrida em 02/02/XX.

Entretanto, o réu respondeu negativamente, dando como justificativa o fato de o contrato ter sido prorrogado por prazo indeterminado de forma automática e, caso fosse interesse do autor, que este fosse em busca dos seus direitos.

Em que pese compreender a revolta do réu, o autor, por não possuir outro imóvel, conforme comprovam as certidões em anexo (doc. 04), necessita retornar a sua antiga morada, a fim de que possa voltar a exercer, com tranquilidade, a sua atividade profissional.

---

10 CÂMARA, Alexandre Freitas. Juizados Especiais Cíveis Estaduais e Federais – Uma Abordagem Crítica, Ed. Lumen Juris, 2014. p. 85-86.

DOS FUNDAMENTOS

A lei das locações é clara ao determinar que, "quando ajustada verbalmente ou por escrito e com prazo inferior a trinta meses, findo o prazo estabelecido, a locação prorroga-se automaticamente, por prazo indeterminado"[11], sendo certo que o imóvel somente poderá ser retomado "se for pedido para uso próprio, de seu cônjuge ou companheiro, ou para uso residencial de ascendente ou descendente que não disponha, assim como seu cônjuge ou companheiro, de imóvel residencial próprio"[12].

E é justamente tal hipótese que se materializa no caso concreto, já que o contrato era por prazo inferior a 30 (trinta) meses, tendo sido prorrogado, de forma automática, por prazo indeterminado, sendo certo que o autor, em razão de seu retorno ao Rio de Janeiro, por força de seu trabalho, deseja retomar o imóvel para sua morada.

Sobre o tema, assim decidiu a 12ª Câmara Cível do Tribunal do Estado do Rio de Janeiro, ao julgar o recurso de apelação de nº 2005.001.06290, tendo como relatora a Desembargadora Nanci Mahfuz, com julgamento ocorrido em 19/07/XX:

> "Apelação Cível. Despejo para uso próprio julgado procedente. Pedido restrito, que não se descaracteriza pela menção a inadimplemento da locatária. Aplicação do art. 47, III da Lei nº 8.245/91. Inexistência de duplo fundamento na ação de despejo, não sendo caso de sucumbência recíproca. Recurso não provido."

Desta forma, não havendo qualquer esforço do réu para a desocupação do imóvel no prazo determinado pelo autor, restou-lhe, somente, o uso da via judicial.

DO PEDIDO

Isso posto, é a presente para requerer a V. Exa.:

a. seja citado o réu, sendo designada audiência de conciliação[13] e, caso esta não ocorra, que apresente sua defesa na AIJ[14];
b. seja julgado procedente o pedido, qual seja, determinar a desocupação do imóvel, pelo prazo legal, sob pena de despejo.

---

11 BRASIL. Art. 47, *caput*, Lei nº 8.245, de 18 de outubro de 1991. Dispõe sobre as locações dos imóveis urbanos e os procedimentos a elas pertinentes. Diário Oficial da União. Brasília, DF.
12 *Ibid.*, inciso III.
13 BRASIL. Art. 21 da Lei nº 9.099, de 26 de setembro de 1995. *Dispõe sobre os Juizados Especiais Cíveis e Criminais e dá outras providências.* Diário Oficial da União. Brasília: DF.
14 *Ibid.*, art. 27.

DAS PROVAS

Requer a produção de todos os meios de provas em direito admitidos, especialmente pelo depoimento pessoal do réu, sob pena de confissão, juntada de documentos e inquirição de testemunhas[15].

DO VALOR DA CAUSA

Dá-se à presente causa a importância de R$ _____ (_____)[16].

Nestes termos,
Pede deferimento.

Local e data.
Nome e OAB do advogado

1.4.3) Reparação de danos materiais (por fato da coisa)

EXMO. SR. DR. JUÍZO DE DIREITO DA ___ª VARA CÍVEL DA COMARCA DE MAGÉ

FULANA DE TAL, brasileira, casada, comerciante, portadora da carteira de identidade n° XXXXXXXXXX, inscrita no CPF sob n° XXXXXXXXXX, residente na Rua Roma, n° XXXXXXXXXX, Magé, Rio de Janeiro, por seu advogado infra-assinado (mandato incluso – doc. 01), com endereço profissional na Av. Ernani do Amaral Peixoto, n° XXXX, sala XXXX, Centro, Niterói, vem à presença de V. Exa. propor a presente

AÇÃO DE REPARAÇÃO DE DANOS MATERIAIS

pelo rito comum, em face de BELTRANO DE TAL, brasileiro, casado, médico, portador da carteira de identidade n° XXXXXXXXXX, inscrito no CPF sob n° XXX, com endereço na Rua Vie, n° XXX, ap. XXXX, Magé, Rio de Janeiro, pelos seguintes fatos e fundamentos que a seguir expõe:

DOS FATOS

A autora é proprietária do Sítio Boa Esperança (doc. 02), sendo certo que sua propriedade faz divisa com o Sítio Galo Branco, de propriedade do réu (doc. 03).

---

15 Art. 32 da Lei n° 9.099/95.
16 O valor da causa será correspondente ao valor de 12 meses de aluguel, nos termos do art. 58, II, da Lei n° 8.245/91. O valor da causa, nas ações de despejo para uso próprio poderá ultrapassar o limite estabelecido pelo art. 3°, inciso I, da Lei n° 9.099/95.

Em 03/11/XX, ao realizar uma vistoria rotineira em sua plantação de hortaliças, bem como em suas demarcações territoriais que garantem a divisão entre a sua propriedade e a do réu, foi surpreendida ao ver um touro, devidamente distinguido com a marca da propriedade do réu, dentro de suas terras, conforme fotos em anexo (doc. 03).

Se já não fosse o bastante o fato de o touro ter derrubado a cerca divisória e invadido sua propriedade, o animal acabou por destruir todo o jardim com flores ornamentais, causando-lhe grande prejuízo.

É que a autora sobrevive da venda de tais flores, já que possui uma loja para a revenda de sua produção, conforme comprovantes em anexo.

Com a perda de sua plantação, a autora terá um prejuízo de R$ 1.500,00 (um mil e quinhentos reais), que é o valor equivalente a um mês de venda da quantidade de flores que foram destruídas, conforme comprovantes de venda dos últimos 6 (seis) meses.

Ao entrar em contato com o réu, no intuito de ser realizado o conserto da cerca e o pagamento do prejuízo financeiro que lhe foi causada, este alegou ainda que acidentes acontecem e que tudo não passava de uma fatalidade.

Sendo assim, a autora decidiu buscar a justa indenização pelos danos causados à sua propriedade e pelo lucro não obtido devido à destruição de sua plantação, pois, não é demasiado anotar-se, o fato ocorreu justamente na época da colheita, o que lhe ocasionou considerável prejuízo.

DOS FUNDAMENTOS

O Código Civil determina que "aquele que, por ação ou omissão voluntária, negligência ou imprudência, violar direito e causar dano a outrem, ainda que exclusivamente moral, comete ato ilícito"[17].

Em razão de ser o responsável pelo animal, pode-se constatar que o réu é responsável pelo ilícito praticado, uma vez que deveria despender alguns cuidados necessários à sua criação, para que o touro não causasse nenhum dano a outrem.

Segundo Caio Mário, "uma vez que a responsabilidade é do proprietário ou detentor, o que importa é verificar qual a pessoa que tem sobre ele o poder de direção; e nesta posição, em geral encontra-se o dono. E o guardião é aquele que tem o poder de direção, de controle e de uso do animal"[18].

Quanto à perda de controle sobre a coisa, assim nos ensina Sérgio Cavalieri Filho: "Se perde esse controle, e o animal vem a causar dano a outrem, exsurge seu dever de indenizar".[19]

---

17   BRASIL. Art. 186, Lei nº 10.406, de 10 de janeiro de 2002. *Institui o Código Civil.*
18   PEREIRA, Caio Mário da Silva. *Responsabilidade Civil.* Editora Forense, 2018. p. 315-316.
19   FILHO, Sergio Cavalieri. *Programa de Responsabilidade Civil,* 5ª edição, Ed. Malheiros, 2003. p. 221.

Sendo assim, estando comprovado o ato ilícito perpetrado pelo réu, importante se faz apontar as anotações do Código Civil, no que diz respeito à obrigação de indenizar, senão vejamos: "aquele que, por ato ilícito (arts. 186 e 187), causar dano a outrem, fica obrigado a repará-lo"[20], sendo certo que "haverá obrigação de reparar o dano, independentemente de culpa, nos casos especificados em lei, ou quando a atividade normalmente desenvolvida pelo autor do dano implicar, por sua natureza, risco para os direitos de outrem[21]". Certo é que a responsabilidade pelos atos praticados por animal recai sobre seu dono, já que o Código Civil determina que "o dono, ou detentor, do animal ressarcirá o dano por este causado, se não provar culpa da vítima ou força maior"[22].

Contrariamente ao disposto no art. 1.527 do Código Civil de 1916, o art. 936 do novo Código Civil prevê a responsabilidade objetiva do dono ou detentor de animal, desde que não seja afastada por fato exclusivo da vítima ou força maior.

Sérgio Cavalieri Filho nos ensina que "temos, destarte, uma responsabilidade objetiva tão forte que ultrapassa os limites da teoria do risco criado ou do risco-proveito"[23], concluindo que "a vítima só terá que provar o dano, e que este foi causado por determinado animal. A defesa do réu estará restrita às causas especificadas na lei, e o ônus da prova será seu"[24].

Desta forma, o réu deverá ser responsabilizado pelos danos causados à autora, pois, não obstante a obrigação de manter o devido cuidado sobre o rebanho de sua propriedade, o que possibilitou ao touro adentrar propriedade alheia, sem o seu devido conhecimento, cabendo-lhe, assim, responder pelos prejuízos causados pelo animal.

Oportuno trazer à colação alguns julgados sobre o tema:[25]:

XXXXXXXXXXXXXXXXXXXXXXXXXXXXXXXXXXXXXXXX
XXXXXXXXXXXXXXXXXXXXXXXXXXXXXXXXXXXXXXXX
XXXXXXXXXXXXXXXXXXXXXXXXXXXXXXXXXXXXXXXX
XXXXXXXXXXXXXXXXXXXXXXXXXXXXXXXXXXXXXXXX
XXXXXXXXXXXXXXXXXXXXXXXXXXXXXXXXXXXXXXXX
XXXXXXXXXXXXXXXXXXXXXXXXXXXXXXXXXXXXXXXX
XXXXXXXXXXXXXXXXXXXXXXXXXXXX

---

20 BRASIL. Art. 927, Lei nº 10.406, de 10 de janeiro de 2002. *Institui o Código Civil.*
21 *Ibid.*, Parágrafo único.
22 Art. 936 da Lei nº 10.406/02.
23 CAVALIERI, p. 223.
24 *Ibid*, p. 224.
25 TJ-DF - XXXXX20168070005 DF XXXXX-51.2016.8.07.0005   DIREITO CIVIL. INDENIZAÇÃO POR DANO MORAL. LESÃO. MORDIDA. ANIMAL. RESPONSABILIDADE OBJETIVA DO DONO. ART. 936 DO CÓDIGO CIVIL. DEVER DE CAUTELA. PROPRIETÁRIO. OMISSÃO. DANO MORAL. EXISTÊNCIA. SENTENÇA MANTIDA. APELAÇÃO IMPROVIDA. 1. Adota-se a responsabilidade civil objetiva do dono do animal quanto aos atos cometidos por ele, ainda que não haja culpa, conforme dispõe o Código Civil, art. 936. O dono, ou detentor, do animal ressarcirá o dano por este causado, se não provar culpa da vítima ou força maior. 2. Está afeto ao proprietário do animal o dever de guardá-lo e vigiá-lo e, incorrendo em desídia quanto a essa incumbência, permitindo que cão de porte médio da sua propriedade ataque qualquer pessoa ou outro animal que vague livremente pela via pública, torna-se obrigado a reparar os danos que tal fato provocar a vítima. 3. A excludente de responsabilidade prevista no art. 936 do Código Civil exige prova, a cargo do dono do animal, quanto à culpa da vítima no evento danoso ou do caso fortuito. 4. Apelação conhecida e improvida.

Não existem dúvidas quanto ao prejuízo causado à autora, não só pela cerca danificada, no valor de R$ 250,00 (duzentos e cinquenta reais), bem como pela perda da plantação das flores ornamentais, no valor de R$ 1.500,00 (um mil e quinhentos reais).

Importante ressaltar que toda a plantação da autora destinava-se ao comércio, para garantir o sustento familiar, e que, devido à destruição de sua produção, não obteve os lucros que seriam provenientes da venda das referidas flores.

A partir do momento em que resta configurado o dano, pode-se buscar o seu devido reparo, nos termos de nossa legislação, que resguarda os direitos de quem se viu lesado e deseja recompor seu patrimônio, já que "*salvo as exceções expressamente previstas em lei, as perdas e danos devidos ao credor abrangem, além do que ele efetivamente perdeu, o que razoavelmente deixou de lucrar*"[26]. Cumpre destacar, que a autora não mais terá condições de reerguer sua plantação, pois o dano sofrido comprometeu sua fonte de renda, e parte do montante que deixou de lucrar com a venda das flores destruídas será destinado à manutenção de toda a produção.

Como sabido, "*a indenização mede-se pela extensão do dano*"[27]. Sendo assim, diante da impossibilidade de a autora continuar a manutenção da produção, devido ao estrago causado pelo animal pertencente ao réu, nada mais justo do que a devida indenização para que possa se reestruturar.

Por todo o exposto, evidente que autora sofreu inúmeros prejuízos de ordem material, haja vista que se viu compelido a pagar o conserto da cerca divisória no valor de R$ 250,00 (duzentos e cinquenta reais), a fim de evitar que outros animais invadissem sua propriedade, bem como o montante a ser investido na parte destruída da plantação para reiniciar os trabalhos chega ao valor de R$ 2.000,00 (dois mil reais), valor este atualizado de acordo com os reajustes dos insumos necessários, e levando em consideração o prazo mínimo de 6 (seis) meses para que as novas flores estejam prontas para serem comercializadas. Ademais, há de se considerar, ainda, o lucro que a autora iria obter com a venda da produção, estimado em R$ 1.500,00 (um mil e quinhentos reais), consoante ganhos das colheitas anteriores (doc. 10).

DO PEDIDO

Diante do exposto, é a presente para requerer a V. Exa.:
a. a citação do réu para comparecer à audiência de conciliação e, caso não ocorra, apresente sua defesa sob pena de serem reputados como verdadeiros os fatos ora alegados;
b. seja julgada procedente o pedido de reparação por danos materiais, sendo o réu condenado ao pagamento de indenização pelos danos causados na esfera patrimonial, no valor total de R$ (XXX), referente à destruição da plantação, estimada em R$ (XXX), mais o montante de R$ (XXX), relativo ao que deixou de auferir, além do valor de R$ (XXX), gasto com a reconstrução da cerca;

---
26   Art. 402 da Lei nº 10.406/02.
27   Art. 944 da Lei nº 10.406/02.

c. seja o réu condenado a pagar as despesas, custas e honorários advocatícios no montante de 20% do valor da causa.

DAS PROVAS

Requer a produção de todos os meios de provas em direito admitidos, especialmente pelo depoimento pessoal do réu, sob pena de confissão, juntada de documentos e inquirição de testemunhas abaixo arroladas.

Nome das testemunhas: 1) Fulaninha da Silva, brasileira, solteira, do lar, portadora da carteira de identidade nº XXX, inscrita no CPF sob o nº XXX, residente na Rua das Couves, nº 32, Magé; 2) Fulaninho da Cruz, brasileiro, solteiro, autônomo, portador da carteira de identidade nº XXX, inscrito no CPF sob o nº XXX, residente na Rua das Couves, nº 75.

DO VALOR DA CAUSA

Dá-se à presente causa a importância de R$ _____ (_____)[28].

Nestes termos,
Pede deferimento.

<u>Local e data.</u>

<u>Nome e OAB do advogado</u>

1.4.4) Reparação de danos morais (por negativação de nome)

EXMO. SR. DR. JUIZ DE DIREITO DO XX JUIZADO ESPECIAL CÍVEL

(FULANO), brasileiro, casado, aposentada, portadora da carteira de identidade nº XXXXXXXXX, expedida pelo IFP, inscrita no CPF sob o nº XXXXXXXXXXX (doc. 01), residente na Rua Comendador Bastos, nº 1.973, Freguesia, Ilha do Governador, Rio de Janeiro, vem, perante V. Exa., por seu advogado (doc. 02), com endereço profissional na Av. Almirante Barroso, nº 91, sala 704, Centro, Rio de Janeiro, propor

AÇÃO DE REPARAÇÃO DE DANOS COM
PEDIDO DE TUTELA DE URGÊNCIA

pelo rito da Lei nº 9.099/95, em face de (BELTRANO), com endereço na Av. Presidente Antônio Carlos, nº 2.375, sala 1.405, Centro, Rio de Janeiro, pelos fatos e fundamentos que passa a expor:

---

[28] BRASIL. Arts. 291 e 292 da Lei nº 13.105, de 16 de março de 2015. *Código do Processo Civil. Diário Oficial da União*: Brasília, DF.

DOS FATOS

No dia 05/03/20XX, o autor efetivou a compra de um livro, pelo site das lojas inglesas.com. Em razão _____, na mesma data foi realizada o cancelamento da compra, com a notificação ao CARTÃOCARDFÁCIL e lojas inglesas.com.

Ao entrar em contato com a operadora do CARTÃOCARDFÁCIL, a orientação dada ao autor foi que a compra não havia sido reconhecida.

Não satisfeito com a orientação da operadora, dia 07/03/20XX, o autor dirigiu-se à Loja Inglesa do Shopping Legal, onde o gerente – Sr. Coelho – orientou que a desistência também fosse feita por escrito.

Quando do recebimento do extrato mensal do CARTÃOCREDFÁCIL, no dia 08/04/20XX, o autor verificou que constava o cancelamento da compra realizada em 5 de março.

No dia 08/06/20XX, no extrato mensal do CARTÃOCREDFÁCIL, foi novamente inserido como compra não lançada o valor do Livro (R$ 336,96) com data da compra em 12 /05/20XX.

Eis que, para surpresa do autor, ao tentar realizar compras, foi surpreendido pela informação de que o referido cartão havia sido cancelado – SEM QUALQUER TIPO DE AVISO –, causando-lhe constrangimento junto aos vendedores da loja Tênis Dez e à pessoa que o acompanhava.

Se já não fosse o bastante, no mês de novembro de 2005, o autor recebeu comunicação via postal da Serasa e do SPC, ambos datados de 15/11/20xx, avisando que o seu nome havia sido incluído nos arquivos e registros destas instituições como devedor inadimplente da CARTÃOCREDFÁCIL.

Ao receber essas comunicações, tentou por várias vezes contatar o departamento jurídico da CARTÃOCREDFÁCIL em São Paulo, e foi atendido inicialmente pela preposta de nome Andreia; depois, pela funcionária Cíntia; e, por fim, pelo preposto Josemir, não logrando êxito na solução de seu problema.

Apesar de todas tentativas do autor para solucionar o problema com o CARTÃOCREDFÁCIL, o valor na fatura mensal do mês de dezembro ainda continuou apresentando os valores da compra não existente, a taxa de cobrança, os encargos contratuais, multa e juros de mora.

Ato contínuo, o autor entrou em contato com as Lojas Inglesas, solicitando qualquer documento que comprovasse a não realização da compra, pois o CARTÃOCREDFÁCIL insistiu com a cobrança irregular. Assim, no dia 27 de janeiro 20XX, o SAC da inglesas.com informou, por e-mail, que não havia encontrado qualquer pedido de compra, e, por isso, não constava nenhum débito.

No mês de março 20XX, o autor recebeu comunicação do CARTÃOCREDFÁCIL, dando ciência do cancelamento do cartão por descumprimento contratual e envio de proposta de acordo para liquidar débito, pois, caso contrário, remeteria o nome do signatário à Serasa e ao SPC.

ENTRETANTO, O NOME DO AUTOR JÁ CONSTAVA NA LISTA DOS MAUS PAGADORES, DESDE O MÊS DE NOVEMBRO DE 2005, APESAR DE TER EFETIVADO O CANCELAMENTO DA COMPRA, CONFORME JÁ NARRADO E COMPROVADO.

No dia 11/04/20XX, o autor recebeu comunicação postal da ZANC Assessoria Nacional de cobrança notificação extrajudicial, estabelecendo um prazo de 24 horas para comparecer solucionar o problema junto ao escritório da empresa, a fim de evitar o ajuizamento de ação executiva.

Todo esse transtorno se deve à negligência e ao erro grosseiro da ré, que, em detrimento da pessoa do autor, tolheu-lhe o crédito e manchou sua honra com as ilegais negativações junto aos sistemas Serasa e SPC e as contínuas e sucessivas cobranças indevidas.

Por esse motivo, o autor pede socorro ao Poder Judiciário, a fim de poder fazer valer o seu direito de cidadão, bem como perpetrar à ré uma punição compatível com a sua atitude irresponsável.

DOS FUNDAMENTOS

Em razão da atitude irresponsável da ré, o autor sofreu e vem sofrendo sérios danos à sua honra, pois teve seu nome indevidamente negativado perante os sistemas Serasa e SPC.

A obrigatoriedade de reparar o dano moral está consagrada na Constituição Federal, precisamente em seu art. 5º, em que a todo cidadão é *"assegurado o direito de resposta, proporcionalmente ao agravo, além de indenização por dano material, moral ou à imagem"*, bem como *"são invioláveis a intimidade, a vida privada, a honra e a imagem das pessoas, assegurado o direito a indenização pelo dano material ou moral decorrente de sua violação"*.

A inscrição indevida do nome do autor na Serasa e no SPC caracteriza ato ilícito, cabendo, assim, o dever de reparar o dano sofrido, agora com base no art. 186 do Código Civil.

Certo é que essa reparação, conforme se lê no art. 948, do Código Civil, consiste na fixação de um valor capaz de desencorajar o ofensor ao cometimento de novos atentados contra o patrimônio moral das pessoas.

Yussef Said Cahali, ao tratar do protesto indevido, é da seguinte opinião: *"sobrevindo, em razão do ilícito ou indevido protesto de título, perturbação nas relações psíquicas, na tranquilidade, nos sentimentos e nos afetos de uma pessoa, configura-se o dano moral puro, passível de ser indenizado; o protesto indevido de título, quando já quitada a dívida, causa injusta agressão à honra, consubstanciada em descrédito na praça, cabendo indenização por dano moral, assegurada pelo art. 5º, inc. X, da Constituição",* e que *"o protesto indevido de título macula a honra da pessoa, sujeitando-a ainda a sérios constrangimentos e contratempos, inclusive para proceder ao cancelamento dos títulos protestados, o que representaria uma forma de sofrimento psíquico, causando-lhe ainda uma ansiedade que lhe retira a tranquilidade; em síntese, com o protesto indevido ou ilícito do título de crédito, são molestados direitos inerentes à personalidade, atributos imateriais e ideais, expondo a pessoa à degradação de sua reputação, de sua credibilidade, de sua confiança, de seu conceito, de sua idoneidade, de sua pontualidade e de seriedade no trato de seus negócios privados".*

O Código de Proteção e Defesa do Consumidor também prevê o dever de reparação, posto que, ao enunciar os direitos do consumidor, em seu art. 6º, traz, entre outros, o direito de *"efetiva prevenção e reparação de danos patrimoniais e morais, individuais, coletivos e difusos"* (inc. VI) e *"acesso aos órgãos judiciários e administrativos, com vistas à prevenção ou reparação de danos patrimoniais e morais, individuais, coletivos ou difusos, assegurada a proteção jurídica, administrativa e técnica aos necessitados"* (inc. VII).

A própria lei prevê a possibilidade de reparação de danos morais decorrentes do sofrimento, do constrangimento, da situação vexatória, do desconforto em que se encontra o autor.

Segundo Carlos Alberto Bittar: *"Na verdade, prevalece o entendimento de que o dano moral dispensa prova em concreto, tratando-se de presunção absoluta, não sendo, outrossim, necessária a prova do dano patrimonial".*

Com relação ao *quantum* indenizatório, Clayton Reis assevera que deve ser levado em conta o grau de compreensão das pessoas sobre os seus direitos e obrigações, pois *"quanto maior, maior será a sua responsabilidade no cometimento de atos ilícitos e, por dedução lógica, maior será o grau de apenamento quando ele romper com o equilíbrio necessário na condução de sua vida social".*

Cumpre salientar que a importância da indenização vai além do caso concreto, posto que a sentença tem alcance muito elevado, na medida em que traz consequências ao direito e toda sociedade. Por isso, deve haver a correspondente e necessária exacerbação do *quantum* da indenização, tendo em vista a gravidade da ofensa à honra do autor; os efeitos sancionadores da sentença só produzirão seus efeitos e alcançarão sua finalidade se esse *quantum* for suficientemente alto a ponto de apenar o banco-réu e assim coibir que outros casos semelhantes aconteçam.

Maria Helena Diniz, ao tratar do dano moral, ressalva que a reparação tem sua dupla função: a penal, *"constituindo uma sanção imposta ao ofensor, visando a diminuição de seu patrimônio, pela indenização paga ao ofendido, visto que o bem jurídico da pessoa (integridade física, moral e intelectual) não poderá ser violado impunemente"*; e a função satisfatória ou compensatória, pois *"como o dano moral constitui um menoscabo a interesses jurídicos extrapatrimoniais, provocando sentimentos que não têm preço, a reparação pecuniária visa proporcionar ao prejudicado uma satisfação que atenue a ofensa causada"*. A jurisprudência dos tribunais é dominante no sentido do dever de reparação por dano moral, em especial nos casos de protesto indevido, destacando-se, entre muitos, os seguintes[29]:

XXXXXXXXXXXXXXXXXXXXXXXXXXXXXXXXXX
XXXXXXXXXXXXXXXXXXXXXXXXXXXXXXXXXX
XXXXXXXXXXXXXXXXXXXXXXXXXXXXXXXXXX
XXXXXXXXXXXXXXXXXXXXXXXXXXXXXXXXXX
XXXXXXXXXXXXXXXXXXXXXXXXXXXXXXXXXX
XXXXXXXXXXXXXXXXXXXXXXXXXXXXXXXXXX
XXXXXXXXXXXXXXXXXXXXX

Diante do exposto acima, o autor requer a condenação do réu pelos danos morais perpetrados com a inserção indevida de seu nome nos sistemas Serasa e SPC.

DA TUTELA DE URGÊNCIA

Conforme a tutela de urgência, necessário se faz que se comprove a probabilidade do direito e o perigo de dano e, capaz de formar o juízo de valor do magistrado quanto a sua concessão.

No presente caso, a probabilidade de dano encontra-se nos documentos que comprovam o cancelamento da compra pelo autor e a aceitação pela ré. Quanto ao

---

29 AGRAVO INTERNO NO AGRAVO EM RECURSO ESPECIAL. AÇÃO ANULATÓRIA DE CONTRATO C/C PEDIDO DE INDENIZAÇÃO POR DANOS MORAIS. DECISÃO DE INADMISSIBILIDADE DO APELO. APLICAÇÃO DE PRECEDENTE OBRIGATÓRIO. NÃO CONHECIMENTO DO AGRAVO DO ART. 1.042 DO CPC/2015. INSCRIÇÃO INDEVIDA. CADASTRO DE INADIMPLENTES. DANO MORAL *IN RE IPSA*. SÚMULA 83/STJ. VALOR DA INDENIZAÇÃO. REEXAME. DESCABIMENTO. MONTANTE RAZOÁVEL. AGRAVO INTERNO IMPROVIDO.

1. Nos termos dos arts. 1.030, § 2º, e 1.042, *caput*, do CPC/2015, o agravo em recurso especial é o recurso cabível contra decisão de inadmissibilidade do recurso especial não fundamentada em recurso repetitivo e proferida após a vigência do CPC/2015 (18/3/2016), motivo pelo qual a interposição de agravo interno incabível não interrompe o prazo do recurso adequado. Precedentes.2. Está pacificado nesta eg. Corte que a inscrição indevida em cadastro negativo de crédito, por si só, configura dano *in re ipsa*. 3. O valor arbitrado pelas instâncias ordinárias a título de danos morais somente pode ser revisado em sede de recurso especial quando irrisório ou exorbitante. No caso, o montante fixado em R$ 10.000,00 (dez mil reais) não se mostra exorbitante nem desproporcional aos danos suportados pela parte autora. 4. Agravo interno improvido. (AgInt no AREsp nº 2.114.822/SP, relator Ministro Raul Araújo, Quarta Turma, DJe de 13/10/2022.)

perigo de dano, corresponde ao apontamento do nome do autor em órgãos cadastrais de proteção ao crédito.

Ainda com relação à probabilidade de dano em se tratando de relação de consumo, merece transcrição o elucidativo julgado da ___ Câmara Cível do Tribunal de Justiça do _____, ao julgar o Agravo de Instrumento de nº _____, tendo como relator _____:

XXXXXXXXXXXXXXXXXXXXXXXXXXXXXXXXXXXX
XXXXXXXXXXXXXXXXXXXXXXXXXXXXXXXXXXXX
XXXXXXXXXXXXXXXXXXXXXXXXXXXXXXXXXXXX
XXXXXXXXXXXXXXXXXXXXXXXXXXXXXXXXXXXX
XXXXXXXXXXXXXXXXXXXXXXXXXXXXXXXXXXXX
XXXXXXXXXXXXXXXXXXXXXXXXXXXXXXXXXXXX
XXXXXXXXXXXXXXXXXXXXXX

Em razão do acima exposto, não existe impedimento para a concessão da tutela de urgência pelo Julgador, conforme pedido abaixo, trazendo, assim, equilíbrio entre as partes da demanda.

DO PEDIDO

Isso posto, é a presente para requerer a V. Exa.:
a. a concessão da tutela de urgência, determinando a retirada do nome do autor dos órgãos cadastrais, sob pena de ser imposta multa diária em valor que deverá ser arbitrado por este juízo;
b. a citação da ré para comparecer à audiência de conciliação e, caso não ocorra, querendo, apresentar sua defesa, sob pena de revelia;
c. a inversão do ônus da prova;
d. a procedência do pedido, condenando a ré ao pagamento de danos morais no valor de 40 (quarenta) salários-mínimos, bem como seja confirmada a tutela concedida.

DAS PROVAS

Requer a produção de todos os meios de prova em direito admitidas, em especial, provas documental e testemunhal e depoimento pessoal do representante legal da ré.

DO VALOR DA CAUSA

Dá-se à causa o valor de R$ 48.480,00.

Nestes Termos,

Pede deferimento.

Local e data.

Nome e OAB do advogado

1.4.5) Reparação de danos (furto de automóvel em estacionamento)

EXCELENTÍSSIMO JUÍZO DE DIREITO DA ___ VARA CÍVEL REGIONAL DA REGIÃO OCEÂNICA

FULANO DE TAL, brasileiro, solteiro, professor, portador da cédula de identidade n° XXXXXXXX, inscrito no CPF sob o n° XXXXXXXXXXXX, residente e domiciliado na Rua Tiradentes, n° 205, Pendotiba, Niterói, vem, respeitosamente, por meio de seu advogado (doc. 01), com endereço profissional na Av. Ernani do Amaral Peixoto, n° 1, sala 705, Centro, Niterói, à presença de V. Exa., propor a presente

AÇÃO DE REPARAÇÃO DE DANOS

pelo rito ...., em face da empresa SUPERMERCADO PONTO CERTO Ltda., inscrita no CNPJ/MF sob n° XXXXXXXXXXXXXXXX e Inscrição Estadual n° XXXXXXXXXXXXXXXXXXXX, estabelecida na Av. Graça Aranha, n° 106, Pendotiba, Niterói, na pessoa de seu representante legal, pelos motivos de fato e de direito que passa a expor:

DOS FATOS

O autor, por volta das 11h30 do dia 15 de fevereiro de 20XX, estacionou seu veículo, qual seja, Volkswagen, modelo Polo Sedan 1.8, de cor ouro, placa XXXXXXXX, ano 2012, chassi n° XXXXXXXXXXXX, de sua propriedade (doc. n° 02), no estacionamento externo e privativo da clientela do aludido estabelecimento comercial.

O autor, após efetuar suas compras, conforme cupom fiscal (doc. 03), encaminhou-se ao estacionamento, ocasião em que verificou que seu veículo fora furtado. Ato contínuo, imediatamente o autor comunicou o fato aos responsáveis do supermercado que, prontamente se dispuseram a providenciar a entrega das compras em sua residência.

Logo em seguida ao acontecido, o autor dirigiu-se à delegacia policial da localidade, a fim de comunicar a ocorrência do furto, conforme depreende-se pelo boletim de ocorrência nº XXXXXXX (doc. 04).

Cumpre destacar que o estacionamento onde fora deixado o veículo do autor é destinado a uso dos clientes do supermercado, dando conta de tratar-se de área privativa e reservada à sua clientela. As compras são levadas aos automóveis estacionados naquele local em que os carrinhos, depois de usados, são deixados no local e recolhidos pelos funcionários do estabelecimento comercial.

Após o ocorrido, o autor entrou em contato com o responsável do supermercado na tentativa de ser ressarcido dos prejuízos sofridos com o furto de seu automóvel, ocasião em que um funcionário do estabelecimento comercial solicitou uma cópia do boletim de ocorrência, que lhe fora entregue no dia 15 de fevereiro de 20XX, conforme depreende-se pelo comprovante em anexo (doc. 04), que também foi enviado à seguradora do supermercado (doc. 05).

Entretanto, para surpresa do autor, o réu respondeu negativamente, dando conta não ter qualquer responsabilidade sobre o evento ocorrido em seu estacionamento.

Após fazer novo contato como o réu, na tentativa de composição, esta também restou infrutífera, não tendo o autor outra alternativa senão ajuizar a presente demanda.

DOS FUNDAMENTOS

I – Do dever de indenizar

O direito à indenização por danos materiais e morais encontra-se expressamente consagrado em nossa Carta Magna, sendo "assegurado o direito de resposta, proporcional ao agravo, além da indenização por dano material, moral ou à imagem".

A Constituição também prevê que "são invioláveis a intimidade, a vida privada, a honra e a imagem das pessoas, assegurado o direito à indenização pelo dano material ou moral, decorrente de sua violação".

O Código Civil estabelece que "aquele que, por ação ou omissão voluntária, negligência, ou imperícia, violar direito, ou causar prejuízo a outrem, fica obrigado a reparar o dano".

Segundo Sérgio Cavalieri Filho, "o dano causado pelo ato ilícito rompe o equilíbrio jurídico-econômico anteriormente existente entre o agente e a vítima. Há uma necessidade fundamental de se restabelecer esse equilíbrio, o que se procura fazer recolocando o prejudicado no *statu quo ante*"[30].

O Código de Defesa do Consumidor consagra, como um dos direitos básicos do consumidor, o acesso aos órgãos judiciários "com vistas à reparação de danos patrimoniais e morais", bem como, assegurando-lhe "a facilitação da defesa de seus direitos, inclusive com a inversão do ônus da prova, a seu favor, no processo civil."[31].

---

30 CAVALIERI, p. 35.
31 CONSUMIDOR, Código de Defesa do. Artigo 6º, incisos VII e VIII.

Em se tratando de relação de consumo, a responsabilidade do fornecedor do serviço é objetiva, cabendo-lhe a prova de que tenha agido de forma eficaz para evitar o evento danoso.

A respeito do tema, anotou o ilustre Desembargador Cândido Rangel Dinamarco, quando integrante da Primeira Câmara Civil do Egrégio Tribunal de Justiça do Estado de São Paulo que "a responsabilidade das empresas proprietárias de supermercados pelo furto de autos de clientes ocorridos em suas dependências (estacionamento), é inconteste. Na disputa da clientela, um bom estacionamento constitui fator de muita importância e *quem tira proveito das dependências de que dispõe há de responder pelos riscos de quem deixa o veículo lá*. Trata-se de responsabilidade objetiva, que só se elidiria mediante eventual intercessão de outro fluxo causal autônomo (caso fortuito)".

Aliás, este tem sido o entendimento jurisprudencial, senão vejamos[32]:

> XXXXXXXXXXXXXXXXXXXXXXXXXXXXXXXXX
> XXXXXXXXXXXXXXXXXXXXXXXXXXXXXXXXX
> XXXXXXXXXXXXXXXXXXXXXXXXXXXXXXXXX
> XXXXXXXXXXXXXXXXXXXXXXXXXXXXXXXXX
> XXXXXXXXXXXXXXXXXXXXXXXXXXXXXXXXX
> XXXXXXXXXXXXXXXXXXXXXXXXXXXXXXXXX

II – Do dano material

O dano patrimonial é aquele que atinge os bens integrantes do patrimônio da vítima, sendo, por isso, suscetível de avaliação pecuniária.

No caso em tela, em razão do ocorrido, o autor acabou por perder um bem de sua propriedade – no caso, o veículo supramencionado, que, pelo valor de mercado, está avaliado em R$ 24.000,00 (vinte e quatro mil reais), conforme recortes de jornal e de revistas especializadas em anexo.

Desta forma, caberá ao réu o pagamento de tal quantia, considerando que este não poderá reparar o dano de forma direta, ou seja, por meio da restauração ou reconstituição da coisa.

III – Do dano moral

Considerando que todo e qualquer dano causado a alguém deve ser indenizado, não poderá ficar fora da análise o dano moral, que deverá ser levado em conta. O dinheiro, diga-se de passagem, tem valor permutativo, podendo-se, de alguma forma, amenizar a dor.

---

[32] A regra é que a **súmula 130** do STJ obriga o comerciante/empresário dono do estacionamento a indenizar eventuais danos materiais sofridos em caso de furto ou mesmo dano, pouco importando a existência de aviso em sentido diverso ou ser o estacionamento gratuito ou pago.

Portanto, à luz do aspecto legal, o interesse moral do autor já lhe autorizava a propositura de ação em seu favor, posto que não se exige tão somente o interesse econômico das partes, até porque a moral é também um interesse dos mais preservados dos cidadãos.

O STJ, por meio da Súmula 37, entende que *"são cumuláveis as indenizações por dano material e dano moral oriundas do mesmo fato"*.

Roberto de Ruggiero conceituou que *"basta a perturbação feita pelo ato ilícito nas relações psíquicas, na tranquilidade, nos sentimentos, nos afetos de uma pessoa, para produzir uma diminuição no gozo do respectivo direito"*[33].

O Código de Proteção e Defesa do Consumidor veio a ressaltar a importância de tal instituto, tanto que o inseriu entre os direitos básicos do consumidor (artigo 6º, inciso VI), *"a efetiva prevenção e reparação de danos patrimoniais e morais, individuais, coletivos e difusos"*.

No dano moral, não está em questão a prova do prejuízo, e sim a violação de um direito constitucionalmente previsto. Esse entendimento tem encontrado guarida no Superior Tribunal de Justiça, que assim já decidiu:

> XXXXXXXXXXXXXXXXXXXXXXXXXXXXXXXXXXXX
> XXXXXXXXXXXXXXXXXXXXXXXXXXXXXXXXXXXX
> XXXXXXXXXXXXXXXXXXXXXXXXXXXXXXXXXXXX
> XXXXXXXXXXXXXXXXXXXXXXXXXXXXXXXXXXXX
> XXXXXXXXXXXXXXXXXXXXXXXXXXXXXXXXXXXX

A professora Maria Helena Diniz complementa essa questão, posicionando-se da seguinte forma: "O dano moral, no sentido jurídico, não é a dor, a angústia, ou qualquer outro sentimento negativo experimentado por uma pessoa, mas sim uma lesão que legitima a vítima e os interessados reclamarem uma indenização pecuniária, no sentido de atenuar, em parte, as consequências da lesão jurídica por eles sofridos"[34].

Desta forma, considerando as questões de fato e de direito que foram expostas, o autor busca a prestação jurisdicional na certeza de ser ressarcido dos prejuízos que o acometeram.

DO PEDIDO

Isso posto, é a presente para requerer a V. Exa.:

a. a citação do requerido, na pessoa de seu representante legal para, querendo, dentro do prazo legal, oferecer sua contestação, sob pena de revelia;
b. seja julgado procedente o pedido, condenando o réu ao pagamento: b.1) a título de indenização por danos materiais, a quantia de R$ 24.000,00 (vinte e quatro

---

33 RUGGIERO, Roberto de. *Instituições de Direito Civil*, tradução da 6ª edição com notas do Dr. Ary dos Santos. São Paulo: Ed. Saraiva, 1937.
34 DINIZ, Maria Helena. *Curso de Direito Civil*, Editora Saraiva: São Paulo, 2019. p. 82.

mil reais), correspondente ao valor de mercado do veículo, à época do furto; b.2) a título de danos morais, seja igualmente o autor condenado ao pagamento da quantia de R$ 10.000,00 (dez mil reais), que deverá ser devidamente atualizada, corrigida e acrescida de juros, a partir do ajuizamento da presente ação;

c. a inversão do ônus da prova[35];
d. a condenação do réu ao pagamento das custas, taxa judiciária e honorários advocatícios.

DAS PROVAS

Requer a produção de todos os meios de prova em direito admitidos, em especial, provas documental e testemunhal e depoimento pessoal do representante legal do réu.

DO VALOR DA CAUSA

Dá-se à causa o valor de R$ 34.000,00 (trinta e quatro mil reais).

Nestes Termos,

Pede deferimento.

Local e data.

Nome e OAB do advogado

1.4.6) Reparação de danos (furto de bagagem)

EXMO. SR. DR. JUIZ DE DIREITO DA ____ VARA CÍVEL DA COMARCA DA CAPITAL

---

[35] AGRAVO INTERNO NO AGRAVO EM RECURSO ESPECIAL. DECLARATÓRIA DE INEXISTÊNCIA DE DÉBITO. INDENIZAÇÃO. INVERSÃO DO ÔNUS DA PROVA. REGRA DE INSTRUÇÃO. COMPROVAÇÃO MÍNIMA DOS FATOS ALEGADOS. SÚMULAS 7 E 83 DO STJ. AGRAVO NÃO PROVIDO. 1. É assente nesta Corte Superior o entendimento de que a inversão do ônus da prova é regra de instrução e não de julgamento. 2. "A jurisprudência desta Corte Superior se posiciona no sentido de que a inversão do ônus da prova não dispensa a comprovação mínima, pela parte autora, dos fatos constitutivos do seu direito" (AgInt no Resp XXXXX/RO, Rel. Ministro Marco Aurélio Bellizze, Terceira Turma, julgado em 05/06/2018, DJe de 15/06/2018). 3. Rever o acórdão recorrido e acolher a pretensão recursal demandaria a alteração do conjunto fático-probatório dos autos, o que é inviável nesta via especial ante o óbice da Súmula 7 do STJ. 4. Agravo interno não provido.

FULANO DE TAL, brasileiro, casado, comerciante, portador da carteira de identidade n° XXXXXXXX, inscrito no CPF sob o n° XXXXXXX, e BELTRANA DE TAL, brasileira, casada, do lar, portadora da carteira de identidade n° XXXXX, ambos residentes na Praia do Flamengo, n° 32/403, CEP XXXXXXXX, Rio de Janeiro, vêm, perante V. Exa., por intermédio de seu advogado *in fine firmado*, mediante instrumento procuratório (doc.01), com endereço profissional na Av. Nilo Peçanha, n° 32, sala 304, Centro, Rio de Janeiro, CEP XXXXXXXX, propor a presente

AÇÃO DE REPARAÇÃO DE DANOS MATERIAIS E MORAIS

pelo rito comum, em face da BONS VENTOS ME LEVEM LINHAS AÉREAS, com endereço comercial na Av. Rio Branco, n° 500, loja 910, Centro, Rio de Janeiro, CEP XXXXX, pelos fatos e fundamentos que passam a expor:

DOS FATOS

Os autores, no mês de junho de 20XX, no intuito de realizarem um antigo sonho, conseguiram agendar férias para o mês de fevereiro de 2006, a fim de passarem 1 (um) mês na cidade de Paris (França), tendo início no dia 2 de fevereiro e término no dia 2 março de 20XX.

Desta forma, no dia 06/06/XX, os autores adquiriram duas passagens para a tão esperada viagem junto à empresa ré, para o período acima assinalado, pelo valor de R$ 4.000,00 (quatro mil reais), conforme cópia em anexo (doc. 02).

Chegado o dia do embarque, superada toda a ansiedade, os autores foram para o Aeroporto Internacional do Galeão, tendo realizado o *check-in* às 8h40, com decolagem às 9h40, pelo voo 4538, com destino a Paris e conexão em Lisboa.

Ao chegarem a Lisboa/Portugal, os autores tiveram que esperar por aproximadamente 3 (três) horas para uma conexão com destino a Paris. Em virtude da demora, o primeiro autor indagou a um preposto da empresa ré sobre o destino das bagagens, tendo recebido a informação de que não se preocupassem, pois o sistema de envios de bagagens era automático.

Ao desembarcarem em Paris, no próprio dia 02/02/XX, os autores, após 4 (quatro) horas de espera, constataram que toda as suas bagagens não haviam sido enviadas a Paris.

Ao procurar o balcão de atendimento da empresa ré, um de seus prepostos, de nome Jackes Vilmor, informou que não havia motivos para preocupação, pois dentro de 48 (quarenta e oito) horas as bagagens já estariam em Paris.

Após o prazo estabelecido, os autores retornaram ao Aeroporto Internacional Paris-Charles de Gaulle, indo diretamente ao encontro de um dos prepostos da ré, Sr. Michel Olivier, que lhes comunicou que nenhuma das malas extraviadas haviam sido encontradas.

Importante destacar que, durante as 48 (quarenta e oito) horas de espera, os autores permaneceram em um quarto de hotel, apenas com as roupas trazidas no corpo, a uma temperatura aproximadamente de 6 (seis) graus centígrados.

Todo o dissabor sofrido pelos autores ficou documentado por meio da abertura de um processo administrativo, no Aeroporto de Paris, sob o nº ORYTP31872, com o objetivo de apurar o extravio das malas, conforme cópia em anexo (doc. 04).

Durante o período em que eram apurados os fatos, vários foram os documentos comprobatórios acerca do extravio das bagagens, tendo os autores discriminando os objetos constantes nas malas, conforme documento juntado (doc. 05).

Diante do passar dos dias, os autores foram obrigados a gastar suas economias na compra de novas roupas, materiais de higiene pessoal, entre outros necessários para o mínimo conforto do casal, conforme cópias das notas de compras em anexo (docs. 06, 07 e 08).

Há de se ressaltar que os autores não dispunham de uma situação financeira confortável, que lhes permitisse repor todas as roupas levadas para o período em que passariam na França, sem afetar sobremaneira suas economias.

Sendo assim, o que era para ser uma viagem familiar, com um misto de descanso e lazer, passou a ser um transtorno intenso que, agravava-se a cada dia que passara. Não houve passeios pela cidade, a não ser do hotel para o aeroporto, para falar com a empresa ré ou para comprar vestes e materiais de uso pessoal em um supermercado local.

Em que pese a ré ter reconhecido o erro, não demonstrou habilidade e boa vontade para resolvê-lo com a rapidez necessária. Da mesma forma deve ser dito com relação ao ressarcimento dos gastos extras realizados pelos autores, em decorrência do extravio das malas, o que jamais foi feito.

Insta esclarecer que as malas extraviadas nunca foram localizadas, o que causou aos autores danos irreparáveis, conforme demonstrativo discriminando todos os objetos que havia dentro da mala desaparecida (doc. 09).

Com o intuito de demonstrar os gastos efetuados pelos autores, segue abaixo uma tabela com a discriminação dos itens e valores dispensados, num total de R$ 4.500,00 (quatro mil e quinhentos reais), conforme fatura do cartão Visa.

Tudo isso fez com que a viagem dos sonhos se transformasse em um verdadeiro pesadelo, fazendo com que os autores perdessem dias, devido ao atropelo que lhes foi causado, bem como no que se refere ao lado financeiro, o que fez com que os autores não pudessem aproveitar as belezas da Cidade-Luz.

DOS FUNDAMENTOS

Está claro que, no caso em tela, estamos diante de uma relação de consumo, já que as partes em litígio estão em conformidade com a classificação apresentada pelos arts. 2º e 3º do Código de Proteção e Defesa do Consumidor, devendo, assim, ser analisada a questão da responsabilidade civil à luz da referida codificação.

No entendimento de Eduardo Arruda Alvim, "o Código de Proteção e Defesa do Consumidor regulamenta a responsabilidade por serviços fundamentalmente em dois dispositivos: no art. 14, trata da responsabilidade civil pelo fato do serviço; no art. 20, trata da responsabilidade civil pelo vício do serviço. É mister, pois, que tenha havido evento danoso, decorrente de defeito no serviço prestado, para que se possa falar em responsabilização nos moldes do art. 14. Ou, então, que o evento danoso tenha decorrido de informações insuficientes ou inadequadas sobre sua fruição e riscos, o que se pode chamar de defeito de informação".

O artigo 14, que diz responder o fornecedor pelo evento danoso, independentemente de culpa, consagra a sua modalidade objetiva. Já seu parágrafo 3º comporta as causas de exclusão.

Sendo assim, o fornecedor de serviços responde, independentemente da existência de culpa, pela reparação dos danos causados aos consumidores por defeitos relativos à prestação dos serviços, bem como por informações insuficientes ou inadequadas sobre sua fruição e riscos. Certo é que o fornecedor de serviços não será responsabilizado quando provar que, tendo prestado o serviço, o defeito inexiste ou a culpa exclusiva é do consumidor ou de terceiros.

Assim, se provado o defeito do serviço – no caso em tela, a falha que possibilitou o extravio da bagagem dos autores –, o transportador somente deixará de ser responsabilizado quando a responsabilidade advier de fato de outrem ou fato próprio do consumidor.

A responsabilidade objetiva nada mais é do que a obrigação de reparar determinados danos causados a outrem, independentemente de qualquer atuação dolosa ou culposa do responsável, mas que tenham acontecido durante atividades realizadas no interesse ou sob o controle da pessoa responsável.

Estando presentes o três os requisitos básicos para que se configure a responsabilidade objetiva – quais sejam: o fato, o dano e o nexo de causalidade –, deverá a empresa ré suportar os prejuízos causados aos autores da presente demanda.

O Código de Proteção e Defesa do Consumidor assegura "a efetiva prevenção e reparação de danos patrimoniais e morais, individuais, coletivos e difusos".[36]

---

36 BRASIL. Art. 6º, inciso VI, da Lei nº 8.078, de 11 de setembro de 1990. *Dispõe sobre a proteção do consumidor e dá outras providências.* Diário Oficial da União: Brasília, DF.

Para Eduardo Arruda Alvim, "a possibilidade de reparação do dano moral veio a ser constitucionalmente garantida com a atual Constituição, em seu art. 5º, incisos V e X"[37].

O Código Consumerista estabelece, ainda, que são nulas as cláusulas contratuais relativas ao fornecimento de produtos e serviços que impossibilitem, exonerem ou atenuem a responsabilidade do fornecedor por vícios de qualquer natureza dos produtos e serviços ou impliquem renúncia ou disposição de direitos.

No entendimento de Alberto do Amaral Jr., "são nulas, nos contratos de transporte de carga, as cláusulas limitativas de responsabilidade do transportador referentes à perda ou avaria da coisa transportada. O mesmo raciocínio aplica-se ao transporte de pessoas em que certa cláusula estabeleça a quantia a ser paga desde que sobrevenha o dano"[38].

Segundo Eduardo Arruda Alvim "no que diz respeito aos contratos de transporte em geral, inexistem maiores dificuldades em se concluir pela aplicabilidade do Código de Proteção e Defesa do Consumidor aos mesmos. (...) Antônio Herman de Vasconcellos e Benjamin observa, aliás, que esse tipo de contrato, entre outros, tem maior potencial para causar acidentes de consumo"[39].

Como sabido, o Código de Proteção e Defesa do Consumidor é norma de ordem pública e de interesse social, conforme determina o art. 1º, sendo que a autonomia da vontade foi deixada num plano secundário. Por este motivo é que a incidência das normas do referido Código é cogente, não podendo ser afastada pela vontade das partes.

A Lei nº 8.078/94, editada nos termos do art. 5º, inc. XXXII e do art. 170, V, da Constituição Federal, elevou a defesa do consumidor à altura de princípio geral da atividade econômica, não podendo ser relegada a um plano inferior ao da Convenção de Varsóvia.

Para Eduardo Arruda Alvim, "o fato de a Convenção de Varsóvia não ter sido denunciada pelo Governo brasileiro (tal como previsto no art. 39 da Convenção) não quer significar que os limites de indenização nela previstos prevaleçam ainda hoje, pois que virtualmente incompatíveis com o regime do Código de Proteção e Defesa do Consumidor que, como visto, deita raízes na própria Carta de 1988".

À assertiva de que a Convenção é lei especial e, portanto, nos critérios de solução de antinomias, prevaleceria sobre o Código de Defesa do Consumidor, deve-se manter distância. Sucede que o Código de Defesa do Consumidor também é lei especial, pois regula universalmente toda e qualquer relação de consumo. Ademais, foi editada com o escopo de defender e proteger o consumidor, que, diga-se, em nada era beneficiado pela Convenção de Varsóvia ou o Código Brasileiro de Aeronáutica.

---

37 ALVIM, Eduardo Arruda. In: *Responsabilidade Civil pelo Fato do Produto no Código de Defesa do Consumidor*. Revista de Direito do Consumidor, v. 19, p. 122.
38 JUNIOR, Alberto do Amaral. *A Invalidade das cláusulas limitativas de responsabilidade nos contratos de transporte aéreo*. In: Ajuris. Março de 1998, Edição Especial. p. 445.
39 ALVIM, p. 127-128.

Em resumo, pode-se dizer claramente e com toda a certeza que, em conflito entre a Convenção de Varsóvia e o Código de Defesa do Consumidor, prevalece este último, posto que hierarquicamente superior (editado nos termos do art. 5º, inc. XXXII da Constituição Federal), especial (o CPDC regula toda relação de consumo) e, como se não bastasse, posterior (tendo sido publicado em 11/09/1990 e entrado em vigor em 13/03/1991, enquanto a Convenção ingressou no ordenamento nacional em 24/11/1931).

Aliás, este é o entendimento do Supremo Tribunal Federal[40]:

> XXXXXXXXXXXXXXXXXXXXXXXXXXXXXXXXXXXXX
> XXXXXXXXXXXXXXXXXXXXXXXXXXXXXXXXXXXXX
> XXXXXXXXXXXXXXXXXXXXXXXXXXXXXXXXXXXXX
> XXXXXXXXXXXXXXXXXXXXXXXXXXXXXXXXXXXXX
> XXXXXXXXXXXXXXXXXXXXXXXXXXXXXXXXXXXXX

O Tribunal de Justiça de São Paulo também já decidiu neste sentido[41]:

> XXXXXXXXXXXXXXXXXXXXXXXXXXXXXXXXXXXXX
> XXXXXXXXXXXXXXXXXXXXXXXXXXXXXXXXXXXXX
> XXXXXXXXXXXXXXXXXXXXXXXXXXXXXXXXXXXXX
> XXXXXXXXXXXXXXXXXXXXXXXXXXXXXXXXXXXXX
> XXXXXXXXXXXXXXXXXXXXXXXXXXXXXXXXXXXXX

Outrossim, quanto ao exame da ocorrência, ou não, do dano moral, ninguém coloca em dúvida as repercussões nefastas do extravio de bagagem em viagem, especialmente se realizada fora do país. Os transtornos são imensos, ocasionando os mais diversos sentimentos para o viajante. No que concerne ao dano moral, há de se perquirir a humilhação e, consequentemente, o sentimento de desconforto provocado pelo ato, o que é irrefutável na espécie.

---

40 TJ-SP XXXXX20168260132 SP XXXXX-31.2016.8.26.0132 AÇÃO INDENIZATÓRIA. DANOS MATERIAIS E MORAIS. EXTRAVIO DE BAGAGEM. 1. A empresa aérea deve ressarcir o prejuízo material decorrente de extravio de bagagem. O valor estimado de R$ 3.516,17 (três mil quinhentos e dezesseis reais e dezessete centavos) corresponde aos elementos fáticos retratados nos autos, em consonância como conteúdo da bagagem declarado após o extravio. Empresa aérea que sequer faz menção à eventual declaração de conteúdo ou de valor de bagagem solicitada antes do embarque. Pedido de indenização por danos materiais procedente. 2. Indubitável o dano moral ocasionado por extravio de bagagem. 3. O valor da indenização por danos morais, arbitrado em R$ 10.000,00 (dez mil reais), não é exorbitante. R. sentença mantida na íntegra. Recurso de apelação não provido.

41 TJ-MS - Apelação Cível: AC XXXXX20188120021 MS XXXXX-22.2018.8.12.0021 APELAÇÃO CÍVEL - Ação De Indenização DE DANOS MORAIS E MATERIAIS DECORRENTES DE EXTRAVIO DE BAGAGEM – DANO MORAL CARACTERIZADO – VALOR INDENIZATÓRIO A TÍTULO DE DANO MORAL MANTIDO EM R$ 10.000,00 – DANO MATERIAL CONFIGURADO – SENTENÇA MANTIDA – RECURSO IMPROVIDO. 1. A responsabilidade do transportador é objetiva, nos termos do artigo 14, do Código de Defesa do Consumidor, respondendo, independentemente de culpa, pela reparação dos danos que eventualmente causar pela falha na prestação de seus serviços. Assim, cabe à companhia aérea contratada responder pelos danos causados ao passageiro, pelos aborrecimentos e frustrações experimentados em razão do extravio de sua bagagem. 2. O valor arbitrado a título de indenização por danos morais deve representar uma compensação à vítima e também uma punição ao ofensor, guardando-se proporcionalidade entre o ato lesivo e o dano moral sofrido. Como os critérios apontados foram atendidos pelo juiz a quo, não comporta redução o quantum indenizatório. 3. Deve ser reconhecido o direito à reparação pelos danos materiais efetivamente comprovados, mormente se a aquisição de roupas foi necessária em razão do extravio da bagagem do autor.

Os autores, que pretendiam usufruir a viagem, viram-se de repente sem roupas e demais pertences que levaram para tanto, tendo que recorrer ao campo da improvisação para viabilizar a continuidade da viagem.

Sobre o assunto, é pacífico o entendimento dos nossos tribunais como adiante se assevera[42]:

---

[42] TJ-GO - Recurso Inominado Cível: RI XXXXX20228090007 ANÁPOLIS   EMENTA: RECURSO INOMINADO. AÇÃO INDENIZATÓRIA POR DANOS MATERIAIS E MORAIS. VIOLAÇÃO DE BAGAGEM. EXTRAVIO DE ITENS DE SIGNIFICATIVO VALOR. APLICABILIDADE DA CONVENÇÃO DE MONTREAL E VARSÓVIA QUANTO AO DANO MATERIAL. REDUÇÃO DO DANO MATERIAL. DANO MORAL MANTIDO. SENTENÇA REFORMADA. RECURSO CONHECIDO E PARCIALMENTE PROVIDO.1. Exordial. Aduz o autor que adquiriu da ré passagem aérea de retorno ao Brasil após viagem em família para o exterior e que, ao desembarcar e receber sua bagagem observou sinais de violação e inutilização do sistema de segurança da própria mala. Relatou ainda que diversos itens adquiridos durante a viagem e de considerável valor econômico foram subtraídos, contudo, ao formalizar reclamação junto à requerida, não obteve resposta satisfatória quanto à reparação integral dos danos sofridos. Por estas razões, ingressou em Juízo pugnando pela condenação da ré na reparação material no patamar de R$ 29.696,81 (vinte e nove mil seiscentos e noventa e seis reais e oitenta e um centavos) e danos morais em R$ 8.000,00 (oito mil reais). 2. Contestação evento 12. A parte requerida pontua a necessidade de aplicação da convenção de Montreal uma vez que se trata de viagem internacional. Refuta a argumentação inicial quanto aos itens supostamente furtados, em especial, quanto aos de considerável valor, já que há orientação aos passageiros que àqueles sejam levados consigo em bagagem de mão. Aduz a ausência de dano moral a ser indenizado e pugna pela total improcedência dos pedidos preambulares. 3. Impugnação à contestação? evento 17. Refuta os argumentos da contestação repisando os da peça inicial, pleiteando pela procedência dos pedidos. 4. Sentença evento 19. Homologada a proposta de sentença pelo MM. Juiz de Direito Dr. Rinaldo Aparecido Barros, que julgou procedentes os pedidos iniciais, para condenar a ré na reparação integral dos danos materiais e arbitrar danos morais em R$ 6.000,00 (seis mil reais). 5. Embargos de declaração opostos pela requerida evento 22. Recebido e não acolhido. 6. Recurso inominado? evento 30. Interposto pela parte requerida, no qual pugna pela reforma da sentença, para que sejam julgados improcedentes os pedidos iniciais. 6. Contrarrazões evento 33. Refuta os argumentos do recurso inominado, pleiteando pela manutenção da sentença. 7. Contrarrazões evento 33. Refuta os argumentos do recurso inominado, pleiteando pela manutenção da sentença. 8. Fundamentos do reexame. 8.1. Dos autos tenho como incontroverso que a bagagem do recorrido/autor foi violada, bem como que alguns itens nela contidos foram extraviados, de forma definitiva, tendo sido despachados diretamente pela recorrente/ré. 8.2. Cediço que a companhia aérea, ao vender as passagens para os seus clientes, chama para si a obrigação de transportá-los com seus pertences e bagagens que consigo levem, no tempo e modo, ao local de destino contratado, de forma que a responsabilidade da recorrente não pode ser desconsiderada, quanto aos fatos ocorridos. 8.3. Assim, em virtude da má prestação do serviço, pela violação e extravio definitivo de itens havidos na bagagem do autor, ora recorrido, tem-se o cenário suficiente para ensejar a indenização pelos danos causados. 8.4. Ademais, verifico que as alegações do autor quanto ao conteúdo da sua bagagem são criveis. Noutro lado, vislumbro que a ré, ora recorrente, não trouxe quaisquer provas de incorreção do conteúdo das bagagens. 8.5. Nesse contexto, ressalto que, tratando-se de voo internacional, à relação jurídica existente entre as partes, impõe-se a observância das regras previstas nas Convenções de Varsóvia e Montreal, que devem prevalecer em detrimento do Código de Defesa do Consumidor, exclusivamente em relação aos danos materiais, conforme decidido pelo excelso Supremo Tribunal Federal, em sede de repercussão geral, no RE XXXXX/RJ. Nesse sentido, precedentes: APELAÇÃO CÍVEL. AÇÃO DE INDENIZAÇÃO POR DANOS MATERIAIS E MORAIS. EXTRAVIO DE BAGAGEM. VOO INTERNACIONAL. LEGITIMIDADE PASSIVA. SERVIÇO OFERTADO EM CONJUNTO. DANO MATERIAL. LIMITAÇÃO. INCIDÊNCIA DA CONVENÇÃO DE MONTREAL. DANO MORAL *IN RE IPSA*. CONDENAÇÃO SOLIDÁRIA. HONORÁRIOS RECURSAIS. 1. Devidamente demonstrado no autos que os bilhetes foram emitidos ao consumidor em virtude de parceria entre as empresas GOL e a segunda requerida a Alitalia, ficam ambas as responsáveis pelos possíveis defeitos do serviço fornecido. 2. Conforme tese fixada no julgamento do RE XXXXX - Tema 210, por se tratar de voo internacional, impõe-se a aplicação da Convenção de Montreal, tão somente quanto aos danos materiais, eis que não há nenhuma menção ou limitação aos danos morais. 3. Verificado o extravio da bagagem do autor, independente do conteúdo transportado ou da inexistência da declaração de valor dos bens, resta patente o dever de indenizar. Porém, referido ressarcimento deve ser limitado a 1.000 Direitos Especiais de Saque, devendo a conversão em reais levar em consideração a cotação de referida moeda (DES) na data da prolação da sentença. Inteligência dos artigos 22 e 23, da Convenção de Montreal. (...) APELAÇÃO CÍVEL CONHECIDA E PARCIALMENTE PROVIDA. SENTENÇA REFORMADA DE OFÍCIO.? (TJGO, APELAÇÃO XXXXX-95.2015.8.09.0087, Rel. MARIA DAS GRAÇAS CARNEIRO REQUI, 1ª Câmara Cível, julgado em 14/08/2019, DJe de 14/08/2019). Grifei. APELAÇÃO CÍVEL. AÇÃO DE INDENIZAÇÃO POR DANOS MATERIAIS E MORAIS, POR EXTRAVIO DE BAGAGEM. VIAGEM INTERNACIONAL. APLICABILIDADE DAS CONVENÇÕES DE VARSÓVIA E MONTREAL, AO INVÉS DO CÓDIGO DE DEFESA DO CONSUMIDOR, SOMENTE EM RELAÇÃO AOS DANOS MATERIAIS, EM VOO INTERNACIONAL. (...) 2. Deve-se aplicar as Convenções de Varsóvia e Montreal, especificamente em relação aos danos materiais, visto que se tratou de serviço de transporte aéreo internacional, conforme comprovado nos autos. Em relação aos danos morais, por outro lado, aplica-se, o Código de Defesa do Consumidor. 3. Demonstrado o prejuízo experimentado pela Autora, deve a sentença ser reformada, com a consequente condenação da empresa ré/apelada, ao pagamento dos danos morais e materiais almejados pela consumidora. (...) APELAÇÃO CÍVEL CONHECIDA E PROVIDA EM PARTE.? (TJGO, Apelação (CPC) XXXXX-03.2016.8.09.0051, Rel. FRANCISCO VILDON JOSÉ VALENTE, 5ª Câmara Cível, julgado em 04/02/2019, DJe de 04/02/2019). Grifei. 8.6. Por sua vez, a Convenção de Montreal dispõe: Artigo 22 Limites de Responsabilidade Relativos ao Atraso da Bagagem e da Carga. (?) 2. No transporte de bagagem, a responsabilidade do transportador em caso de destruição, perda, avaria ou atraso se limita a 1.000 Direitos Especiais de Saque por passageiro, a menos que o passageiro haja feito ao transportador, ao entregar-lhe a bagagem registrada, uma declaração especial de valor da entrega desta no lugar de destino, e tenha pagado uma quantia suplementar, se for cabível. Neste caso, o transportador estará obrigado a pagar uma soma que não excederá o valor declarado, a menos que prove que este valor é superior ao valor real da entrega no lugar de destino?

XXXXXXXXXXXXXXXXXXXXXXXXXXXXXXXXXXXX
XXXXXXXXXXXXXXXXXXXXXXXXXXXXXXXXXXXX
XXXXXXXXXXXXXXXXXXXXXXXXXXXXXXXXXXXX
XXXXXXXXXXXXXXXXXXXXXXXXXXXXXXXXXXXX
XXXXXXXXXXXXXXXXXXXXXXXXXXXXXXXXXXXX
XXXXXXXXXXXXXXXXXXXXXXXXXXXX

A prática ensina que, na maioria das empresas de aviação, não são exigidas declarações minuciosas do conteúdo da bagagem. O transportado não teria, pois, como provar o conteúdo das malas, posto que seria considerado documento unilateral (o próprio consumidor, após a constatação do extravio, faz uma lista do que foi perdido). Mas de nada valem estes argumentos, pois no Código de Defesa do Consumidor o ônus da prova é invertido, devendo o transportador comprovar que a mala extraviada não continha tais objetos.

8.7. Assim, considerando que o autor/recorrido não declarou, no momento do despacho, o valor do bem a ser transportado, bem como em virtude de superar ao máximo previsto no dispositivo supratranscrito, tenho por bem limitar a indenização por danos materiais a 1.000 Direitos Especiais de Saque, que, quando da realização da conversão em reais, deve ser considerada a cotação de referida moeda (DES) na data da prolação da sentença: Artigo 23 Conversão das Unidades Monetárias 1. As quantias indicadas em Direitos Especiais de Saque mencionadas na presente Convenção consideram-se referentes ao Direito Especial de Saque definido pelo Fundo Monetário Internacional. A conversão das somas nas moedas nacionais, no caso de ações judiciais, se fará conforme o valor de tais moedas em Direitos Especiais de Saque, na data da sentença. O valor em Direitos Especiais de Saque da moeda nacional de um Estado Parte, que seja membro do Fundo Monetário Internacional, será calculado de acordo com o método de avaliação adotado pelo Fundo Monetário Internacional para suas operações e transações, vigente na data da sentença. O valor em Direitos Especiais de Saque da moeda nacional de um Estado Parte que não seja membro do Fundo Monetário Internacional será calculado na forma estabelecida por esse Estado. 8.8. Portanto, merece reforma a sentença, nesse ponto, reduzindo o dano material suportado pelo autor ao limite previsto na Convenção de Montreal, ou seja, 1.000 Direitos Especiais de Saque. 8.9. Quanto ao dano moral, menciono que nos casos de extravio de bagagem, o dano moral se configura *in re ipsa*, ou seja, prescinde de prova. Nesse passo, tenho que o arbitramento do valor indenizatório a título de danos morais, deve ser justo a ponto de alcançar seu caráter punitivo e proporcionar satisfação ao correspondente prejuízo moral sofrido pela vítima, atendendo-se aos critérios da razoabilidade e proporcionalidade, além de considerar a extensão do dano, a condição financeira das partes, o grau de culpabilidade do agente, a finalidade pedagógica da medida, bem como inibir indevido proveito econômico do lesado e a ruína do lesante. 8.10. Ademais, não seria razoável uma verba indenizatória irrisória, que pouco significasse ao ofendido nem uma indenização excessiva, com a qual o Autor do fato não pudesse arcar sem enormes prejuízos, também socialmente indesejável. 8.11. Considerando a gravidade do ato praticado contra a recorrente/ré, a capacidade econômica do ofensor, o caráter punitivo-compensatório da indenização, há de ser mantido o valor da indenização fixada na sentença proferida em primeiro grau. A propósito: (...)Em relação ao montante indenizatório, é pacífico o entendimento deste Superior Tribunal de Justiça no sentido de que o valor estabelecido pelas instâncias ordinárias pode ser revisto tão somente nas hipóteses em que a condenação se revelar irrisória ou exorbitante, distanciando-se dos padrões de razoabilidade, o que não se evidencia no presente caso.? (STJ, AI nº 1.324.714 - PR (2010/XXXXX-2), Rel. Min. Raul Araújo, in DJE nº 05/11/2010 grifos nossos.) 8.12. Assim, tenho como justa a manutenção do valor arbitrado a título de danos morais, em R$ 6.000,00 (seis mil reais), estando em conformidade com os princípios da razoabilidade e proporcionalidade. 8.13. Ante o exposto, CONHEÇO do recurso interposto e DOU-LHE PARCIAL PROVIMENTO, reformando-se a r. sentença, tão somente, para fixar o dano material em 1.000 Direitos Especiais de Saque, devendo a conversão em reais levar em consideração a cotação de referida moeda (DES) na data da prolação da sentença, mantendo-se, no mais, inalterada, a sentença singular, por estes e seus próprios fundamentos. 9. Deixo de condenar a parte Recorrente ao pagamento das custas processuais e honorários advocatícios, com fulcro no art. 55, da Lei nº 9.099 /95. 10. Advirta-se que se opostos embargos de declaração com caráter protelatório, será aplicada multa com fulcro no art. 1.026, § 2º do Código de Processo Civil, se houver nítido propósito de rediscutir o mérito da controvérsia.
TJ-PR - XXXXX20228160182 Curitiba RECURSO INOMINADO. TRANSPORTE AÉREO INTERNACIONAL. EXTRAVIO DE BAGAGEM. BAGAGEM DEVOLVIDA 13 DIAS APÓS O EXTRAVIO. SENTENÇA DE PARCIAL PROCEDÊNCIA. RECURSO DA AUTORA. PLEITO DE MAJORAÇÃO DO DANO MORAL. POSSIBILIDADE. BAGAGEM DEVOLVIDA SOMENTE AO FIM DE VIAGEM INTERNACIONAL. OFENSA AOS DIREITOS DA PERSONALIDADE COMPROVADA. PRECEDENTES. RECURSO PROVIDO.
TJ-SP - Apelação Cível: AC XXXXX20208260003 SP XXXXX-21.2020.8.26.0003 INDENIZAÇÃO POR DANO MORAL E MATERIAL. TRANSPORTE AÉREO NACIONAL. EXTRAVIO DE BAGAGEM. Aplicação das regras do Código de Defesa do Consumidor. Incontroverso o extravio definitivo da bagagem do autor. Configurada a falha na prestação dos serviços da companhia aérea. Indenização por dano moral devida. Quantum indenizatório fixado originalmente em R$3.000,00 que comporta majoração para R$10.000,00. Dano material. Majoração do valor da indenização para R$5.627,98. Avaliação dos itens extraviados que é compatível com a natureza e o destino da viagem realizada. Sentença parcialmente reformada. RECURSO DA RÉ DESPROVIDO E RECURSO DO AUTOR PROVIDO.

E nem mesmo é necessário o pedido de inversão do *onus probandi*, pois, em sede de direito do consumidor, pode-se operar de ofício, ou seja, sem requerimento das partes. É que o Código de Defesa do Consumidor elevou suas normas à condição de normas de ordem pública e de interesse social (art. 1º), por normas de ordem pública, segundo Carlos César Hoffmann, com base em Nery Jr., "compreendem-se aquelas que devem ser apreciadas e aplicadas de ofício, e em relação às quais não se opera a preclusão, podendo, as questões que delas surgem, serem decididas e revistas a qualquer tempo e grau de jurisdição"[43].

A Jurisprudência é vasta:

XXXXXXXXXXXXXXXXXXXXXXXXXXXXXXXXXX
XXXXXXXXXXXXXXXXXXXXXXXXXXXXXXXXXX
XXXXXXXXXXXXXXXXXXXXXXXXXXXXXXXXXX
XXXXXXXXXXXXXXXXXXXXXXXXXXXXXXXXXX
XXXXXXXXXXXXXXXXXXXXXXXXXXXXXXXXXX
XXXXXXXXXXXXXXXXXXXXXXXXXXXX

Portanto, nos contratos de transporte aéreo, tanto internacional quanto nacional, a responsabilidade do transportador pelos danos causados à bagagem é sempre objetiva, tendo em vista a relação de consumidor-fornecedor que existe. Não é necessário se provar dolo ou culpa. Basta simplesmente a prova do fato ocorrido e o nexo de causalidade entre o fato e o dano.

Sendo assim, o fornecedor deverá provar fato que desconstitua o direito alegado pelo consumidor; caso contrário, deverá arcar com os prejuízos sofridos pelos autores quando do fatídico passeio na Europa.

DO PEDIDO

Isso posto, é a presente para requerer a V. Exa.:

a. a citação da ré, na pessoa de seu representante legal para, querendo, responder aos termos da presente;
b. a procedência do pedido de condenação da empresa ré, ao pagamento da quantia de R$ ( ), a título de danos materiais, bem como da quantia de R$ ( ), a título de danos morais;
c. a condenação da ré ao pagamento dos ônus sucumbenciais.

DAS PROVAS

Requer a produção de todos os meios de prova em direito admitidos, em especial, provas documental e testemunhal e depoimento pessoal do representante da ré.

---

43 HOFFMANN, Carlos César. *A Inversão do ônus da prova*. FURB. Pró-Reitoria de Pesquisa em Pós-Graduação, 1998. p. 83-84.

DO VALOR DA CAUSA

Dá-se à causa o valor de R$ 114.161,00 (centro e quatorze mil cento e sessenta e um reais).

Nestes Termos,
    Pede deferimento.
    Local e data.

Nome e OAB do advogado

1.4.7) Obrigação de fazer c/c reparação de danos e pedido de tutela de urgência

EXMO. SR. DR. JUÍZO DE DIREITO DA __ VARA CÍVEL REGIONAL[44] DA ILHA DO GOVERNADOR

FULANA DE TAL, brasileira, casada, aposentada, portadora da carteira de identidade nº XXXXXXX, expedida pelo IFP, inscrita no CPF sob o nº XXXXXXXXXXX, residente na Rua Curuçá, nº 373, Freguesia, Ilha do Governador, Rio de Janeiro, vem, perante V. Exa., por seu advogado (doc. 02), com endereço profissional na Av. Almirante Barros, nº 91, sala 704, Centro, Rio de Janeiro, propor

AÇÃO DE OBRIGAÇÃO DE FAZER C/C REPARAÇÃO DE DANOS COM PEDIDO DE TUTELA DE URGÊNCIA

pelo rito comum, em face de ASSEUFIZESSE – Fundação Assistencial dos Servidores do Ministério da Fazendinha, com endereço na Av. Rio Branco, nº 375, sala 1.405, Centro, Rio de Janeiro, pelos fatos e fundamentos que passa a expor:

DA GRATUIDADE DE JUSTIÇA

Afirma a autora, na forma dos artigos 98 e 99 da Lei nº 13.105/15, que não dispõe de meios de arcar com as despesas referente às custas judiciais, taxa judiciária e honorários advocatícios, sem prejuízo de seu sustento, bem como o de sua família, conforme declaração[45] em anexo (doc. 03).

---

44 RIO DE JANEIRO (Estado). Tribunal de Justiça. CODJERJ. Art. 94, § 3º, inciso VII.
45 O patrocínio da causa por Núcleo de Prática Jurídica não implica, automaticamente, a concessão dos benefícios da assistência judiciária gratuita, sendo indispensável o preenchimento dos requisitos previstos em lei. Julgados: AgRg no AREsp 729768/DF, Rel. Ministro REYNALDO SOARES DA FONSECA, QUINTA TURMA, julgado em 19/04/2018, DJe 30/04/2018. A REsp 1664199/DF (decisão monocrática), Rel. Ministro MARCO BUZZI, QUARTA TURMA, julgado em 27/04/2020, publicado em 29/04/2020.

DA PRIORIDADE NA TRAMITAÇÃO DO FEITO

Com fulcro na Lei nº 10.741/03, requer, desde já, a prioridade na tramitação do feito, em razão de a autora apresentar idade superior a 60 (sessenta) anos de idade[46].

DOS FATOS

A autora, funcionária pública federal, aposentada, no ano de 2001, descobriu ser portadora de fibrose pulmonar idiopática, doença degenerativa que se caracteriza por deixar alterações (cicatrizes) nos pulmões que são permanentes e progressivas, dificultando a respiração até sua total paralisação.

A partir do mês de dezembro de 20XX, em razão da total incapacidade funcional de seus pulmões, a autora passou a fazer uso de um condensador de ar (doc. 04), a fim de manter sua sobrevivência.

Tendo em conta o quadro avançado da doença, o referido condensador foi alugado junto à empresa AR VIDA, pelo valor de R$ 370,00 (trezentos e setenta reais) (doc. 05).

Ao comunicar a ré sobre a necessidade da autora em utilizar o referido aparelho, bem como ao requerer o pagamento das despesas referentes ao dito aparelho, a resposta dada pela gerência estadual da ASSEUFIZESSE foi negativa (docs. 06 e 07).

A recusa, segundo a ré, encontra amparo no item 17 da cláusula 14, dando conta de que o plano de saúde da autora não autoriza "tratamento domiciliar".

ENTRETANTO, A DITA CLÁUSULA 14, EM SEU ITEM 17, DÁ CONTA DE NÃO COBERTURA PARA "ENFERMAGEM EM CARÁTER PARTICULAR, EM RESIDÊNCIA OU NÃO, MESMO QUE O CASO EXIJA CUIDADOS ESPECIAIS, INCLUSIVE AS EMERGÊNCIAS" (doc. 08).

Tal negativa, além de não ser específica ao caso em análise, não corresponde ao que está escrito no CONTRATO DE PLANO DE SAÚDE ASSEUFIZESSE PLUS I (doc. 09), que prevê a cobertura de custeio e assistência médica, hospitalar e farmacêutica de pneumologia, conforme cláusula nona, que diz:

> "*CLÁUSULA 9ª - A CONTRATADA obriga-se à cobertura de custeio da assistência médica, hospitalar e farmacêutica prestada aos beneficiários, no tocante à utilização dos serviços prestados por terceiros nas especialidades abaixo indicadas: (...) 39. Pneumologia (...)* "

Em razão de tal negativa, o filho da autora passou a custear o aluguel do referido aparelho, sendo certo que, da renda mensal de R$ 1.020,00 (um mil e vinte reais), a constituinte sofre desconto em seu contracheque e conta corrente, no valor total de R$ 356,54 (trezentos e cinquenta e seis reais e cinquenta e quatro centavos), referente

---

46 BRASIL. Art. 71 da Lei nº 10.741, de 1º de outubro de 2003. Dispõe sobre o Estatuto da Pessoa Idosa e dá outras providências. Diário Oficial da União: Brasília, DF.

ao PLANO DE SAÚDE ASSEUFIZESSE I, tendo que arcar, ainda, com o pagamento de 2 (duas) acompanhantes e remédios, no valor total de R$ 500,00 (quinhentos reais) – (docs. 10 e 11).

As despesas de casa (luz, água e impostos) e alimentação, perfazendo um valor de R$ 1.000,00, são custeadas pelo esposo da autora, Sr. Arsênio Toldo, aposentado, que conta com 94 anos de idade (doc. 12).

Como dito acima, a fim de não sobrecarregar seus pais, a despesa referente ao condensador de ar, no valor de R$ 370,00 (trezentos e setenta reais), é feita pelo filho do casal, Sr. Sicrano, que exerce a função de professor, percebendo a quantia de R$ 2.200,00 (dois mil e duzentos reais) – (doc. 13).

Frise-se que o filho da autora, a fim de dar maior atenção aos seus pais, pediu demissão de sua função de advogado da empresa Grosso Construtora Ltda. (conforme termo de rescisão em anexo), reduzindo, assim, o seu salário, sendo certo que, além do condensador de ar, ainda arca com as suas próprias despesas, tais como condomínio, plano de saúde, alimentação, luz, telefone, transporte etc. (doc. 14), já que não reside com seus genitores (doc. 15).

Assim, duas questões devem ser consideradas no caso: a não cobertura do plano de saúde para o condensador de ar, em que pese não existir cláusula que o exima de tal responsabilidade, bem como os valores dispensados para o pagamento do referido aparelho.

DOS FUNDAMENTOS

A assistência médica hospitalar de qualidade tornou-se um produto quase que exclusivo, pois poucos cidadãos podem arcar com tal encargo.

Tudo isso pelo fracasso e deficiência no sistema único de saúde, elevando o número de pessoas que buscam um plano de saúde que possa garantir-lhes segurança, conforto e qualidade.

No entendimento de Nathalia Arruda Guimarães, mestre em Direito pela UERJ, nos contratos de plano de saúde *"o que se 'vende' e o que se 'compra' é o próprio direito à vida, à saúde, ao bom tratamento físico e mental do indivíduo, bens indisponíveis e de relevância indiscutível"*.

Em que pese tratar-se de um serviço de responsabilidade do Estado, este autoriza sua prestação por terceiros, que devem seguir as normas impostas pela CONSTITUIÇÃO DA REPÚBLICA, pelos PRINCÍPIOS DE DIREITO, pelo CÓDIGO DE PROTEÇÃO E DEFESA DO CONSUMIDOR e pela LEGISLAÇÃO ESPECÍFICA.

A Constituição da República consagrou o princípio da dignidade da pessoa humana, bem como a garantia fundamental do direito à vida, à saúde, sendo obrigação do Estado promover a defesa do consumidor.

O Código de Proteção e Defesa do Consumidor, como sabido, é norma de ordem pública e interesse social.

Economicamente, o Estado Liberal evoluiu para o Estado Social, que acaba por causar reflexo nas relações contratuais, já que o interesse social deve prevalecer à vontade dos contratantes, devendo ser aplicado, quando da análise dos contratos, o princípio da dimensão coletiva das relações de consumo.

Dessa forma, os princípios contratuais clássicos devem ser mitigados e interpretados, buscando dar ao contrato uma função social.

Com essa visão, passa-se à análise do conteúdo do contrato, afastando o princípio da intangibilidade, preocupando-se com a alteração fática ocorrida após a formação do contrato, saindo de uma análise estática para uma análise dinâmica, observando-se o caráter de cooperação entre os contratantes, buscando-se atingir o verdadeiro propósito do contrato, no caso em tela, a saúde.

Por este motivo, o dogma do *pacta sunt servanda*, cede às exigências da ordem pública, econômica e social, que deverão prevalecer sobre o individualismo contratual.

O Código Civil, em seu art. 423, prevê interpretação mais favorável ao aderente, nos contratos de adesão e em cláusulas ambíguas ou contraditórias.

Aliás, o Código Civil abraçou os mesmos princípios do Código de Proteção e Defesa do Consumidor, tais como a função social do contrato e o da boa-fé objetiva.

No caso em espeque, estamos diante de um contrato de plano de saúde que, além de adesão, está inserido nas relações tuteladas pelo Código de Proteção e Defesa do Consumidor.

A nova concepção social do contrato dá importância à proteção da confiança, visando a proteção das expectativas que nascem no contratante, que confiou nas obrigações assumidas pelo parceiro.

Deve ser destacado que o contrato redigido pela ré, aliado à sua construção técnica pouco acessível ao consumidor, acaba deixando este à mercê daquele, trazendo à baila uma igualdade jurídica que é dissimulada por uma desigualdade de fato.

E é justamente aí que surge o Código de Proteção e Defesa do Consumidor, a fim de compensar esse desequilíbrio, vedando expressamente a existência das denominadas "cláusulas abusivas", sendo certo que a cláusula que visa atenuar, ou mesmo isentar de responsabilidade, se amolda no conceito de cláusula abusiva".

Deve ser levado em conta, ainda, o fato de estarmos diante de um "contrato cativo de longa duração", conforme nos ensina a professora Claudia Lima Marques: *"São relações envolvendo fazeres, normalmente serviços privados ou mesmo públicos, serviços prestados de forma contínua, cativa, massificada, serviços autorizados pelo Estado ou privatizados, prestado por pequeno grupo de empresas, geralmente com a utilização de 'terceiros' para realização do verdadeiro objetivo contratual (...) O contrato é de longa duração, de execução sucessiva e protraída, trazendo em si expectativas outras que os contratos de execução imediata. Estes contratos baseiam-se mais na confiança, no convívio reiterado, na manutenção do potencial econômico e da qualidade dos serviços, pois trazem implícita a expectativa de mudanças das condições sociais, econômicas e legais na sociedade nestes vários anos de relação contratual (...) A capacidade de adaptação, de cooperação entre os contratantes, de continuação da relação contratual é aqui essencial, básica".*

E mais: as cláusulas constantes no contrato de adesão, por si só, segundo regra contida do Código de Proteção e Defesa do Consumidor, devem ser interpretadas de forma mais benéfica ao consumidor, respeitando-se o princípio da boa-fé, devendo, ainda, ser feita uma análise pelo magistrado com o intuito de verificar se, de forma deliberada, ocorreu a frustração da expectativa de uma das partes.

A Lei nº 8.078/90, estabelece, também, que são nulas de pleno direito *"as cláusulas que estabelecem obrigações consideradas iníquas, abusivas, que coloquem o consumidor em desvantagem exagerada, ou seja, incompatíveis com a boa-fé ou a equidade".*

E é justamente o que ocorre no caso em análise, já que a ré, de forma deliberada, aproveitando-se da vulnerabilidade e hipossuficiência técnica do consumidor, optou por negar assistência à autora quando ela mais precisa.

A propósito, o argumento apresentado pela ré, em sua carta de nº 2034-04, foi uma verdadeira sentença de morte, pois, caso a Sra. Fulana não encontrasse amparo em seu filho, sua vida já teria tido fim, desde o mês de dezembro de 20XX.

Vale mencionar que as cláusulas restritivas ou limitativas de direitos que costumam ser impostas nos contratos de seguros e planos de saúde – tais como as limitações de prazos de internamento, as exclusões de doenças, exames, tratamentos, aparelhos ortopédicos e medicações, além de proibições de procedimentos descritos em linguagem hermética, quase cabalística, só inteligível aos iniciados (como *"ACTH", "T3 REVERSO", "17 ALFA DH", "PTH", "ESTÍMULO PELA CLORPROMAZINA", "TESTE DE VASOPRESSINA"*) – desvirtuam o objetivo central do contrato, mesmo quando visualizadas à luz do direito comum tradicional, e frustram a expectativa legítima do consumidor, mormente em face de ampla publicidade que alardeia as mais vantajosas condições na prestação dos serviços. Nesse sentido, assim tem entendido o Tribunal de Justiça do Estado do Rio de Janeiro[47][48]:

---

47 É abusiva a recusa de custeio do medicamento prescrito pelo médico responsável pelo tratamento do beneficiário, ainda que ministrado em ambiente domiciliar (AgInt no AREsp 1615038/RJ, DJe 01/10/2020);

48 Compete à Justiça comum julgar as demandas relativas a plano de saúde de autogestão empresarial, exceto quando o benefício for regulado em contrato de trabalho, convenção ou acordo coletivo, hipótese em que a competência será da Justiça do Trabalho, ainda que figure como parte trabalhador aposentado ou dependente do trabalhador (EDcl no REsp 1799343/SP, DJe 01/07/2020; EDcl no CC 165.863/SP, DJe 03/08/2020).

Aplica-se o Código de Defesa do Consumidor aos contratos de plano de saúde, salvo os administrados por entidades de autogestão (Súmula 608).

É abusiva a cláusula contratual que exclui tratamento prescrito para garantir a saúde ou a vida do segurado, porque o plano de saúde pode estabelecer as doenças que terão cobertura, mas não o tipo de terapêutica indicada por profissional habilitado na busca da cura (AgInt no AREsp 1573618/GO, DJe 30/06/2020). Entende-se ser abusiva a cláusula contratual que exclui tratamento, medicamento ou procedimento imprescindível, prescrito para garantir a saúde ou a vida do beneficiário (AgInt no AgInt no AREsp 1642079/SP,

DJe 01/09/2020). É devida a cobertura, pela operadora de plano de saúde, do procedimento de criopreservação de óvulos de paciente fértil, até a alta do tratamento quimioterápico, como medida preventiva à infertilidade (REsp 1815796/RJ, DJe 09/06/2020). O art. 10, III, da Lei nº 9.656/1998, ao excluir a inseminação artificial do plano-referência de assistência à saúde, também excluiu a técnica de fertilização *in vitro* (REsp 1.794.629/SP, DJe 10/03/2020). A fertilização *in vitro* não tem cobertura obrigatória de modo que, na hipótese de ausência de previsão contratual expressa, é impositivo o afastamento do dever de custeio do mencionado tratamento pela operadora do plano de saúde (AgInt no REsp 1857075/PR, DJe 24/09/2020). É decenal o prazo prescricional aplicável ao exercício da pretensão de reembolso de despesas médico-hospitalares alegadamente cobertas pelo contrato de plano de saúde (ou de seguro saúde), mas que não foram adimplidas pela operadora (REsp 1756283/SP, DJe 03/06/2020; REsp 1805558/SP, DJe 03/06/2020). Reconhece-se a existência do dano moral nas hipóteses de recusa injustificada pela operadora de plano de saúde, em autorizar tratamento a que estivesse legal ou contratualmente obrigada, por configurar comportamento abusivo (AgInt no AREsp 1606167/SP, DJe 01/07/2020; AgInt no REsp 1772800/RS, DJe 24/09/2020), por agravar a situação de aflição psicológica e de angústia no espírito do beneficiário (AgInt no AREsp 1544942/SP, DJe 26/06/2020). É abusiva a cláusula contratual ou o ato da operadora de plano de saúde que importe em interrupção de terapia por esgotamento do número de sessões anuais asseguradas no Rol de Procedimentos e Eventos em Saúde da ANS (AgInt no AREsp 1574594/SP, DJe 18/06/2020; AgInt no AREsp 1626988/SP, DJe 27/08/2020). Entende-se que essa interrupção se revela incompatível com a equidade e a boa-fé, colocando o usuário (consumidor) em situação de desvantagem exagerada (art. 51, IV, da Lei nº 8.078/1990) – AgInt no AREsp 1597527/DF, DJe 28/08/2020; AgInt no AgInt no AREsp 1642079/SP, DJe 01/09/2020).

É possível o reajuste de contratos de saúde coletivos sempre que a mensalidade do seguro ficar cara ou se tornar inviável para os padrões da empresa contratante, seja por variação de custos ou por aumento de sinistralidade (AgInt no AREsp 1545104/SP, DJe 24/09/2020).

É lícita a exclusão do fornecimento de órteses e próteses não ligadas ao ato cirúrgico ou aquelas sem fins reparadores, já que as operadoras de planos de assistência à saúde estão obrigadas a custear tão só os dispositivos médicos que tenham relação direta com o procedimento assistencial a ser realizado (AgInt no REsp 1848717/MT, DJe 18/06/2020). Por outro lado, é nula a cláusula contratual que exclua da cobertura órteses, próteses e materiais, desde que diretamente ligados ao procedimento cirúrgico a que se submete o consumidor (AgInt no AgInt no REsp 1854853/MA, DJe 29/10/2020).

É abusiva a rescisão contratual de plano de saúde, por parte da operadora, independentemente do regime de contratação (individual ou coletivo), durante o período em que a parte segurada esteja submetida a tratamento médico de emergência ou de urgência garantidor da sua sobrevivência e/ou incolumidade física (AgInt no REsp 1861524/DF, DJe 01/07/2020; REsp 1811909/SP, DJe 12/11/2020).

Os planos de saúde, em caso de internação hospitalar, têm obrigação de cobertura de despesa relacionada aos honorários de instrumentador cirúrgico, pois intrínseco ao procedimento realizado (AgInt no REsp 1853540/PR, DJe 26/06/2020).

Não se admite a rescisão unilateral, mesmo em caso de inadimplência do consumidor, sem que antes a operadora do plano de saúde proceda à notificação prévia do usuário. Também deve ser exigido do usuário que não tem mais interesse na prestação do serviço que manifeste de forma inequívoca sua vontade de rescindir o contrato. A rescisão contratual não pode ser presumida e a exigência de que a manifestação da vontade seja expressa é uma decorrência direta dos princípios da boa-fé, da equidade e do equilíbrio da relação contratual, sobretudo no contrato de plano de saúde (REsp 1595897/SP, DJe 16/06/2020; AREsp 1440956/SP, DJe 30/09/2020).

A comunicação de mudança de endereço, ainda que seja para cidade não coberta pelo plano de saúde contratado, não tem o condão de gerar a rescisão contratual, pois não induz, obrigatoriamente, à conclusão de que os serviços não seriam mais necessários para o contratante (REsp 1595897/SP, DJe 16/06/2020).

A contratação de um novo plano de saúde pelo consumidor não enseja a rescisão contratual, visto tratar-se de negócio jurídico autônomo, que apenas gera direitos e obrigações entre as partes que com ele anuíram (REsp 1595897/SP, DJe 16/06/2020).

Reconhecida a responsabilidade do médico pelos danos causados, a operadora do plano de saúde ao qual era conveniado o profissional, na condição de fornecedora de serviço, responde solidariamente perante o consumidor (AgInt no AgInt no AREsp 998.394/SP, DJe 29/10/2020).

Nas hipóteses de cancelamento de contrato de plano de saúde coletivo firmado entre a seguradora e a ex-empregadora do beneficiário, não há fundamento legal para obrigar o plano de saúde a manter o ex-empregado no contrato coletivo extinto, com as mesmas condições e valores anteriormente vigentes. Todavia, o beneficiário pode fazer a migração para plano de saúde na modalidade individual ou familiar, sem cumprimento de novos prazos de carência, desde que se submeta às novas regras e encargos inerentes a essa modalidade contratual (AgInt nos EDcl no REsp 1784934/SP, DJe 29/10/2020).

A resilição unilateral de contrato de plano de saúde coletivo empresarial com menos de trinta beneficiários, depende de motivação idônea (AgInt no REsp 1852722/SP, DJe 12/06/2020; REsp 1882034/SP, DJe 13/10/2020).

O plano de saúde deve arcar com as despesas médicas de urgência/emergência do segurado quando não for possível a utilização de serviços de estabelecimentos integrados à rede credenciada (AgInt no AREsp 1699331/SP, DJe 29/10/2020). Em casos de urgência ou emergência, em que não seja possível a utilização dos serviços médicos próprios, credenciados ou conveniados, a operadora do plano de saúde responsabiliza-se pelo custeio das despesas de assistência médica realizadas pelo beneficiário, mediante reembolso. A obrigação, nessas circunstâncias, é limitada aos preços e tabelas efetivamente contratados com o plano de saúde (AgInt no AREsp 1611192/MS, DJe 25/06/2020).

Não se garante ao ex-empregado o direito à manutenção de plano de saúde vigente durante o contrato de trabalho quando há rescisão de contrato de plano de saúde coletivo entre a empregadora estipulante e a operadora (AgInt no REsp 1879071/SP, DJe 30/11/2020).

É abusiva a cláusula contratual de plano de saúde que limita no tempo a internação hospitalar do segurado (Súmula 302).

É facultada à operadora de plano de saúde substituir qualquer entidade hospitalar cujos serviços e produtos foram contratados, referenciados ou credenciados desde que o faça por outro equivalente e comunique, com 30 (trinta) dias de antecedência, aos consumidores e à Agência Nacional de Saúde Suplementar (ANS), ainda que o descredenciamento tenha partido da clínica médica (AgInt nos EDcl no AREsp 1577135/SP, DJe 15/06/2020).

À luz do Código de Defesa do Consumidor, devem ser reputadas como abusivas as cláusulas que nitidamente afetam de maneira significativa a própria essência do contrato, impondo restrições ou limitações aos procedimentos médicos, fisioterápicos e hospitalares (v.g. limitação do tempo de internação, número de sessões de fisioterapia, entre outros) prescritos para doenças cobertas nos contratos de assistência e seguro de saúde dos contratantes (AgInt no AREsp 1680216/SP, DJe 15/03/2021).

XXXXXXXXXXXXXXXXXXXXXXXXXXXXXXXXX
XXXXXXXXXXXXXXXXXXXXXXXXXXXXXXXXX
XXXXXXXXXXXXXXXXXXXXXXXXXXXXXXXXX
XXXXXXXXXXXXXXXXXXXXXXXXXXXXXXXXX
XXXXXXXXXXXXXXXXXXXXXXXXXXXXXXXXX
XXXXXXXXXXXXXXXXXXXXXXXXXXXXXXXXX
XXXXXXXXXXXXXXXXXXXXXXXXX

Não pode passar despercebida, também, a má prestação do serviço por parte da ré, sendo passível de ser responsabilizada pelos danos causados, quer de ordem moral, quer de ordem material.

Com relação ao dano material, este deverá corresponder ao que a autora efetivamente gastou para a manutenção do aparelho condensador de ar, compreendendo o período de janeiro de 2004 até junho de 20XX, conforme tabela abaixo, perfazendo um total de R$ 6.660,00 (seis mil seiscentos e sessenta reais).

O valor total a ser pago é no importe de R$ 6.660,00, conforme comprovam documentos anexos.

Já quanto ao dano moral, este encontra amparo no ferimento, por parte da ré, ao princípio da boa-fé objetiva, já que esta agiu com abuso de confiança, causando à autora constrangimento, angústia e estresse, principalmente perante sua família, devendo tal sofrimento ser compensado, em atenção ao princípio constitucional da dignidade da pessoa humana.

DA TUTELA DE URGÊNCIA

Como sabido, a tutela antecipada caracteriza-se pela prova inequívoca e verossimilhança das alegações apresentadas, bem como pelo perigo de dano irreparável ou de difícil reparação, capaz de formar o juízo de valor do magistrado quanto a sua concessão.

A cláusula contratual de plano de saúde que prevê carência para utilização dos serviços de assistência médica nas situações de emergência ou de urgência é considerada abusiva se ultrapassado o prazo máximo de 24 horas contado da data da contratação (Súmula 597).

É legítima a recusa da operadora de plano de saúde em custear medicamento importado, não nacionalizado, sem o devido registro pela ANVISA. Porém, após o registro pela ANVISA, a operadora de plano de saúde não pode recusar o custeio do tratamento com o fármaco indicado pelo médico responsável pelo beneficiário (REsp 1712163/SP, DJe 26/11/2018, Tema 990 e AgInt no REsp 1872545/SP, DJe 03/03/2021)

Não é possível obrigar a operadora de plano de saúde a manter válidas, para um único segurado, as condições e cláusulas previstas em contrato coletivo de assistência à saúde já extinto pelo estipulante (AgInt no REsp 1818484/SP, DJe 12/06/2020).

Não se admite a rescisão contratual pelo mero decurso do prazo previsto no art. 13, parágrafo único, II, da Lei nº 9.656/1998, sem o pagamento das mensalidades, se inexistente a prévia comunicação entre os contratantes (REsp 1595897/SP, DJe 16/06/2020).

É vedado às operadoras de planos de saúde efetuarem a majoração dos valores dos contratos celebrados antes da entrada em vigor da Lei nº 9.656/98, cujos beneficiários, com vínculo há mais de 10 (dez) anos, ultrapassaram a idade de 60 (sessenta) anos (AgInt no REsp 1899296/SP, DJe 17/03/2021).

O reajuste de mensalidade de plano de saúde individual ou familiar fundado na mudança de faixa etária do beneficiário é válido desde que (i) haja previsão contratual, (ii) sejam observadas as normas expedidas pelos órgãos governamentais reguladores e (iii) não sejam aplicados percentuais desarrazoados ou aleatórios que, concretamente e sem base atuarial idônea, onerem excessivamente o consumidor ou discriminem o idoso (REsp 1568244/RJ, DJe 19/12/2016, Tema 952 e AgInt no REsp 1902493/SP, DJe 12/03/2021).

No caso em tela, a prova inequívoca está apontada no laudo médico que atesta a necessidade de utilização do condensador de ar por parte da autora; a verossimilhança, na narrativa fática apresentada, levando-se em conta o estado de saúde deplorável da mãe da autora; já o perigo de dano irreparável ou de difícil reparação está no fato de, em não havendo o custeio do aparelho, por falta de condições econômicas, a genitora da autora irá morrer.

Por oportuno, vale a citação das lições do Ministro Teori Albino Zavascki, com relação ao requisito "prova inequívoca": *"O que a lei exige não é, certamente, prova da verdade absoluta – que sempre será relativa, mesmo quando concluída a instrução –, mas uma prova robusta, que embora no âmbito de cognição sumária, aproxime, em segura medida, o juízo de probabilidade do juízo de verdade".*

Ainda com relação à prova inequívoca, em se tratando de relação de consumo, merece transcrição o elucidativo julgado da _____ Câmara Cível do Tribunal de Justiça do _____, ao julgar o recurso de _____ de nº _____, tendo como relatora a Desembargadora _____ [49]:

XXXXXXXXXXXXXXXXXXXXXXXXXXXXXXXXXXXX
XXXXXXXXXXXXXXXXXXXXXXXXXXXXXXXXXXXX
XXXXXXXXXXXXXXXXXXXXXXXXXXXXXXXXXXXX
XXXXXXXXXXXXXXXXXXXXXXXXXXXXXXXXXXXX
XXXXXXXXXXXXXXXXXXXXXXXXX

Em razão do acima exposto, não existe impedimento para a concessão da antecipação de tutela pelo Julgador, conforme pedido abaixo, trazendo, assim, equilíbrio entre as partes da demanda.

DO PEDIDO

Isso posto, é a presente para requerer a V. Exa.:

---

[49] TJ-MG - Agravo de Instrumento-Cv: AI XXXXX21238991001 MG. EMENTA: AGRAVO DE INSTRUMENTO - OBRIGAÇÃO DE FAZER C/C TUTELA PROVISÓRIA DE URGÊNCIA - PLANO DE SAÚDE - INTERNAÇÃO - PERÍODO DE CARÊNCIA - RECUSA DE COBERTURA - URGÊNCIA/EMERGÊNCIA - TUTELA DE URGÊNCIA - NATUREZA ANTECIPADA. Para a concessão da tutela de urgência, cumpre à parte que a requerer demonstrar, de forma inequívoca, os requisitos presentes no art. 300 do CPC/2015, quais sejam a probabilidade do direito pretendido e o perigo de dano. Presentes esses requisitos, impõe-se o deferimento da tutela de urgência pleiteada. A Lei nº 9.656/98, que regulamenta a situação dos planos de saúde privados no país, estipula em seu artigo 35-C inciso II a obrigatoriedade de cobrimento do plano de saúde em casos de urgência e emergência, mesmo que esteja o segurado em período de carência.
TJ-RJ - AGRAVO DE INSTRUMENTO: AI XXXXX20208190000 202000266208
AGRAVO DE INSTRUMENTO. DIREITO DO CONSUMIDOR. CONTRATO DE PLANO DE SAÚDE. DECISÃO QUE CONCEDEU A TUTELA DE URGÊNCIA PARA QUE A RÉ FORNEÇA TRATAMENTO DE REABILITAÇÃO NEUROMOTOR, COM FONOAUDIOLOGIA, TERAPIA OCUPACIONAL, FISIOTERAPIA, COM TÉCNICAS BOBATH, PEDIASUIT/THERASUIT, HIDROTERAPIA, EQUOTERAPIA E MUSICOTERAPIA, NECESSÁRIOS À MELHORIA DO DESENVOLVIMENTO NEUROPSICOMOTOR. DIAGNÓSTICO DE SÍNDROME DE RETT EM CRIANÇA DE 2 ANOS. ROL DE PROCEDIMENTOS DA ANS DE COBERTURA MÍNIMA QUE PREVÊ AS TERAPIAS, TAIS COMO REABILITAÇÃO NO RETARDO DO DESENVOLVIMENTO PSICOMOTOR E NEUROLÓGICA, QUE SE ENQUADRA, NUMA ANÁLISE SUMÁRIA, À HIPÓTESE DOS AUTOS. PRESENTES OS REQUISITOS EXIGIDOS PELO ART. 300 DO CPC. PRECEDENTES DESTA CORTE. INTELIGÊNCIA DA SÚMULA 340 DO TJRJ. MANUTENÇÃO DO DECISUM QUE SE IMPÕE. RECURSO A QUE SE NEGA PROVIMENTO.

a. o benefício da gratuidade de justiça;
b. a prioridade na tramitação do feito, com fulcro no art. 71, da Lei nº 10.741/03;
c. a concessão da tutela antecipada, determinando que a ré arque com o fornecimento do aparelho condensador de ar, sob pena de multa diária de R$ 10.000,00;
d. citação da ré para comparecer à audiência de conciliação e, caso não ocorra, querendo, apresentar sua defesa, sob pena de revelia;
e. a procedência do pedido, condenando a ré ao fornecimento do aparelho condensador de ar, no valor de R$ 370,00 (trezentos e setenta reais), confirmando, assim, a tutela concedida;
f. a condenação ao pagamento da quantia de R$ 6.660,00, referente aos danos materiais perpetrados;
g. a condenação ao pagamento da quantia de 40 salários-mínimos, a título de danos morais;
h. a nulidade do item 17, da cláusula 14, do Plano de Saúde ASSEUFIZESSE I;
i. a condenação da ré aos ônus da sucumbência.

DAS PROVAS

Requer a produção de todos os meios de prova em direito admitidas, em especial, provas documental e testemunhal e depoimento pessoal do representante legal da ré, na amplitude do artigo 369 do CPC.

DO VALOR DA CAUSA

Dá-se à causa o valor de R$ ( ).

Pede deferimento.

Local e data.

Nome do advogado e OAB

1.4.8) Investigação de paternidade c/c alimentos

EXMO. JUÍZO DE DIREITO DA VARA DE FAMÍLIA REGIONAL DA ILHA DO GOVERNADOR[50]

FULANO (qualificar), neste ato, representado[51] por sua mãe, Sicrana (qualificar), com endereço na Rua das Camélias, nº 230, vem, perante V. Exa., por seu advogado, inscrito na OAB/RJ sob o nº 34.456, com endereço profissional na Estrada do Galeão, nº 216, Ilha do Governador, propor

AÇÃO DE INVESTIGAÇÃO DE PATERNIDADE[52] C/C ALIMENTOS[53]

pelo rito comum, em face de BELTRANO, brasileiro, solteiro, com endereço na Rua Magno Martins, nº 93, pelos fatos e fundamentos que passa a expor:

DA GRATUIDADE DE JUSTIÇA

Requer os benefícios da gratuidade de justiça, com fulcro nos artigos 98 e 99 do CPC, por não dispor de meios para arcar com as despesas de custas judiciais e honorários advocatícios, sem prejuízo do próprio sustento e de sua família.

DOS FATOS

A representante legal do autor conviveu como o réu, no período compreendido entre janeiro de 20XX e março de 20XX.

Do referido relacionamento, adveio o menor Gabriel da Silva Sobrinho, que conta com 8 meses de nascido.

Entretanto, logo após o nascimento do menor, o réu não reconheceu a paternidade da criança, bem como abandonou o lar conjugal, sem jamais dar qualquer tipo de amparo ao seu filho e a sua companheira.

Assim, a representante legal do menor, que labora como doméstica, percebendo a quantia mensal de R$ 500,00 (quinhentos reais) mensais, vem arcando com as despesas de alimentação e plano de saúde da criança, na ordem de R$ 250,00 (duzentos e cinquenta reais), conforme comprovante em anexo.

---

50 "O foro do domicílio ou da residência do alimentando é o competente para a ação de investigação de paternidade, quando cumulada com a de alimentos" (Súmula 1 do STJ). No mesmo sentido: RSTJ 2/334, 16/17; STJ-RT 653/208; RT 656/206. Mas: a ação de investigação de paternidade, não cumulada com ação de alimentos, segue a regra geral do art. 94, devendo ser proposta no foro do domicílio do réu" (STJ-4ª Turma, REsp. 108.683-MG, rel. Min. Ruy Rosado, j. 4.10.01, não conheceram, v.u., DJU 4.2.02, p. 364; JTJ 235/95).
51 CIVIL, CÓDIGO DO PROCESSO. Art. 3º, inciso I; Código do Processo Civil, Art. 8º; Código do Processo Civil, art. 9º, inciso I.
52 BRASIL. Lei nº 8.560, de 29 de dezembro de 1992. *Regula a investigação de paternidade dos filhos havidos fora do casamento e dá outras providências*. Diário Oficial da União: Brasília, DF.
53 BRASIL. Lei nº 5.478, de 25 de julho de 1968. *Dispõe sobre ação de alimentos e dá outras providências*. Diário Oficial da União: Brasília, DF.

Já o réu, que exerce a função de técnico em maquinaria na empresa SOMAR Ltda., percebe R$ 800,00 (oitocentos reais), além de não assumir a sua responsabilidade, preferiu por não reconhecer o filho de seu próprio sangue.

DOS FUNDAMENTOS

Segundo Paulo Netto Lobo, "o estado de filiação, que decorre da estabilidade dos laços afetivos construídos no cotidiano de pai e filho, constitui fundamento essencial da atribuição de paternidade ou maternidade".

Certo é que toda pessoa humana tem direito ao estado de filiação, quando não o tenha.

Segundo o Código Civil, "o filho havido fora do casamento pode ser reconhecido pelos pais, conjuntamente ou separadamente".

Infelizmente, o caso em análise não vai ao encontro da norma adjetiva civil, já que o réu se recusou a reconhecer a paternidade da criança.

Certo é que a Constituição Federal ampliou os direitos da personalidade, bem como a ciência contribui de forma significativa no que concerne ao campo da pesquisa genética, possibilitando, assim, que o infante possa ter direito a saber quem é seu pai.

Com relação ao tema, assim pronunciou-se Cândido Rangel Dinamarco: "Aqui tem pertinência o reclamo, já feito por estudiosos do tema, à *razoabilidade interpretativa* como indispensável critério a preponderar quando tais valorações são feitas nos pronunciamentos judiciais: o *logos de lo razonable*, da notória e prestigiosa obra de Recaséns Siches, quer que se repudiem absurdos em eternizar injustiças para evitar a eternização de incertezas. O jurista jamais conseguiria convencer o *homem da rua*, por exemplo, de que o não pai deva figurar como pai no registro civil, só porque, ao tempo da ação de investigação de paternidade que lhe foi movida, inexistiam os testes imunológicos de hoje, e o juiz decidiu com base na prova testemunhal. Nem o contrário: não convenceríamos o *homem da rua* de que o filho deva ficar privado de ter um pai, porque, ao tempo da ação movida, inexistiam aquelas provas e a demanda foi julgada improcedente, passando inexoravelmente em julgado".

Como nos ensina Rosana Fachin, "na seara da investigação, 'o pai biológico', como se tem assente, pode ser identificado em razão da evolução dos exames hematológicos. Com o desenvolvimento da ciência, emerge a possibilidade de exames que permitem fortíssima probabilidade de se conhecer a ascendência genética, por meio de DNA, cuja molécula contém o código genético pela herança cromossômica de cada indivíduo". Em sendo o réu o pai do menor, aquele deverá prover, juntamente com a mãe da criança, o sustento do infante.

O art. 229 da Constituição da República erigiu à condição de dever a assistência recíproca entre pais e filhos.

Como sabido, os filhos estão sujeitos ao poder familiar, enquanto menores, sendo certo que compete aos pais, quanto à pessoa dos filhos menores, dirigir-lhes a criação e a educação.

O Estatuto da Criança e do Adolescente, em seu art. 22, reza que aos pais incumbe o dever de sustento e educação dos filhos, sendo certo que o Código Penal considera crime o abandono material.

O Código Civil repete a regra contida na Constituição da República, determinando que o dever de prestar alimentos é recíproco entre pais e filhos, conforme reza o art. 1.694.

Conforme ensinamento de Eduardo Espínola, os alimentos "são tudo aquilo que é estritamente necessário para a mantença da vida de uma pessoa, compreendendo a alimentação, a cura, o vestuário, a habitação, nos limites da necessidade de quem os pede".

O direito a alimentos visa à sobrevivência e mantença da pessoa, englobando as suas necessidades vitais, bem como, em certos casos, também a assegurar seu *status* social.

Trata-se de um direito fundamental de preservação à vida, cujo fundamento assenta-se na solidariedade familiar, quando a obrigação resulta de vínculo consanguíneo, inerente ao dever de caridade e de assistência que se faz presente pela ligação afetiva dos membros de uma família.

Assinala Silvio Rodrigues que "é obvio, entretanto, que, desde o instante em que o legislador deu ação ao alimentário para exigir socorro, surgiu para o alimentante uma obrigação de caráter estritamente jurídico, e não apenas moral".

Por outro lado, a fixação dos alimentos, segundo regra contida no Código Civil, deve observar o trinômio NECESSIDADE-POSSIBILIDADE-RAZOABILIDADE, a fim de compatibilizar as necessidades do menor, bem como a possibilidade de quem os pagará.

Sobre o tema, assim decidiu a ___ Câmara Cível do Tribunal de Justiça do Estado do _____, na apelação de nº _____[54]:

XXXXXXXXXXXXXXXXXXXXXXXXXXXXXXXXXXXXXXXXXXXXXX
XXXXXXXXXXXXXXXXXXXXXXXXXXXXXXXXXXXXXXXXXXXXXX
XXXXXXXXXXXXXXXXXXXXXXXXXXXXXXXXXXXXXXXXXXXXXX
XXXXXXXXXXXXXXXXXXXXXXXXXXXXXXXXXXXXXXXXXXXXXX
XXXXXXXXXXXXXXXXXXXXXXXXXXXXXXXXXXXXXXXXXXXXXX

Assim, considerando que o réu não reconheceu a sua condição de pai do autor, este não teve uma alternativa senão pedir socorro ao Poder Judiciário, a fim de fazer valer os direitos de seu filho.

---

[54] STJ - PETIÇÃO DE RECURSO ESPECIAL: REsp XXXXX
A ponderação do valor de uma obrigação alimentar está jungida ao binômio necessidade-possibilidade, segundo o qual o Juiz deverá se atentar tanto para as necessidades do alimentando como para as possibilidades... Deste modo, a fim de dar concretude ao binômio necessidade-possibilidade, nos termos do art. 1.694, § 1º, do Código Civil: "§ 1º, Deste modo, a fim de dar concretude ao binômio necessidade-possibilidade, nos termos do art. 1.694, § 1º, do Código Civil: "§ 1º."

DO PEDIDO

Isso posto, é a presente para requerer a V. Exa.:
a. a citação do réu, a fim de que apresente sua defesa;
b. a intimação do presentante do Ministério Público[55];
c. a procedência do pedido, reconhecendo-se a paternidade do réu, com a consequente expedição de ofício ao Registro Civil da Pessoas Naturais, para que o conte, na Certidão de Nascimento do menor, o nome de seu pai;
d. a fixação de alimentos na razão de 15% dos ganhos líquidos do réu, ou, alternativamente, a quantia de 30% do salário mínimo, caso não tenha vínculo empregatício;
e. a expedição de ofício ao Banco do Brasil para abertura de conta corrente, em nome da representante legal do menor, a fim de que seja depositado o valor dos alimentos;
f. a condenação do réu aos ônus da sucumbência.

DAS PROVAS

Requer a produção de todos os meios de prova em direito admitidos, em especial, documental e testemunhal e depoimento pessoal do réu.

DO VALOR DA CAUSA

Dá-se à causa o valor de R$ 1.440,00 (um mil quatrocentos e quarenta reais)[56].

Nestes termos,
Pede deferimento.

Local e data.

Nome e OAB do advogado

1.4.9) Execução de alimentos com cabimento de prisão civil

Exmo. Sr. Dr. Juiz de Direito da ____Vara de Família da Comarca_____.
(artigo 516, inciso II e parágrafo único e artigo 528, § 9º todos do CPC)

Distribuição por dependência ao processo:

---
55 CÓDIGO DE PROCESSO CIVIL, art. 178.
56 CÓDIGO DE PROCESSO CIVIL, art. 291, inciso III.

MARIA, nacionalidade, menor impúbere ou menor púbere, inscrita no CPF/MF, sob nº, representada por sua genitora, MARIA, nacionalidade, estado civil, profissão, portadora da cédula identidade no RG sob nº___ expedida pelo, inscrita no CPF/MF.:____, sob nº, endereço eletrônico:____, telefone: (__) _____ , residente e domiciliada na ____, CEP:_____, vem por seu procurador com escritório na _____, CEP:_____, local onde receberá intimações na forma do inciso V do artigo 77 do Código de Processo Civil propor

AÇÃO DE CUMPRIMENTO DE SENTENÇA QUE RECONHECE A EXIGIBILIDADE DA OBRIGAÇÃO EM PRESTAR ALIMENTOS
(EXECUÇÃO DE ALIMENTOS PELO RITO DE PRISÃO – ARTIGO 528 *CAPUT* DO CÓDIGO DE PROCESSO CIVIL)

Com fulcro no artigo 528 do Código de Processo Civil, em face de JOÃO, nacionalidade, estado civil, profissão, portador da cédula de identidade no RG sob nº_____, expedida pelo Detran/RJ, inscrito no CPF/MF sob nº _____, titular do e-mail: _____, residente e domiciliado na_____, CEP: ___, pelos fatos e direitos a seguir elencados:

I- DA GRATUIDADE DE JUSTIÇA

Na forma dos artigos 98 e 99 da Lei nº 13.105/2015 (NCPC), a autora declara ser beneficiário da gratuidade de justiça, não tendo condições de arcar com custas, taxa judiciária e todos os demais itens elencados no § 1º do artigo 98 do CPC.

II- DOS FATOS E FUNDAMENTOS JURÍDICOS DO PEDIDO

III- DA DÍVIDA DO RÉU

MÊS DE ____ DE____ NO VALOR DE R$____
MÊS DE _____DE ____NO VALOR DE R$____
MÊS DE _____DE ____ NO VALOR DE R$ _____
TOTAL DE R$ _____ (_____)

IV- DA JURISPRUDÊNCIA

O Superior Tribunal de Justiça firmou entendimento sobre o fato de que o prejuízo na aplicação de duas medidas na execução de alimentos não pode ser presumido.
In verbis

"Quanto à cumulação das medidas de prisão e de expropriação no caso específico, Salomão explicou que não está havendo uma cumulação de ritos sobre o mesmo valor, mas sim de duas pretensões executivas distintas em um mesmo processo".

O magistrado observou também que não é possível presumir eventual prejuízo decorrente dessa aplicação, nem pressupor a ocorrência de tumulto processual – entendimento do STJ em relação ao CPC/1973 e do **Enunciado 32 do Instituto Brasileiro de Direito de Família (IBDFAM)**. (Enunciado 32 – "É possível a cobrança de alimentos, tanto pelo rito da prisão como pelo da expropriação, no mesmo procedimento, quer se trate de cumprimento de sentença ou de execução autônoma".)

Como conclusão, o ministro salientou que, tendo em vista a flexibilidade procedimental instituída com o CPC/2015 e a relevância do bem jurídico tutelado, o mais correto é adotar uma posição conciliatória entre as correntes divergentes, de forma a garantir efetividade à opção do credor de alimentos, sem descuidar de eventual infortúnio prático – a ser sopesado em cada situação.

"É possível o processamento em conjunto dos requerimentos de prisão e de expropriação, devendo os respectivos mandados citatórios ou intimatórios se adequar a cada pleito executório, disse o ministro[57].

O número deste processo não é divulgado em razão de segredo judicial."

V- DO DIREITO

O Código de Processo Civil determina em seus artigos 528, 530 e 531 autorizam as autoras a executarem o réu, devido ao não pagamento da pensão alimentícia:

In verbis

"Art. 528. No cumprimento de sentença que condene ao pagamento de prestação alimentícia ou de decisão interlocutória que fixe alimentos, o juiz, a requerimento do exequente, mandará intimar o executado pessoalmente para, em 3 (três) dias, pagar o débito, provar que o fez ou justificar a impossibilidade de efetuá-lo.

§ 1º Caso o executado, no prazo referido no *caput*, não efetue o pagamento, não prove que o efetuou ou não apresente justificativa da impossibilidade de efetuá-lo, o juiz mandará protestar o pronunciamento judicial, aplicando-se, no que couber, o disposto no art. 517.

§ 2º Somente a comprovação de fato que gere a impossibilidade absoluta de pagar justificará o inadimplemento.

§ 3º Se o executado não pagar ou se a justificativa apresentada não for aceita, o juiz, além de mandar protestar o pronunciamento judicial na forma do § 1º, decretar-lhe-á a prisão pelo prazo de 1 (um) a 3 (três) meses.

§ 4º A prisão será cumprida em regime fechado, devendo o preso ficar separado dos presos comuns.

---

57 BRASIL. Superior Tribunal de Justiça. *É possível cumular pedidos de prisão e de penhora no mesmo procedimento para execução de dívida alimentar.* Disponível em: https://www.stj.jus.br/sites/portalp/Paginas/Comunicacao/Noticias/30082022-E-possivel-cumular-pedidos-de-prisao-e-de-penhora-no-mesmo-procedimento-para-execucao-de-divida-alimentar.aspx. Acesso em: 09 mar. 2024.

§ 5o O cumprimento da pena não exime o executado do pagamento das prestações vencidas e vincendas.

§ 6º Paga a prestação alimentícia, o juiz suspenderá o cumprimento da ordem de prisão.

§ 7º O débito alimentar que autoriza a prisão civil do alimentante é o que compreende até as 3 (três) prestações anteriores ao ajuizamento da execução e as que se vencerem no curso do processo.

§ 8º O exequente pode optar por promover o cumprimento da sentença ou decisão desde logo, nos termos do disposto neste Livro, Título II, Capítulo III, caso em que não será admissível a prisão do executado, e, recaindo a penhora em dinheiro, a concessão de efeito suspensivo à impugnação não obsta a que o exequente levante mensalmente a importância da prestação.

§ 9º Além das opções previstas no art. 516, parágrafo único, o exequente pode promover o cumprimento da sentença ou decisão que condena ao pagamento de prestação alimentícia no juízo de seu domicílio.

Art. 530. Não cumprida a obrigação, observar-se-á o disposto nos arts. 831 e seguintes.

Art. 531. O disposto neste Capítulo aplica-se aos alimentos definitivos ou provisórios.

§ 1º A execução dos alimentos provisórios, bem como a dos alimentos fixados em sentença ainda não transitada em julgado, se processa em autos apartados.

§ 2º O cumprimento definitivo da obrigação de prestar alimentos será processado nos mesmos autos em que tenha sido proferida a sentença."

VI - DO PEDIDO

a. Seja distribuído por dependência ao processo nº _____ conforme determinado no § 1º do artigo 531 do Código de Processo Civil;
b. Seja concedido o benefício da gratuidade de justiça para as exequentes;
c. Seja o executado citado pessoalmente para o pagamento do valor de R$ ____ (_____) referente às três últimas obrigações alimentares e às que vencerem no curso do processo, conforme § 7º do artigo 528 do Código de Processo Civil, em 3 (três) dias, provar que pagou ou justificar a impossibilidade de efetuá-lo;
d. Caso o executado não efetue o pagamento, não prove que efetuou ou não apresente justificativa da impossibilidade de efetuá-lo, seja determinado o protesto deste pronunciamento judicial, na forma do artigo 517 do Código de Processo Civil, bem como em acordo com os ditames da Lei nº 9.402/97;
e. Independentemente do protesto acima, comprovado que o executado não pagou, comprovou que pagou ou apresentou justificativa da impossibilidade de efetuá-lo, requer seja DECRETADA a prisão civil do executado no prazo

de 3 (três) meses, conforme preceitua o § 3º do artigo 528 do Código de Processo Civil;
f. Seja oficiado à central de inquérito para apuração do crime tipificado no artigo 244 do Código Penal;
g. Caso a obrigação não venha a ser cumprida durante o período de prisão, deve o exequente, por força do artigo 530 do CPC, providenciar e pedir a penhora de bens do devedor (executado).

VII - DAS PROVAS

Requer a produção de todos os meios de provas em direito admitidas, notadamente documental, na amplitude do artigo 369 do Código de Processo Civil.

VII - DO VALOR DA CUSTA

Dá-se à causa o valor de R$ _____ (_____). O valor da causa é o somatório das três prestações devidas.

Local e data.

ADVOGADO
OAB

1.4.10) Reconhecimento e dissolução de união estável

EXMO. JUÍZO DE DIREITO DA ___ VARA DE FAMÍLIA REGIONAL DA ILHA DO GOVERNADOR [58]

FULANA DE TAL, brasileira, solteira, médica, portadora da carteira de identidade nº XXXXXXX, inscrita no CPF sob nº XXXXXXXXXXXXXX, residente na Rua Magno Martins, nº 1.010, ap. 301, Ilha do Governador - RJ, por seu advogado infra-assinado, com escritório na Av. Rio Branco, 1.023, sala 402, Centro, Rio de Janeiro, CEP 21931-003, onde poderão receber toda e qualquer intimação e, em caso de divulgação por meio do Diário Oficial, sejam as publicações realizadas em nome do Dr. Advogado da Silva, inscrito na OAB/RJ sob o nº XXXX, vem perante V. Exa., propor a presente

---

[58] A regra do art. 100, inciso I, aplica-se às ações fundadas em união estável? Sim, tendo em vista o disposto no art. 9º da Lei nº 9.278/96 (v. no tít. UNIÃO ESTÁVEL) e porque não "há razão para que se confira à convivente tratamento processual diferenciado do devido à mulher casada" (Bol. AASP 2.335/2.814). Em sentido contrário: "descabe invocar sua aplicação às ações de dissolução de união estável, até porque sequer há norma equivalente, a se respeito, tornando aplicável, em consequência, o art. 94, CPC" (STJ-4ª Turma, REsp 327.086-PR, rel. Min. Sálvio de Figueiredo, j. 8.10.02, deram provimento, dois votos vencidos, DJU 10.2.03, p. 214); no mesmo sentido: RT 659/80, 766/358.

AÇÃO DE RECONHECIMENTO E DISSOLUÇÃO DE UNIÃO ESTÁVEL

pelo rito especial[59], em face de SICRANO DE TAL, residente na Rua Dom Duarte Leopoldo, nº 42 - Jardim Guanabara, Ilha do Governador, Rio de Janeiro, CEP 21.000-000, pelas razões de fato e de direito a seguir.

DOS FATOS

A autora conviveu com o réu, em união estável, do ano de 1995 até o ano de 20XX.

Em meados do ano de 20XX, após algumas discussões, o réu resolveu abandonar o lar conjugal, deixando a autora e o filho do casal em completo abandono.

A autora, que exerce a função de técnica de enfermagem, percebendo a quantia mensal de R$ 1.200,00, sustenta o filho do casal, sendo certo que o réu contribui com a quantia de R$ 500,00, para a mantença do menor.

No curso da relação, o casal adquiriu 2 (dois) imóveis, a saber:
- *ap.* 205, localizado na Rua Cambaúba, nº 4, Jardim Guanabara, Ilha do Governador, no valor de R$ 90.000,00;
- *ap.* nº 45, localizado na Rua Galo Branco, nº 125, Jardim Guanabara, Ilha do Governador, ambos em nome do réu, no valor de R$ 90.000,00.

Entretanto, em que pese o esforço comum do casal, o réu nega-se em partilhar tais bens, utilizando como argumento, o fato de que os imóveis estão em seu nome nas escrituras existentes.

Entretanto, conforme comprovam os demonstrativos bancários, a autora efetivou movimentação financeira, na época de compra dos bens, com o valor equivalente à metade de cada um deles, tendo, assim, direito à partilha dos imóveis.

DOS FUNDAMENTOS

A Constituição da República constitucionalizou a união estável como uma das espécies de família, conforme regra contida no art. 226, parágrafo 3º, dando conta de que "Para efeito da proteção do Estado, é reconhecida a união estável entre homem e mulher como entidade familiar, devendo a lei facilitar sua conversão em casamento".

Ao outorgar proteção do Estado às uniões estáveis, reconhecendo-as como formas de "entidade familiar", o constituinte alargou o estreito conceito de família, para abranger também uma forma alternativa de comunidade familiar.

---

[59] CÓDIGO DO PROCESSO CIVIL, art. 693.

Nesse sentido é a lição de José Afonso da Silva: "Não é mais só pelo casamento que se constitui a entidade familiar. Entende-se também como tal a comunidade formada por qualquer dos pais e seus descendentes e, para efeito de proteção do Estado, também, a união estável entre homem e mulher, cumprindo à lei facilitar sua conversão em casamento (...)".

No direito pátrio, pode ser apontado como elementos que integram ou caracterizam a união estável, a durabilidade da relação, a existência de filhos, a construção patrimonial em comum, *affectio societatis*, coabitação, fidelidade, notoriedade, a comunhão de vida, enfim, tudo aquilo que faça a relação parecer um casamento.

No caso em tela, a autora, durante anos, solidificou sua união com o réu, tendo advindo da relação o menor FULANO, bem como ajudou na formação de um patrimônio comum.

No que concerne aos bens adquiridos pelo casal, o ordenamento jurídico dá guarida à pretensão da autora, em ver partilhado os referidos bens.

É que tanto a Lei nº 9.278/96, bem como o Novo Código Civil[60], consideram como patrimônio comum os bens adquiridos na constância da união, visando a proteção econômica dos conviventes.

Sobre o tema, assim vem entendendo os nossos Tribunais:

XXXXXXXXXXXXXXXXXXXXXXXXXXXXXXXXXXXX
XXXXXXXXXXXXXXXXXXXXXXXXXXXXXXXXXXXX
XXXXXXXXXXXXXXXXXXXXXXXXXXXXXXXXXXXX
XXXXXXXXXXXXXXXXXXXXXXXXXXXXXXXXXXXX
XXXXXXXXXXXXXXXXXXXXXXXXXXXXXXXXXXXX
XXXXXXXXXXXXXXXXXXXXXXXXXXXXXXXXXXXX
XXXXXXXXXXXXXXXXXXXXXXX

Sendo assim, considerando a irredutibilidade do réu na divisão dos bens de forma amigável, a autora pede socorro ao Poder Judiciário, a fim de que possa fazer valer os seus direitos.

PEDIDO

Face ao exposto requer a V. Exa.:

1. Que seja citado o réu, para, querendo, responda aos termos da presente;
2. Que seja intimado o ilustre representante do Ministério Público, nos termos do art. 178 do Código de Processo Civil;
3. Que seja julgado procedente o pedido de reconhecimento e dissolução de união estável, com a consequente partilha de bens;
4. Que seja condenado o réu em custas judiciais e honorários advocatícios em 20% sobre o valor da causa.

---

60 CÓDIGO CIVIL, art. 1.725.

DAS PROVAS

Requer a autora a produção de todos os meios de prova em direito admitidos, em especial, documental e testemunhal, bem como depoimento pessoal do réu, na amplitude do artigo 369 do CPC.

DO VALOR DA CAUSA

Dá-se à causa o valor de R$ 180.000,00 (cento e oitenta mil reais).

Nestes termos,

Pede deferimento.

Local e data.

Nome do advogado e OAB

1.4.11) Regulamentação de visitas

EXMO. JUÍZO DE DIREITO DA ___ VARA DE FAMÍLIA REGIONAL DA ILHA DO GOVERNADOR

FULANO DE TAL, brasileiro, solteiro, coordenador de instalação, portador da carteira de identidade nº XXXXXXXXXXX, expedida pelo IFP, inscrito no CPF sob nº XXXXXXX, residente na Rua Espumas, nº 30, ap. 301, Jardim Guanabara, Ilha do Governador, por seu advogado infra-assinado, com endereço profissional na Av. Ernani do Amaral Peixoto, nº 32, sala 704, Centro, Niterói, CEP 22.331-203, onde poderão receber toda e qualquer intimação e, em caso de divulgação por meio do Diário Oficial, sejam as publicações realizadas em nome do Dr. Advogado da Silva, inscrito na OAB/RJ sob o nº XXXX, vem perante V. Exa., propor a presente

AÇÃO DE REGULAMENTAÇÃO DE VISITAS

pelo rito especial, em face de BELTRANA DE TAL, residente na Rua Dom Emanuel Gomes, nº 51 - Jardim Guanabara, Ilha do Governador, Rio de Janeiro, CEP XXXXXX, pelas razões de fato e de direito a seguir:

DOS FATOS

O autor e a ré mantiveram relacionamento, que durou 4 (quatro) anos, advindo desta união o menor Sicraninho de Tal Júnior, em 28/06/XXXX.

Com o nascimento da criança, o autor e a ré foram morar juntos, sendo certo que em julho de 20XX, optaram pela separação, por não haver mais condições de convívio, ficando a menor com a genitora.

O autor contribui com o pagamento do plano de saúde, no valor de R$ 148,46 (cento e quarenta e oito reais e quarenta e seis centavos), conforme documentos em anexo, bem como com as despesas de vestuário e alimentação.

Ocorre que, desde a separação de fato, a genitora não permite que o constituinte veja o menor, razão pela qual pede socorro ao Poder Judiciário para fazer valer o seu direito.

DOS FUNDAMENTOS

Conforme reza a lei adjetiva civil: *"O pai ou a mãe, em cuja guarda não estejam os filhos, poderá visitá-los e tê-los em sua companhia, segundo o que acordar com o outro cônjuge, ou for fixado pelo juiz, bem como fiscalizar sua manutenção e educação"*[61].

Entretanto, tal regra não está sendo observada pela representante legal do menor, prejudicando o contato entre pai e filho, contribuindo para o enfraquecimento do vínculo existente entre eles, sendo certo que o vínculo de filiação não pode depender de critérios de negociação, como vem sendo estipulado pela guardiã do menor.

Certo é que após a proclamação da Convenção Internacional dos Direitos das Crianças, o entendimento é de que o interesse da criança está em manter o relacionamento pessoal com seu pai e sua mãe, sendo reconhecido como um direito essencial da criança o de ser educada por seus pais.

Vale ressaltar que o pai não deseja criar óbice com relação à guarda da menor, sendo-lhe conferido pelo ordenamento pátrio a visitação ao menor, que deverá ser estipulado da seguinte forma:

a. em finais de semana alternados, apanhando o menor às 9h de sábado, devolvendo-o às 20h de domingo;
b. na primeira metade das férias escolares;
c. Natal, nos anos pares; Ano-Novo, nos anos ímpares, alternadamente;
d. no Dia dos Pais;
e. no dia do aniversário do menor, desde que não prejudique o horário colegial.

Sobre o tema, assim entendeu a ____ Câmara Cível do Tribunal de Justiça do Estado do Rio de Janeiro, ao julgar o Recurso de Apelação de n° _____, julgada em __/__/____:

---

61 CÓDIGO CIVIL, art. 1.589.

XXXXXXXXXXXXXXXXXXXXXXXXXXXXXXXXXXX
XXXXXXXXXXXXXXXXXXXXXXXXXXXXXXXXXXX
XXXXXXXXXXXXXXXXXXXXXXXXXXXXXXXXXXX
XXXXXXXXXXXXXXXXXXXXXXXXXXXXXXXXXXX
XXXXXXXXXXXXXXXXXXXXXXXXXXXXXXXXXXX
XXXXXXXXXXXXXXXXXXXXXXXXXXXXXXXXXXX
XXXXXXXXXXXXXXXXXXXXX

Assim, a fim de fazer valer o seu direito sagrado de visitação, é que o autor pede socorro ao Poder Judiciário, para que seja regulamentada a visitação de seu filho.

PEDIDO

Face ao exposto requer a V. Exa.:
1. Que seja citada a ré, para, querendo, responda aos termos da presente;
2. Que seja intimado o ilustre representante do Ministério Público;
3. Que seja julgado procedente o pedido de regulamentação de visitas, nos termos elencados no item X da inicial;
4. Que seja condenada a ré em custas judiciais e honorários advocatícios em 20% sobre o valor da causa.

DAS PROVAS

Requer a produção de todos os meios de prova em direito admitidos, em especial, documental e testemunhal e depoimento pessoal da ré.

DO VALOR DA CAUSA

Dá-se à causa o valor de R$ 1.000,00 (um mil reais)[62].

Nestes termos,
Pede deferimento.

Local e data.

Nome do advogado e OAB

---

[62] CÓDIGO DO PROCESSO CIVIL, art. 291.

1.4.12) Alimentos

EXMO. JUÍZO DE DIREITO DA ___ VARA DE FAMÍLIA REGIONAL DA ILHA DO GOVERNADOR

FULANO, neste ato, representado por sua mãe, Sicrana, brasileira, solteira, doméstica, portadora da carteira de identidade nº XXXXXX, inscrita no CPF sob o nº XXXXXXXXXX, com endereço na Rua das Camélias, nº 230, vem, perante V. Exa., por seu advogado, inscrito na OAB/RJ sob o nº XXXXXX, com endereço profissional na Estrada do Galeão, nº 216, Ilha do Governador, propor

AÇÃO DE ALIMENTOS

pelo rito especial[63], em face de BELTRANO, brasileiro, solteiro, com endereço na Rua Magno Martins, nº 193, pelos fatos e fundamentos que passa a expor:

DOS FATOS

A representante legal do autor, conviveu como o réu, no período compreendido entre janeiro de 1998 a março de 20XX.

Do referido relacionamento adveio o menor Gabriel da Silva Sobrinho, que conta com 8 meses de nascido.

A representante legal do menor, que labora como doméstica, percebendo a quantia mensal de R$ 500,00 (quinhentos reais) mensais, arca com as despesas de alimentação e plano de saúde, na ordem de R$ 250,00 (duzentos e cinquenta reais), conforme comprovante em anexo.

Já o réu, que exerce a função de técnico em maquinaria, na empresa SOMAR Ltda., percebe R$ 800,00 (oitocentos reais), jamais contribuiu para o sustento de seu filho, largando-o ao abandono.

DOS FUNDAMENTOS

O art. 229 da Constituição da República erigiu à condição de dever a assistência recíproca entre pais e filhos.

Como sabido, os filhos estão sujeitos ao poder familiar, enquanto menores, sendo certo que compete aos pais, quanto à pessoa dos filhos menores dirigir-lhes a criação e a educação.

---

63   Lei nº 5.478/68, art. 1º.

O Estatuto da Criança e do Adolescente, em seu art. 22, reza que aos pais incumbe o dever de sustento e educação dos filhos, sendo certo que o Código Penal considera crime o abandono material.

O Código Civil repete a regra contida na Constituição da República, determinado que o dever de prestar alimentos é recíproco entre pais e filhos, conforme reza o art. 1.694.

Conforme ensinamento de Eduardo Espínola, os alimentos "são tudo aquilo que é estritamente necessário para a mantença da vida de uma pessoa, compreendendo a alimentação, a cura, o vestuário, a habitação, nos limites da necessidade de quem os pede".

O direito a alimentos visa à sobrevivência e mantença da pessoa, englobando as suas necessidades vitais, bem como, em certos casos, também a assegurar seu *status* social.

Trata-se de um direito fundamental de preservação à vida, cujo fundamento assenta-se na solidariedade familiar, quando a obrigação resulta de vínculo consanguíneo, inerente ao dever de caridade e de assistência que se faz presente pela ligação afetiva dos membros de uma família.

Assinala Silvio Rodrigues que "é obvio, entretanto, que, desde o instante em que o legislador deu ação ao alimentário para exigir socorro, surgiu para o alimentante uma obrigação de caráter estritamente jurídico, e não apenas moral".

Por outro lado, a fixação dos alimentos, segundo regra contida no Código Civil, deve observar o trinômio NECESSIDADE – POSSIBILIDADE – RAZOABILIDADE, a fim de compatibilizar as necessidades do menor, bem como a possibilidade de quem os pagará.

Assim, considerando que o réu não vem cumprindo com sua obrigação de pai, a representante legal do autor pede socorro ao Poder Judiciário, a fim de fazer valer os direitos de seu filho.

DO PEDIDO

Isso posto, é a presente para requerer a V. Exa.:

a. a fixação dos alimentos provisórios[64] na razão de 15% dos ganhos líquidos do réu, ou, alternativamente, a quantia de 30% do salário mínimo, caso não tenha vínculo empregatício;
b. a intimação do presentante do Ministério Público[65];
c. a citação do réu para, querendo, apresentar sua defesa, sob pena de revelia;

---

64 Lei nº 5.478/68, art. 4º.
65 CÓDIGO DO PROCESSO CIVIL, art. 178.

d. a conversão dos alimentos provisórios em definitivos[66], na razão de 15% dos ganhos líquidos do réu, ou, alternativamente, a quantia de 30% do salário mínimo, caso não tenha vínculo empregatício;
e. a expedição de ofício ao Banco do Brasil para abertura de conta corrente, em nome da representante legal do menor, a fim de que seja depositado o valor dos alimentos;
f. a condenação do réu aos ônus da sucumbência.

DAS PROVAS

Requer a produção de todos os meios de prova em direito admitidos, em especial, documental e testemunhal e depoimento pessoal do réu.

DO VALOR DA CAUSA

Dá-se à causa o valor de R$ 1.440,00 (um mil quatrocentos e quarenta reais)[67].

Nestes Termos,
Pede deferimento.

Local e data.

Nome do advogado e OAB

1.4.13) Modelo de mandado de segurança

EXMO. JUÍZO FEDERAL DA VARA CÍVEL DA SEÇÃO JUDICIÁRIA DO RIO DE JANEIRO

NOME DO IMPETRANTE, brasileiro, solteiro, técnico em radiologia, portador do documento de identidade n° 00000000000000, expedida pelo IFP, CPF n° 0000000000000000, domiciliado na Rua YYYYYYYYYY, Petrópolis, CEP 010101-12, Rio de Janeiro, vem, por seu advogado, com endereço profissional na Rua XXXXXXXX, com fundamento no art. 5°, XIII da CF, impetrar o presente MANDADO DE SEGURANÇA COM PEDIDO DE LIMINAR contra ato do PRESIDENTE DO CONSELHO REGIONAL DE TÉCNICOS EM RADIOLOGIA – CRTR 4ª REGIÃO - RJ, sito na (endereço completo), pelos seguintes fatos e fundamentos:

---

66 São os que decorrem de sentença transitada em julgado e que, por isso mesmo, substituem os provisionais e os provisórios. Os **provisionais** são aqueles estabelecidos como medida cautelar. Os **provisórios** são os fixados nas ações de alimentos que seguem o rito prescrito na Lei n° 5.478/68 (art. 4°).
67 CÓDIGO DO PROCESSO CIVIL, art. 292, inciso III.

DA GRATUIDADE DE JUSTIÇA

Inicialmente, requer a V. Exa. a concessão de gratuidade de justiça por não ter o impetrante condições de arcar com o pagamento de custas e honorários advocatícios sem prejuízo de seu sustento, nos moldes da art. 5º, XXXIV, alínea "a" da Constituição da República e arts. 98 e 99 do CPC.

DOS FATOS E FUNDAMENTOS

O impetrante concluiu, em 12 de março de 20XX, o curso de Técnico de Radiologia Médica em Radiodiagnóstico junto à Escola Técnica Dinastia, conforme demonstra a declaração em anexo.

Após a conclusão do curso, o impetrante iniciou junto ao Conselho Regional de Técnicos em Radiologia do Rio de Janeiro (CRTR-RJ), o procedimento de inscrição necessário para o regular exercício de sua profissão.

Não obstante ter as qualificações necessárias para o exercício de sua profissão, o impetrante teve seu pedido de inscrição indeferido em 30 de junho de 2005, com base no § 2º, art. 4º da Lei nº 7.394/85, conforme indica Ata de Reunião Plenária Extraordinária em anexo.

Dispõe o art. 4º, § 2º da Lei nº 7.394/85 que não será admitida a matrícula em curso técnico de Radiologia caso o interessado não comprove a conclusão de curso em nível de 2º grau ou equivalente, conforme abaixo transcrito:

> "Art. 4º - As Escolas Técnicas de Radiologia só poderão ser reconhecidas se apresentarem condições de instalação satisfatórias e corpo docente de reconhecida idoneidade profissional, sob a orientação de Físico Tecnólogo, Médico Especialista e Técnico em Radiologia.
>
> ...
>
> § 2º - Em nenhuma hipótese poderá ser matriculado candidato que não comprovar a conclusão de curso em nível de 2º Grau ou equivalente."

Entretanto, a Lei de Diretrizes e Bases da Educação Nacional, Lei nº 9.394/96, no que tange à educação profissional, a admissão de alunos em cursos técnicos foi garantida mesmo para aqueles que não houvessem terminado o ensino médio, embora devessem comprovar estarem cursando o mesmo, conforme subscrito:

> *"Art. 39. A educação profissional, integrada às diferentes formas de educação, ao trabalho, à ciência e à tecnologia, conduz ao permanente desenvolvimento de aptidões para a vida produtiva.*
>
> *Parágrafo único. O aluno <u>matriculado ou egresso do ensino fundamental, médio e superior, bem como o trabalhador em geral, jovem ou adulto, contará com a possibilidade de acesso à educação profissional.</u>" (grifo nosso)*

A referida norma fomentou a possibilidade de acesso à educação profissional, assegurando que os interessados poderiam ingressar em curso técnico ainda que não houvessem concluído o ensino médio, devendo apenas comprovar que estariam cursando o ensino médio.

Com isso, abriu-se a possibilidade cursar qualquer curso técnico em concomitância com o ensino médio.

Sem dúvida, a citada Lei de Diretrizes e Bases refletiu o movimento da Política Educacional Nacional, ao promover a facilitação ao ingresso de todos os cidadãos à educação profissional, apresentando um maior número de possibilidades ao ingresso em curso técnico.

Assim, com base na referida lei, diversas instituições de ensino técnico se adequaram às novas regras, permitindo a matrícula de alunos em seus cursos técnicos, ainda que estivessem cursando o ensino médio.

No caso ora em exame, conforme demonstram os documentos anexados, o impetrante cursou o Curso de Técnico de Radiologia concomitantemente com o ensino médio, estando assim de acordo com norma vigente.

Não obstante, o órgão fiscalizador de sua profissão, qual seja, o Conselho Regional de Técnicos em Radiologia do Rio de Janeiro (CRTR-RJ), negar ao impetrante a inscrição em seus quadros bem como a obtenção de sua carteira profissional, baseada exclusivamente na Lei nº 7.394/85.

DO CONFLITO APARENTE DE NORMAS

Conforme anunciado, o impetrante foi proibido de exercer sua profissão pelo Conselho Regional de Técnicos em Radiologia do Rio de Janeiro (CRTR-RJ), o qual indeferiu seu pedido com base no § 2º, art. 4º da Lei nº 7.394/85, que veda a possibilidade de o interessado iniciar o curso de técnico de radiologia senão já concluído o ensino médio.

Do outro lado, situa-se a Lei de Diretrizes e Bases da Educação Nacional, Lei nº 9.394/96, na qual foi conferida a possibilidade de cursar qualquer curso técnico concomitantemente com o ensino médio.

Inicialmente, verifica-se desnecessário recorrer aos princípios solucionadores de conflito aparente de normas, eis que a solução se apresenta de forma clara, situando a questão no estudo do Direito Intertemporal.

Veja que a Lei de Diretrizes, Lei nº 9.394/96, entrou em vigor em 23/12/96, e a Lei nº 7.394/85 data de 29/10/85.

Assim, a Lei nº 9.394/96 é posterior à Lei nº 7.394/85, tendo esta sido parcialmente revogada por aquela.

Isto porque a Lei nº 9.394/96 determina expressamente, em seu art. 92, que as disposições em contrário devem ser revogadas.

Neste sentido, verifica-se que o § 2º, art. 4º da Lei nº 7.394/85 restou incompatível com o art. 39 § único da Lei nº 9.394/96, uma vez que enuncia uma disposição frontalmente contrária a ela.

Destarte, no caso em tela verifica-se aplicável a Lei de Introdução ao Código Civil, Decreto-Lei nº 4.657/42, em especial o seu § 1º, art. 2º, que anuncia:

> "Art. 2º Não se destinando à vigência temporária, a lei terá vigor até que outra a modifique ou revogue.
>
> § 1º A lei posterior revoga a anterior quando expressamente o declare, quando seja com ela incompatível ou quando regule inteiramente a matéria de que tratava a lei anterior."

É intuitivo que a Lei nº 7.394/85 foi parcialmente revogada pela Lei de Diretrizes, tendo em vista serem incompatíveis entre si, sendo que esta é posterior àquela.

No entanto, já antecipando o possível argumento do impetrado, é provável que seja invocado um princípio solucionador de conflito aparente de normas, qual seja, o princípio da especialidade.

Possivelmente, poderia ser alegado que a Lei nº 7.394/85, por regular o exercício da profissão de técnico de radiologia, configura lei especial em relação à Lei nº 9.394/96, não podendo assim ser revogada pela lei posterior, aplicável então o princípio da especialidade.

Não há dúvida de que a Lei nº 7.394/85 é uma lei especial, ao menos no que se refere ao exercício da profissão de técnico de radiologia.

Entretanto, a Lei nº 7.394/85 não é uma lei especial em relação às diretrizes e bases da educação nacional, cabendo à Lei nº 9.394/96 dispor integralmente sobre o assunto, estabelecendo normas e princípios norteadores para a educação em nível nacional.

Observe que coube exclusivamente a Lei nº 9.394/96 <u>regulamentar e garantir o acesso aos diversos níveis de ensino, matéria pertinente à Educação Nacional.</u>

Em especial, no art. 39, § único, dispôs sobre o acesso à educação profissional, norma que deverá nortear todo o ensino profissional nacional até que outra norma que regule a matéria seja publicada.

VEJA QUE A LEI Nº 7.394/85 É ESPECIAL NO QUE TANGE AO <u>EXERCÍCIO DA PROFISSÃO DE TÉCNICO DE RADIOLOGIA, NÃO SENDO, ENTRETANTO, ESPECIAL NO QUE SE REFERE ÀS NORMAS DE ACESSO AO ENSINO PROFISSIONAL</u>, TAREFA QUE COUBE À LEI Nº 9.394/96.

Destarte, deve a Lei nº 7.394/85 ser adequada ao ordenamento jurídico, devendo ser parcialmente revogado o seu art. 4º, § 2º, por conflitar com a lei nova, qual seja, a Lei nº 9.394/96.

Oportuno transcrever a lição de José Maria Leoni Lopes de Oliveira, apresentada na obra "Introdução ao Direito Civil", editora Lumen Juris, Rio de Janeiro, 2021, p. 272, sobre a Aplicação da Lei no Tempo:

> *"Quando, porém, a lei nova regular por inteiro a mesma matéria contemplada por leis anteriores, gerais ou particulares, visando substituir um sistema por outro, uma disciplina total por outra, então todas as leis anteriores sobre a mesma matéria devem considerar-se revogadas."*

A Lei nº 9.394/96 veio regular integralmente a política educacional nacional, aí incluídas as regras de acesso à educação profissional, devendo ser revogadas, portanto, as normas incompatíveis com ela.

Como afirmação fundamental de que o Conselho Regional de Técnicos em Radiologia do Rio de Janeiro (CRTR-RJ) encontra-se isolado em sua interpretação, no sentido de observar o § 2º, art. 4º da Lei nº 7.394/85, observe que o Poder Público já conferiu validade à Lei nº 9.394/96, sobrepondo esta em relação àquela.

Veja que o Conselho Estadual de Educação do Estado do Rio de Janeiro, por meio do Parecer CEE nº 1.021/2002, concedeu autorização de funcionamento do Curso de Educação Profissional de Técnico em Radiologia e Diagnóstico na Área de Saúde, ministrado pela Escola Técnica Dinastia, possibilitando que o aluno efetuasse o curso de Técnico de Radiologia concomitantemente com o ensino médio, conforme a seguir disposto:

> *"Com relação aos requisitos de acesso, informa que a 'idade mínima será de 17 anos ou caso haja regulamentação própria da profissão o mínimo estabelecido para matrícula no curso' que no caso, só poderão ser oferecidos a quem tenha 18 anos completos até a data de início das aulas mediante comprovação de conclusão do ensino médio ou a declaração de que está cursando o ensino médio, em atendimento a Recomendação nº 115/60 da OIT – Organização Institucional do Trabalho e a Lei que rege o exercício da profissão."* (grifo nosso)

Não por acaso, foi exatamente nesta instituição de ensino, Escola Técnica, que o impetrante cursou o curso de Técnico de Radiologia, estando assim totalmente amparado pela lei.

No âmbito da legislação, por fim, é devido anunciar o Decreto nº 5.154/04, que regulamentou entre outros, o art. 39 da Lei nº 9.394/96, que reafirma o argumento do impetrante, no sentido de permitir o estudo concomitante entre o ensino médio e o ensino profissional, de acordo com o abaixo transcrito:

> *"Art. 4º A educação profissional técnica de nível médio, nos termos dispostos no § 2º do art. 36, art. 40 e parágrafo único do art. 41 da Lei nº 9.394, de 1996, será desenvolvida de forma articulada com o ensino médio, observados:*
> *I - os objetivos contidos nas diretrizes curriculares nacionais definidas pelo Conselho Nacional de Educação;*
> *II - as normas complementares dos respectivos sistemas de ensino; e*
> *III - as exigências de cada instituição de ensino, nos termos de seu projeto pedagógico.*
> *§ 1º A articulação entre a educação profissional técnica de nível médio e o ensino médio dar-se-á de forma:*
> *I - integrada, oferecida somente a quem já tenha concluído o ensino fundamental, sendo o curso planejado de modo a conduzir o aluno à habilitação profissional técnica de nível médio, na mesma instituição de ensino, contando com matrícula única para cada aluno;*
> *II - concomitante, oferecida somente a quem já tenha concluído o ensino fundamental ou esteja cursando o ensino médio, na qual a complementaridade entre a educação profissional técnica de nível médio e o ensino médio pressupõe a existência de matrículas distintas para cada curso, podendo ocorrer:*
> *a) na mesma instituição de ensino, aproveitando-se as oportunidades educacionais disponíveis;*
> *b) em instituições de ensino distintas, aproveitando-se as oportunidades educacionais disponíveis; ou*
> *c) em instituições de ensino distintas, mediante convênios de intercomplementaridade, visando o planejamento e o desenvolvimento de projetos pedagógicos unificados;"* (grifo nosso)

Assim, verifica-se que até mesmo o Poder Executivo, no exercício de seu Poder Regulamentar, reafirma que o ensino profissional pode ser cursado em concomitância com o ensino médio.

Finalmente, para demonstrar que o Conselho Regional de Técnicos em Radiologia (CRTR-RJ) com sua conduta negativa, viola frontalmente o Direito Fundamental do impetrante, veja que o Conselho Nacional de Educação por meio da Resolução CNE/CEB nº 1, de fevereiro de 2005, igualmente, confirma o direito do impetrante:

> "Art. 4º Os novos cursos de Educação Profissional Técnica de nível médio oferecidos na forma integrada com o Ensino Médio, na mesma instituição de ensino, ou na forma concomitante com o Ensino Médio, em instituições distintas, mas com projetos pedagógicos unificados, mediante convênio de intercomplementaridade, deverão ter seus planos de curso técnico de nível médio e projetos pedagógicos específicos contemplando essa situação, submetidos à devida aprovação dos órgãos próprios do respectivo sistema de ensino." (grifo nosso)

Por todo exposto, verifica-se que o impetrado é titular de direito líquido e certo, uma vez que o Ordenamento Jurídico de forma uníssona assegura ao impetrante o direito ao exercício de sua profissão, confirmando seu direito fundamental garantido pelo art. 5º, XII da Constituição da República.

O Conselho Regional de Técnicos em Radiologia (CRTR-RJ) viola o direito ao exercício da profissão não só por afronta ao conjunto de normas reguladoras da educação nacional, mas também por exceder sua atribuição, no sentido de invadir a atribuição e competência do Poder Público, ao negar arbitrariamente a inscrição do impetrante.

Isto porque, como no caso em tela, quando o Poder Público competente autoriza determinada instituição de ensino a ministrar determinado curso técnico, nos moldes do respectivo parecer autorizador, não cabe aos Conselhos Regionais invadir tal competência, questionando a validade da autorização do Poder Público, uma vez que tal atribuição não compete aos Conselhos Regionais, os quais exercem função fiscalizadora da profissão.

Veja que o Decreto nº 92.790/86 determina, entre outras disposições, as atribuições dos Conselhos Nacionais e Regionais de Técnicos em Radiologia, respectivamente nos arts. 16 e 23 do referido decreto, e, como se observa, não foi atribuída aos Conselhos a função de fiscalizar ou normatizar a forma de ingresso de alunos em cursos técnicos, função atribuída tão somente ao Poder Público competente, sendo ainda competência privativa da União legislar sobre o assunto, conforme art. 22, XVI e XXIV da Carta Magna.

A jurisprudência, neste sentido, afasta a ingerência dos Conselhos de Técnicos de Radiologia, conforme decisões que trazemos à colação:

"Origem: TRIBUNAL - QUARTA REGIÃO Classe: REO - REMESSA *EX OFFICIO* - 15782 Processo: 200370000397080 UF: PR Órgão Julgador: TERCEIRA TURMA Data da decisão: 28/09/2004 Documento: TRF 400100273

MANDADO DE SEGURANÇA. TÉCNICO EM RADIOLOGIA. EXIGÊNCIAS PARA O EXERCÍCIO DA ATIVIDADE.

- Cabe à União a autorização, o reconhecimento, o credenciamento, a supervisão e a avaliação dos cursos das instituições de educação superior e dos estabelecimentos do seu sistema de ensino, ai incluído o curso profissionalizante de Técnico em Radiologia, nos termos do art. 9º, IX, da Lei nº 9.394/96 (Lei de Diretrizes e Bases da Educação Nacional), cabendo as funções normativas e de supervisão ao Conselho Nacional de Educação (art. 9º, § 1º).- Não é dado ao Conselho Regional, a título de exercer função de fiscalização, negar o registro dos profissionais quando devidamente habilitados por documentação expedida pelo Ministério da Educação. Remessa oficial conhecida e desprovida. (grifo nosso)

Origem: TRIBUNAL - QUARTA REGIÃO Classe: AMS - APELAÇÃO EM MANDADO DE SEGURANÇA Processo: 200370000023570 UF: PR Órgão Julgador: QUARTA TURMA Data da decisão: 19/05/2004 Documento: TRF400096687

ADMINISTRATIVO. TÉCNICO EM RADIOLOGIA. INSCRIÇÃO NO CONSELHO REGIONAL. REQUISITO – DIPLOMA HABILITADOR.

- Cumprido com sucesso o currículo escolar legitimado por registro perante os órgãos de educação, o que restou comprovado pelo diploma habilitador, impõe-se a inscrição do técnico nos quadros dos conselhos regionais de radiologia. (grifo nosso)

Origem: TRIBUNAL - QUARTA REGIÃO Classe: REO - REMESSA *EX OFFICIO* – 14902 Processo: 200170000064574 UF: PR Órgão Julgador: TERCEIRA

TURMA Data da decisão: 16/12/2003 Documento: TRF400093397

ADMINISTRATIVO. TÉCNICO EM RADIOLOGIA. LEI Nº 7.394/85. ART. 2º.
PRESSUPOSTOS PARA EXERCÍCIO DA PROFISSÃO.
1. O exercício da profissão de Técnico em Radiologia é privativo dos que: a) possuírem certificado de conclusão do ensino médio e formação profissional mínima de nível técnico em Radiologia, ou b) sejam portadores de diploma de habilitação profissional, expedido por Escola Técnica de Radiologia, devidamente registrado no órgão federal.
2. A Lei nº 7.394/85 contempla as hipóteses em que a educação profissional é ofertada concomitantemente ao ensino médio (inciso I do art. 2º) ou posteriormente à conclusão do ensino médio (inciso II do art. 2º).
3. Tendo o impetrante preenchido os pressupostos elencados no art. 2º, I, da Lei nº 7.394/85, é de ser confirmada a sentença que concedeu a segurança para que fosse processado o pedido de inscrição definitiva. (grifo nosso)

Origem: TRIBUNAL - TERCEIRA REGIÃO Classe: REO - REMESSA EX OFFICIO Processo: 95.03.076924-8 UF: SP Órgão Julgador: QUARTA TURMA Data da Decisão: 20/11/1996 Documento: TRF300038492 administrativo. conselho regional de técnicos em radiologia. registro. Lei nº 7.394/85. Requisitos atendidos. Procedência.
1 - os requisitos a serem atendidos, para obtenção do registro no referido conselho são a conclusão do segundo grau e a carga horária mínima de três anos.
2 - atendidos os mesmos, não se pode negar o livre exercício da profissão, direito constitucional assegurado se a escola técnica é reconhecida e o currículo exigido pelo conselho de educação for cumprido.
3 - remessa oficial desprovida. confirmada a sentença monocrática

AMS 1999.01.00.024570-0/MG; APELAÇÃO EM MANDADO DE SEGURANÇA

CONSELHO REGIONAL DE RADIOLOGIA. INSCRIÇÃO E HABILITAÇÃO. REQUISITOS DA LEI Nº 7.394/85 E DO DECRETO Nº 92.370/86 PREENCHIDOS. DIPLOMA

REGISTRADO PELA SECRETARIA DO ESTADO. PORTARIA Nº 037/94. CONEXÃO COM OUTRO MANDADO DE SEGURANÇA. IMPOSSIBILIDADE. INCIDENTE DE UNIFORMIZAÇÃO DE JURISPRUDÊNCIA. NÃO CONHECIMENTO.

1 - Não há possibilidade de conexão entre processo em grau de recurso e mandado de segurança já com trânsito em julgado.

2 - Não apontada divergência entre decisões das Turmas do Tribunal, não se conhece o incidente de uniformização de jurisprudência.

3 - Para o exercício da profissão de Técnico em Radiologia exige-se a conclusão de 1º e 2º graus, ou equivalente, com formação profissional, por intermédio de Escola Técnica de Radiologia, bem como diploma de habilitação profissional registrado no Ministério da Educação.

4 - O diploma registrado pela Secretaria de Educação do Estado de Minas Gerais, que autorizou o curso no Centro Formador de Recursos Humanos para a Saúde, por intermédio da Portaria 037/94, confere validade ao documento. Precedentes desta Corte.

5 - Apelação provida. (grifo nosso)

Como se percebe, a jurisprudência de forma inequívoca se posiciona no sentido de reconhecer o direito ao livre exercício da profissão, no que se refere ao direito de inscrição e obtenção da carteira profissional dos técnicos de radiologia, afastando a ingerência dos conselhos, uma vez atendidos seus pressupostos.

É oportuno ressaltar ainda que o próprio Conselho Regional de Técnicos em Radiologia do Rio de Janeiro (CRTR-RJ) reconhece que o judiciário tem decidido a favor dos interessados em obter a inscrição em seus quadros, conforme parecer em anexo, elaborado pela sua acessória jurídica.

Diga-se o mesmo quanto ao Conselho Nacional de Técnicos de Radiologia, que, por meio do Of. Circ. CONTER nº 026/2005, admite que seu entendimento quanto à questão não recebe o respaldo do Judiciário, conforme trecho transcrito:

"Mesmo diante da situação de desrespeito à lei, a Justiça em 95% das ações, tem sido favorável ao formado, e determinando aos Regionais o acatamento das inscrições por entender que a culpa não é do aluno e sim das escolas que matricularam, e das Secretarias Estaduais de Educação, por não fiscalizarem tais cursos."

Lamentavelmente, mesmo compreendendo que seu entendimento é contrário ao ordenamento jurídico, contrário à Política Nacional de Educação, contrário até mesmo a pretensão dos profissionais que deveriam ser por ele protegidos, o conselho nacional e os regionais mantêm sua posição intransigente, negando o livre exercício da profissão a inúmeros profissionais.

Tal conduta abusiva pode até mesmo configurar abuso de poder, na modalidade de excesso de poder, na medida em que extrapola os limites de sua competência, invadindo a competência de outros órgãos públicos.

Destarte, por todo exposto, é intuitivo concluir que o impetrante faz jus à concessão da segurança, determinando a imediata inscrição dele nos quadros do Conselho Regional de Técnicos em Radiologia do Rio de Janeiro (CRTR-RJ), tendo em vista o amplo amparo legal e jurisprudencial.

DO PRINCÍPIO DA ISONOMIA

O princípio da isonomia, consagrado pela Constituição da República, assegura a todos a igualdade de direitos e de tratamento, vedando tratamentos abusivamente diferenciados entre as pessoas, conforme consubstanciado no art. 5º da Carta Magna.

O referido princípio tem integral aplicação no caso em tela, e a Lei de Diretrizes e Bases da Educação, Lei nº 9.394/96, deve ser observada a todos em seu âmbito de incidência.

A todos os cidadãos que tenham a pretensão de formação em qualquer curso técnico, devem ser observadas as regras naquele diploma estabelecidas.

Assim, se a referida Lei de Diretrizes afirmou as regras de acesso ao ensino profissional, devem estas regras e garantias ser aplicáveis ao ensino profissional como um todo, incluindo o ensino técnico de radiologia.

Uma vez que a regra é aplicável ao acesso ao ensino técnico como um todo, não seria razoável que o acesso ao ensino técnico de radiologia tivesse tratamento diferenciado.

Do contrário, caso fosse essa a vontade do legislador, certamente que haveria uma ressalva na Lei de Diretrizes, no que se refere ao acesso ao ensino técnico de radiologia, o que de fato não aconteceu.

Desta forma, seria devido o tratamento isonômico de todos aqueles que iniciam o estudo profissional, em homenagem ao princípio da igualdade.

Ademais, conforme demonstrado, a jurisprudência praticamente unânime reconhece o direito do impetrado à devida inscrição, o que leva a crer que lhe deve ser assegurado mais uma vez o devido tratamento isonômico do poder público.

Cabe por fim trazer a colação a lição de Alexandre de Morais sobre o aludido princípio, extraída da obra "Direito Constitucional":

> "O intérprete/autoridade pública não poderá aplicar as leis e atos normativos aos casos concretos de forma a criar ou aumentar desigualdades arbitrárias. Ressalte-se que, em especial o Poder Judiciário, no exercício de sua função jurisdicional de dizer o direito ao caso concreto, deverá utilizar os mecanismos constitucionais no sentido de dar uma interpretação única e igualitária às normas jurídicas. Nesse sentido a intenção do legislador constituinte ao prever o recurso extraordinário ao Supremo Tribunal (uniformização na interpretação da Constituição Federal) e o recurso especial ao Superior Tribunal de Justiça (uniformização na interpretação da legislação federal). Além disso, sempre em respeito ao princípio da igualdade, a legislação processual deverá estabelecer mecanismos de uniformização de jurisprudência a tosos os Tribunais."

Ressalte-se ainda que a Lei nº 9.394/96 estabelece, entre os princípios norteadores da Educação Nacional, presente se faz o princípio da igualdade, especialmente no que tange a igualdade de acesso ao ensino, conforme art. 3º, I, abaixo transcrito:

> "TÍTULO II
>
> Dos Princípios e Fins da Educação Nacional
>
> Art. 3º O ensino será ministrado com base nos seguintes princípios:
>
> I - igualdade de condições para o acesso e permanência na escola;" (grifo nosso)

DO PRINCÍPIO DA RAZOABILIDADE

Conforme relatado, o impetrante concluiu o curso de técnico de radiologia na Escola Técnica Dinastia. Teve o impetrante o cuidado de examinar toda a estrutura da instituição escolhida, bem como a validade da competente autorização para funcionamento do curso.

A referida instituição, de acordo com o já citado parecer autorizador em anexo, foi autorizada pelo Poder Público a ministrar o curso de técnico de radiologia, podendo em especial matricular alunos desde que comprovassem estar cursando o ensino médio.

Assim, com extrema dificuldade, o impetrante frequentou todas as aulas, bem como cumpriu as horas de estágio necessárias, efetuou o pagamento de todas as mensalidades, enfim, utilizou toda a sua capacidade financeira, toda a sua força de trabalho a fim de buscar qualificação necessária para o regular exercício de sua profissão.

Após cumprir todas as exigências legais para o livre exercício de sua profissão, vem o órgão que deveria exercer apenas o controle do exercício profissional violar seu direito constitucionalmente assegurado, criando sério entrave para o aperfeiçoamento e exercício da vida profissional do impetrante.

Em vez de cumprir sua função meramente fiscalizadora do exercício da profissão de técnico de radiologia, o Conselho Regional de Técnicos em Radiologia do Rio de Janeiro (CRTR-RJ) invade a competência alheia, vedando a inscrição do impetrante ao argumento de que não observara os requisitos de acesso ao ensino profissional.

Repita-se aqui que não é da competência dos Conselhos, quer seja o nacional, quer sejam os regionais, legislar ou decidir sobre a matéria de acesso ao ensino médio, ou mesmo autorizar o funcionamento de escolas técnicas, não podendo assim vedar o livre exercício da profissão dos legítimos interessados.

Tampouco foram delegadas a qualquer destes órgãos as competências e atribuições em questão; nem a Carta Magna ou a Lei de Diretrizes trazem essa delegação.

Assim, não seria razoável que impetrante, após cumprir todos os requisitos exigidos pelo Poder Público, tivesse o seu direito ao livre exercício de sua profissão impedido Conselho Regional de Técnicos em Radiologia do Rio de Janeiro (CRTR-RJ).

O princípio da razoabilidade, tão útil na árdua tarefa de aplicar a lei ao caso concreto, deve se fazer aqui presente, juntamente como o auxílio do critério da proporcionalidade, a fim de se extrair um julgamento justo e razoável.

Como se sabe, as oportunidades e condições oferecidas de trabalho e estudo no Brasil não são satisfatórias. Por vezes, não atendem às mínimas necessidades dos cidadãos.

Ter rara oportunidade de diplomar-se como um técnico habilitado para exercer uma profissão, num país onde as oportunidades de trabalho e estudo são quase nulas, consiste em uma chance única que merece a devida proteção estatal.

Assim, seria razoável proteger a parte mais vulnerável em toda essa relação jurídica, ou seja, o impetrante – que, entre as partes envolvidas (o Conselho Nacional de Educação, os Conselhos Nacional e Regional de Técnicos de Radiologia, bem como as instituições de ensino), parece ser o mais prejudicado com toda esta discussão, protegendo, sobretudo, a dignidade da pessoa humana.

Por fim, merece ser transcrita a lição de Nagib Slaibi Filho, na obra "Doutrina, do Instituto de Direito", que trata da questão da razoabilidade x proporcionalidade:

"*Ao extrair do dispositivo normas que aparentemente estejam em conflito quanto aos valores por elas protegidos, cabe ao intérprete sopesar tais valores, colocá-los em ponderação, e, a final, optar pela norma que tutela o valor que deve preponderar no caso em julgamento.*"

Convém ainda trazer ao momento a decisão proferida pelo Tribunal Regional Federal - 5ª Região, na Apelação em Mandado de Segurança, processo nº 2001.83.00.023144-0, em que foi ponderado a respeito da aplicação do princípio da razoabilidade:

"ADMINISTRATIVO. CONSELHO REGIONAL DE TÉCNICOS EM RADIOLOGIA. INSCRIÇÃO.

- A INSCRIÇÃO DOS TÉCNICOS EM RADIOLOGIA NO CRTR EXIGE CERTIFICADO DE CONCLUSÃO DO ENSINO MÉDIO E FORMAÇÃO PROFISSIONAL MÍNIMA DE NÍVEL TÉCNICO EM RADIOLOGIA, NOS TERMOS DAS LEIS Nº 7.394/85 E 10.508/02 E DO DECRETO Nº 92.790/86.

POR APLICAÇÃO DO PRINCÍPIO DA RAZOABILIDADE, TEM-SE COMO JUSTIFICÁVEL A INSCRIÇÃO DE TÉCNICOS EM RADIOLOGIA, INDEPENDENTE DE APRESENTAÇÃO DE CERTIFICADO, QUANDO INEXISTENTE NA REGIÃO CURSO TÉCNICO ESPECÍFICO.
- APELAÇÃO PROVIDA." (grifo nosso)

Finalmente, por todo o exposto, conclui-se que o impetrante faz jus à concessão da segurança, tendo em vista o amplo suporte legal e respaldo da jurisprudência, bem como apoio doutrinário.

DA LIMINAR

Como já apresentado, o impetrante encontra-se impedido de exercer sua profissão, em razão de ato abusivo do Conselho Regional de Técnicos em Radiologia do Rio de Janeiro (CRTR-RJ).

Em razão disso, o impetrante encontra-se desempregado, sem chance de ocupar um cargo técnico por ele tão almejado.

Tal situação já é por demais gravosa, tendo em vista que ele não dispõe de meios para seu sustento, sendo que, no momento, conta com a ajuda de familiares próximos.

Toda a sua força de trabalho, bem como suas economias foram investidas na realização de seu curso técnico.

Ainda assim, mesmo desempregado e sem a competente habilitação para o exercício de sua profissão, o impetrante conseguiu proposta de trabalho em sua área, para atuar como técnico de radiologia.

Entretanto, a ocupação do cargo requer a respectiva habilitação, o que vem sendo negado ao impetrante em razão da recusa do Conselho Regional de Técnicos em Radiologia do Rio de Janeiro (CRTR-RJ).

No momento, o impetrante foi informado de que tal proposta de emprego não poderá se sustentar por muito tempo, tendo sido aconselhado a providenciar sua habilitação o quanto antes.

Infelizmente, a espera por um provimento judicial definitivo poderia agravar ainda mais a situação do impetrante, que, como dito, não dispõe de meios próprios para seu sustento por estar desempregado.

Assim, espera o impetrante a concessão de liminar, determinando ao Conselho Regional de Técnicos em Radiologia do Rio de Janeiro (CRTR-RJ) que proceda a inscrição do impetrado em seus quadros de profissionais habilitados, bem como a imediata expedição de sua carteira de habilitação profissional, uma vez que o lapso de tempo necessário para uma solução definitiva deverá causar graves danos ao impetrante.

Diga-se ainda, que o impetrante está impedido de realizar cursos de especialização de sua profissão, devido à necessidade de obtenção da carteira do Conselho de Radiologia.

Como se vê, até mesmo a futura vida profissional do impetrante encontra-se estagnada, em razão da conduta abusiva do Conselho Regional de Técnicos em Radiologia do Rio de Janeiro (CRTR-RJ).

É sabido que o Estado brasileiro não oferece muitas oportunidades de emprego e estudo adequados. Por vezes, são quase inexistentes.

Assim, a obtenção de uma devida capacitação para uma função técnica pode ser considerada uma vitória pessoal, dentro de um Estado tão carente de políticas educacionais, de trabalho e emprego.

A diplomação do impetrante em seu curso técnico certamente lhe trouxe a esperança de uma melhor colocação no mercado de trabalho, oferecendo-lhe oportunidades salariais mais satisfatórias.

Destarte, para que possa o impetrante deixar a situação desesperadora e angustiante em que se encontra, necessário seria que houvesse uma prestação jurisdicional de urgência, qual seja, a concessão de liminar.

Pelo exposto, verificam-se presentes os pressupostos para a concessão da medida liminar, quais sejam, o *fumus boni iuris*, consubstanciado no farto amparo legal e suporte probatório já constituído, bem como o *periculum in mora*, tendo em vista que o impetrante se encontra desempregado, sem condições de sustento próprio, não podendo ainda aperfeiçoar-se na sua atividade, em razão de não ter a habilitação competente.

Assim, espera o impetrante a concessão de liminar determinando ao Conselho Regional de Técnicos em Radiologia do Rio de Janeiro (CRTR-RJ) que proceda a inscrição do impetrante em seus quadros de profissionais habilitados, bem como a imediata expedição de sua carteira de habilitação profissional, uma vez que o lapso de tempo necessário para uma solução definitiva deverá causar graves danos ao impetrante, ou se V. Exa. assim não entender, requer a concessão de liminar determinando ao Conselho Regional de Técnicos em Radiologia do Rio de Janeiro (CRTR-RJ) que proceda a inscrição do impetrado em seus quadros de profissionais habilitados, bem como a imediata expedição de sua carteira de habilitação profissional provisória.

Por fim, convém trazer à colação decisão que analisou a concessão de liminar em caso análogo ao presente, conforme abaixo transcrito:

> *"Origem: TRIBUNAL - QUARTA REGIÃO Classe: AG - AGRAVO DE INSTRUMENTO – 79179 Processo: 200104010232969 UF: RS Órgão Julgador: QUARTA TURMA*
> *Data da decisão: 26/06/2001 Documento: TRF400081179*
> *AGRAVO DE INSTRUMENTO CONTRA INDEFERIMENTO DE LIMINAR EM MANDADO DE SEGURANÇA. CONSELHO REGIONAL DE RADIOLOGIA. INSCRIÇÃO.*
>
> *Presente a fumaça do bom direito, nos termos do Parecer nº 09/2001 do Ministério da Educação que entende equivocada a interpretação dada ao art. 2º da Lei nº 7394/85, pelo Conselho de Radiologia, ao negar o registro dos técnicos em radiologia, eis que desconsiderado a duração do ensino médio. No caso dos autos, ainda, o Agravante concluiu estágio em Serviço de Radiologia, aguardando apenas a inscrição junto ao Conselho Agravado para ocupar uma vaga existente em instituição hospitalar.*
> *No tocante ao perigo da demora, está presente na apreciação jurisdicional da lide.*
> *Assim, os requisitos à concessão da liminar pleiteada são expressos em lei, havendo ilegalidade na decisão guerreada é de ser reformado o decisum a quo, a fim de evitar danos ao requerente."*

DO PREQUESTIONAMENTO

Sem dúvida, o ato praticado pelo Conselho Regional de Técnicos em Radiologia do Rio de Janeiro (CRTR-RJ), no qual negou a inscrição do impetrante nos seus quadros de profissionais, ofende a Lei Federal, qual seja a Lei nº 9.394/96, Lei de Diretrizes e Bases da Educação Nacional.

Diga-se ainda que, pelo mesmo ato, verifica-se ofensa à Constituição da República, uma vez que o Conselho Regional de Técnicos em Radiologia do Rio de Janeiro (CRTR-RJ) viola frontalmente o disposto no art. 5º, XII, e no art. 22, XVI e XXIV, da Magna Carta.

Assim, espera o impetrante o reconhecimento de ofensa dos citados dispositivos legais e constitucionais, em razão do ato do Conselho Regional de Técnicos em Radiologia do Rio de Janeiro (CRTR-RJ).

DO PEDIDO

Por todo o exposto, confiante na justa prestação jurisdicional, requer o impetrante a V. Exa.:

1. a concessão de liminar determinando ao Conselho Regional de Técnicos em Radiologia do Rio de Janeiro (CRTR-RJ) que proceda à inscrição do impetrado em seus quadros de profissionais habilitados, bem como a imediata expedição de sua carteira habilitação profissional, uma vez que o lapso de tempo necessário para uma solução definitiva deverá causar graves danos ao impetrante; ou se V. Exa. assim na entender, requer a concessão de liminar determinando ao Conselho Regional de Técnicos em Radiologia do Rio de Janeiro (CRTR-RJ) que proceda à inscrição do impetrado em seus quadros de profissionais habilitados, bem como seja determinada a imediata expedição de sua carteira habilitação profissional provisória, sob pena de ser aplicada multa cominatória no valor de R$ 500,00 (quinhentos reais) por cada dia de atraso na inscrição do impetrante e na expedição de sua carteira de habilitação profissional ou carteira de habilitação profissional provisória;
2. a notificação da autoridade coatora;
3. a intimação do ilustre representante do Ministério Público Federal;
4. ao final, seja concedida a segurança do presente *mandamus* determinando ao Conselho Regional de Técnicos em Radiologia do Rio de Janeiro (CRTR-RJ) que proceda à inscrição definitiva do impetrante em seus quadros de profissionais habilitados, bem como a imediata expedição de sua carteira habilitação profissional.

DAS PROVAS

Indica como provas as de caráter documental.

DO VALOR DA CAUSA

Dá-se à causa o valor de R$ 1.000,00.

Termos em que
P. deferimento

Local e data.
Michael Enrique Martinez Vargas[68]
OAB-RJ 118.317

1.4.14) Modelo de ação de reintegração de posse

EXMO. DR. JUÍZO DE DIREITO DA ___ VARA CÍVEL DA COMARCA ___. (Artigo 47 CPC)

FULANO, nacionalidade:_, estado civil:_, profissão: _, CPF:_, existência de união estável__, endereço eletrônico:_, carteira de identidade: _, residente na __, CEP:_, vem por seu procurador com escritório à __, CEP: _, local onde receberá intimações na forma do inciso V do artigo 77 do Código de Processo Civil, propor

AÇÃO DE REINTEGRAÇÃO DE POSSE

pelo rito especial em face de RÉU, nacionalidade:_, estado civil:_, profissão: _, CPF.:_, existência de união estável__, endereço eletrônico:_, carteira de identidade: _, residente na __, CEP:__, pelos fatos e direitos a seguir elencados.
DOS FATOS E FUNDAMENTOS JURÍDICOS DO PEDIDO

DO DIREITO

"Art. 560 CPC. O possuidor tem direito a ser mantido na posse em caso de turbação e reintegrado em caso de esbulho.
CC/02, Art. 1.210. O possuidor tem direito a ser mantido na posse em caso de turbação, restituído no de esbulho, e segurado de violência iminente, se tiver justo receio de ser molestado."

---

[68] Petição elaborado por Michael Enrique Martinez Vargas, advogado.

Código Civil

Art. 561 CPC. Incumbe ao autor provar:

I. a sua posse;
II. a turbação ou o esbulho praticado pelo réu;
III. a data da turbação ou do esbulho;
IV. a continuação da posse, embora turbada, na ação de manutenção, ou a perda da posse, na ação de reintegração.

Art. 562. Estando a petição inicial devidamente instruída, o juiz deferirá, sem ouvir o réu, a expedição do mandado liminar de manutenção ou de reintegração, caso contrário, determinará que o autor justifique previamente o alegado, citando-se o réu para comparecer à audiência que for designada.

Parágrafo único. Contra as pessoas jurídicas de direito público não será deferida a manutenção ou a reintegração liminar sem prévia audiência dos respectivos representantes judiciais.

Art. 563. Considerada suficiente a justificação, o juiz fará logo expedir mandado de manutenção ou de reintegração.

DA LIMINAR

O autor demonstra estarem presentes os requisitos para que seja deferida a liminar *inaudita altera parte*, quais sejam o *fumus boni iuris* e *o periculum in mora*, conforme artigo 562 do Código de Processo Civil

PEDIDO

Pelo exposto, requer:

a. que seja concedida liminar de reintegração de posse, para determinar que a ré venha a sair do imóvel, bem como seja dada a posse do imóvel ao autor;
b. seja a parte ré intimada para comparecer à audiência designada por este juízo e seja citada para contestar a ação no prazo de 15 (quinze) dias;
c. seja julgado procedente o pedido para reintegrar em definitivo o autor na posse do bem, confirmando a liminar;
d. condenação do réu aos ônus de sucumbência.

PROVAS

Requer a produção de provas, especialmente documentais, na amplitude do artigo 369 do Código de Processo Civil.

VALOR DA CAUSA

Dar-se-à causa o valor de R$ (o valor do imóvel)

Local e data

Advogado OAB

1.4.15) Modelo de petição de assistência

EXMO. JUÍZO DE DIREITO DA 1ª VARA CÍVEL DA COMARCA DA CAPITAL

Proc.: xxxxxxxxxxxxx

FULANO DE TAL, brasileiro, solteiro, bancário, portador da carteira de identidade n° XXXXX, inscrito no CPF sob o n° XXXXX, nos autos da <u>AÇÃO DE DESPEJO POR FALTA DE PAGAMENTO</u> proposta por Beltrano da Silva em face de Sicrano das Couves, vem, perante V. Exa., por seu advogado, com endereço profissional na Av. Nilo Peçanha, n° 34, Centro, Rio de Janeiro, dizer e requerer o seguinte:

1. O requerente é sublocatário do imóvel localizado na Rua da Abolição, n° 32, Centro, Rio de Janeiro, sendo certo que o réu figura como sublocador da relação contratual.
2. Certo é que a vigência do contrato de sublocação está vinculada à do contrato de locação estabelecido entre as partes que litigam na presente demanda.
3. Sendo assim, caso o pedido seja julgado procedente, a decisão irá afetar a relação jurídica estabelecida entre o requerente e o réu, já que o acessório depende do principal.

Isso posto, requer seja deferida a admissão do requerente como assistente, ouvindo-se as partes no prazo legal.

Nestes termos,

Pede deferimento.

Local e data.

Nome do advogado e OAB

1.4.16) Modelo de petição de oposição

EXMO. JUÍZO DE DIREITO DA 01ª VARA CÍVEL REGIONAL DA ILHA DO GOVERNADOR

Proc.: xxxxxxxxxxxxx

FULANO DE TAL, brasileiro, solteiro, bancário, portador da carteira de identidade nº XXXXX, inscrito no CPF sob o nº XXXXX e sua mulher, FULANA DE TAL, portadora da carteira de identidade nº XXXXX, inscrita no CPF sob o nº XXXXX, residentes na Rua Magno Martins, nº 32, ap. 302, Freguesia, Ilha do Governador, vêm, perante V. Exa., por seu advogado, com endereço profissional na Rua Sete de Setembro, nº 45, sala 1.012, Centro, Rio de Janeiro, oferecer <u>OPOSIÇÃO, pelo rito comum, em face de BELTRANO DA SILVA e SICRANO DA SILVA, devidamente qualificados nos autos da Ação Reivindicatória em que contendem, dizer e requerer o seguinte:</u>

DOS FATOS E FUNDAMENTOS

1. Sob a alegação de ser o titular do domínio do imóvel localizado na Rua Silveira Sampaio, nº 32, Freguesia, Ilha do Governador, nesta cidade, o primeiro oposto ajuizou ação reivindicatória em face do segundo, sendo certo que este alega ser o proprietário do imóvel acima referido.
2. Entretanto, as alegações trazidas na petição inicial e na contestação não condizem com a verdade, já que os opoentes são os verdadeiros proprietários do imóvel citado acima.
3. É que os opoentes adquiriram o referido bem em 23/05/03, conforme Escritura de Compra e Venda, lavrada no ___ Cartório de Notas desta cidade, no livro nº ___, folha nº ___, registrada no Cartório do 11º Ofício de Registro de Imóveis, no livro nº ___, folha nº ___, sob o nº _____.
4. Por tal motivo, sendo os opoentes os verdadeiros titulares do domínio, podem eles reivindicar o imóvel, porque dele têm o direito de usar, gozar e dispor, bem como de reavê-lo do poder de quem quer que injustamente o possua, conforme regra do art. 1.228 do Código Civil.
5. Desta forma, considerando que o Código de Processo Civil autoriza "quem pretender, no todo ou em parte, a coisa ou o direito sobre que controvertem autor e réu poderá, até ser proferida a sentença, oferecer oposição contra ambos", é que os opoentes pedem socorro ao Poder Judiciário para fazerem valer o seu direito sobre o imóvel em questão.

DO PEDIDO

Em razão do acima exposto, requer a V. Exa.:

a. a citação dos opostos, na pessoa dos seus advogados, nos seguintes endereços: Av. Nilo Peçanha, n° 34, sala 403, Centro, Rio de Janeiro (advogado do 1° oposto) e Av. Graça Aranha, n° 43, sala 304, Centro, Rio de Janeiro (advogado do 2° oposto);
b. a procedência do pedido com o fito de declarar o domínio dos opoentes sobre o imóvel reivindicado;
c. a condenação dos opostos aos ônus da sucumbência.

DAS PROVAS

Requer a produção de todos os meios de prova em direito admitidos, em especial, documental e testemunhal e depoimento pessoal dos opostos.

DO VALOR DA CAUSA

Dá-se à causa o valor de R$ 80.000,00 (oitenta mil reais)[69].

Nestes termos,

Pede deferimento.

Local e data.

Nome do advogado e OAB

1.4.17) Modelo de petição de nomeação à autoria

EXMO. JUÍZO DE DIREITO DA 01ª VARA CÍVEL REGIONAL DA ILHA DO GOVERNADOR

Proc.: xxxxxxxxxxxxx

FULANO DE TAL, já qualificado nos autos da ação indenizatória que lhe é movida por SICRANO DA SILVA, vem, perante V. Exa., por seu advogado, <u>NOMEAR À AUTORIA</u> BELTRANO DO NASCIMENTO, brasileiro, solteiro, comerciante,

---

[69] CÓDIGO DO PROCESSO CIVIL, art. 292, IV.

portador da carteira de identidade n° XXX, inscrito no CPF sob o n° XXXXXXX, residente na Rua Comendador Bastos, n° 4.051, Freguesia, Ilha do Governador, nesta cidade, expondo as seguintes razões:

1. O autor ingressou com ação indenizatória em face do ora réu, com o objetivo de ser indenizado pelos prejuízos causados pela poda de algumas árvores localizadas em sua propriedade.
2. Em que pese reconhecer o fato, o ora réu não reconhece a sua responsabilidade, uma vez que agiu em nome e por ordem do Beltrano do Nascimento, vizinho do autor.
3. É que o demandado agiu na qualidade de empregado do nomeado, obedecendo às suas ordens, já que este determinou a poda de algumas árvores da propriedade vizinha, ainda que não estivessem invadindo sua propriedade.

Isso posto, o nomeante requer a V. Exa. a nomeação do Beltrano de Tal, a fim de que este responda pelos prejuízos que foram causados ao autor, determinando a suspensão do processo, bem como seja ouvido o demandante no prazo legal.

Nestes termos,

Pede deferimento.

Local e data.

Nome do advogado e OAB

1.4.18) Modelo de petição de denunciação da lide pelo réu[70]

EXMO. JUÍZO DE DIREITO DA 01ª VARA CÍVEL REGIONAL DA ILHA DO GOVERNADOR

Proc.:

FULANO DE TAL, já qualificado nos autos da ação de reivindicatória que lhe é movida por SICRANO DA SILVA, vem, perante V. Exa., por seu advogado (doc. 01), com endereço profissional na Estrada do Galeão, n° 4.321, sala 303, Ilha do Governador, requerer a DENUNCIAÇÃO DA LIDE do BELTRANO DO NASCIMENTO, brasileiro,

---

[70] Quando a denunciação feita pelo autor, esta será deduzida na própria petição inicial. Desta forma, será pedida a citação do réu, juntamente com a do denunciado.

solteiro, corretor de imóveis, portador da carteira de identidade nº XXX, inscrito no CPF sob o nº XXXXXXX, residente na Rua Comendador Bastos, nº 4.051, Freguesia, Ilha do Governador, nesta cidade, expondo as seguintes razões:

1. O autor reivindica o imóvel localizado na Rua Silveira Sampaio, nº 430, Ilha do Governador, nesta cidade, alegando que é injusta a posse dos réus.
2. Entretanto, inexiste qualquer violação de direito, como restará comprovado no curso da instrução do processo, uma vez que o denunciante é titular do domínio sobre o referido imóvel, conforme cópia da Escritura de Compra e Venda em anexo (doc. 02).
3. Entretanto, o Código Civil estabelece que, nos contratos onerosos, o alienante responde pela evicção, conforme art. 447.
4. Sendo assim, a fim de se resguardar dos vícios da evicção, o réu utiliza-se do art. 70, inciso I, do Código de Processo Civil, para que o denunciado, caso a sentença seja favorável ao autor, possa postular a restituição do preço pago pelo imóvel.
5. Segundo Humberto Theodoro Júnior, "visa a denunciação enxertar no processo uma nova lide, que vai envolver o denunciante e o denunciado em torno do direito de garantia ou de regresso que um pretende exercer contra o outro. A sentença, de tal sorte, decidirá não apenas a lide entre autor e réu, mas também a que se criou entre a parte denunciante e o terceiro denunciado"[71].

Isso posto, requer a citação do denunciado para que apresente sua defesa, condenando-o, ainda, a restituir a quantia de R$ 80.000,00 (oitenta mil reais), correspondente ao preço pago pelo imóvel, atualizado monetariamente, juros de mora, custas judiciais e honorários advocatícios.

Requer a produção de todos os meios de prova em direito admitidos, em especial, provas documental e testemunhal e depoimento pessoal do denunciado.

Dá-se à causa o valor de R$ 80.000,00 (oitenta mil reais).

Nestes termos,

Pede deferimento.

Local e data.

Nome do advogado e OAB

---

[71] JÚNIOR, Humberto Theodoro. *Curso de Direito Processual Civil*. 44ª edição, Editora Forense, 2016. v. I, p. 145.

1.4.19) Modelo de petição inicial de chamamento ao processo

EXMO. JUÍZO DE DIREITO DA 01ª VARA CÍVEL REGIONAL DA ILHA DO GOVERNADOR

Proc.: xxxxxxxxxxxxx

FULANO DE TAL, já qualificado nos autos da ação de COBRANÇA que lhe é movida por SICRANO DA SILVA, vem, perante V. Exa., por seu advogado, requerer o CHAMAMENTO AO PROCESSO de BELTRANO DO NASCIMENTO, brasileiro, solteiro, comerciante, portador da carteira de identidade n° XXX, inscrito no CPF sob o n° XXXXXXX, residente na Rua Comendador Bastos, n° 40, Freguesia, Ilha do Governador, nesta cidade, expondo as seguintes razões:

1. Conforme cópia de fl. 15, o réu se obrigou a garantir, como fiador, a satisfação da obrigação assumida pelo chamado.
2. Sendo assim, considerando que o autor moveu a presente demanda em face do réu, exigindo deste, única e exclusivamente, o cumprimento da obrigação; requer seja chamado o afiançado, procedendo, assim, a citação do Beltrano do Nascimento, residente na Praia do Barão, n° 45, Ilha do Governador, a fim de que este possa integrar a lide.

Nestes termos,

Pede deferimento.

Local e data.

Nome do advogado e OAB

1.4.20) Petição de execução de alimentos

EXMO. JUÍZO DE DIREITO 1ª DA VARA DE FAMÍLIA REGIONAL DE JACAREPAGUÁ

Distribuição por dependência ao
Processo n°:

NOME DOS EXEQUENTES, menores absolutamente incapazes, neste ato representados por sua mãe, nome da representante legal, brasileira, casada, do lar, portadora da carteira de identidade nº, expedida pelo IFP, inscrita no CPF sob o nº, residente e domiciliada na (endereço completo), vêm, respeitosamente, por seus advogados, com endereço profissional na Avenida das Américas, Barra da Tijuca, CEP, para onde, desde já, requer sejam enviadas futuras intimações, propor a presente

AÇÃO DE EXECUÇÃO DE ALIMENTOS

em face de NOME DO EXECUTADO, brasileiro, casado, militar, portador da carteira de identidade nº, expedido pelo IFP, inscrito no CPF sob o nº, residente e domiciliado na (endereço completo), Rio de Janeiro, com fulcro no artigo 824 do CPC, pelos fatos e fundamentos aduzidos a seguir.

DA GRATUIDADE DE JUSTIÇA

Requerem a concessão de gratuidade de justiça por não terem condições de arcar com o pagamento de custas e honorários advocatícios sem prejuízo de seu sustento, bem como de sua família, de acordo com os artigos 98 e 99 do CPC.
DOS FATOS

1. Os exequentes, por meio de sua representante legal, ajuizaram Ação de Alimentos em face do executado no ano de 2005, na 1ª Vara de Família Regional de Jacarepaguá, processo nº, sendo certo que ficou decidido o pensionamento dos menores no valor mensal correspondente a 30% dos vencimentos, bem como que o réu se obrigaria ao pagamento dos alugueres do imóvel onde os menores residissem, que é na importância de R$ 800,00.
2. Entretanto, o executado não arcou com o pagamento dos alugueres de maio de 20XX a novembro de 20XX, como faz prova documento enviado pela locatária à representante legal dos exequentes. Ressalte-se que os valores de maio de 20XX a julho de 20XX são objeto de outra execução de alimentos.
3. Mister informar que o inadimplemento dos alugueres resultou em sérias e graves ameaças à representante legal dos exequentes, bem como a saída desta com os menores às pressas do imóvel, como comprovam documentos acostados à presente.

DEMONSTRATIVO DO DÉBITO

Agosto/20XX .... R$ 800,00
Setembro/20XX .... R$ 800,00
Outubro/20XX .... R$ 800,00
Novembro/20XX .... R$ 800,00
MULTA DE 10% .... R$ 320,00
TOTAL GERAL .... R$ 3.520,00

DO PEDIDO

Por todo o exposto, requer a V. Exa. o seguinte:

a. seja concedida a gratuidade de justiça;
b. a autuação aos autos da ação de alimentos nº 0000000 ajuizada perante este MM. Juízo;
c. seja expedido mandado de penhora e avaliação, intimando-se o executado;
d. a intimação do I. representante/presentante do Ministério Público, na forma do art. 178 do CPC;
e. A condenação do executado aos ônus da sucumbência.

Requer, ainda, a V. Exa. a produção de provas documentais, na amplitude do art. 369 do CPC.

Dá-se à presente o valor de R$ 3.520,00.

Pede deferimento.

Local e data.

Gabriela Friske
OAB/RJ 99.188

Michael Enrique Martinez Vargas
OAB/RJ 118.317

1.4.21) Modelo de ação indenizatória

EXMO. JUÍZO DE DIREITO DO XXIV JUIZADO ESPECIAL CÍVEL

MARCÉLIA CABRÁLIA STUTS, brasileira, divorciada, do lar, portadora da carteira de identidade nº, inscrita no CPF sob o nº, residente e domiciliada na Rua Santa Melânia, nº 300, Realengo, Rio de Janeiro, pessoa juridicamente pobre, nos termos dos artigos 98 e 99 do CPC, vem, por seu advogado, com endereço profissional na Rua das Camélias, 2/204, Centro, Rio de Janeiro, com fulcro nos artigos 186 e 942, ambos do Código Civil, na forma da Lei nº 9.099/95, propor a presente

AÇÃO DE INDENIZAÇÃO, PELO PROCEDIMENTO DA LEI Nº 9.099/95

em face de AROPÉLIOS PORTUGAL, brasileiro, casado, representante de vendas, residente em local incerto e não sabido, trabalhando na Estrada dos Bandeirantes, nº 5, Curicica, Jacarepaguá, Rio de Janeiro, pelos fatos e fundamentos que passa a expor:

I - DOS FATOS

1. A genitora da autora, Sra. Ângela Marques Vivas, locou ao réu, conforme comprova documento em anexo, pelo período de 18 meses, com início em 1º de abril de 1992, o imóvel de sua propriedade situado na Rua Escritor Paulo Prado nº 63, ap. 805, bloco III, Campinho, Rio de Janeiro, sendo o aluguer mensal no valor de R$ 200.000,00.
2. Como à época de referida locação, estivesse a demandante passando por difícil situação financeira, sua genitora, como uma forma de ajudá-la, cedeu-lhe, verbalmente, o direito ao percebimento de referidos alugueres, sendo certo que deveria, como uma contraprestação, responsabilizar-se por qualquer dano que o inquilino causasse na *res locata*.
3. Ocorre que, o réu, locatário do imóvel supramencionado, violando o disposto no artigo 23, incisos III e V da Lei nº 8.245/91, durante a vigência do contrato de locação, danificou propositalmente a *res*.
4. De fato, o réu causou-lhe os seguintes estragos:
   - a descarga do vaso sanitário foi quebrada;
   - a torneira do tanque e da pia da cozinha foram quebradas;
   - a torneira do filtro foi retirada, fazendo sua substituição por torneira comum de baixa qualidade (foto 1);
   - queimaduras no teto da área de serviço (foto 2);
   - danificação do emboço e da pintura da parede da cozinha próximo à área do fogão (foto 3/4);
   - danificação do piso de azulejo da área de serviço com algum tipo de produto químico (foto 5);
   - realização de furos em diversos azulejos nas paredes da cozinha (foto 6);
   - o armário localizado na parte de baixo da pia da cozinha foi quebrado (foto 7);
   - realização de obras no banheiro (sem autorização da locadora), gerando infiltrações na parede da sala e tornando o ambiente insalubre (foto 8), bem como infiltração entre o vaso e a pia, gerando danos no ap. 705 do mesmo prédio.
   - a fechadura da porta principal foi quebrada.
5. A fim de reparar todos os danos causados no imóvel pelo demandado, a Demandante desembolsou a importância de R$_____, conforme comprovam documentos em anexo.
6. Em conformidade com o direito pátrio, desejando ver ressarcidos os prejuízos que lhe causara o demandado, procurou-o, em seu serviço, para solucionar amigavelmente o problema. Entretanto, ante a negativa deste em entrar em qualquer tipo de composição, não restou à demandante outra solução senão a propositura da presente ação, visando o ressarcimento coercitivo de seus prejuízos.

II. DO DIREITO

1. Restará amplamente comprovado, pela oitiva das testemunhas ora arroladas em Juízo, que o réu provocou tais danos no imóvel, sendo, nos termos do artigo 186 do Código Civil, responsável por sua reparação.
2. Ressalte-se que, além dos danos patrimoniais sofreu a autora danos morais, eis que sua genitora a culpa pelo péssimo estado do imóvel, por não ter esta, realizado com frequência vistorias na *res locata*.
3. Tais danos também devem ser ressarcidos pelo réu, nos termos do artigo 5º, inciso X da Constituição Federal.

III. DO PEDIDO

Ante o exposto, requer a V. Exa.:

a. a citação do réu para comparecer à audiência de conciliação, a ser designada por este Juízo;
b. na hipótese de não haver conciliação, a designação de audiência de instrução e julgamento, quando poderá o réu, querendo, oferecer contestação, sob pena de revelia e confissão quanto aos fatos ora alegados;
c. a procedência dos pedidos, condenando-se o réu a pagar à autora, a título de danos patrimoniais, a importância de R$ _____, acrescidos de juros de mora e corrigidos monetariamente, desde a data do efetivo desembolso, bem como a importância de R$ _____, a título de danos morais.

IV. DAS PROVAS

Requer produção de todos os meios de prova documental e testemunhal.

Rol de testemunhas
- Deuzilande Gildo de Souza, Rua Itaporanga, nº 31, Realengo, Rio de Janeiro.
- Elena Maria dos Reis Soares, residente e domiciliada na Rua Escritor Paulo Prado nº 63, ap. 705, bloco 3, Campinho, Rio de Janeiro.

V. DO VALOR DA CAUSA

Dá-se à causa o valor de R$ (corresponde à soma de todos os valores)

E. deferimento.

Local e data.

Nome e OAB do advogado

1.4.22) Modelo de interdição

EXMO. JUÍZO DE DIREITO DA __ VARA DE FAMÍLIA REGIONAL DE MADUREIRA

ADRESSA MOLEANS MALAGUTI, brasileira, separada judicialmente, auxiliar administrativa, portadora da identidade nº XXXXXX, IFP, e do CPF nº XXXXXXXX, residente na (endereço completo) Madureira, nesta cidade, vem a V. Exa., por seus advogados, propor a presente

AÇÃO DE INTERDIÇÃO COM PEDIDO DE TUTELA DE URGÊNCIA

Pelo rito do artigo 747 do CPC, de JAMIL MALAGUTI, brasileira, viúva, portadora da identidade nº XXXXXXXX, do Ministério das Aeronáutica, e do CPF nº XXXXXXXX, residente na Estrada Cel. Viana, nº XX, CEP XXXXXXXX, Madureira, nesta, pelos fatos e fundamentos de Direito que passa a expor.

DA GRATUIDADE DE JUSTIÇA

Inicialmente, afirma a interessada não dispor de condições financeiras para arcar com as custas processuais e honorários advocatícios sem prejuízo do próprio sustento e da sua família, o que a torna merecedora do benefício da gratuidade de justiça, por força da Lei nº 1.060/50.

DOS FATOS

A interditada sofre de doença mental progressiva e irreversível, em estado avançado, que a priva da capacidade de se manifestar adequadamente e praticar atos da vida civil. Em outros termos, está privada totalmente de capacidade intelecto-volitiva, não tendo condições de permanecer sem os cuidados da requerente e de profissionais destinados a amenizar o progresso da doença degenerativa.

Os fatos ora trazidos constam do relatório médico, firmado pela Dra. Bernadete Dutra Folly, CRM/RJ nº 52.30956-3, de acordo com o Boletim de Atendimento Médico da interditada. O documento destaca, outrossim, que o quadro de demência dela, provocado pela doença de Alzheimer, vem evoluindo de tal sorte que a torna completamente dependente de outras pessoas para auxiliá-la nos mínimos atos.

Face à sua incapacidade atual para manifestação de vontade, bem como a impossibilidade de realizar movimentos simples, está a interditada impedida de obter verba proveniente do IPERJ, a qual é deferida pelo Serviço de Inativos e Pensionistas da Polícia Militar a beneficiários do sistema previdenciário.

Ademais, é patente a urgência da concessão do mencionado fundo, haja vista que o tratamento a ser custeado para o convalescimento da interditada deverá ser arcado pela interessada, a qual dispõe de meios econômicos insuficientes para fazê-lo. Em outra via, a obtenção da referida verba somente será efetuada se a própria ou outrem que tenha poderes de gerência sobre seus bens apresente os documentos exigidos.

A requerente é descendente em 1º grau da interditada e tem uma irmã mais nova, que concorda com a interdição, conforme documento em anexo. Ademais, a Requerida é viúva, bem como são falecidos seus genitores, o que faz da interessada pessoa com legitimidade ativa *ad causam* para ajuizar a presente, conforme reza o art. 747 do CPC.

Assim, frente à emergência em arrostar o perigo que paira sobre o bem jurídico tutelado da interditada, e não inexistindo outra via para compor o conflito em tela, recorre a interessada ao amparo judicial, certa do pleno acolhimento à pretensão deduzida, por ser medida de DIREITO e JUSTIÇA.

DO DIREITO

A Carta Política de 1988 instituiu, como fundamento da República, entre outros, a dignidade da pessoa humana, consubstanciando valores jurídicos, individuais e coletivos, inerentes ao exercício da própria cidadania, que representam, em última análise, o reconhecimento de um bem jurídico, universal e indisponível, que expressa a dimensão do que somos.

Neste sentido, a Carta Magna tutela em diversos momentos a pretensão ora deduzida, seja quando garante a inviolabilidade do direito à vida, assegurado em cláusula pátria. Nada mais postula a requerente do que proteger a vida e o bem-estar de sua mãe.

Aliás, a requerente, ao ajuizar a presente, antes de buscar salvaguardar um direito alheio, está cumprindo um dever que lhe é imposto por comando constitucional expresso. Segue abaixo, *in verbis*, o art. 229 da Constituição da República:

> "(...) e os filhos maiores têm o dever de ajudar e amparar os pais na velhice, carência ou enfermidade".

Portanto, o caso em tela não ultrapassa o estrito cumprimento de um ônus que a ordem jurídica impõe à interessada pelo bem da Interditada.

Importa ressaltar que, apesar da ausência de disposição expressa da lei sobre interdição de pessoa enferma, a doutrina e os tribunais entendem pacificamente ser cabível a nomeação de curador para todo aquele que está acometido de mal que lhe impossibilite expressar a vontade.

Saliente-se que, sem a representação de curador, a interditada estará legada ao total desamparo e exposta a toda sorte de privações, pois seu estado de saúde o impede de gerir seus bens e mesmo os aspectos imateriais de sua vida.

Traz à colação as palavras do eminente Clóvis Beviláqua, cuja definição do instituto da curatela emoldura-se perfeitamente ao caso concreto:

> "Curatela é o encargo público, conferido, por lei, a alguém, para dirigir a pessoa e administrar os bens de maiores, que, por si, não possam fazê-lo".

Inequívoco, portanto, o amparo legal ao pleito. A concessão da medida objeto da presente demanda é, antes de qualquer outra, cumprimento a uma ordem constitucional.

DA TUTELA DE URGÊNCIA

A *res in iudicium deducta* refere-se a um direito exposto a iminente risco a valioso bem jurídico tutelado da interditada, exposto ao perigo de sofrer um dano irreparável caso não seja conferida a curatela temporária à interessada, para que esta promova todas as medidas necessárias para prover o seu bem-estar. A hipótese contrária importa em inevitável prejuízo à saúde ou mesmo à sua vida.

No que tange à prova inequívoca e à verossimilhança, estão consubstanciados nos documentos que instruem a presente: o relatório médico, que se refere expressamente ao Boletim de Atendimento Médico (BAM); a exigência do hospital para levantamento do IPERJ; e os registros que comprovam os estados de filiação e civil.

Logo, a concessão da medida salvará a interditada da indigência, além de conferir dignidade à sua existência.

Quanto à reversibilidade, é tranquilo o entendimento de que a concessão da liminar pode ser, a qualquer tempo, revista pelo juízo. Acrescente-se também o princípio da proporcionalidade, haja vista que, na dúvida quando em choque bens jurídicos tutelados, deve ser decidido por aquele de maior relevância. Qual seria maior do que a própria vida e saúde da interditada, promovidos por sua filha, ora requerente?

Ante o exposto, confia a interessada no elevado senso de justiça que norteia as decisões de V. Exa., quem, certamente, não deixará exposto o direito subjetivo da sua genitora exposto ao risco de dano, cuja reparação não será possível.

DO PEDIDO

Ex positis, requer-se a V. Exa.:
a. a concessão do benefício da gratuidade de justiça;
b. a concessão de tutela de urgência, conferindo a curatela temporária da interditada à requerente, haja vista estar aquela totalmente impossibilitada de praticar atos da vida civil e necessitar, urgentemente, de um representante legal para administrar seus bens e interesses até o final do presente processo;

c. a citação da interditada para comparecer perante V. Exa. em audiência a ser designada, nos termos art. 1.181 CPC, se presente a hipótese do art. 218 CPC ao tempo da diligência, face ao seu estado de saúde;
d. a intimação do Ilmo. presentante do Ministério Público, nos termos do art. 178 do CPC;
e. a interdição definitiva da interditada, nomeando a interessada sua curadora, a fim de representá-la frente a todos os atos da vida civil, restando comprovada sua total inabilidade de expressar vontade, em decorrência de avançado deterioramento do seu quadro clínico.

DAS PROVAS

Requer a produção de provas documental, testemunhal e pericial e depoimento pessoal, na amplitude do artigo 369 do CPC.

DO VALOR DA CAUSA

Atribui-se à presente causa o valor de R$ 2.500,00 (dois mil e quinhentos reais).

Indica, com fulcro no art. 103 do CPC, o seguinte endereço onde receberá intimações: (endereço completo).

Nestes termos,
Pede deferimento.

Local e data.

Nome e OAB do advogado

1.5) Outros modelos

Abaixo, seguem alguns modelos de petições úteis no dia a dia da vida forense. São elas:

1.5.1) Petição requerendo adiamento de audiência

EXMO. JUÍZO DE DIREITO DA 1ª VARA CÍVEL DA COMARCA DA CAPITAL

Proc.: xxxxxxxxxxxxx

FULANO DE TAL, nos autos da AÇÃO DE DESPEJO POR FALTA DE PAGAMENTO que move em face de BELTRANO DE TAL, vem, perante V. Exa., por seu advogado, requerer o adiamento da audiência que foi designada para o dia

24/03/06, tendo sido publicada no Diário Oficial do dia 03/02/06, já que, na mesma data e horário, o patrono do autor estará defendendo os interesses de outro cliente, perante o Juízo da 1ª Vara Cível Regional de Bangu, tendo sido publicada no Diário Oficial do dia 13/01/XX, conforme cópia em anexo.

Nestes termos, na certeza da compreensão de Vossa Excelência,

Pede deferimento.

Local e data.

Nome do advogado e OAB

1.5.2) Modelo de petição de juntada de documento

EXMO. JUÍZO DE DIREITO DA 01ª VARA DE FAMÍLIA REGIONAL DE MADUREIRA

Proc.: xxxxxxxxxxxxx

FULANO DE TAL, nos autos da AÇÃO DE SEPARAÇÃO JUDICIAL que move em face de BELTRANO DE TAL, vem, perante V. Exa., por seus advogados, em cumprimento ao r. despacho de fls., requerer a juntada da Certidão Negativa da Prefeitura do Rio de Janeiro, referente ao IPTU (Imposto Predial e Territorial Urbano) do ano de 20XX.

Nestes termos,
Pede deferimento.

Local e data.

Nome do advogado e OAB

1.5.3) Modelo de petição requerendo perícia e apresentando quesitos

EXMO. JUÍZO DE DIREITO DA 01ª VARA CÍVEL DA COMARCA DE NITERÓI

Proc.: xxxxxxxxxxxxx

FULANO DE TAL, nos autos da AÇÃO DE REIVINDICATÓRIA que move em face de BELTRANO DE TAL, vem, perante V. Exa., tempestivamente, por seus advogados, em cumprimento ao r. despacho de fls., indicar como assistente técnico o Dr. Sicrano da Silva, com registro profissional no _____, sob o n° _____, com endereço profissional na Av. Graça Aranha, n° 32, sala 405, Centro, Rio de Janeiro, bem como apresentar os seus quesitos:

1. Queira o ilustre *expert* informar a metragem do terreno, objeto da presente demanda?
2. Se a metragem da planta corresponde à metragem do terreno;
3. Se existe possibilidade de se construir uma servidão para que se tenha acesso ao terreno dos fundos;
4. Sendo possível, qual é o melhor lugar para a construção da referida servidão?

Nestes termos, requerendo, ainda, a formulação de quesitos suplementares quando da realização da diligência,

Pede deferimento.

Local e data.

Nome do advogado e OAB

1.5.4) Petição requerendo a suspensão do processo

EXMO. JUÍZO DE DIREITO DA 01ª VARA CÍVEL REGIONAL DE BANGU

Proc.: xxxxxxxxxxxxx

FULANO DE TAL e BELTRANO DE TAL, nos autos da AÇÃO REIVINDICATÓRIA em que contendem, vêm, perante V. Exa., considerando a possibilidade de acordo entre as partes, requerer a suspensão do processo, por 6 (seis) meses, a fim de que possam providenciar o desmembramento do terreno, objeto do litígio, junto à XVII Região Administrativa, alcançando, assim, a solução do problema que os levou a Juízo.

Nestes termos,
Pede deferimento.

Local e data.

Nome do advogado e OAB

1.6) Procuração e substabelecimento

A procuração judicial é indispensável para o ingresso em juízo. Entretanto, o Código de Processo Civil, em seu art. 37, admite que o advogado pode intervir no processo, a fim de evitar a prescrição ou a decadência, bem como para praticar atos tidos como urgentes, ficando obrigado a exibir o instrumento de mandato no prazo de 15 (quinze) dias. Em tempos remotos, o advogado podia agir sem exibir a procuração, desde que se comprometesse a juntá-la em determinado prazo, prestando a garantia chamada de *cautio de ratio*. Entretanto, esta garantia não é mais exigida.

Certo é que o mandatário pode transferir a outra pessoa os poderes que lhe foram conferidos, de forma total ou parcial. Isto se faz por meio do substabelecimento (caso o substabelecimento seja total, a transferência é sem reserva de poderes). Em sendo parcial, o substabelecimento é com reserva de poderes.

1.6.1) Modelo de procuração por instrumento particular[72]

PROCURAÇÃO

Por este instrumento particular, FULANO DE TAL, brasileiro, solteiro, comerciante, portador da carteira de identidade n° ...., inscrito no CPF sob o n° ...., residente na ...., constitui e nomeia com seu bastante procurador ...., brasileiro, solteiro, advogado, inscrito na OAB/RJ sob o n° ...., com escritório na ....

---

72 A procuração para o foro em geral, conferida por instrumento público ou particular, habilita o advogado a praticar todos os atos do processo. Entretanto, para receber citação, confessar, reconhecer a procedência do pedido, transigir, desistir, renunciar ao direito sobre que se funda a ação, receber, dar quitação e firmar compromisso, faz-se necessário que tais poderes estejam consignados, de forma expressa, na procuração, como determina o art. 105 do Código de Processo Civil.

............, conferindo-lhe poderes para o foro em geral, com a cláusula *ad judicia*, em qualquer Juízo, Instância ou Tribunal, podendo propor contra quem de direito as ações competentes e defendê-lo nas contrárias, seguindo umas e outras, até final decisão, usando os recursos legais e acompanhando-os; conferindo-lhe, ainda, poderes especiais para desistir, transigir, firmar acordos, agindo em conjunto ou separadamente, podendo ainda substabelecer esta em outrem, com ou sem reservas de iguais poderes, dando tudo por bom, firme e valioso, exclusivamente para propor ação de cobrança em face de Beltrano de Tal[73,74].

Local e data.

Nome do outorgante e sua assinatura

1.6.2) Modelo de substabelecimento

SUBSTABELECIMENTO

Substabeleço, com reservas/sem reservas, ao Dr. SICRANO DE TAL, brasileiro, solteiro, advogado, inscrito na OAB/RJ sob o n° XXXXXXXXX, com escritório na Av. Rio Branco, n° 1.234, sala 567, Centro, Rio de Janeiro, os poderes a mim conferidos por Beltraninha de Tal, nos autos da ação de despejo por falta de pagamento, sob o n° XXXXXXXXXXXXXX, em trâmite perante o Juízo da 1ª Vara Cível da Comarca da Capital.

Local e data.

Advogado
OAB

1.7) Contrato de honorários

O exercício da advocacia é um múnus público, ou seja, uma atividade com alta relevância social, conforme regra do art. 133 da Constituição da República. Honorário significa aquilo dado por honra, representando o reconhecimento por uma nobre prestação de serviços. Assim, a remuneração do advogado seria uma benesse destinada mais a compensar o tempo despendido pelo advogado na defesa do cliente do que uma vantagem pecuniária propriamente dita.

Segundo o Estatuto da Advocacia, a prestação de serviço profissional assegura aos inscritos na OAB o direito aos honorários *convencionados*, aos fixados por *arbitramento*

---

73 Não há na lei exigência no sentido de que no instrumento conste a ação a ser ajuizada (JTJ 213/20).
74 Quando se tratar de pessoa analfabeta, a procuração deve ser feita por instrumento público.

judicial e aos de *sucumbência*[75]. Ressalte-se que o advogado, quando indicado para patrocinar causa de juridicamente necessitado, no caso de impossibilidade da Defensoria Pública no local da prestação de serviço, tem direito aos honorários fixados pelo juiz, segundo tabela organizada pelo Conselho Seccional da OAB, e pagos pelo Estado[76]. Sendo certo que, na falta de estipulação ou de acordo, os honorários são fixados por arbitramento judicial, em remuneração compatível com o trabalho e o valor econômico da questão, não podendo ser inferiores aos estabelecidos na tabela organizada pelo Conselho Seccional da OAB[77]. Ainda com relação à assistência judiciária, nada impede que o interessado contrate honorários com o seu advogado "tendo em vista o proveito que terá na causa"[78].

Salvo estipulação em contrário, um terço dos honorários é devido no início do serviço; outro terço, até a decisão de primeira instância; e o restante, no final[79]. Caso o advogado junte aos autos o seu contrato de honorários antes de expedir-se o mandado de levantamento ou precatório, o juiz deve determinar que lhe sejam pagos diretamente, por dedução da quantia a ser recebida pelo constituinte, salvo se este provar que já os pagou[80].

Os honorários incluídos na condenação, por arbitramento ou sucumbência, pertencem ao advogado, tendo este direito autônomo para executar a sentença nesta parte, podendo requerer que o precatório, quando necessário, seja expedido em seu favor[81]. Certo é que a decisão judicial que fixar ou arbitrar honorários e o contrato escrito que os estipular são títulos executivos e constituem crédito privilegiado na falência, concordata, concurso de credores, insolvência civil e liquidação extrajudicial[82]. A execução dos honorários pode ser promovida nos mesmos autos da ação em que tenha atuado o advogado, se assim lhe convier[83].

Na hipótese de falecimento ou incapacidade civil do advogado, os honorários de sucumbência, proporcionais ao trabalho realizado, são recebidos por seus sucessores ou representantes legais[84].

É nula qualquer disposição, cláusula, regulamento ou convenção individual ou coletiva que retire do advogado o direito ao recebimento dos honorários de sucumbência[85].

O acordo feito pelo cliente do advogado e a parte contrária, salvo aquiescência do profissional, não lhe prejudica os honorários, quer os convencionados, quer os

---

75 Lei nº 8.906/94, art. 22.
76 *Ibid.*, art. 22, § 1º.
77 Lei nº 8.906/94, art. 22, § 2º.
78 STJ-3ª Turma, REsp 238.925-SP, rel. Min. Ari Pargendler, j. 21.8.01, deram provimento parcial, v.u., DJU 1.10.01, p. 206.
79 Lei nº 8.906/94, art. 22, § 3º.
80 *Ibid*, art. 22. § 4º.
81 *Ibid.*, art. 23.
82 *Ibid.*, art. 24.
83 *Ibid.*, art. 24, § 1º.
84 *Ibid.*, art. 24. § 2º.
85 Lei nº 8.906/94, art. 24, § 3º.

concedidos por sentença[86]. Entretanto o STF suspendeu a eficácia do § 3° do art. 24, até o julgamento da ADIn 1.194-4 (RTJ 162/857, v.u.). O relator esclareceu que, no seu entender, "os honorários, no caso de sucumbência, são um direito do advogado", mas pode haver estipulação dos contratantes em sentido contrário.

Segundo a regra do art. 25, da Lei n° 8.906/94, a ação de cobrança de honorários de advogado prescreve em 5 (cinco) anos, contado o prazo: I - do vencimento do contrato, se houver; II - do trânsito em julgado da decisão que os fixar; III - da ultimação do serviço extrajudicial; IV - da desistência ou transação; V - da renúncia ou revogação do mandato.

O advogado substabelecido, com reserva de poderes, não pode cobrar honorários sem a intervenção daquele que lhe conferiu o substabelecimento[87]. (art. 26)

1.7.1) Modelo de contrato de honorários advocatícios

CONTRATO DE HONORÁRIOS ADVOCATÍCIOS

FULANO DE TAL, brasileiro, divorciado, advogado, inscrito na OAB/RJ sob o n° XXXX, com escritório na Av. Graça Aranha, n° 93, sala 203, Centro, Rio de Janeiro, e LOJA BOM PREÇO LTDA., inscrita no CNPJ sob o n° XX.XXX.XXX/XXXX-XX, neste ato, representada por seu sócio, o Sr. Sicrano de Tal, brasileiro, divorciado, comerciante, portador da carteira de identidade n° xxx, inscrito no CPF sob o n° XXXXXXX, residente na Rua Cambaúba, n° 1.142, Jardim Guanabara, Ilha do Governador, Rio de Janeiro, abaixo assinados, têm entre si contratado o seguinte:

Cláusula primeira: o primeiro é constituído, neste ato, procurador do segundo contratante, para o fim de apresentar defesa junto ao Juizado Especial Cível, nos autos da AÇÃO INDENIZATÓRIA que lhe é movida por Beltrano de Tal, obrigando-se, em cumprimento do mandato que lhe foi outorgado, a prestar seus serviços profissionais ao segundo contratante, acompanhando o feito, ou o que for objeto do presente contrato, com zelo e probidade e lançando mão de tudo o que achar apropriado para satisfação do interesse do constituinte, sempre respeitando a ética, a moral e o Direito.

Cláusula segunda: o segundo contratante, em razão dos serviços que lhe serão prestados, pagará ao primeiro contratante, a título de honorários, a quantia de R$ 3.500,00 (três mil e quinhentos reais), em uma única parcela, que será paga no dia 02/05/XXXX.

Cláusula terceira: não estão incluídas no preço do contrato para os serviços mencionados na cláusula primeira as quantias correspondentes a taxas de qualquer natureza, custas processuais, despesas extrajudiciais.

---

86 Ibid., art. 24, § 4°.
87 Lei n° 8.906/94, Art. 26.

Cláusula quarta: considerar-se-á ganha pelo primeiro contratante a totalidade dos honorários constante na cláusula segunda, e obrigado o segundo ao seu pagamento, se este retirar o mandato em qualquer fase da causa ou antes de sua ultimação, acordar ou transigir.

Cláusula quinta: os honorários de sucumbência pertencem ao advogado ora contratado.

Cláusula sexta: fica eleito o Foro da Comarca da Capital para a solução de qualquer conflito que surja em razão do presente contrato.

Assim, justos e contratados, assinam o presente instrumento, em duas vias de igual teor, e o fazem na presença de 2 (duas) testemunhas.

Local e data.

Nome do contratante e assinatura

Nome do contratado e assinatura

Testemunha 1: _____

Testemunha 2: _____

1.8) Principais prazos no Código de Processo Civil

- Exibição de instrumento procuratório = 15/15 (art. 104 do CPC)
- Vistas dos autos = 5 dias (art. 107do CPC)
- Emenda à inicial = 10 dias
- Não cumprimento do art. 106 do CPC = 5 dias
- Renúncia = art. 225
- Apresentação de quesitos = art. 465, § 1º, inciso II; artigos 469 e 477, § 4º.
- Rol de testemunhas = art. 450; art. 146, § 1º.
- Falar sobre documento = artigos 435 e 229
- Arguição de falsidade de documento = art. 430
- Contestação:
- Rito comum = 15 dias úteis
- Processo cautelar = 5 dias
- Ação monitória = 15 dias, sob a forma de embargos (art. 702, § 5º.)
- Ação rescisória = 15 a 30 dias (art. 970)
- Embargos de terceiro = 10 dias (art. 670)

- Procedimento de jurisdição voluntária = 10 dias, em geral (art. 721)
- Demarcação = 20 dias (art. 577)
- Oposição = 15 dias (art. 683)
  Obs.: a exceção é apresentada no mesmo prazo da contestação (art. 335)
- Réplica = 15 dias (desde que se oponha fato impeditivo, modificativo ou extintivo, artigo 430)
- Embargos de devedor = 10 dias (art. 801.)
- Para impugnar os embargos de devedor = 15 dias (art920)
- Embargos de terceiro = art. 675
- Assistência = 5 dias (art. 120)
- Para impugnar o valor da causa = art. 293
- Propositura da ação principal em processo cautelar= 30 dias (arts. 309, II)
- Para a Fazenda Pública e Ministério Público = art. 180
- Preparo = arts. 1.007 e 1.017, § 1°
- Apelação = 15 dias (1.009, § 2°)
- Recurso inominado = 10 dias
- Recurso adesivo = art. 997
- Agravo de instrumento = 15 dias (1.003, § 5ª)
- Embargos de declaração = 5 dias
- Recurso especial = 15 dias (interpor e recorrer)
- Recurso ordinário = 15 dias (interpor e recorrer)
- Recurso extraordinário = 15 dias (interpor e recorrer)

CAPÍTULO 2
RESPOSTA DO RÉU

2.1) A defesa do réu

Em razão do artigo 5º, inciso LV da Constituição da República, são garantidos no processo judicial ou administrativo o contraditório e a ampla defesa. Na presente obra, iremos nos ater à resposta no procedimento judicial.

Em função dos princípios acima elencados, o réu é citado para vir defender-se do pedido formulado pelo autor na exordial. Imediatamente pensamos que deve o réu apresentar contestação (uma das espécies de resposta do réu), quando na verdade não há esta obrigatoriedade, sendo para o réu verdadeira faculdade dispor deste direito.

Nos ensina Humberto Theodoro Júnior que, quando se tratar de direito indisponível, o réu não pode renunciar por mero meio de inação. Neste caso, o Ministério Público é convocado a atuar como *custos legis*[88] e o autor, mesmo diante do silêncio do réu, não se desobriga de provar os fatos não contestados.[89]

Donde se conclui que deve o autor, quando se tratar de direito indisponível, fazer prova do fato constitutivo de seu direito, mesmo com a inércia do réu, pois não gera revelia a inação daquele.

Assim, quando réu é citado, poderá adotar cinco posicionamentos, a saber: não responder ao pedido formulado pelo autor, responder ao pedido formulado pelo autor, o reconhecimento pelo réu do pedido formulado pelo autor, e ainda impugnar o valor dado à causa bem como impugnar a gratuidade de justiça pleiteada pelo autor.

---

88 CONSTITUCIONAL E PROCESSUAL CIVIL. RECURSO EM MANDADO DE SEGURANÇA. ATO ADMINISTRATIVO DE AUTORIDADE JUDICIÁRIA. VISTA AO MINISTÉRIO PÚBLICO DE PROCESSOS PREVIDENCIÁRIOS QUE ENVOLVAM INTERESSES DE IDOSOS OU DE PESSOAS COM DEFICIÊNCIA. FUNÇÃO INSTITUCIONAL DO MP. DEFESA DE DIREITOS INDIVIDUAIS INDISPONÍVEIS. ART. 176 DO CPC/2015. OBRIGATORIEDADE DA INTERVENÇÃO DO MP. ART. 74, III, DO ESTATUTO DO IDOSO. LEGITIMIDADE ATIVA PARA PROPOR ACP. ENTENDIMENTO PACÍFICO DO STJ E DO STF. RECURSO NÃO PROVIDO.

1. Trata-se, na origem, de mandado de segurança impetrado pelo recorrente contra ato supostamente ilegal do juízo singular que determinou se desse ciência ao Ministério Público, na condição de *custos legis*, de todas as ações previdenciárias ajuizadas por idosos e pessoas com deficiência.

2. A redação do art. 176 do CPC/2015 é indubitável ao afirmar que "o Ministério Público atuará na defesa da ordem jurídica, do regime democrático e dos interesses e direitos sociais e individuais indisponíveis". Por outro lado, o art. 74, II, da Lei nº 10.741/2003 assentou a obrigatoriedade de intervenção do Ministério Público em ações que veiculem direitos de idosos em condições de vulnerabilidade. Além disso, a Lei nº 75/1993, no art. 6º, VII, "a" e "c", atribuiu ao Ministério Público "a proteção dos direitos constitucionais estabelecidos, além da proteção dos interesses individuais indisponíveis, difusos e coletivos, relativos à criança, ao adolescente e ao idoso". Finalmente, o Estatuto da Pessoa com Deficiência, no art. 79, § 3º, determina que o Ministério Público tomará as medidas necessárias à garantia dos direitos nela previstos.

3. "O reconhecimento da legitimidade do Ministério Público para a ação civil pública em matéria previdenciária mostra-se patente tanto em face do inquestionável interesse social envolvido no assunto, como, também, em razão da inegável economia processual, evitando-se a proliferação de demandas individuais idênticas com resultados divergentes, com o consequente acúmulo de feitos nas instâncias do Judiciário, o que, certamente, não contribui para uma prestação jurisdicional eficiente, célere e uniforme." (REsp 1.142.630/PR, Rel. Ministra Laurita Vaz, Quinta Turma, DJe 1º/2/2011, grifou-se).

4. Mostra-se evidente, com fulcro no princípio lógico-jurídico segundo o qual "quem pode o mais, pode o menos", que, se é possível ao Ministério Público ajuizar ação própria na seara previdenciária, também lhe é devido ter vista dos autos em causas desse jaez, sobretudo quando no polo ativo se encontrarem idosos e pessoas com deficiência.

5. Recurso Ordinário não provido.

(RMS nº 61.319/GO, relator Ministro Herman Benjamin, Segunda Turma, julgado em 19/11/2019, DJe de 11/9/2020.)

89 JÚNIOR, Humberto Theodoro. *Curso de Direito Processual Civil*. 44ª edição, Editora Forense, 2016. p. 410.

Há casos, ainda, em que o réu pode fazer algum pleito, na contestação em seu favor, tais como nas ações possessórias[90], dado o caráter dúplice destas ações, ou o pedido em contestação, chamado pedido contraposto, bem como na Lei nº 9.099/95.[91]

Estudaremos cada caso especificamente.

2.2) A resposta do réu

De acordo com o Novo CPC, o réu será citado para apresentar resposta no prazo de 15 (quinze) dias úteis, podendo esta ser a contestação, reconvenção ou exceção. O sistema jurídico pátrio não reconhece as impugnações como defesa, sendo que o prazo para apresentação destas é o mesmo da contestação.

A resposta deve ser feita por escrito, endereçada ao juiz da causa, e no rito ordinário apresentada após quinze dias da juntada aos autos do mandado de citação, sendo assim juntada aos autos. Já no microssistema do Juizado, a contestação tanto pode ser por escrito quanto oral – neste caso, reduzida a termo, porém apresentada na audiência de instrução, conciliação e julgamento.

É importante informar que, de acordo com o novo Código de Processo Civil, o prazo para apresentação de defesa é comum a todos os réus quando houver litisconsórcio passivo. Esse prazo será contado em dobro quando os réus tiverem advogados diferentes[92]. É importante ressaltar que o prazo apenas começará a contar a partir da citação do último litisconsorte.

No novo CPC, em caso de desistência em relação a algum dos réus, ainda não citado, deverá ser promovida a exclusão do réu desistente do polo passivo da demanda. Todos os outros réus deverão ser intimados da decisão que deferir a desistência, e somente a partir da intimação de todos é que começará a contar o prazo para que apresentem defesa.

De acordo com o novo CPC, a exceção, a impugnação à gratuidade de justiça e a impugnação ao valor da causa devem ser processadas em apartado, como incidentes,

---

90 Art. 554. A propositura de uma ação possessória em vez de outra não obstará a que o juiz conheça do pedido e outorgue a proteção legal correspondente àquela cujos pressupostos estejam provados
91 Art. 31 da Lei nº 9.099/95: "Não se admitirá reconvenção. É lícito ao réu, na contestação, formular pedido em seu favor, nos limites do artigo 3º desta lei, desde que fundados nos mesmos fatos que constituem objeto da controvérsia".
92 RECURSO ESPECIAL. PROCESSUAL CIVIL. AÇÃO DE ALIMENTOS. ALIMENTOS PROVISÓRIOS. LIMINAR INAUDITA ALTERA PARTE. LITISCONSÓRCIO PASSIVO. AGRAVO DE INSTRUMENTO. PRAZO EM DOBRO. ARTIGO 191 DO CPC/1973. APLICABILIDADE.
1. Recurso especial interposto contra acórdão publicado na vigência do Código de Processo Civil de 1973 (Enunciados Administrativos nº 2 e 3/STJ).
2. A regra benéfica do prazo em dobro independe do comparecimento aos autos do outro litisconsorte para apresentar contestação ou recorrer (no caso de liminar inaudita altera parte), bastando que apresente sua peça separadamente com advogado exclusivo. Precedentes.
3. O direito da parte que já integra o processo de ver contado o prazo em dobro – em demanda na qual há litisconsórcio no polo passivo - não pode depender da conduta futura do outro litisconsorte.
4. Recurso especial provido.
(REsp nº 1.593.161/SP, relatora Ministra Nancy Andrighi, relator para acórdão Ministro Ricardo Villas Bôas Cueva, Terceira Turma, julgado em 26/6/2018, DJe de 6/9/2018).

e não mais como processos apensos[93]. Isso significa que tais questões devem seguir o rito próprio estabelecido para cada incidente, sem prejuízo do processo principal em que se encontram inseridas.

2.3) Espécies de defesa

No sistema jurídico pátrio há duas espécies de defesa: defesa processual e defesa de direito material.

A defesa processual pode ou não haver na contestação, ao contrário da defesa de mérito, que sempre há[94].

A defesa processual continua sendo uma questão de ordem pública, conforme o artigo 337 do Novo Código de Processo Civil, enquanto a defesa de mérito é a alegação de fato e de direito que se opõe ao pedido do autor, conforme o artigo 336. Ambas as

---

[93] RECURSO ESPECIAL. PROCESSUAL CIVIL. GRATUIDADE DA JUSTIÇA. ALEGAÇÃO DE INSUFICIÊNCIA DE RECURSOS. PRESUNÇÃO RELATIVA. AFASTAMENTO. NECESSIDADE DE INDICAÇÃO DE ELEMENTOS CONCRETOS CONSTANTE DOS AUTOS.
1. Exceção de pré-executividade oposta em 4/8/2021, da qual foi extraído o presente recurso especial, interposto em 26/7/2022 e concluso ao gabinete em 14/3/2023.
2. O propósito recursal consiste em dizer se é lícito o indeferimento do pedido de gratuidade da justiça formulado por pessoa natural ou a determinação de comprovação da situação de hipossuficiência sem a indicação de elementos concretos que indiquem a falta dos pressupostos legais para a concessão do benefício.
3. De acordo com o § 3º, do art. 99, do CPC, presume-se verdadeira a alegação de insuficiência deduzida exclusivamente por pessoa natural.
4. Diante da presunção estabelecida pela lei, o ônus da prova na impugnação à gratuidade é, em regra, do impugnante, podendo, ainda, o próprio juiz afastar a presunção à luz de elementos constantes dos autos que evidenciem a falta de preenchimento dos pressupostos autorizadores da concessão do benefício, nos termos do § 2º, do art. 99, do CPC.
5. De acordo com o § 2º, do art. 99 do CPC/2015, o juiz somente poderá indeferir o pedido se houver nos autos elementos que evidenciem a falta dos pressupostos legais para a concessão de gratuidade, devendo, antes de indeferir o pedido, determinar à parte a comprovação do preenchimento dos referidos pressupostos.
6. Na hipótese dos autos, a Corte de origem, ao apreciar o pedido de gratuidade, em decisão genérica, sem apontar qualquer elemento constante dos autos e ignorando a presunção legal, impôs ao recorrente o dever de comprovar a sua hipossuficiência, em ofensa ao disposto no art. 99, § 2º e § 3º do CPC, motivo pelo qual impõe-se o retorno dos autos ao Tribunal *a quo* para que, reexaminando a questão, verifique se existem, a partir das peculiaridades da hipótese concreta, elementos capazes de afastar a presunção de insuficiência de recursos que milita em favor do executado, se for o caso, especificando os documentos que entende necessários a comprovar a hipossuficiência.
7. Recurso especial conhecido e provido.
(REsp nº 2.055.899/MG, relatora Ministra Nancy Andrighi, Terceira Turma, julgado em 20/6/2023, DJe de 27/6/2023).
[94] PROCESSUAL CIVIL. AGRAVO INTERNO NO MANDADO DE SEGURANÇA. SERVIDOR. DEMISSÃO. MANDADO DE SEGURANÇA E AÇÃO ANULATÓRIA DE PROCESSO ADMINISTRATIVO. LITISPENDÊNCIA. IDENTIDADE DE PARTES, PEDIDO E CAUSA DE PEDIR. ART. 485, V, DO CPC/2015. EXTINÇÃO SEM RESOLUÇÃO DO MÉRITO.
1. O recurso foi interposto contra decisão publicada na vigência do Código de Processo Civil de 2015, devendo ser exigidos os requisitos de admissibilidade na forma nele previsto, conforme Enunciado Administrativo nº 3/2016/STJ.
2. Trata-se de agravo interno interposto contra decisão de minha lavra que julgou extinto o mandado de segurança ante o reconhecimento da existência de litispendência.
3. Nos termos do art. art. 337, § 1º e 3º, do CPC/2015, a existência de ação anterior com as mesmas partes, causa de pedir e pedido, induz a litispendência, impondo-se, neste caso, a extinção do feito sem resolução de mérito (art. 485, V, do CPC/2015). Precedentes.
4. No caso, a União, às fls. 1.641-1.726, juntou a íntegra da inicial da "ação anulatória de processo administrativo disciplinar, com pedido de tutela de urgência", que tramita na 22ª Vara Federal Cível da SJDF, em que o autor argumenta que "o processo administrativo disciplinar originário está eivado de diversas nulidades".
5. Dessa forma, embora se argumente no presente feito a "inexistência de litispendência e a desproporcionalidade da punição aplicada", o fato é que, em ambos os feitos, sob a mesma tese, ou seja, de que "o processo administrativo disciplinar originário está eivado de diversas nulidades", o impetrante objetiva o mesmo propósito: i) "declarar a nulidade do PAD"; ii) "anular o ato administrativo impugnado, a saber, decisão do Ministro do Meio Ambiente que condenou o requerente"; e iii) "determinar a reintegração de José Roberto em seu cargo público, nos termos do art. 28 da Lei nº 8.112/1990". Configurada, portanto, a tramitação de demandas que perseguem idêntico resultado.
6. Agravo interno não provido.
(AgInt no MS nº 28.795/DF, relator Ministro Benedito Gonçalves, Primeira Seção, julgado em 3/10/2023, DJe de 5/10/2023).

defesas devem ser apresentadas na contestação, conforme o artigo 337, § 1º. Além disso, o CPC atual prevê a possibilidade de alegação de preliminares de mérito na contestação ou em momento processual próprio, conforme o artigo 337, § 5º.

2.4) Defesa processual

Como dito anteriormente, a defesa processual corresponde à questão de ordem pública, e pode ocasionar a extinção do processo sem resolução do mérito, ou, nos dizeres de Humberto Theodoro Júnior, a paralisação temporária do curso normal do procedimento, enquanto o obstáculo processual não seja removido.

Comumente, o estudante de Direito não visualiza com muita facilidade tais defesas, talvez por serem por demais abstratas e que dificulta a articulação da teoria com a prática, o que ocorre na elaboração da contestação.

No novo CPC, a defesa processual pode ser classificada em preliminar e de mérito. As preliminares correspondem às defesas que têm por objetivo afastar vícios processuais que possam prejudicar o andamento do processo, tais como: inexistência ou irregularidade de citação ou intimação, incompetência absoluta ou relativa do juízo, ilegitimidade das partes, ausência de pressupostos processuais ou condições da ação e outros casos previstos em lei ou na jurisprudência[95].

---

95 PROCESSUAL CIVIL. RECURSO ESPECIAL. AÇÃO DECLARATÓRIA C/C INDENIZAÇÃO POR DANOS MATERIAIS. LIMITES DA COISA JULGADA. QUESTÃO EXPRESSAMENTE DECIDIDA NO DISPOSITIVO DA DECISÃO. CONDENAÇÃO IMPLÍCITA. POSSIBILIDADE EM HIPÓTESES EXCEPCIONAIS. JUROS REMUNERATÓRIOS. NECESSIDADE DE PEDIDO E CONDENAÇÃO DE FORMA EXPRESSA. EFICÁCIA PRECLUSIVA DA COISA JULGADA. IMPOSSIBILIDADE APENAS DE REDISCUSSÃO, COM BASE EM NOVAS ALEGAÇÕES, DE PEDIDO JÁ APRECIADO. REQUISITOS PARA A FORMAÇÃO DE COISA JULGADA. SENTENÇA PROFERIDA EM AÇÃO ANTERIOR QUE DETERMINOU A RESTITUIÇÃO DE TARIFAS ABUSIVAS. NOVA AÇÃO PLEITEANDO A RESTITUIÇÃO DE JUROS REMUNERATÓRIOS SOBRE ESSAS TARIFAS. POSSIBILIDADE. QUESTÃO NÃO APRECIADA NA DECISÃO TRANSITADA EM JULGADO. OFENSA À COISA JULGADA. NÃO OCORRÊNCIA.

1. Ação declaratória c/c indenização por danos materiais, ajuizada em 15/4/2015, da qual foi extraído o presente recurso especial, interposto em 28/8/2020 e concluso ao gabinete em 18/5/2022.

2. O propósito recursal é definir se é possível o ajuizamento de nova ação para pleitear, exclusivamente, a restituição de juros remuneratórios não requerida em anterior ação, na qual foi proferida sentença transitada em julgado determinando a restituição de tarifas reconhecidas como abusivas.

3. Nos termos do art. 503 do CPC/2015, "a decisão que julgar total ou parcialmente o mérito tem força de lei nos limites da questão principal expressamente decidida".

4. A jurisprudência desta Corte admite a condenação implícita em hipóteses excepcionais, de modo que verbas como juros moratórios e a correção monetária sejam incluídas na fase de liquidação ou de cumprimento de sentença, apesar de esta ter sido omissa.

5. A qualidade de imutabilidade e indiscutibilidade da coisa julgada somente se agrega à parte dispositiva do julgado, não alcançando os motivos e os fundamentos da decisão judicial. Precedentes.

6. A eficácia preclusiva da coisa julgada (art. 508 do CPC/2015) impede a rediscussão de um pedido apreciado por decisão de mérito transitada em julgado, ainda que a parte interessada sustente teses jurídicas que podiam, mas não foram alegadas no processo. Nada impede, contudo, que a parte formule, em nova ação, pedido distinto e autônomo, ainda que guarde relação com os fatos discutidos em ação anterior, desde que, evidentemente, não viole as questões acobertadas pela coisa julgada material.

7. Assim, haverá formação de coisa julgada sobre determinada questão quando: (I) estiver expressa no dispositivo de decisão judicial proferida anteriormente ou, ao menos, nos pedidos formulados na inicial, se o dispositivo for indireto; ou (II) estiver implícita na decisão, nas hipóteses admitidas. Cuida-se de uma análise a ser feita em cada hipótese concreta.

8. Conforme a jurisprudência desta Corte, o reconhecimento e execução de juros remuneratórios – que, em regra, são pactuados entre as partes – demandam pedido e condenação de forma expressa, não podendo ser conhecido de ofício pelo Juiz, diferentemente dos juros moratórios.

9. Desse modo, não existindo pedido e condenação, de forma expressa, acerca dos juros remuneratórios, não é possível concluir que foram abarcados, de forma implícita, por decisão proferida em ação anterior, a qual discutiu apenas a abusividade e a necessidade de restituição de outras verbas.

Já a defesa de mérito, como o próprio nome sugere, lida com a resolução do conflito em si, buscando demonstrar a improcedência do pedido do autor. Nessa defesa, são apresentados argumentos que refutam o mérito das alegações lançadas pelo autor e podem ser oferecidos em qualquer fase do processo até a apresentação da contestação.

Cabe ressaltar que, assim como na legislação anterior, a defesa preliminar pode ser dilatória ou peremptória. A defesa preliminar dilatória busca sanar os vícios processuais, a fim de que o processo possa continuar e o mérito ser analisado pelo juízo competente[96]. Já a defesa peremptória tem como objetivo extinguir o processo sem resolução de mérito, quando verificado algum vício insanável, como, por exemplo, a falta de condição da ação, incompetência absoluta ou coisa julgada.

É importante destacar que a defesa preliminar dilatória tem preferência sobre a defesa de mérito, devendo ser apresentada antes da contestação. Caso o juiz acolha alguma das preliminares e conceda prazo para sua regularização, o seu não atendimento resulta em extinção do processo sem resolução de mérito.

2.5) Defesa de mérito

A defesa de mérito, tanto indireta quanto direta, é relevante para a distribuição do ônus da prova. De acordo com o artigo 373, incisos I e II, do Código de Processo Civil, cabe ao autor a prova do fato constitutivo do seu direito, enquanto ao réu incumbe demonstrar a existência de fato impeditivo, modificativo ou extintivo do direito do autor. Assim, se o réu alega defesa de mérito indireta, cabe a ele o ônus de provar os fatos impeditivos, modificativos ou extintivos do direito do autor, enquanto na defesa de mérito direta o ônus da prova recai sobre o próprio autor.

---

10. Hipótese em que, ao se analisarem os pedidos formulados e as sentenças proferidas nas duas ações ajuizadas pelo recorrido contra o recorrente, conclui-se que tiveram objetos distintos: I) na primeira, a sentença condenou o recorrente a restituir o valor de R$ 1.496,00, "correspondente ao dobro do valor pago a título de TC, tarifa de avaliação de bens e serviços de terceiros"; II) na segunda, o autor se limitou a pedir a restituição dos juros remuneratórios incidentes sobre essas tarifas, o que foi concedido pela sentença. Portanto, no particular, o pedido de restituição do valor pago a título de juros remuneratórios não foi formulado na ação anterior e, tampouco, foi objeto de decisão judicial, de modo que a sua formulação em nova ação não caracteriza ofensa à coisa julgada.
11. Recurso especial conhecido e não provido.
(REsp n° 2.000.231/PB, relatora Ministra Nancy Andrighi, Terceira Turma, julgado em 18/4/2023, DJe de 5/5/2023.)
96 DIREITO PROCESSUAL CIVIL. RECURSO ESPECIAL. EXCEÇÃO DE INCOMPETÊNCIA. ALEGAÇÃO DE CONEXÃO. POSSIBILIDADE, DESDE QUE AUSENTE PREJUÍZO.
1. Exceção de incompetência oposta pelo recorrente, por meio da qual sustenta a competência do juízo da Comarca de Varginha - MG para processar e julgar ação de busca e apreensão ajuizada em face do excipiente.
2. Exceção de incompetência oposta em 15/08/2013. Recurso especial concluso ao gabinete em 26/08/2016. Julgamento: CPC/73.
3. O propósito recursal é dizer sobre a possibilidade, em sede de exceção de incompetência, de arguição de conexão entre ações.
4. De fato, o CPC/73, na parte em que tratava sobre o oferecimento da peça contestatória, preceituava, em seu art. 301, VII - dispositivo este, inclusive, reproduzido no novo Código de Processo Civil no art. 337, VIII – que o réu, antes de discutir o mérito, deveria alegar, em preliminar, a existência de conexão entre ações.
5. O acolhimento da preliminar, em verdade, faz com que o juiz remeta os autos ao juízo prevento ou, se ele for o prevento, que requisite os autos do outro juízo onde corre a ação conexa. Em suma, visa-se o julgamento conjunto das ações, inclusive para evitar que estas tenham desfechos conflitantes.
6. Assim, dessume-se que, em sendo o real escopo da norma o julgamento conjunto das ações, desde que não verificada a ocorrência de prejuízo às partes, deve-se admitir que a alegação de conexão seja feita por meio de exceção de incompetência.
7. Recurso especial conhecido e provido.
(REsp n° 1.559.059/MG, relatora Ministra Nancy Andrighi, Terceira Turma, julgado em 2/4/2019, DJe de 4/4/2019.)

A doutrina cita como exemplos de defesas de mérito indireta:
1. prescrição;
2. decadência;
3. compensação;
4. transação;
5. pagamento.

Assim, em havendo defesa de mérito indireta, esta deve ser alegada em primeiro lugar, tendo em vista que prejudica a análise do mérito, como dito pela doutrina, é prejudicial de mérito.

Já defesa de mérito direta consiste em ataque ao fato constitutivo do direito do autor, ou seja, o réu nega que os fatos tenham ocorrido como alegado pelo autor, ou mesmo que inexistam tais fatos, ou ainda, que ocorreram diferentemente como alegado pelo autor, ou ainda que ocorreram, mas discorda das consequências jurídicas alegadas pelo autor.

Luiz Rodrigues Wambier[97] cita como exemplo uma ação de indenização na qual o réu tanto pode alegar que os fatos não ocorreram como narrado pelo autor, como pode expressar que os fatos ocorreram, mas que não há dano a indenizar.

A defesa de mérito em indireta e direta é importante no que toca à regra referente ao ônus da prova. Como sabido, cabe ao autor a prova do fato constitutivo de seu direito, e ao réu, a prova do fato impeditivo, extintivo ou modificativo do direito do autor. Caso o réu alegue a defesa de mérito indireta, cabe a ele a prova daqueles fatos, e, na defesa direta, o ônus da prova recairá ao autor.

Ficará mais fácil a compreensão quando tratarmos da contestação.

2.6) Contestação

Como dito anteriormente, contestação é um dos meios de defesa do réu, que pode ou não ser oferecida, no rito ordinário, em 15 (quinze) dias, e no sumário, em audiência preliminar[98].

---

97 WAMBIER, Luiz Rodrigues; TALAMINI, Eduardo. *Curso Avançado de Processo Civil*. 6ª edição, v. 1. Editora Revista dos Tribunais. p. 358-359.
98 DIREITO PROCESSUAL CIVIL. PREVIDENCIÁRIO. RECURSO ESPECIAL. A AUDIÊNCIA DE CONCILIAÇÃO É FASE OBRIGATÓRIA DO PROCESSO CIVIL ATUAL. NOVA LEGISLAÇÃO PROCESSUAL CIVIL. JUSTIÇA MULTIPORTAS. VALORIZAÇÃO DA COMPOSIÇÃO AMIGÁVEL. TAREFA A SER IMPLEMENTADA PELO JUIZ DO FEITO. AUSÊNCIA DE COMPARECIMENTO DO INSS. APLICAÇÃO DE MULTA DE 2% SOBRE O VALOR DA CAUSA. ART. 334, § 8º. DO CPC/2015. INTERESSE DO AUTOR NA REALIZAÇÃO DO ATO. MULTA DEVIDA. RECURSO ESPECIAL DO INSS A QUE SE NEGA PROVIMENTO.
1. A nova legislação processual civil instrumentaliza a denominada Justiça Multiportas, incentivando a solução consensual dos conflitos, especialmente por meio das modalidades de conciliação e mediação. O objetivo dessa auspiciosa inovação é hipervalorizar a *concertación* de interesses *inter partes*, em claro desfavor do vetusto incentivo ao demandismo. Mas isso somente se pode alcançar por meio da atuação inteligente dos Juízes das causas, motivados pelos ideais da equidade, da razoabilidade, da economia e da justiça do caso concreto.

Em realidade, a contestação nada mais representa do que o exercício do direito de ação, só que, obviamente, pelo réu. É interessante observar como regra os discentes creem que o réu é o "errado" na ação, tendo mesmo dificuldade, quando da elaboração da contestação, de discriminar a palavra réu em sua petição. Basta apenas mudarmos o foco, para se constatar que tanto o autor como o réu podem ter razão.

Depende da forma como é feita a inicial, bem como a contestação, e das provas. Daí a importância do conhecimento técnico do Direito e suas vertentes, a fim de elaborar uma melhor petição, seja ela inicial ou contestação.

2.6.1) Conceito

Segundo Humberto Theodoro Júnior[99], contestação é o instrumento processual utilizado pelo réu para opor-se, formal ou materialmente, à pretensão deduzida em juízo pelo autor.

O réu, ao utilizar o direito abstrato de defesa, busca tão somente libertar-se do processo em que o autor o envolveu, podendo ser de duas maneiras:

a) utilizando-se da defesa processual, apontando os vícios que invalidem ou tornem inadequada ao fim colimado pelo autor;

b) utilizando-se da defesa de mérito, de forma indireta e/ou direta.

---

2. Em seus artigos iniciais, o Código de Processo Civil prescreve que o Estado promoverá, sempre que possível, a solução consensual dos conflitos (art. 3º, § 2º do CPC/2015), recomendando que a conciliação, a mediação e outros métodos de solução harmoniosa de conflitos sejam estimulados por Juízes, Advogados, Defensores Públicos e Membros do Ministério Público (art. 3º, § 3º do CPC/2015), inclusive no curso do processo judicial (art. 139, V do CPC/2015). Esses dispositivos do CPC pressupõem que os Julgadores abram as mentes para a metodologia contemporânea prestigiadora da visão instrumentalista do processo, levando-o, progressivamente, a deixar de ser um objetivo em si mesmo.

3. Reafirmando esse escopo, o CPC/2015, em seu art. 334, estabelece a obrigatoriedade da realização de audiência de conciliação ou de mediação após a citação do réu. Excepcionando a sua realização, tão-somente, na hipótese de o direito controvertido não admitir autocomposição ou na hipótese de ambas as partes manifestarem, expressamente, desinteresse na composição consensual (art. 334, § 4º do CPC/2015).

4. O caráter obrigatório da realização dessa audiência de conciliação é a grande mudança da nova Lei Processual Civil, mas o INSS, contudo, intenta repristinar a regra de 1994, que estabelecia ser optativa a audiência de conciliação (art. 125, IV do CPC/1973, com redação dada pela Lei nº 8.952/1994), retirando o efeito programado e esperado pela legislação processual civil adveniente.

5. Rememore-se, aqui, aquela conhecida – mas esquecida – recomendação do jurista alemão Rudolf von Ihering (1818-1892), no seu famoso livro "O Espírito do Direito Romano", observando que o Direito só existe no processo de sua realização. Se não passa à realidade da "vida" social, o que existe apenas nas leis e sobre o papel não é mais do que o simulacro ou um fantasma do Direito, não é mais do que meras palavras. Isso quer dizer que, se o Juiz não assegurar a eficácia das concepções jurídicas que instituem as garantias das partes, tudo a que o Direito serve e as promessas que formula resultarão inócuas e inúteis.

6. No caso dos autos, o INSS manifestou desinteresse na realização da audiência; contudo, a parte autora manifestou o seu interesse, o que torna obrigatória a realização da audiência de conciliação, com a indispensável presença das partes. Comporta frisar que o processo judicial não é mais concebido como um duelo, uma luta entre dois contendores ou um jogo de habilidades ou espertezas. Exatamente por isso, não se deixará a sua efetividade ao sabor ou ao alvedrio de qualquer dos seus atores, porque a justiça que por meio dele se realiza acha-se sob a responsabilidade do Juiz e constitui, inclusive, o macro-objetivo do seu mister.

7. Assim, não comparecendo o INSS à audiência de conciliação, inevitável a aplicação da multa prevista no art. 334, § 8º do CPC/2015, que estabelece que o não comparecimento injustificado do autor ou do réu à audiência de conciliação é considerado ato atentatório à dignidade da Justiça e será sancionado com multa de até 2% da vantagem econômica pretendida ou do valor da causa, revertida em favor da União ou do Estado. Qualquer interpretação passadista desse dispositivo será um retrocesso na evolução do Direito pela via jurisdicional e um desserviço à Justiça.

8. Recurso Especial do INSS a que se nega provimento.

(REsp nº 1.769.949/SP, relator Ministro Napoleão Nunes Maia Filho, Primeira Turma, julgado em 8/9/2020, DJe de 2/10/2020.)

99 JÚNIOR, Humberto Theodoro. *Curso de Direito Processual Civil*. 44ª edição, v. I, Editora Forense, 2006. p. 415.

É importante lembrar que a defesa processual pode ou não existir na contestação e a defesa de mérito sempre existirá.

2.6.2) Conteúdo e forma

A contestação, geralmente, é escrita, endereçada ao juiz da causa e assinada por advogado. Deve ainda conter o número do processo, o nome das partes, a ação e o rito, bem como o endereço profissional do advogado para recebimento de intimações.

É importante destacar que, de acordo com o atual CPC, não é mais exigida a qualificação das partes na contestação, sendo suficiente a indicação do nome e endereço do réu (artigo 335, II do CPC). Ademais, caso a qualificação do réu na inicial esteja incorreta, pode ser corrigida a qualquer momento do processo, inclusive na fase de contestação, nos termos do artigo 294 do CPC. Na contestação, cabe ao réu alegar toda a matéria de defesa, tanto processual quanto de mérito (material), pois em nenhuma outra fase processual será cabível tal alegação, sendo este o princípio da concentração ou da eventualidade, consagrado pelo ordenamento jurídico pátrio.

Entretanto, o novo Código de Processo Civil prevê que o réu poderá deduzir novas alegações no curso do processo, desde que ocorra antes do encerramento da fase de instrução e não haja prejuízo à parte contrária. Além disso, as alegações devem ser relevantes e fundamentadas, sob pena de serem consideradas protelatórias ou impertinentes. Esta possibilidade é regulamentada pelo artigo 493 e seus parágrafos do Código de Processo Civil de 2015[100]. Outra mudança importante é que o juiz deverá oportunizar à parte contrária o direito de se manifestar sobre as novas alegações apresentadas pelo réu.

Assim, na contestação, primeiro faz-se a defesa processual (preliminares), sendo que, primeiro, devem ser argumentadas as preliminares dilatórias e, posteriormente, as peremptórias, nesta ordem – o que ficará mais evidente com os modelos das contestações, posteriormente.

Após as preliminares, faz-se a defesa de mérito: primeiro a indireta, que corresponde a qualquer fato extintivo, modificativo ou impeditivo do direito do autor; e, posteriormente, a defesa direta, que consiste no ataque ao fato constitutivo do direito do autor, nesta ordem.

---

100 AGRAVO INTERNO NO RECURSO ESPECIAL. PROCESSUAL CIVIL. AÇÃO DE OBRIGAÇÃO DE FAZER. COMPRA E VENDA DE IMÓVEL. DETERMINAÇÃO DE BAIXA DA HIPOTECA INSTITUÍDA EM FAVOR DO AGENTE FINANCEIRO. SENTENÇA. CONDENAÇÃO DA VENDEDORA AO PAGAMENTO DE HONORÁRIOS SUCUMBENCIAIS. FALTA DE IMPUGNAÇÃO NO MOMENTO OPORTUNO. PRECLUSÃO CONSUMATIVA. MODIFICAÇÃO POSTERIOR. INVIABILIDADE. PRINCÍPIO DA INALTERABILIDADE DA DECISÃO JUDICIAL. PRECEDENTES. AGRAVO INTERNO DESPROVIDO.
1. Sujeitam-se à preclusão consumativa as questões decididas no processo, inclusive as de ordem pública, que não tenham sido objeto de impugnação recursal no momento próprio, "o que impede nova apreciação do tema pelo princípio da inalterabilidade da decisão judicial (arts. 493, 494 e 507 do CPC/15)" - (AgInt nos EDcl no AREsp 1.167.255/GO, Rel. Ministra Nancy Andrighi, Terceira Turma, julgado em 29/6/2020, DJe 1º/7/2020).
2. Agravo interno desprovido.
(AgInt no REsp nº 1.943.856/PB, relator Ministro Marco Aurélio Bellizze, Terceira Turma, julgado em 14/8/2023, DJe de 16/8/2023.)

2.6.3) Ônus da defesa especificada

No sistema jurídico brasileiro atual, garantido pelo novo CPC, o réu não só tem o direito de se defender, mas também de apresentar sua argumentação contrária aos fatos alegados pelo autor na petição inicial. Desse modo, o réu poderá expor sua própria versão dos acontecimentos, conforme previsto no artigo 350 do CPC[101].

Há um equívoco quando os discentes acreditam que não há fatos na contestação, quando na realidade, deve haver fatos na contestação, mas não com o título dado na inicial.

Fácil concluir, portanto, que não há que se falar em contestação por negação geral, dado apenas ao curador especial, Ministério Público e advogado dativo tal prerrogativa.

Os fatos não impugnados precisamente são tidos como verídicos pelo ordenamento jurídico pátrio, dispensando-se, portanto, a prova a seu respeito. Quando forem decisivos para a solução do litígio, o juiz deverá julgar antecipadamente o mérito.

---

101   PROCESSUAL CIVIL. AÇÃO DE COBRANÇA C/C REINTEGRAÇÃO DE POSSE. ARTS. 476 E 477 DO CC/2002. PREQUESTIONAMENTO. AUSÊNCIA. CONTESTAÇÃO. ALEGAÇÃO DE NULIDADE DE CLÁUSULA CONTRATUAL E COMPENSAÇÃO DE VALORES. POSSIBILIDADE. FATOS IMPEDITIVOS, MODIFICATIVOS E EXTINTIVOS DO DIREITO DO AUTOR. DEFESA SUBSTANCIAL INDIRETA. FORMULAÇÃO DE PEDIDO DE REVISÃO OU RESCISÃO CONTRATUAL. IMPOSSIBILIDADE. RESSALVA QUANTO À ALEGAÇÃO DE PRÉVIO DESFAZIMENTO DO CONTRATO. ART. 299 DO CPC/1973. APRESENTAÇÃO DA PRETENSÃO RECONVENCIONAL E DA CONTESTAÇÃO EM PEÇA ÚNICA. MERA IRREGULARIDADE FORMAL. PRECEDENTES. PEDIDO DE PRODUÇÃO DE PROVAS. AUSÊNCIA DE APRECIAÇÃO POR DECISÃO FUNDAMENTADA. CERCEAMENTO DE DEFESA. CONFIGURAÇÃO. DISSÍDIO JURISPRUDENCIAL. COTEJO ANALÍTICO. AUSÊNCIA.
1. Ação de cobrança c/c reintegração de posse ajuizada em 24/1/2014, da qual foi extraído o presente recurso especial interposto em 26/8/2021 e concluso ao gabinete em 13/5/2022.
2. O propósito recursal é definir se: (I) a nulidade de cláusula contratual ou da cobrança, a compensação de valores e a rescisão ou revisão contratual podem ser alegadas como matérias de defesa em contestação; (II) à luz do CPC/1973, é possível examinar a pretensão reconvencional deduzida apenas na contestação, em peça única; e (III) houve cerceamento de defesa.
3. Quando se está diante de alegação de fatos novos pelo réu, para avaliar se são possíveis de serem apresentados em contestação, sem a necessidade de reconvenção, é preciso apurar se são fatos impeditivos, modificativos ou extintivos do direito do autor, como autoriza o art. 326 do CPC/1973 (art. 350 do CPC/2015). Nessa hipótese, haverá uma ampliação do objeto de conhecimento do Juiz, mas não do processo, e todas as alegações servirão exclusivamente para fundamentar a improcedência do pedido do autor.
4. Se a pretensão de cobrança deduzida na inicial é fundada em cláusula contratual, a alegação de nulidade dessa cláusula ou da própria cobrança pode ser manejada em contestação, por caracterizar fato extintivo do direito do autor.
5. Segundo a jurisprudência do STJ, a compensação é matéria possível de ser alegada em contestação, de forma a justificar o não pagamento do valor cobrado ou a sua redução, extinguindo ou modificando o direito do autor. Todavia, conforme o art. 369 do CC/2002, a compensação se dá apenas entre dívidas líquidas, vencidas e de coisas fungíveis.
6. Não se pode formular, na contestação, pedido de rescisão ou revisão contratual, tendo em vista que o direito do autor só seria extinto ou modificado após a decretação da rescisão ou da revisão do contrato por sentença, e, para tanto, seria necessária a realização de um pedido em reconvenção ou em ação autônoma.
7. No entanto, o réu pode alegar, na contestação, a ocorrência anterior do desfazimento do contrato, como na hipótese de cláusula resolutiva expressa (art. 474 do CC/2002) ou de distrato (art. 472 do CC/2002), pois, nessa situação, o desfazimento já se operou, extinguindo o direito do autor no plano do direito material, sem a necessidade de decisão judicial.
8. A despeito do art. 299 do CPC/1973, sendo possível identificar a existência da pretensão reconvencional na peça de contestação e não havendo prejuízo ao contraditório, estará configurada uma mera irregularidade formal, que é insuficiente para impedir o exame da pretensão. Precedentes do STJ e do STF.
9. O afastamento do direito à produção de prova deve se dar em decisão devidamente fundamentada, sob pena de cerceamento de defesa. Precedentes.
10. Hipótese em que: (I) na contestação, a recorrente alegou, entre outras matérias, a rescisão do contrato por ocorrência de distrato em data prévia, a nulidade da cobrança e a compensação com os prejuízos por ela sofridos em razão da onerosidade excessiva na relação contratual; (II) na mesma peça, além do requerimento de improcedência dos pedidos da autora, foram formulados pedidos expressos, autônomos e fundamentados, com inequívoca pretensão reconvencional; e (III) o Juízo não apreciou o pedido de produção de provas formulado pela recorrente nas duas oportunidades em que intimada para tanto.
11. Recurso especial parcialmente conhecido e, nessa extensão, parcialmente provido para anular o acórdão e a sentença, determinando o retorno dos autos ao Juízo de primeiro grau, para que: (I) oportunize à recorrente a produção de provas, quanto à matéria defensiva e à pretensão reconvencional; (II) em novo julgamento, observando o devido processo legal, aprecie as matérias defensivas referentes à rescisão contratual ocorrida por distrato e à nulidade da cobrança de aluguéis, alegadas em contestação; (III) bem como aprecie os pedidos reconvencionais formulados pela recorrente na peça de contestação.
(REsp nº 2.000.288/MG, relatora Ministra Nancy Andrighi, Terceira Turma, julgado em 25/10/2022, DJe de 27/10/2022.)

Há, entretanto, exceção à regra no que toca à presunção legal de veracidade dos fatos não impugnados pelo réu (art. 341 do CPC/2015)[102]. São eles:

a. quando não for possível a confissão a respeito dos fatos, o que se dá nos casos de direito indisponíveis que consistem em direito da personalidade de do estado das pessoas naturais (art. 344, I, do CPC/2015);
b. quando a petição inicial não estiver acompanhada do documento indispensável à prova do ato, conforme dispõe a lei (art. 344, II, do CPC/2015);
c. quando os fatos não impugnados estiverem em contradição com a defesa, considerada em seu conjunto, o que se dá, por exemplo, quando o réu alega em sua defesa que nem mesmo estava no local em que ocorreu o evento danoso, resultando logicamente, na impugnação todos os demais fatos alegados pelo autor que pressuponha a presença do réu (art. 341, parágrafo único, do CPC/2015).

2.6.4) Preliminares da contestação

Consistem as preliminares em defesas processuais de natureza dilatória ou peremptória, esta última levando à extinção do processo sem resolução do mérito.

A defesa processual divide-se em dilatória e peremptória. São dilatórias as defesas processuais que consistem em vícios processuais sanáveis, tais como: nulidade de citação, incompetência do juízo, conexão, deficiência de representação, incapacidade de parte ou falta de autorização, ou ausência de caução[103].

---

102 AGRAVO INTERNO. RECURSO ESPECIAL. CIVIL. PLANO DE SAÚDE. FORNECIMENTO DE PRÓTESE IMPORTADA. INDICAÇÃO DO MÉDICO DA PACIENTE. RECUSA DA OPERADORA. ABUSIVIDADE. PRECEDENTES. CONTESTAÇÃO INTEMPESTIVA. ALEGAÇÃO DE INEXISTÊNCIA DE PRÓTESE EQUIVALENTE NO MERCADO NACIONAL. PRESUNÇÃO DE VERACIDADE. ÓBICE DA SÚMULA 7/STJ. INOCORRÊNCIA. ALEGAÇÃO DE FATO NOTÓRIO. INOVAÇÃO RECURSAL.
1. Abusividade da cláusula de contrato de plano de saúde que limita o fornecimento de prótese, impedindo que o paciente obtenha a mais adequada à terapêutica indicada pelo médico. Julgados desta Corte Superior.
2. Descabimento da restrição à marca indicada pelo médico, podendo ser fornecida ou custeada outra com as mesmas características e qualidade.
3. Hipótese em que a operadora de plano de saúde contestou fora do prazo, podendo-se presumir verdadeira a alegação de que não haveria outra marca com qualidade equivalente no mercado (cf. art. 302, *caput*, *in fine*, do CPC/1973, atual art. 341, '*caput*', do CPC/2015).
4. Questão meramente de direito, não se verificando a incidência do óbice da Súmula 7/STJ.
5. Inovação recursal no que tange à alegação de fato notório quanto à equivalência das próteses.
6. AGRAVO INTERNO DESPROVIDO.
(AgInt no REsp nº 1.436.348/SC, relator Ministro Paulo de Tarso Sanseverino, Terceira Turma, julgado em 8/11/2016, DJe de 16/11/2016.)
103 AGRAVO INTERNO NO AGRAVO EM RECURSO ESPECIAL. EMBARGOS À EXECUÇÃO. CERCEAMENTO DE DEFESA. INEXISTÊNCIA. CONEXÃO. PEDIDO DE REUNIÃO DOS FEITOS, UM DELES JÁ SENTENCIADO. SÚMULA 235/STJ. AUSÊNCIA DE LIQUIDEZ DO TÍTULO EXTRAJUDICIAL. REJEIÇÃO. REEXAME. SÚMULA 7/STJ. AGRAVO INTERNO PROVIDO PARA, EM NOVO JULGAMENTO, CONHECER DO AGRAVO E NEGAR PROVIMENTO AO RECURSO ESPECIAL.
1. Não configura cerceamento de defesa o julgamento da causa sem a produção da prova requerida pela parte, quando sopesada pelas instâncias ordinárias sua utilidade, demonstrando-se que o feito se encontrava suficientemente instruído.
2. Súmula 235 do STJ: "A conexão não determina a reunião dos processos, se um deles já foi julgado".
3. Na espécie, quando do exame do pedido para a reunião dos feitos, formulado em razão da conexão, um deles já havia sido sentenciado.
4. O Tribunal de origem rejeitou a tese de inexequibilidade do contrato de compra e venda, por entender que, na espécie, a ordem de congelamento do saldo devedor só vigeu entre 30/10/2014 e 09/02/2015, sem influir, portanto, no critério de cálculo (liquidez) da dívida computada a partir de abril de 2015, conforme memória de cálculo juntada à inicial da execução. A reforma desse entendimento demandaria o reexame das provas dos autos, providência inviável em sede de recurso especial, a teor do que dispõe a Súmula 7 deste Pretório.
5. Agravo interno provido para, em novo julgamento, conhecer do agravo e negar provimento ao recurso especial.
(AgInt no AREsp nº 2.312.135/MA, relator Ministro Raul Araújo, Quarta Turma, julgado em 18/9/2023, DJe de 22/9/2023.)

Já a defesa processual peremptória corresponde a vícios processuais insanáveis, que resultam na extinção do processo sem resolução de mérito, tais como: carência de ação, inépcia da inicial, litispendência, coisa julgada, perempção, convenção de arbitragem.

Uma dica prática para saber se a preliminar é ou não dilatória, é verificar o artigo 485 do CPC, que dispõe os casos de extinção do processo sem resolução do mérito, portanto, peremptória[104].

Dispõe o artigo 337 do Código de Processo Civil que compete ao réu, antes de discutir o mérito alegar:

I – Inexistência ou nulidade de citação

Ocorre a inexistência ou nulidade de citação quando esta for realizada em desacordo com as normas previstas no Código de Processo Civil, conforme dispõe o artigo 239. É importante destacar que a citação é um ato fundamental para a formação do processo, conforme regulamentam os artigos 238 e 239 do CPC.

Assim, nos termos do novo CPC, a ausência ou a nulidade de citação continua sendo uma preliminar dilatória, impedindo a formação regular do processo. Conforme o art. 239, § 1º, o autor deverá indicar na petição inicial o nome completo, o CPF ou CNPJ e o endereço completo do réu, a fim de que a citação ocorra de forma adequada. Caso a citação seja realizada de forma incorreta, o réu poderá alegar a nulidade da mesma em preliminar de contestação, conforme o art. 337, inciso IV.

No entanto, o novo CPC prevê algumas alterações em relação aos efeitos da nulidade ou da ausência de citação. Conforme o art. 248, § 4º, se o réu não contestar a ação, será considerado revel e se presumirão verdadeiras as alegações de fato feitas pelo autor na petição inicial. Se o réu comparecer ao processo, mas não alegar a nulidade ou a falta de citação, será considerado citado tacitamente, nos termos do art. 239, § 2º.

Por outro lado, se o réu alegar a nulidade ou a ausência de citação, e esta for reconhecida pelo juiz, o processo será suspenso até que se faça a citação regular, nos termos do art. 240. Se a citação regular ocorrer dentro do prazo para contestação, o réu deverá apresentar sua contestação no prazo de 15 (quinze) dias, contados da data da juntada aos autos do mandado ou do aviso de recebimento, conforme o art. 335, inciso I.

Em resumo, a ausência ou a nulidade da citação continua sendo uma preliminar dilatória no novo CPC, mas com algumas alterações em relação aos efeitos da falta de

---

104 AGRAVO INTERNO NA AÇÃO RESCISÓRIA. GRATUIDADE DE JUSTIÇA. REVOGAÇÃO. INTIMAÇÃO PARA RECOLHIMENTO DO DEPÓSITO. NÃO CUMPRIMENTO DA DILIGÊNCIA. PETIÇÃO INICIAL INDEFERIDA. EXTINÇÃO SEM RESOLUÇÃO DO MÉRITO. REQUERIMENTO POSTERIOR DE CORREÇÃO DO VALOR DA CAUSA. COMPORTAMENTO DESIDIOSO E CONTRADITÓRIO DO AUTOR DA AÇÃO.

1. A inércia do autor, após ser devidamente intimado para regularizar o recolhimento do depósito previsto no art. 968, II, do CPC, acarreta o indeferimento da petição inicial e a extinção do processo sem resolução do mérito, nos termos do art. 968, § 3º, c/c art. 485, I, do CPC/2015.
2. Hipótese em que se afigura desidioso e contraditório o comportamento do agravante que não se insurgiu contra a decisão que revogou o benefício da gratuidade de justiça, tampouco se manifestou, em tempo, sobre eventual equívoco no valor, por ele mesmo, atribuído à causa, e, quando intimado para efetuar o depósito, se insurge, depois de escoado o prazo concedido, contra a decisão que indeferiu a petição inicial e extinguiu a ação rescisória, sem resolução do mérito.
3. Agravo interno não provido.

(AgInt nos EDcl nos EDcl na AR nº 7.391/DF, relatora Ministra Nancy Andrighi, Segunda Seção, julgado em 3/10/2023, DJe de 5/10/2023.)

citação ou da citação realizada de forma incorreta. É importante que as partes observem as regras processuais para se evitarem prejuízos na condução do processo.

II – Incompetência absoluta e relativa

De acordo com o Novo Código de Processo Civil, conforme art. 63, a competência é determinada pela natureza da causa, pelo valor da causa e pelo território. A competência é absoluta quando a lei não permite que o juiz ou tribunal seja substituído por outro, sendo que a incompetência absoluta deve ser reconhecida de ofício pelo juiz e pode ser alegada a qualquer tempo e grau de jurisdição, conforme art. 64. É importante ressaltar que, caso a incompetência absoluta não seja arguida pelo réu, este responderá pelas custas e despesas processuais, conforme art. 65[105].

---

105 PROCESSUAL CIVIL. CONFLITO NEGATIVO DE COMPETÊNCIA. EXECUÇÃO FISCAL AJUIZADA NA SEÇÃO JUDICIÁRIA DA JUSTIÇA FEDERAL EM QUE A AUTARQUIA FEDERAL EXEQUENTE POSSUI DOMICÍLIO, APÓS A REVOGAÇÃO DO INCISO I DO ART. 15 DA LEI Nº 5.010/66, PELA LEI Nº 13.043/2014, CONTRA DEVEDOR DOMICILIADO EM LOCALIDADE DIVERSA, TAMBÉM SEDE DE VARA FEDERAL. COMPETÊNCIA RELATIVA. DECLINAÇÃO DA COMPETÊNCIA, DE OFÍCIO. IMPOSSIBILIDADE. INCIDÊNCIA DA SÚMULA 33/STJ. PRECEDENTES DO STJ. CONFLITO DE COMPETÊNCIA CONHECIDO, PARA DECLARAR COMPETENTE O JUÍZO FEDERAL PERANTE O QUAL FOI PROPOSTA A EXECUÇÃO FISCAL. AGRAVO INTERNO IMPROVIDO.

I. Agravo interno interposto contra decisão que julgara o presente Conflito de Competência, instaurado entre o Juízo Federal da Vara de Lavras - SJ/MG, ora suscitante, e o Juízo Federal da 1ª Vara de Execuções Fiscais da Seção Judiciária do Estado de São Paulo, ora suscitado, nos autos da Execução Fiscal ajuizada pelo Conselho Regional de Educação Física da 4ª Região - CREF4/SP, após a revogação do inciso I do art. 15 da Lei nº 5.010/66, pela lei nº 13.043/2014, contra devedor residente e domiciliado no município de Lavras/MG, sede de Vara da Justiça Federal. A decisão agravada conheceu do Conflito, para declarar competente o Juízo suscitado que declinara, de ofício, em caso de competência relativa.

II. A Execução Fiscal foi ajuizada em 30/05/2019, perante o Juízo Federal da 1ª Vara de Execuções Fiscais da Seção Judiciária do Estado de São Paulo, que, de ofício, determinou a remessa dos autos à Justiça Federal, Subseção Judiciária de Lavras/MG, invocando o REsp repetitivo 1.146.194/SC e concluindo que "este Juízo não é competente para o processo e julgamento desta ação, uma vez que a parte executada tem domicílio em município que não pertence à Jurisdição da Subseção Judiciária de São Paulo". A seu turno, o Juízo Federal da Vara de Lavras - SJ/MG suscitou o presente Conflito Negativo de Competência, aduzindo que "certo é que, no caso das execuções fiscais, a regra de competência a ser observada é a estabelecida pelo art. 46, § 5º, do NCPC (...). Assim, pela dicção do aludido dispositivo, a execução fiscal será ajuizada, via de regra, no foro do domicílio do devedor. Entretanto, que pese a disposição contida no mencionado artigo, trata-se de norma de competência territorial, que, em razão de sua natureza relativa, não pode ser declarada de ofício pelo Juízo. Em se verificando tal ocorrência, compete à parte executada, com exclusividade, arguir a incompetência territorial. (...) Assim, ainda que, no caso sob exame, o endereço indicado pelo Conselho Regional de Educação Física da 4ª Região como domicílio do executado esteja localizado na cidade de Lavras/MG, que integra a jurisdição desta Subseção Judiciária, persiste a competência do Juízo da 1ª Vara Federal de Execuções Fiscais da 1ª Subseção Judiciária de São Paulo, foro eleito pelo exequente, originalmente, para a propositura desta execução fiscal, até que seja oposta preliminar de incompetência pelo executado".

III. Nos termos da Súmula 33/STJ, "a incompetência relativa não pode ser declarada de ofício". Analisando hipóteses análogas, envolvendo Conflitos Negativos de Competência entre Juízes Federais, na vigência do CPC/2015 e após a revogação, pela Lei nº 13.043/2014, da competência delegada federal, prevista no art. 15, I, da Lei nº 5.010/66, a Primeira Seção do STJ não tem aplicado o REsp repetitivo 1.146.194/SC, concluindo que, tratando-se de execução fiscal ajuizada perante Juízo Federal de localidade diversa do domicílio do executado, sede de Vara da Justiça Federal, a competência é relativa, na forma dos arts. 64 e § 1º, e 65 do CPC/2015 e da Súmula 33/STJ, não podendo ser declarada, de ofício, pelo Juiz (STJ, CC 167.679/PR, Rel. Ministro HERMAN BENJAMIN, PRIMEIRA SEÇÃO, DJe de 07/05/2020; AgInt no CC 139.278/SP, Rel. Ministro NAPOLEÃO NUNES MAIA FILHO, PRIMEIRA SEÇÃO, DJe de 28/03/2019; CC 166.952/MT, Rel. Ministro FRANCISCO FALCÃO, PRIMEIRA SEÇÃO, DJe de 02/09/2019. Em igual sentido, em situação análoga à do presente Conflito: STJ, CC 171.731/RJ, Rel. Ministro MAURO CAMPBELL MARQUES, DJe de 27/04/2020; CC 147.532/PA, Rel. Ministro BENEDITO GONÇALVES, DJe de 23/08/2016; CC 159.859/SP, Rel. Ministro GURGEL DE FARIA, DJe de 21/11/2018; CC 163.499/CE, Rel. Ministra REGINA HELENA COSTA, DJe de 17/09/2019; CC 171.227/CE, Rel. Ministro SÉRGIO KUKINA, DJe de 02/04/2020; CC 163.453/BA, Rel. Ministro OG FERNANDES, DJe de 14/02/2019.

IV. Para as hipóteses regidas pelo inciso I do art. 15 da 5.010/66, revogado pela Lei nº 13.043/2014, a Primeira Seção do STJ, ao julgar, sob o rito do art. 543-C do CPC/73, o REsp 1.146.194/SC (Rel. p/ acórdão Ministro ARI PARGENDLER, DJe de 25/10/2013), firmou o entendimento no sentido de que o Juízo Federal pode declinar, de ofício, da competência para o processo e julgamento da Execução Fiscal, em favor do Juízo Estadual, quando o domicílio do devedor não for sede de Vara da Justiça Federal, não se aplicando, em tais hipóteses, a Súmula 33/STJ, ou seja, entendeu-se que, no caso de competência delegada federal, a competência seria absoluta.

V. Consoante reconhecido pelo ilustre representante do Ministério Público Federal, o Recurso Especial repetitivo 1.146.194/SC apresenta "diferenças relevantes, em relação ao tema aqui debatido:

III – Incorreção do valor da causa

Caso o valor da causa esteja incorreto, o juiz concederá prazo para o acerto do valor da causa bem como para o recolhimento da diferença das custas processuais oriundas do valor da causa.

IV – Inépcia da petição inicial

A petição inicial é instrumento da demanda, tendo seus requisitos enumerados no artigo 319 do CPC. A ausência de um deles pode levar à inépcia da inicial, conforme disposto no artigo 330, inciso I, do CPC.

Cabe destacar que a inépcia da inicial não deve ser confundida com o indeferimento liminar da petição inicial previsto no § 3º do artigo 321 do CPC, sendo este último passível de emenda no prazo de 15 dias. Enquanto a inépcia pode ser alegada pelo réu em contestação, não havendo prazo para emenda, e resultando na extinção do processo sem resolução de mérito, conforme disposto no artigo 330, inciso III, do CPC.

A inépcia da inicial, assim como a falta de pressupostos processuais ou condições da ação, configura uma defesa processual peremptória, prevista no parágrafo único do artigo 337 do CPC, podendo ser alegada a qualquer tempo pelo réu e acarretando a extinção do processo sem resolução do mérito.

São causas de inépcia da petição inicial:
1. faltar-lhe pedido ou causa de pedir;
2. o pedido for indeterminado, ressalvadas as hipóteses legais em que se permite o pedido genérico;
3. da narração dos fatos não decorrer logicamente a conclusão;
4. contiver pedidos incompatíveis entre si.

V – Perempção

A perempção, conforme o artigo 487, II, do novo CPC, consiste na extinção do processo com resolução de mérito em razão da inércia do autor, ou seja, quando este deixa de dar andamento ao processo por mais de 30 dias consecutivos. Ademais, a regra do parágrafo único do artigo 268 do CPC anterior foi revogada. Vale ressaltar que ainda se mantém a situação em que o autor dá causa por três vezes à extinção do processo sem resolução de mérito, por negligência ou desinteresse processual. Neste caso, o juiz pode, a qualquer momento, reconhecer a perempção para o autor. Entretanto, a perempção não afeta o direito material das partes e pode ser alegada em qualquer momento no processo, como matéria de defesa.

---

1 - aquele caso se regia pelo CPC de 1973, ao passo que este se submete ao CPC de 2015; 2 - a dúvida quanto à competência se dava entre um juízo federal e um juízo estadual; e 3 - o art. 15, I, da Lei nº 5.010, que delegava jurisdição federal aos estados para certas execuções fiscais, não rege o caso, também porque revogado pelo art. 114, IX, da Lei nº 13.043/2014". Assim, tal precedente qualificado é inaplicável ao presente caso, seja porque o executado tem domicílio em localidade sede de Vara da Justiça Federal, não se tratando, pois, de competência delegada federal, seja, ainda, porque a Execução Fiscal ora em discussão foi ajuizada, na Justiça Federal, em 2019, posteriormente, portanto, à revogação do inciso I do art. 15 da Lei nº 5.010/66, pela Lei nº 13.043/2014, e na vigência do CPC/2015.

VI. Agravo interno improvido, mantendo-se a decisão agravada, que declarou competente o Juízo suscitado.

(AgInt no CC nº 170.216/MG, relatora Ministra Assusete Magalhães, Primeira Seção, julgado em 15/12/2020, DJe de 18/12/2020.)

VI – Litispendência

A litispendência é disciplinada no artigo 337, § 1º, que dispõe que ocorre a litispendência quando se repete ação que está em curso, ou seja, quando há processo em trâmite com a mesma causa de pedir, mesma parte e mesmo pedido da demanda submetida à análise do juízo[106].

Além disso, o § 2º do mesmo artigo prevê que a existência de processo anterior, ainda que extinto sem julgamento do mérito, impede a propositura de uma nova ação com o mesmo objeto.

Dessa forma, a litispendência continua sendo a existência de uma ação anterior idêntica à atual, mas é regida por novo dispositivo legal, que apresenta algumas diferenças em relação ao CPC anterior.

Evidentemente, tal defesa processual é peremptória, resultando na extinção do processo sem resolução de mérito, tendo por fundamento evitar a repetição de ações.

Normalmente, os alunos apresentam grande dificuldade na identificação da litispendência, por vezes confundindo com a conexão – o que não pode ser confundido, tendo em vista que na litispendência, as ações são iguaizinhas, em que o autor de uma é autor na outra, a causa de pedir das ações é a mesma, e o réu também é réu nas duas ações, bem como o pedido.

A conexão é bem diferente, como veremos posteriormente.

VII – Coisa julgada

A coisa julgada é caracterizada pela inalterabilidade da sentença de mérito, proferida em ação anterior entre as mesmas partes, com a mesma causa de pedir e o mesmo pedido, nos termos do artigo 502 do Código de Processo Civil. Desse modo, a repetição de ação com tais características é vedada pela resolução de mérito anteriormente proferida, implicando a extinção do processo sem resolução do mérito, consoante o disposto no artigo 337, V do Novo CPC, sendo, portanto, defesa processual peremptória.

---

106 PROCESSUAL CIVIL. AGRAVO INTERNO NO MANDADO DE SEGURANÇA. SERVIDOR. DEMISSÃO. MANDADO DE SEGURANÇA E AÇÃO ANULATÓRIA DE PROCESSO ADMINISTRATIVO. LITISPENDÊNCIA. IDENTIDADE DE PARTES, PEDIDO E CAUSA DE PEDIR. ART. 485, V, DO CPC/2015. EXTINÇÃO SEM RESOLUÇÃO DO MÉRITO.
1. O recurso foi interposto contra decisão publicada na vigência do Código de Processo Civil de 2015, devendo ser exigidos os requisitos de admissibilidade na forma nele previsto, conforme Enunciado Administrativo nº 3/2016/STJ.
2. Trata-se de agravo interno interposto contra decisão de minha lavra que julgou extinto o mandado de segurança ante o reconhecimento da existência de litispendência.
3. Nos termos do art. art. 337, § § 1º e 3º, do CPC/2015, a existência de ação anterior com as mesmas partes, causa de pedir e pedido, induz à litispendência, impondo-se, neste caso, a extinção do feito sem resolução de mérito (art. 485, V, do CPC/2015). Precedentes.
4. No caso, a União, às fls. 1.641-1.726, juntou a íntegra da inicial da "ação anulatória de processo administrativo disciplinar, com pedido de tutela de urgência", que tramita na 22ª Vara Federal Cível da SJDF, em que o autor argumenta que "o processo administrativo disciplinar originário está eivado de diversas nulidades".
5. Dessa forma, embora se argumente no presente feito a "inexistência de litispendência e a desproporcionalidade da punição aplicada", o fato é que, em ambos os feitos, sob a mesma tese, ou seja, de que "o processo administrativo disciplinar originário está eivado de diversas nulidades", o impetrante objetiva o mesmo propósito: i) "declarar a nulidade do PAD; ii) "anular o ato administrativo impugnado, a saber, decisão do Ministro do Meio Ambiente que condenou o requerente"; e iii) "determinar a reintegração de José Roberto em seu cargo público, nos termos do art. 28 da Lei nº 8.112/1990". Configurada, portanto, a tramitação de demandas que perseguem idêntico resultado.
6. Agravo interno não provido.
(AgInt no MS nº 28.795/DF, relator Ministro Benedito Gonçalves, Primeira Seção, julgado em 3/10/2023, DJe de 5/10/2023.)

VIII - Conexão

De acordo com o novo CPC, a conexão for estabelecida quando há relação de causa e efeito entre as ações ou quando ocorre a possibilidade de decisões contraditórias. Esta conexão será determinada pelo juiz prevento, ou seja, aquele que primeiro apreciou algum dos processos envolvidos. É importante destacar que a continência também é considerada conexão e, portanto, pode gerar a mesma consequência processual.

Com esta simples exposição, podemos verificar a grande diferença entre conexão e litispendência, pois naquela, que é causa de modificação de competência, não há a necessidade de identidade de partes, o que é necessário na litispendência. E mais: a conexão resulta na reunião dos processos, e a litispendência acarreta a extinção do processo sem resolução do mérito.

IX - Incapacidade de parte, defeito de representação ou falta de autorização

Aqui, temos os requisitos essenciais para a regularidade da relação processual, conforme previsto no novo CPC. A incapacidade mencionada refere-se àquela prevista no Código Civil, e a falta ou defeito de representação se refere à ausência ou insuficiência de poderes do representante legal para atuar em nome da parte. Essa questão pode ser corrigida pelo interessado mediante a juntada de novo instrumento de mandato ou pela ratificação dos atos praticados pelo representante.

Exemplificando: João propôs ação de alimento em face de seu pai. João é absolutamente incapaz, razão pela qual, na procuração, o nome que deve constar é o seu, representado por sua mãe, e quem assina é a mãe. Mas, e se João tivesse 16 anos, isto é, se fosse relativamente incapaz? Na procuração constaria seu nome, assistido por sua mãe, e João assinaria a procuração junto com sua mãe. Este é um bom exemplo de defeito de representação.

A falta de autorização ocorrerá nos termos do artigo 1.649, inciso III, do novo CPC, nas ações que versarem sobre direitos reais imobiliários, quando necessário o consentimento do cônjuge para a propositura da ação.

Todas estas preliminares são dilatórias.

X - Convenção de arbitragem

Nos termos do Novo Código de Processo Civil, quando as partes elegem o juízo arbitral para composição de conflitos de interesses patrimoniais, dar-se-á a convenção de arbitragem, tal como dispõe o artigo 3º da Lei nº 9.307/1996. A convenção de arbitragem pode ser prévia, celebrada antes do surgimento da controvérsia, ou atual, celebrada após o surgimento da controvérsia.

Nos termos do artigo 485, inciso VII do Novo CPC, a convenção de arbitragem constitui causa de extinção do processo sem resolução de mérito. Isso porque a convenção de arbitragem representa a renúncia à jurisdição estatal e a escolha pelas partes de submeterem-se à decisão de um árbitro[107]. Assim, quando há convenção de arbitragem, o juiz deverá extinguir o processo sem resolução de mérito por falta de interesse de agir.

Cumpre destacar que, nos termos do artigo 337, inciso VII do Novo CPC, o réu que for citado e tiver conhecimento da convenção de arbitragem deve alegá-la em preliminar de contestação, sob pena de preclusão. Isso porque a convenção de arbitragem não pode ser conhecida de ofício pelo juiz, exigindo-se a provocação da parte interessada. Em caso de não alegação da convenção de arbitragem pelo réu, este não poderá mais se opor à condução do processo pelo juízo.

Dessa forma, a convenção de arbitragem é um instituto relevante no âmbito da resolução de conflitos de interesses patrimoniais, devendo ser observadas as disposições do Novo CPC e da Lei de Arbitragem para sua correta aplicação e efetividade.

XI – Ausência de legitimidade ou de interesse processual

Quando faltar legitimidade de parte ou de interesse processual do autor, teremos aí essa preliminar.

Em verdade, temos duas das hipóteses de carência de ação em que, sendo a parte ilegítima, não pode figurar no polo ativo ou passivo da relação jurídica processual, pois não é detentor do direito material.

O interesse processual corresponde à inadequação da ação proposta pela parte. Existindo ausência de legitimidade ou de interesse processual, o processo será extinto sem resolução de mérito.

XII – Falta de caução ou de outra prestação que a lei exige como preliminar

Em alguns casos, a lei exige que, para propositura de uma ação, o autor deve prestar caução, como, por exemplo, quando o autor residir fora do Brasil, ou dele se ausentar quando o processo estiver em trâmite, e não tiver no país bens imóveis suficientes para garantir o pagamento de custas e honorários.

E mais, quando se tratar de algumas cautelares em que se fará necessária a prestação de caução. Trata-se de preliminar dilatória, tendo em vista que o juiz dará prazo para que seja prestada caução.

---

[107] CIVIL E PROCESSUAL CIVIL. AGRAVO INTERNO NO AGRAVO EM RECURSO ESPECIAL. REINTEGRAÇÃO DE POSSE. COMPRA E VENDA DE IMÓVEL. CLÁUSULA COMPROMISSÓRIA EXPRESSA. COMPETÊNCIA DO JUÍZO ARBITRAL. ACÓRDÃO RECORRIDO EM CONSONÂNCIA COM JURISPRUDÊNCIA DESTA CORTE. SÚMULA Nº 83 DO STJ. DECISÃO MANTIDA.
1. Segundo a jurisprudência desta Corte, existindo cláusula compromissória, alegada pela parte ré na peça de defesa, o processo deve ser extinto sem resolução do mérito, nos termos do art. 485, VII, do CPC/2015.
2. Inadmissível o recurso especial quando o entendimento adotado pelo Tribunal de origem coincide com a jurisprudência do STJ (Súmula nº 83/STJ).
3. Agravo interno a que se nega provimento.
(AgInt no AREsp nº 2.273.814/RJ, relator Ministro Antonio Carlos Ferreira, Quarta Turma, julgado em 14/8/2023, DJe de 18/8/2023.)

XIII – Indevida concessão do benefício de gratuidade de justiça

Novidade no atual Código de Processo Civil, anteriormente era arguido por meio de peça processual própria, a impugnação à gratuidade de justiça, agora tratada como preliminar de contestação, tornando o processo mais célere.

Havendo a hipótese de se impugnar a gratuidade de justiça, deverá ser feita por meio desta preliminar.

2.6.5) Conhecimento *ex officio* das preliminares

Em razão do interesse público, o magistrado pode conhecer de todas as preliminares de ofício, ou seja, sem a arguição do réu, salvo se se tratar de convenção de arbitragem, o que não pode ser conhecido de ofício pelo juiz, como já explicado acima.

2.6.6) Defesa de mérito

Como afirmado anteriormente, a defesa de mérito pode ser indireta e direta. Na defesa de mérito indireta, o réu alega fatos impeditivos, modificativos ou extintivos do direito do autor. Nesse caso, o autor será intimado para se manifestar no prazo de 15 (quinze) dias, podendo oferecer réplica e requerer a produção de prova documental, nos termos do artigo 350 do referido Código.

Trata-se em realidade de prejudicial de mérito, porque prejudica análise do direito material. Já na defesa de mérito direta, o réu nega os fatos contidos na exordial, afirmando que não ocorreram, ou que ocorreram de forma diferente do que foi narrado.

É importante reafirmar que primeiro deve ser feita a defesa de mérito indireta, pois prejudica a análise do mérito, e só depois deve ser feita a defesa de mérito direta.

2.6.7) Réplica ou impugnação do autor

Em atenção ao princípio do contraditório e da ampla defesa, nos termos do Novo Código de Processo Civil, sempre que a contestação apresentar defesa indireta de mérito, isto é, quando alegar fato impeditivo, modificativo ou extintivo do direito alegado na petição inicial, o juiz determinará que sejam ouvidos o autor e o réu, concedendo-lhes prazo de dez dias para se manifestarem. Nessa oportunidade, também será possível a apresentação de provas documentais pelo autor[108]

---

108 EMBARGOS DE DECLARAÇÃO NO AGRAVO INTERNO NO AGRAVO EM RECURSO ESPECIAL. AÇÃO DE RECONHECIMENTO E DISSOLUÇÃO DE UNIÃO ESTÁVEL E PARTILHA DE BENS. ESCRITURA DO PACTO ANTENUPCIAL JUNTADA APÓS O AJUIZAMENTO DA AÇÃO. CABIMENTO. CONTRADIÇÃO SANADA. EMBARGOS DE DECLARAÇÃO ACOLHIDOS.

1. Restringe-se a irresignação ao argumento de que o pacto antenupcial somente fora juntado na oportunidade da réplica.

2.6.8) Indicação de provas

Na contestação, tal qual na inicial, deve ser especificada a prova que será produzida em juízo, sendo o entendimento predominante dos tribunais de que somente os documentos essenciais devem constar da contestação. Neste sentido: "somente os documentos tidos como pressupostos da causa é que devem acompanhar a inicial e a defesa. Os demais podem ser oferecidos em outras fases e até mesmo na via recursal, desde que ouvida a parte contrária e inexistentes o espírito de ocultação premeditada e o propósito de surpreender o juízo". (RSTJ, 37/390)[109]

2.6.9) Modelos de contestação

EXMO. JUÍZO DE DIREITO 1ª VARA CÍVEL REGIONAL DA BARRA DA TIJUCA

Processo Nº ...

RÉU, já qualificado, nos autos da AÇÃO DE INDENIZAÇÃO POR DANO MATERIAIS C/C COMPENSAÇÃO POR DANOS MORAIS, que lhe move AUTORA, vem, por seus advogados, com escritório sito na Avenida das Américas, Barra da Tijuca, Rio de Janeiro/RJ, apresentar sua

CONTESTAÇÃO

expondo e requerendo a V. Exa. o que se segue.

DA PRELIMINAR

Inicialmente, é importante ressaltar que há duas ações com a mesma causa de pedir e com partes semelhantes, o que caracteriza a conexão, a saber:

---

2. No presente caso, consoante o Tribunal *a quo*, a despeito de não ter havido alteração do pedido, tampouco da causa de pedir no âmbito da ação de reconhecimento e dissolução de união estável com partilha de bens, houve o devido contraditório em relação ao pacto antenupcial juntado na oportunidade da réplica, o qual foi considerado idôneo e legítimo pela parte ré, ora embargante.
3. Embargos de declaração acolhidos para sanar contradição.
(EDcl no AgInt no AREsp nº 2.064.895/RJ, relator Ministro Raul Araújo, Quarta Turma, julgado em 15/5/2023, DJe de 22/5/2023.
109 Gonçalves, Marcus Vinícius Rios. *Novo Curso de Direito Processual Civil*. Editora Saraiva, 2014. v. l, p. 370.

A autora é prestadora de serviços na Serviços Ltda., conforme declaração apresentada pelo réu em folhas 31. Em realidade, Serviços tem como sócios FULANO E BELTRANO, cunhados da autora, como faz prova documento em anexo.

O marido da autora é procurador dos irmãos, acima mencionados, tendo amplos poderes de representação. Consta na declaração de rendimentos juntada pela autora a assinatura de Flávio Silva Júnior, que também é cunhado da autora.

Em assim sendo, Serviços Ltda. propôs ação em face do réu, tendo como fundamento a mesma causa de pedir, ou seja, suposta agressão física ocorrida à autora, que teoricamente resultou em danos morais e materiais a empresa Serviços Ltda., cujos sócios, repita-se são cunhados da autora, como faz prova documentos acostados à presente. A autora também propôs ação em face do réu, tendo como causa de pedir suposta agressão física exercida pelo réu, o que teria ensejado danos morais e materiais.

É de fácil constatação a conexão, pois as petições iniciais da autora e da empresa onde trabalha, Serviços Ltda., são por demais parecidas, sendo acrescentado um parágrafo ou dois, como se examina pelo documento acostado à presente.

Veja-se o entendimento doutrinário acerca do tema:

> "Para o simples caso de conexão, cujo objetivo é a economia processual e a vedação de decisões contraditórias, basta a coincidência parcial de elementos da causa de pedir, tal como se dá no concurso do despejo por falta de pagamento e a consignação em pagamento, em que apenas a causa remota é igual (locação)."
>
> "A causa da ação (*causa petendi*) é o fato jurídico que o autor coloca como fundamento de sua demanda" (Liebman). Quando duas ou mais ações se fundam no mesmo ato ou fato jurídico, têm elas a mesma causa de pedir (Celso Barbi, Comentários ao Código de Processo Civil, 1ª ed., v. I, t. I, nº 292, p. 270) *in* Humberto Theodoro Júnior, Curso de Direito Processual Civil, 41ª ed., v. I. Editora Forense, 2005."

A interpretação jurisprudencial *a contrario sensu*, acerca do caso em tela, não diverge do entendimento acima mencionado, pois, quando há a mesma causa de pedir ou a mesma parte, caracterizada está a conexão, pois a causa de pedir de ambas as ações indenizatórias se dá pela suposta agressão física sofrida pela autora, o que também é alegado pela Serviços Ltda. como motivo ensejador dos danos morais, ficando por demais sutil a semelhança de partes tendo em vista que a Serviços Ltda. é dos cunhados da autora, levando à conclusão óbvia de que, se a suposta agressão não fosse com a autora, inexistiria ação.

Veja-se o entendimento jurisprudencial:

> TRT-6 - Recurso Ordinário Trabalhista: ROT XXXXX20215060021
> RECURSO ORDINÁRIO DO RECLAMANTE. CONTINÊNCIA/CONEXÃO. LIDES COM MESMAS PARTES E ENVOLVENDO O MESMO CONTRATO LABORAL. PEDIDOS DEPENDENTES. CONEXÃO CONFIGURADA. ART. 55, § 3º, DO CPC. A conexão aparece entre demandas que tenham o mesmo pedido ou a mesma causa de pedir (requisitos alternativos), isto é, que tratem da mesma relação jurídica subjacente ao processo. O objetivo é evitar duas decisões conflitantes entre si, sobre uma mesma matéria. Na hipótese, verifica-se que ambas as ações possuem identidade de partes e envolvem o mesmo contrato laboral, sendo que possuem pedidos dependentes entre si (reflexos de horas extras e de RMNR), atraindo, assim, a aplicação da norma contida no art. 55, § 3º, do CPC/15, que prevê a reunião dos processos para julgamento conjunto. Recurso do autor desprovido. (Processo: ROT - XXXXX-78.2021.5.06.0021, Redator: Eduardo Pugliesi, Data de julgamento: 10/11/2021, Primeira Turma, Data da assinatura: 11/11/2021).

Desta forma, tendo as duas ações a mesma causa de pedir, que é a suposta agressão física à autora que lhe teria ensejado danos morais e materiais, bem como teria ensejado danos morais e materiais a Serviços Ltda., que tem como sócios os cunhados da autora, sendo o representante legal da empresa no Rio de Janeiro, o marido da autora, cristalino está que as duas ações têm a mesma causa de pedir e que, por tal razão, devem os autos ser apensados a fim de evitar decisões contraditórias ou díspares.

A prevenção no caso vertente, já que em ambas, o primeiro despacho positivo, foram emitidos simultaneamente, dar-se-á por aquela que foi distribuída em primeiro lugar, que corresponde à presente.

DO MÉRITO

Não devem prosperar as alegações da autora, pois os fatos não se deram como narrados na inicial, prejudicando assim o suposto direito constitutivo daquela como restará comprovado ao final.

O réu sofreu acidente com perda total de seu veículo, sendo que a seguradora ofereceu um carro reserva por sete dias, por intermédio da locadora Tal (empresa em que a autora trabalha, cuja razão social é Serviços Ltda.), no prazo compreendido entre 24/09/04 e 01/10/04.

Réu e autora combinaram a entrega do veículo locado, qual seja, marca GM, modelo Celta, placa YYY 0001, duas portas, para 02/10/04, às 14h30, na residência do réu, na Barra da Tijuca. Informou o réu que arcaria com o pagamento de uma diária, já que o bem deveria ser entregue na sexta-feira, dia 01/10/04. No dia 02/10/04, o réu aguardou a autora, que não compareceu. E, apenas às 17h30, a autora entrou em contato com o réu, por telefone, comunicando-lhe que iria buscar o veículo locado às 17h30. O réu a informou de que estava no trabalho, em Copacabana, e se ela poderia buscar o veículo em seu local de trabalho.

A autora afirmou de maneira grosseira que não iria, que apenas buscaria o veículo no lugar onde o havia deixado, isto é, na residência do réu. Assim, o réu a informou que não seria possível, face à distância de seu trabalho e de sua residência, tendo a autora respondido que buscaria o carro na segunda-feira, dia 04/10/04.

Mister ressaltar que, quando da contratação da locação de veículo automotor, a autora havia informado que poderia o veículo ter um segundo condutor, sem ônus ao réu, com o que concordou este. Porém, a autora posteriormente informou que só poderia haver segundo condutor com o pagamento, razão pela qual o réu pediu que fosse excluído o segundo condutor do veículo, tendo a autora alegado que a quantia teria que "sair do seu bolso", já que não era possível retirar o segundo condutor do contrato firmado entre as partes. A informação de desistência do segundo condutor está comprovada por meio de documento juntado em folha 22.

Daí brotou o desentendimento entre as partes. Soma-se a isto o fato de ter o réu que ficar esperando a autora na data combinada de entrega, bem como o descaso daquela, apenas entrando em contato com o réu 3 (três) horas após o combinado para entrega do veículo, sendo certo que o réu tentou contato telefônico com a autora, ou com a Serviços Ltda., e não obteve êxito.

No dia 04/10/04, a autora foi até a residência do réu para buscar o veículo, quando, após uma rápida inspeção do réu, argumentou que havia pequenas avarias na pintura, e que o retrovisor esquerdo se encontrava arranhado.

Sem que o réu pudesse se manifestar, a autora o avisou de que o cheque dado por aquele como caução ficaria retido para o reparo das avarias.

Nesse momento, o réu percebeu que a autora parecia determinada a criar algum transtorno a ele. Isto porque, ao que parecia, aquela não deveria ter se esquecido do problema ocasionado pelo fato da apresentação do segundo condutor.

Mesmo sabendo que não havia danificado o veículo, o réu se ofereceu para irem imediatamente a alguma oficina da empresa para realizar orçamento das avarias, oferecendo-se para pagá-las de pronto, mesmo tendo certeza de que tais avarias não tenham ocorrido sob sua responsabilidade, o que de pronto foi negado pela autora, que afirmou novamente que não entregaria o cheque-caução, pois era procedimento da empresa.

Aí se instalou a confusão. O réu, diante de tal injustiça, puxou a prancheta com o cheque-caução das mãos da autora, que imediatamente partiu para cima dele, chegando a rasgar-lhe a camisa, como comprovam fotos em anexo. E, para se defender da injusta agressão, o réu empurrou-a, fazendo com que ela caísse no chão. E quando se virou, novamente a autora o atacou, pelas costas, quando, surpreendido que foi, novamente a empurrou, tendo ela se desequilibrado e caído.

A fim de evitar tumulto maior, o réu foi para seu apartamento, tendo em vista que a autora começou a gritar.

Entretanto, é importante informar, em momento algum o réu desferiu socos e chutes na autora, até porque, um homem, desferindo socos em uma mulher, causaria danos maiores do que equimoses e eritema, como discriminado em boletim médico, juntado pela própria autora em sua peça vestibular.

DA INEXISTÊNCIA DE DANO MORAL

É alegado na exordial que o réu tornou público o fato causador dos danos morais. Entretanto, observa-se de forma clara, pela própria narrativa da autora em sua peça vestibular, que aquela foi a causadora do suposto fato público, e que o réu apenas respondeu a uma injusta agressão.

Em realidade, as desavenças pessoais entre as partes nasceram quando da contratação, tendo a autora alegado que teria que arcar com o pagamento do segundo motorista com seus rendimentos. O descaso no atendimento quanto à devolução do veículo locado, deixando o réu sem notícias por três horas, e a forma abrupta com que a autora afirmou que o cheque-caução serviria para realizar o conserto de eventuais avarias, sem maiores explicações, EM QUE O RÉU NÃO SE EXIMIU DE PAGAR POR TAL PREJUÍZO, levaram ambos a agressões mútuas, não ensejando qualquer dano moral.

Ressalte-se que o entendimento jurisprudencial acerca da lesão corporal é no sentido de que, quando o laudo não descreve nem sugere a causa da lesão corporal, não constitui prova cabal da materialidade. E mais: crise nervosa não constitui lesão corporal. Pois bem, pela dinâmica dos fatos, se somado ao comportamento notoriamente conhecido da autora, de constantes desentendimentos, mais parece que ocorreu uma crise nervosa, e repúdio a uma injusta agressão, do que socos, chutes, supostamente sofridos pela autora, o que restará comprovado por meio de prova testemunhal e documental.

Outrossim, segundo relatos de vários outros clientes da Serviços Ltda., a autora tem temperamento explosivo, desentendendo-se com diversas pessoas, sendo, portanto, este o comportamento regular em sua forma de tratamento.

Em razão do princípio da eventualidade, se porventura o dano moral tenha ocorrido, este deve ser valorado de acordo com a situação fática, de acordo com o ofensor e da vítima, celebrando assim o princípio da razoabilidade, que deve nortear qualquer relação jurídica processual que tenha fins indenizatórios tendo por objeto o dano moral.

O entendimento doutrinário de Sílvio de Salvo Venosa, *in* Direito Civil, v. IV, 5ª edição, Jurídico Atlas, 2005, p. 49, é no sentido de que:

> "Temos que levar em conta, por outro lado, além da situação particular em nosso país de pobreza endêmica e má e injusta distribuição de renda, que a indenização não pode ser de tal monta, que acarreta a penúria ou a pobreza do causador do dano, pois, certamente, outro problema social seria criado. Os julgados devem buscar o justo equilíbrio no caso concreto. O dano moral, mormente, o que traz reflexos psicológicos, pode ser maior do que a vítima supõe ou menor do que ela acredita. Se nem mesmo a própria vítima, frequentemente, tem condições de avaliar seu dano, o que se dirá de terceiro que a julgarão."

E mais:

> "Deverá ser levada em conta também, para estabelecer o montante da indenização, a condição social e econômica dos envolvidos. O montante da indenização não pode ser caracterizado como esmola ou donativo, nem como premiação."

DA INEXISTÊNCIA DE DANO MATERIAL

A autora alega que presta serviços para Serviços Ltda., empresa de seus cunhados, representada na cidade do Rio de Janeiro por seu marido, percebendo a quantia, a título de comissão, de R$ 8.000,00, e que está afastada de suas funções desde o fatídico dia.

A realidade dos fatos é bem outra.

Inicialmente, torna-se desprovida de credibilidade a declaração prestada por Serviços Ltda., tendo em vista que seus sócios, FULANO e BELTRANO, são cunhados da autora, tendo como representante legal na cidade do Rio de Janeiro, SICRANO, marido da autora, sendo a declaração assinada por ZÉ, também cunhado da autora, como óbvio.

Evidentemente as regras de experiência deixam claro que papel aceita qualquer escrito, verdadeiro ou não. Fato é que a autora qualifica-se como analista industrial química e labora na empresa dos cunhados, como gerente, percebendo quantia superior a R$ 8.000,00, já que este valor se refere apenas às comissões. Impossível tal dúvida ser sanada, posto que frágil a declaração apresentada pela autora, eivada de subjetividade, ou defesa de direitos pessoais, em que os laços familiares são superiores à razão. Para pôr fim a tal dúvida, necessário se faz ofício à Receita Federal a fim de se verificarem as três últimas declarações de renda da autora, tendo em vista que o ordenamento jurídico não prestigia o enriquecimento sem causa.

Ressalte-se ainda que o ordenamento jurídico pátrio determina que, após o 15º dia em o empregado não labora, ele deve ficar às expensas do INSS, conforme o disposto no art. 60, § 3º da Lei nº 8.213/91.

Para tanto, a autora deveria submeter-se a exame médico feito pelo INSS – em que este expediria laudo médico, justificando assim o auxílio-doença –, percebendo verba previdenciária, devendo ter comprovado tal, já que informa estar até o presente momento sem laborar. Ora, o incidente deu-se em 04/10/04, e está-se em fevereiro de 2005! Entretanto, não há tal comprovação, mas apenas uma declaração assinada por seu cunhado.

Novamente, necessária se faz, para sanar as dúvidas existentes, a expedição de ofício ao INSS para informar se a autora estava, ou está, em auxílio-doença.

Entretanto, é de máxima importância ressaltar que a autora jamais deixou de laborar, pela suposta agressão sofrida, o que não enseja indenização por danos materiais sofridos, posto que inexistentes, conforme narrado pela ex-funcionária de Serviços Ltda. e documento acostado à presente que comprovam que a autora está laborando sem quaisquer problemas, como faz prova documento em anexo.

Quanto aos supostos danos ocasionados no veículo locado, não merecem credibilidade os orçamentos acostados, tendo em vista que ambos não emanaram de nenhuma concessionária Chevrolet, mas sim Volkswagen e Fiat, empresas estas, note-se, que não têm peças Chevrolet.

Apenas causa espanto o fato de um dos orçamentos acostados ser de CIDADE TAL, e o outro, de loja ao lado da W Service Ltda., loja dos cunhados da autora e onde ela trabalha. Será mera coincidência?! O veículo locado fica na Barra da Tijuca, e o carro será levado para CIDADE TAL para conserto?! E ainda, para uma concessionária da Fiat?!

Fato é que o réu comprova, por meio de vários orçamentos de concessionárias Chevrolet, na Barra da Tijuca, Recreio, Tijuca, que o conserto do retrovisor fica no máximo em R$ 338,46. Valor este muito inferior à metade do preço fornecido pela autora e pela Serviços Ltda.

Observe-se ainda que não há qualquer comprovação nos autos, tais como orçamentos, ou nota fiscal do serviço executado, das supostas avarias causadas no automóvel locado.

Mais uma vez resta evidente que são por demais frágeis as provas juntadas pela autora.

Há ainda que se observar que o laudo da psicóloga não deve ter a credibilidade que se quer alcançar, como restará comprovado.

O laudo da psicóloga não apresenta o endereço do consultório da profissional, e mais: a discriminação da enfermidade tem o termo genérico "transtornos emocionais". Em realidade, a CID (Classificação Internacional de Doenças) dispõe acerca de vários transtornos nervosos, mas nenhum transtorno emocional, o que leva à conclusão de que transtorno emocional não resulta em terapia.

Outro ponto relevante é que a profissional determinou o prazo de duração da terapia em um ano, sem ao menos discriminar valores. É de conhecimento público que um psicólogo não tem condições de adivinhar o tempo de duração de uma psicoterapia. Pode levar menos ou mais tempo, depende do paciente, donde se conclui ser passível de dúvida o laudo apresentado pela autora.

Diante deste quadro, leva-se mesmo à dúvida sobre se a profissional que emitiu tal laudo tem inscrição junto ao Conselho Regional de Psicologia do Rio de Janeiro, e que pode ser sanada por expedição de ofício ao CRP-RJ a fim de se constatar se FULANINHA DE TAL consta nos quadros e pode assim exercer a profissão.

Mais uma vez, caem por terra as razões da autora, pela ausência de completa fundamentação jurídica.

Está-se em sede de responsabilidade subjetiva, em que a autora deve comprovar o dano, o nexo de causalidade, bem como a culpa, na forma do art. 186 do Código Civil, o que não restou comprovado, pois a declaração de rendimentos da autora é frágil, o laudo da psicóloga também o é, donde se conclui que não há o que indenizar.

Outro não o entendimento do Tribunal de Justiça do Estado do Rio de Janeiro:

> STJ - EMBARGOS DE DECLARAÇÃO NO AGRAVO INTERNO NO AGRAVO EM RECURSO ESPECIAL: EDcl no AgInt no AREsp XXXXX PR XXXX/XXXXX-2
> Jurisprudência • Acórdão • MOSTRAR DATA DE PUBLICAÇÃO
> EMBARGOS DE DECLARAÇÃO NO AGRAVO INTERNO NO AGRAVO EM RECURSO ESPECIAL. DANO MORAL. INDENIZAÇÃO. DIREITO DE IMAGEM. VIOLAÇÃO. FOTOGRAFIA. PUBLICAÇÃO SEM AUTORIZAÇÃO. PRESCRIÇÃO. TERMO INICIAL. DANO MORAL *IN RE IPSA*. SÚMULA Nº 403 /STJ. JUROS DE MORA. TERMO INICIAL. CITAÇÃO. 1. A violação do direito de imagem ocorre a cada publicação não autorizada, renovando-se o prazo prescricional a cada ato ilegítimo. 2. A jurisprudência do Superior Tribunal de Justiça consolidou-se no sentido de que os danos morais em virtude de violação do direito de imagem decorrem de seu simples uso indevido, sendo prescindível, em casos tais, a comprovação da existência de prejuízo efetivo à honra ou ao bom nome do titular daquele direito, pois o dano é *in re ipsa*. (Súmula nº 403 /STJ). 3. Em se tratando de indenização por danos morais decorrentes de responsabilidade contratual, os juros moratórios fluem a partir da citação. 4. Embargos de declaração parcialmente acolhidos. Importante ressaltar que a autora ameaçou o réu recentemente, como faz prova documento em anexo à presente.

O ordenamento jurídico não prestigia o enriquecimento sem causa, nem tampouco admite a utilização do processo para obter fins que não sejam a pacificação social. Desta forma, resta evidente a litigância da má-fé da autora ao alterar a verdade dos fatos e até mesmo para obter objetivos ilegais, pois o utiliza para vindita pessoal, e não como instrumento de pacificação social.

DO PEDIDO

Pelo exposto, requer a V. Exa.:

a. o acolhimento da preliminar de conexão, com a autuação em apenso dos autos de nº..., pelos motivos supracitados;
b. a improcedência do pedido de danos materiais, pela ausência de comprovação;
c. a improcedência do pedido de danos morais, pelos motivos supracitados;
d. a expedição de ofício à Receita Federal a fim de se verificarem as três últimas declarações de renda da autora;
e. a expedição de ofício ao CRP-RJ a fim de se verificar se a psicóloga consta nos quadros do dito órgão, podendo assim exercer a profissão;
f. a expedição de ofício ao INSS para verificar se a autora está em auxílio-doença;
g. a condenação da autora por litigância de má-fé;
h. a condenação da autora aos ônus sucumbenciais.

Indica como provas a serem produzidas documental e testemunhal, bem como por meio de depoimento pessoal da autora, sob pena de confissão, na amplitude do art. 369 do CPC.

Pede deferimento.

Local e data.

Gabriela Friske
OAB/RJ 99.188

EXMO. JUÍZO DE DIREITO 1ª VARA CÍVEL REGIONAL DA BARRA DA TIJUCA

Processo Nº

RÉU, já qualificado, nos autos da AÇÃO DE INDENIZAÇÃO POR DANOS MATERIAIS C/C COMPENSAÇÃO POR DANOS MORAIS, pelo rito ordinário, que lhe move AUTOR, vem, por seus advogados, com escritório sito na Avenida das Américas cobertura, sala 306, Barra da Tijuca, Rio de Janeiro, apresentar sua CONTESTAÇÃO expondo e requerendo a V. Exa. o que se segue:

DO MÉRITO

Pretende a autora, em apertada síntese, a compensação por danos morais e materiais, em razão de alegada agressão sofrida por uma de suas funcionárias.

Conforme relatado na inicial, o réu firmou com a autora contrato de locação de veículo em 24 de setembro de 20XX, tendo por objeto o direito ao uso do veículo GM/Celta, duas portas, de placa YYY 0001.

O tempo de uso do veículo correspondia a sete dias, compreendendo assim o período entre 24/09/XXXX até 01/10/XXXX. O réu, quando da contratação, alegou que ficaria mais um dia com o veículo, arcando com o pagamento da diária correspondente a esse período.

Quando da celebração do dito contrato, foi facultado ao réu incluir terceiro como possível condutor do veículo (segundo condutor), sendo então apresentada Fulana de Tal como segunda condutora.

Acontece que o réu foi posteriormente informado de que a apresentação de segundo condutor implicaria o pagamento de R$ 33,00 (trinta e três reais).

Obviamente o réu não concordou com a cobrança, uma vez que não lhe fora comunicado a incidência desse acréscimo e tampouco consta no contrato de locação tal cobrança.

Por contato telefônico, o réu informou à funcionária Beltrana que não concordava com o valor cobrado e que, nesse caso, não haveria segundo condutor.

O documento de fl. 30 juntado pela própria parte autora comprova que o réu informou o relatado, sendo então resolvido que não mais constaria um segundo condutor, conforme descrito no citado documento, constando ainda a ressalva de que o réu se responsabilizaria integralmente em caso de acidente com o veículo na direção de outro condutor.

Entretanto, a funcionária Beltrana entrou mais uma vez em contato com o réu, informando que a empresa "não autorizara" a retirada do segundo condutor e que, caso o réu não pagasse a taxa, ela teria de "tirar do próprio bolso" o valor.

Infelizmente, o réu já tinha avisado a autora de que não mais teria outro condutor, pelas razões expostas, não sendo esta uma questão a ser resolvida com o réu, mas sim no âmbito da empresa, uma vez que o defeito na prestação da informação lá se originara.

Com a justa negativa do réu, nesse momento este percebeu que a funcionária Beltrana não demonstrava mais empatia com seu cliente, já que deveria, em tese, prestar contas aos seus superiores, ou seja, aos seus cunhados, em razão da má informação prestada.

Aqui, deve mais uma vez ser ressaltado que o contrato de aluguel de veículo não menciona a taxa a ser cobrada em razão de segundo condutor, limitando-se apenas a atribuir responsabilidade ao locatário pelo condutor por ele nomeado, conforme item 2 do referido contrato.

Não se discute que a relação entre o réu e a autora é de consumo, sendo assim regulada pela Lei nº 8.078/90, na qual elege como direito básico do consumidor a informação adequada e clara sobre diferentes produtos e serviços, com especificação correta sobre qualidade e preço, entre outros, conforme disposto em seu art. 6º, III.

Verifica-se assim que a autora atentou contra a referida norma de ordem pública, ferindo um direito básico do consumidor – o direito à correta informação sobre o produto –, sendo assim completamente descabida a citada cobrança, não sendo devido penalizar o consumidor por eventuais omissões nas disposições contratuais.

Não se sabe a razão pela qual vem agora a empresa cobrar em juízo a incidência da "taxa relativa ao segundo condutor do veículo locado", uma vez que o réu avisou a autora de que não mais teria um segundo condutor, estando tudo acertado em documento anexado na própria inicial.

A autora acusa o réu de não entregar o veículo na data correta, ou seja, em 02/10/XXXX, e que só o fez em 04/10/XXXX.

Mas infelizmente a autora não menciona o que de fato ocorreu no dia 02/10/04, data da entrega do veículo.

Para efetuar a entrega do veículo, foi acertado entre o réu e Sônia Augusta Gomes da Rocha Ribeiro Silva o horário das 13h. No entanto, o réu aguardou por uma hora e meia a chegada dela, quando então efetuou ligações para o estabelecimento da autora, mas não obteve êxito.

Assim, o réu deixou recado com o porteiro do prédio, e dirigiu-se ao seu trabalho, em Copacabana.

Somente às 17h30 do dia 02/10/XXXX a funcionária Beltrana entrou em contato com o réu, ao que este relatou o ocorrido e perguntou se o veículo não poderia ser entregue no seu local de trabalho, porém aquela informou que não seria possível e que tampouco pegaria o carro no dia seguinte, já que não trabalharia no domingo e que o carro poderia ser entregue na segunda-feira (04/10/XXXX).

Infelizmente, a autora se esqueceu de relatar tais fatos na inicial, já que assim seria possível verificar que o veículo não foi entregue na data acertada não por vontade do réu, mas em razão de todo o exposto.

O contrato de locação em exame trata no item 4 e seguintes sobre a devolução do veículo. O item 4.2 relata sobre a prorrogação do prazo de utilização do veículo, informando que será cobrado o valor correspondente.

O item 4.1 assim dispõe:

> *"4.1 - A não devolução do veículo no prazo estipulado, seguido de ausência de qualquer comunicação ou justificativa do locatário, dará ensejo à locadora de tomar as medidas cabíveis, inclusive criminais, se configurada apropriação indébita do mesmo locatário."* (grifo nosso)

Veja que o próprio contrato, ao discorrer sobre a não devolução do veículo no prazo estipulado e as devidas sanções, ressalva que a não devolução deve concorrer com a ausência de qualquer comunicação ou justificativa do locatário.

Conforme relatado, o réu, na data de entrega do veículo, diante do atraso da funcionária Beltrana, tentou a todo instante entrar em contato com ela, mas sem sucesso, sendo então informado de que o veículo deveria ser devolvido no dia 04/10/XXXX, mas não foi o réu avisado de que seria cobrada a diária do período.

Buscando melhor interpretar o referido contrato, à luz do art. 47 da Lei nº 8.078/90, que orienta no sentido de buscar-se a interpretação mais favorável ao consumidor, constata-se que as sanções cominadas ao locatário que atrasa a devolução do veículo devem ser aplicadas nos casos de desídia do locatário, quando este não devolve o veículo no prazo combinado sem prestar justificativa, ou sem qualquer aviso, a fim de evitar que clientes de má-fé sejam beneficiados com o uso do veículo sem que tenham que pagar por isso.

Conforme exposto, o réu não deixou de cumprir o acordado, tendo ainda comunicado todo o ocorrido à funcionária Beltrana na data da entrega do veículo, o qual somente não foi entregue pelos motivos expostos.

No dia 04/10/XXXX, a funcionária Beltrana foi até a residência do réu para buscar o veículo, quando, após uma rápida inspeção neste, argumentou que havia pequenas avarias na pintura, e que o retrovisor esquerdo se encontrava arranhado.

Sem que o réu pudesse se manifestar, Sônia Augusta Gomes da Rocha Ribeiro Silva o avisou de que o cheque dado por aquele como caução ficaria retido para o reparo das avarias.

Nesse momento, o réu percebeu que a funcionária da autora parecia determinada a criar algum transtorno a ele, isto porque, ao que parecia, aquela não deveria ter se esquecido do problema ocasionado pelo fato da apresentação do segundo condutor.

Mesmo sabendo que não havia danificado o veículo, o réu se ofereceu para irem imediatamente a alguma oficina da empresa para realizar orçamento das avarias, oferecendo-se para pagá-las de pronto, mesmo tendo certeza de que tais avarias não tenham ocorrido sob sua responsabilidade, o que de imediato foi negado pela funcionária e afirmou novamente que não entregaria o cheque-caução, pois era procedimento da empresa.

O réu, diante de tal injustiça, pegou o cheque, que se encontrava preso à prancheta da autora, que imediatamente reagiu, partiu para cima do réu, chegando a rasgar-lhe a camisa, como comprovam fotos em anexo. Para se defender da injusta agressão, o réu a empurrou para se livrar, e, quando ele se virou, novamente a autora o atacou, pelas costas, quando ele, surpreendido que foi, novamente a empurrou, tendo ela se desequilibrado e caído.

A fim de evitar tumulto maior, o réu foi para seu apartamento, tendo em vista que a autora começara a gritar.

Entretanto, é importante informar: em momento algum o réu desferiu socos e chutes na autora, até porque um homem, desferindo socos em uma mulher, causaria danos sérios, não sendo este o caso, como discriminado em boletim médico, juntado pela própria autora em sua peça vestibular.

DA INEXISTÊNCIA DE DANO MORAL

A autora pretende ser compensada por danos morais originados de alegada agressão sofrida por uma de suas funcionárias.

É praticamente pacífico na jurisprudência e na doutrina que a pessoa jurídica é passível de sofrer dano moral.

Tal entendimento é inclusive sumulado pelo STJ em sua Súmula 227.

Contudo, entendendo o dano moral como uma ofensa a um direito da personalidade, e, sob o enfoque específico de uma violação ao direito à honra, é também pacífico que a pessoa jurídica somente pode sofrer dano no aspecto externo de sua honra, ou seja, em sua honra objetiva.

É sabido que a honra objetiva da pessoa jurídica se reflete na sua reputação, no seu bom nome, sua credibilidade, assim, a sua reputação perante terceiros.

Desta forma, para que a pessoa jurídica tenha sua honra objetiva lesada, é necessário que o ato ilícito ponha em discussão sua credibilidade e bom nome junto a terceiros, depreciando sua boa fama no meio empresarial em que atua, ou seja, no seu setor de atividades, conforme leciona o julgado abaixo apresentado:

> "RESPONSABILIDADE CIVIL. DANO MORAL. EMBORA SE ADMITA QUE POSSA A PESSOA JURÍDICA SOFRER DANO MORAL, CARACTERIZA-SE ESTE APENAS QUANDO ATINGIDA A SUA HONRA OBJETIVA, MEDIANTE GRAVAME A SEU BOM NOME E REPUTAÇÃO JUNTO AO MERCADO E À CLIENTELA. DEMORA NO PROCEDIMENTO DE ABERTURA DE CONTA CORRENTE BANCÁRIA, E FALTA DE INFORMAÇÕES DOS PREPOSTOS OU AGENTES DO ESTABELECIMENTO RESPECTIVO A RESPEITO DOS

MOTIVOS DA MESMA NÃO CONSTITUEM DANO MORAL IMPOSTO À EMPRESA PRETENDENTE A ESSA TITULARIDADE. Reforma do julgado."
Tipo da Ação: APELAÇÃO CÍVEL. Número do Processo: 2004.001.18431Data de Registro:// Órgão Julgador: DÉCIMA OITAVA CÂMARA CÍVEL

Assim, a jurisprudência parece inclinar-se a reconhecer o dano moral à pessoa jurídica quando presentes algumas circunstâncias, tais como:

1) A conduta danosa deve se revelar capaz de macular a credibilidade e o conceito que a empresa detenha perante seu setor de atividades ou opinião pública, conforme aponta, a *contrario sensu*, a jurisprudência que traz à colação:

"CONTRATO. TELEFONIA. RESCISÃO. 1- O negócio jurídico de prestação de serviço de telefonia móvel, com o ajuste de isenção de tarifa de ligações entre os terminais, assume o caráter bilateral, comutativo e rescinde-se por descumprimento de obrigação que o torne excessivamente oneroso para a outra parte. 2- Nesse aspecto, sem relação com vício de qualidade que o torne impróprio ao consumo, a cobrança de tarifa indevida configura o defeito na prestação do serviço e caracteriza o descumprimento de obrigação que rompe a comutatividade do contrato, o torna oneroso para o consumidor, e enseja a sua rescisão por culpa da concessionária. 3- Essa conduta, na medida em que se revela incapaz de macular o bom nome, a imagem e conceito do consumidor pessoa jurídica diante da opinião pública ou do seu setor de atividades, não ofende a honra objetiva e também não causa dano moral." (grifo nosso).
Tipo da Ação: APELAÇÃO CÍVEL Número do Processo: 2004.001.16975Data de Registro:// Órgão Julgador: QUINTA CÂMARA CÍVEL

2) O ato danoso deve, por óbvio, chegar ao conhecimento de terceiros que compõem seu círculo de negócio, seus credores ou clientes, o que pode se dar por meio de divulgação em veículos de informação, *v. g.*, uma notícia difamatória publicada em jornal, ou ainda devido à natureza notória do ato, tal como um protesto indevido de título de crédito, conforme salientam os seguintes julgados:

Tipo da Ação: APELAÇÃO CÍVEL Número do Processo: 2004.001.16975 Data de Registro: // Órgão Julgador: QUINTA CÂMARA CÍVEL

"Em se tratando de pessoa jurídica, para o acolhimento do pedido relativo ao dano moral, deve ficar caracterizada a repercussão em sua situação econômico-financeira, decorrente do pedido de quebra, o que não ocorreu nos autos. Tirada do protesto e a negativação junto ao Serasa tem potencialidade suficiente para causar danos morais, quando a afirmada vítima for pessoa jurídica, na medida em que, nos dias atuais, por força da informatização, todo o mercado toma ciência do protesto que, assim, tão só pela sua tirada, produz abalo no bom nome da pessoa jurídica. No exame da repercussão moral causada pelo ato ilegítimo, necessariamente, ter-se-á que examinar o perfil moral da pessoa dita como agredida de forma a possibilitar o manejo do princípio da razoabilidade."

"CIVIL E COMERCIAL RESPONSABILIDADE CIVIL. PROTESTO INDEVIDO DE TÍTULO. DANO MORAL OBJETIVO OCORRÊNCIA. Duplicata desprovida de causa debendi, protesto indevido realizado pela pessoa jurídica, pretensa titular do crédito. Agressão à honra objetiva da pessoa jurídica atingida, insubsistência na tese de que o ato permaneceu nas relações internas entre ambas, porque a notícia do protesto circula nos boletins e periódicos especializados, com acesso amplo da sociedade e de todos quantos atuam na área financeiro/empresarial. Reparação moral corretamente deferida em valor correspondente a 30 (trinta) salários-mínimos, que se mostra proporcional à ofensa. Improvimento do recurso que pretendia revertê-la. Unânime."

Tipo da Ação: APELAÇÃO CÍVEL Número do Processo: 2002.001.23320 Data de Registro: 30/07/2003 Órgão Julgador: TERCEIRA CÂMARA CÍVEL.

Atos como protesto de títulos e pedido de falência, quando praticados de maneira ilegítima, sem dúvida ofendem a credibilidade da pessoa jurídica perante terceiros, já que são atos que facilmente tornam-se notórios.

Isto porque tais atos indicam a situação financeira da empresa, em que uma notícia negativa nesse sentido pode determinar diminuição no volume de negócios e rentabilidade.

Notadamente, há quem entenda que, para que possa se configurar dano moral relativo à pessoa jurídica, é necessário que se faça prova de prejuízo material originado do ato danoso à honra objetiva da empresa, o que comprovaria a repercussão do dano no tocante aos seus clientes.

A jurisprudência se fixa claramente neste sentido:

> "APELAÇÃO CÍVEL - RESPONSABILIDADE CIVIL INADIMPLEMENTO CONTRATUAL - DANOS MORAIS E MATERIAIS - PESSOA JURÍDICA - NECESSIDADE DE COMPROVAÇÃO DE PREJUÍZO MATERIAL, EM DECORRÊNCIA DA QUEDA NA CREDIBILIDADE, PARA VIABILIZAR O PEDIDO DE INDENIZAÇÃO POR DANO MORAL - O MERO DESCUMPRIMENTO CONTRATUAL NÃO GERA DIREITO À INDENIZAÇÃO MORAL - DANOS MATERIAIS QUE, COMPROVADOS, DEVEM SER INDENIZADOS - MANUTENÇÃO DA SENTENÇA - *Seguindo a lição do brilhante Desembargador Luiz Roldão de Freitas Gomes, entendo que, em relação às Pessoas Jurídicas, para que o dano moral possa ser indenizado, o ato danoso deverá estar intimamente ligado a uma real comprovação de que os negócios da empresa foram afetados e, consequentemente, sua imagem perante o público. Por outro lado, tenho manifestado o entendimento no sentido de que o mero descumprimento de obrigação contratual não enseja direito à reparação por dano moral; não havendo demonstração de ocorrência de situação extraordinária ou mais grave, que atente contra a dignidade da parte. - Em relação aos danos materiais, entendo que os mesmos devam ser indenizados. O réu alienou o imóvel, entregou a posse à autora que, no exercício dos direitos inerentes à posse, realizou diversas benfeitorias que despenderam tempo e recursos. Ao fim, viu frustrado o negócio tendo que devolver o bem reformado ao alienante. Ao permanecer esta situação, sem que houvesse qualquer acordo neste sentido, estaríamos dando guarida a um dos institutos mais repudiados do nosso ordenamento jurídico, qual seja, a do enriquecimento ilícito. - IMPROVIMENTO DOS RECURSOS.*" (grifo nosso)
>
> *Tipo da Ação: APELAÇÃO CÍVEL Número do Processo: 2004.001.07588 Data de Registro:// Órgão Julgador: OITAVA CÂMARA CÍVEL.*

Sem dúvida, quando um ato se apresenta capaz de ofender a reputação de uma pessoa jurídica, o resultado se apresenta na forma de diminuição de rendimentos de qualquer espécie.

No caso em tela, a autora baseia seu pedido de compensação na suposta agressão sofrida por Beltrana, uma de suas funcionárias.

A Sra. Beltrana ajuizou ação contra o réu, cujo processo corre perante este juízo, sob o nº 11.111.

Se a funcionária da autora entende que foi ofendida em sua honra, nada impede que ajuíze ação em face do réu, em observância ao princípio da inafastabilidade.

Mas o que não se concebe é que venha a autora alegar que sua credibilidade e sua boa reputação perante seu mercado de atuação tenham sido afetadas por este fato, que se encerra no âmbito privado das partes envolvidas.

É intuitivo que o ocorrido não seria capaz de incidir direta ou indiretamente nas relações empresariais da autora, o fato sequer tem relevância comercial.

Veja que o fato ocorrido entre o réu e a Sra. Beltrana trata-se de um desentendimento entre duas pessoas que estão por resolvê-lo judicialmente, permanecendo no âmbito privado das partes envolvidas.

In casu, não há como sustentar o pedido de compensação por danos morais em um fato ocorrido com a Sra. Sônia Augusta Gomes da Rocha Ribeiro Silva e o réu.

Mais uma vez, pergunta-se: de que maneira poderia tal fato afetar a credibilidade da presente autora perante terceiros?

Tratou-se de um fato amplamente notório, sem crédito conquistada pela autora? Ele tem relevância nas relações empresariais? Por meio dele, seria possível medir o estado financeiro da empresa? As respostas só podem ser negativas.

É lamentável, mas, ao que parece, a autora utiliza-se de seu direito de ação para promover uma vindita privada, já que a Sra. Beltrana é esposa do representante legal da autora e vem a ser cunhada dos sócios cotistas dela.

É sabido que, para que seja imputada a alguém a responsabilidade civil sobre um determinado fato, é necessário que se façam presentes alguns pressupostos, quais sejam: a conduta, o dano e o nexo causal entre este e aquela.

No caso em exame, por todo o exposto, verifica-se que o fato ocorrido entre o réu e a funcionária da autora esgota-se em si, não sendo capaz de ofender a honra objetiva da autora.

Destarte, não tendo o fato atingido de nenhuma maneira a honra objetiva da presente autora, não há de se falar em dano moral.

Assim, verifica-se a ausência de um dos requisitos da responsabilidade civil extracontratual subjetiva, qual seja, o dano.

Não havendo dano, não há como imputar ao réu a responsabilidade de compensar a autora por alegados danos morais, uma vez que estes sequer existiram.

DA INEXISTÊNCIA DE DANOS MATERIAIS

Conforme já debatido, não há como a autora imputar ao réu o pagamento das diárias extras e tampouco a taxa de segundo condutor, por todas as razões acima expostas.

Quanto aos supostos danos ocasionados no veículo locado, não merecem credibilidade os orçamentos acostados, tendo em vista que ambos não emanaram de nenhuma concessionária Chevrolet, mas sim Volkswagen e Fiat, empresas estas, note-se, que sequer têm peças Chevrolet.

Apenas causa espanto o fato de um dos orçamentos acostados ser de Cidade Tal, e o outro, de loja ao lado da sede da autora. Seria apenas uma coincidência? O veículo locado fica na Barra da Tijuca, e o carro será levado para Cidade Tal para conserto?! E ainda, para uma concessionária da Fiat?!

Fato é que o réu comprova, por meio de vários orçamentos de concessionárias Chevrolet, na Barra da Tijuca, Recreio, Tijuca, que o conserto do retrovisor fica no máximo em R$ 338,46. Valor este muito inferior à metade do preço fornecido pela autora.

É importante ressaltar que o veículo locado não tinha o seu retrovisor pintado da cor do carro, visto ser um modelo mais "popular". Ainda assim vem a autora cobrar pela pintura dele.

Ainda assim, mesmo incluindo a pintura do retrovisor, o que não é devido, o réu apresenta diversos orçamentos feitos junto às concessionárias, os quais não chegam a custar R$ 400,00, aí incluídos a mão de obra e um novo retrovisor.

Por fim, importante ressaltar que o retrovisor esquerdo do veículo não se encontrava quebrado, como alega a autora, mas apenas arranhado.

Na ficha de entrega do veículo, no item referente às avarias, ao que parece a funcionária Beltrana já demonstrava que tinha más intenções para com o réu.

É de se observar ainda que não consta qualquer comprovação nos autos, tais como orçamentos ou nota fiscal do serviço executado, das supostas avarias causadas no automóvel locado ou mesmo foto que evidenciem tal dano, razão pela qual não deve o réu ter que arcar com o pagamento de tais avarias.

Veja-se que neste documento, de fl. 28, no item que descreve as avarias, as palavras descritas aparecem de forma ilegível, de forma a dificultar a contestação delas.

DO PEDIDO

Pelo exposto, requer a V. Exa.:

a. a improcedência do pedido de danos morais pelos motivos supracitados;
b. a improcedência do pedido de danos materiais, pelos motivos supracitados;
c. a condenação da autora aos ônus sucumbenciais.

Indica como provas a serem produzidas: documental, testemunhal e documental superveniente, bem como por meio de depoimento pessoal do representante legal da autora, sob pena de confissão, na amplitude do art. 369 do CPC.

Pede deferimento.

Local e data.

Gabriela Friske
OAB/RJ 99.188

EXMO. JUÍZO DE DIREITO 3ª VARA DE FAMÍLIA DA COMARCA DE DUQUE DE CAXIAS

Processo Nº

RÉS, representadas por nome da mãe nos autos da AÇÃO DE OFERECIMENTO DE ALIMENTOS c/c REGULAMENTAÇÃO DE VISITAS, pelo rito especial, que lhe move AUTOR, vêm, por seus advogados, com escritório sito na Avenida das Américas cobertura, sala 306, Barra da Tijuca, Rio de Janeiro/RJ, apresentar sua

CONTESTAÇÃO

expondo e requerendo a V. Exa. o que se segue.
DA GRATUIDADE DE JUSTIÇA

Inicialmente requer a concessão da gratuidade de justiça, por serem pessoas juridicamente pobres, não tendo condições de arcar com o pagamento de custas e honorários advocatícios, sem prejuízo do próprio sustento e de sua família, de acordo com os artigos 98 e 99 do CPC.

DA PRELIMINAR

Trata-se de Ação de Oferecimento de Alimentos c/c Regulamentação de Visitas em que figuram como partes pai e filhas.

Em 1995, fora proposto divórcio consensual, em que o autor e a representante legal das rés acordaram acerca do pensionamento da filha mais velha, SAMANTA RAMOS MUNIZ, ora primeira ré. Em relação à segunda ré, não foi possível o acordo, tendo em vista que à época, ela ainda não era nascida, tendo nascido em 12/11/XX, como consta em certidão de nascimento em fl. 10.

Desta forma, evidencia-se a coisa julgada em relação aos alimentos da primeira ré, não podendo assim haver novo julgamento destes alimentos, posto que ocorreu o trânsito em julgado da decisão dos autos nº 11.111, devendo o pai arcar com o pagamento dos valores anteriormente fixados.

Há ainda que se tratar da carência de ação por ilegitimidade passiva, bem como por ausência do interesse adequação, senão veja-se:

O autor propôs em face das rés ação de oferecimento de alimentos c/c regulamentação de visitas.

Ora, no oferecimento de alimentos, as partes são pai e filhas, e, na ação de regulamentação de visitas, as partes são pai e mãe, donde se conclui que o autor seja carecedor de ação, tendo em vista que a representante legal das rés não figura como ré na presente demanda, mas apenas supre a incapacidade civil das rés, já que estas são absolutamente incapazes.

Ademais, não pode ocorrer a cumulação de pedidos entre oferecimento de alimentos e regulamentação de visitas, pois determina o Código de Processo Civil que, para ocorrer tal, é necessário que a ação seja em face do mesmo réu, o que não se dá no caso em tela; que haja também adequação do procedimento para todos os pedidos, o que também não se dá, tendo em vista que a presente tramita pelo rito especial, sendo certo que, em havendo cumulação de pedidos, deve a presente demanda ser pelo rito ordinário.

Humberto Theodoro Júnior, em "Curso de Direito Processual Civil", v. I, editora Forense, 2005, 41ª edição, p. 55/57:

> "A segunda condição da ação é o interesse de agir, que também não se confunde com o interesse substancial, ou primário, para cuja proteção se intenta a mesma ação. Localiza-se o interesse processual não apenas na utilidade, mas especificamente na necessidade do processo como remédio apto à aplicação do direito objetivo no caso concreto, pois tutela jurisdicional não é mais outorgada sem uma necessidade.

O interesse processual, a um só tempo, deverá traduzir-se numa relação de necessidade e numa relação do provimento postulado, diante do conflito de direito material trazido à solução judicial.

...

Destarte, legitimados ao processo são os sujeitos da lide, os titulares dos interesses em conflito. A legitimação ativa caberá ao titular do interesse afirmado na pretensão, e a passiva ao titular do interesse que se opõe ou resiste à pretensão."

Desta forma, resta evidente que não deve prosperar a presente demanda, face à carência de ação por ilegitimidade passiva, bem como por ausência de interesse adequação.

DO MÉRITO

O autor propôs oferecimento de alimentos em 15% de seus vencimentos, em tendo vínculo empregatício, e em caso de perda de vínculo empregatício, o valor correspondente a 25% do salário mínimo para cada filha.

Entretanto não merecem prosperar as alegações do autor de que se encontra desempregado e que por tal razão não pode arcar com o pagamento de valor superior ao acima narrado.

Em realidade, afirmou o autor, e tal pode ser comprovado por meio de declarações posteriormente acostadas, de que agora é o proprietário da oficina mecânica em que trabalhava.

A oficina em que trabalhava tinha a razão social de SERVIÇOS Ltda., com endereço na Avenida, Duque de Caxias, segundo documento juntado pelo autor em fl. 06.

Coincidentemente, a atual empresa onde o autor presta serviços também está estabelecida na Avenida, em Duque de Caxias.

Entretanto, em consulta à Receita Federal, Serviços em Autos agora tem sede em Vila da Penha, no Rio de Janeiro, como comprova documento acostado à presente, o que leva a crer ser verídico o fato de o autor atualmente ser proprietário da oficina mecânica Tal, apenas podendo ser sanada dúvida por meio de ofício à Junta Comercial para verificação do contrato social desta empresa.

Ora, enquanto era mecânico, auferia mensalmente a quantia aproximada de R$ 1.400,00 (mil e quatrocentos reais), donde se conclui que, em sendo proprietário, pelo menos sua renda deve ser superior ao narrado na exordial.

Tanto é verdade que o autor circula pela cidade de Duque de Caxias com veículo automotor de marca GM, modelo Vectra, de cor branca zero quilômetro, placa ZZZ

0001. E, por se tratar o veículo automotor de bem móvel, a propriedade dele se dá pela tradição, logo não é necessário que o bem esteja em nome do autor para comprovar que ele é o proprietário de dito automóvel, posto que o veículo é identificado como do autor.

Assim, resta evidente que os alimentos devem ser fixados dentro das necessidades das crianças e das possibilidades do autor, de acordo com o art. 1.694 do Código Civil.

A representante legal das rés vive do auxílio de sua mãe, tendo as seguintes despesas mensalmente:

Mercado – R$ 250,00
Açougue – R$ 150,00
Luz – R$ 200,00
Total – R$ 600,00.

Ressalte-se que, em relação ao fornecimento de energia elétrica, ele é por demais oneroso em razão da bomba de água que fica em funcionamento quase que o dia inteiro, pois a residência da representante legal das rés é de poço.

Desta forma, verifica-se que os valores oferecidos pelo autor não são suficientes para o sustento das menores, pois, expressos em reais, são bem inferiores ao necessário para mantença das crianças, senão vejamos:

Em caso de vínculo empregatício – R$ 77,00 para cada filha
Em caso de perda de vínculo empregatício – R$ 65,00 para cada filha.

É sabido que os alimentos correspondem ao sustento, cura, vestuário, casa e educação, sendo certo que a representante legal das rés não labora por não estar conseguindo emprego, sendo esta justamente a situação fática de milhares de brasileiros, devendo ser observado que a avó materna socorre as netas constantemente.

Ensina-nos Sílvio Salvo Venosa, em "Direito Civil", v. VI, editora Atlas, 2003, p. 371/372:

> "Em linha fundamental, quem não pode prover a própria subsistência, nem por isso deve ser relegado ao infortúnio. A pouca idade, a velhice, a falta de trabalho ou qualquer incapacidade podem colocar as pessoas em estado de necessidade alimentar. A sociedade deve prestar-lhe auxílio. O Estado designa em primeiro lugar os parentes para fazê-lo, aliviando em parte seu encargo social. Os parentes podem exigir um dos outros os alimentos e os cônjuges devem-se mútua assistência. A mulher e o esposo, não sendo parentes ou afins, devem alimentos com fundamento no vínculo conjugal."

Outro não é o entendimento jurisprudência:

> "Ação de alimentos. Procedência. Fixação em quantia condizente às necessidades dos alimentários. Alimentos, na terminologia jurídica, tem significado próprio, abrangendo os necessários para o sustento, a habitação, vestuário, despesa com saúde e instrução. Entende-se, porém, que a fixação, em ação, de quantia certa, não exclui a obrigação dos pais de dar aos filhos, mormente em se tratando de assistência médica, se necessários, o que ultrapassar os limites de pensão fixada.
> TJPR= AC11433, 17/06/96, Rel. Des. Wilson Reback."

Assim, verifica-se que está sendo ferido o binômio possibilidade e necessidade, onde melhor seria um salário mínimo a cada filha a serem depositados em conta corrente a ser aberta por este d. juízo.

DO PEDIDO

Pelo exposto, requer a V. Exa.:

a. o deferimento da gratuidade de justiça;
b. o acolhimento da preliminar de coisa julgada, extinguindo-se o processo em relação à primeira ré;
c. o acolhimento da preliminar de carência de ação por ilegitimidade passiva, extinguindo-se o processo sem julgamento de mérito;
d. o acolhimento da preliminar de carência de ação por ausência de interesse adequação, extinguindo-se o processo sem julgamento de mérito;
e. a expedição de ofício à Receita Federal a fim de se verificarem as três últimas declarações de renda do autor;
f. a expedição de ofício à Junta Comercial do Estado do Rio de Janeiro para se verificar o contrato social da empresa Tal Ltda. ME;
g. a expedição de ofício ao DETRAN a fim de verificar a propriedade do veículo automotor de marca GM, modelo VECTRA, placa ZZY 0000;
h. a improcedência do pedido autoral;
i. caso V. Exa. julgue procedente o pedido, a expedição de ofício ao Banco do Brasil para abertura de conta corrente em nome da representante legal das rés;
j. a condenação do autor aos ônus sucumbenciais.

Indica como provas a serem produzidas, em especial documental e testemunhal, bem como por meio de depoimento pessoal do autor, sob pena de confissão, na amplitude do art. 369 do CPC.

Pede deferimento.

Local e data.

Gabriela Friske
OAB/RJ 99.188

EXMO. JUÍZO DE DIREITO DO JUIZADO ESPECIAL CÍVEL DA REGIÃO OCEÂNICA

Processo nº

RÉ, na pessoa de seu representante legal, nos autos da AÇÃO DE OBRIGAÇÃO DE FAZER C/C REPARAÇÃO DE DANOS MORAIS, que lhe move AUTORA, vem, por seu advogado, com escritório sito na (endereço completo) CEP, para onde, desde já, requer que sejam remetidas as futuras intimações, apresentar sua CONTESTAÇÃO, expondo e requerendo a V. Exa. o que se segue:

DO MÉRITO

Trata-se de Ação em que pretende a autora a condenação do réu à obrigação de fazer, bem como ao pagamento relativo a supostos danos morais sofridos.

Argumenta a autora que firmou contrato de prestação de serviços educacionais com o réu, no qual tinha por objeto a realização do curso técnico de Enfermagem e que, após o término das aulas, deixou de cumprir a carga horária do estágio obrigatório, tendo em vista que o réu não teria disponibilizado condições para a realização dele.

Acontece que a autora, em sua exordial, omite fatos e circunstâncias fundamentais para a solução da presente lide.

Inicialmente, é devido informar que o estágio profissional, no caso em tela, não é oferecido nem prestado pelo réu. O contrato de prestação de serviços educacionais celebrado pelas partes dispõe de forma clara, na cláusula nona e seus parágrafos, todas as informações sobre o tema.

Para que o aluno obtenha a regular formação em seu curso técnico, deverá ele cumprir a carga horária de estágio obrigatório. Obviamente, a execução do citado estágio é de responsabilidade do interessado, não havendo possibilidade de o réu interferir, neste sentido, na vontade do aluno.

Assim, conforme descrito no referido contrato, o réu mantém convênios com algumas instituições, com o objetivo de facilitar ao aluno a realização do seu estágio profissional.

Deve ser ressaltado que o aluno pode realizar o estágio em qualquer instituição, pública ou privada, à sua escolha, devendo apenas apresentar à escola a documentação de conclusão dele, conforme disposto no referido contrato.

Desta forma, verifica-se que o réu apenas oferece encaminhamento para estágio em determinadas instituições, de acordo com a disponibilidade de vagas dela.

Assim, ainda que nenhuma das instituições conveniadas com a escola ofereça vagas para estágio, o aluno poderá realizá-lo em qual quer outro hospital ou clínica médica, em todo o território nacional.

Destarte, conclui-se que o réu não é responsável pelo oferecimento de vagas para estágio, nem mesmo tem ingerência no que tange ao seu cumprimento ou conclusão.

O RÉU É PRESTADOR DE SERVIÇOS EDUCACIONAIS, E NÃO INSTITUIÇÃO MÉDICA OU HOSPITALAR, NÃO TENDO ATRIBUIÇÃO PARA OFERECER ESTÁGIO DE ENFERMAGEM, NÃO LHE CABENDO ASSIM RESPONSABILIDADE EM OFERECER VAGAS PARA ESTÁGIO.

No que se refere ao caso em tela, a autora requereu ao réu o encaminhamento para o estágio em uma das instituições conveniadas, o que foi devidamente atendido pelo réu.

Ao que parece, a própria autora não pôde concluir o referido estágio, por razões pessoais.

Assim, novamente a autora procurou o réu a fim de ser indicada para estágio junto às instituições conveniadas.

Ocorre que a autora, <u>caso não desejasse realizar o estágio em qualquer outra instituição não conveniada com o réu, deveria aguardar o fechamento de um grupo de alunos a ser encaminhado para preenchimento das vagas oferecidas, acompanhadas por um supervisor.</u>

<u>ASSIM, VERIFICA-SE QUE A AUTORA PODERIA CUMPRIR AS HORAS RESTANTES DE SEU ESTÁGIO EM QUALQUER INSTITUIÇÃO HOSPITALAR, MAS, CASO OPTASSE POR REALIZÁ-LO MEDIANTE ENCAMINHAMENTO DO RÉU, DEVERIA AGUARDAR AS CONDIÇÕES E CIRCUNSTÂNCIAS ACIMA REFERIDAS.</u>

Infelizmente, ao que parece, a autora não optou por nenhuma das duas alternativas, que lhe trariam sua regular formação técnica, preferindo por intentar a presente ação. Os alunos que estudaram com a autora já obtiveram regularmente seus diplomas.

Destarte, resta comprovado que o réu não é responsável pelo oferecimento de vagas para estágio, apenas mantém convênio com algumas instituições para facilitar o ingresso do aluno nelas, mas ainda assim deve ser observada a disponibilidade de vagas oferecidas.

Por todo o exposto, verifica-se impossível atender o pedido de nº 2.1, constante na exordial, haja vista que o réu não oferece estágio profissional, mas apenas realiza o encaminhamento para algumas instituições, de acordo com a disponibilidade delas.

IGUALMENTE, QUANTO AO PEDIDO ALTERNATIVO CONSTANTE NO Nº 2.1, SE CONCEDIDO, HOMENAGEARIA O MAIS FLAGRANTE ENRIQUECIMENTO ILÍCITO, JÁ QUE O RÉU PRESTOU SEU SERVIÇO EDUCACIONAL, A AUTORA RECEBEU TODO O CONHECIMENTO NECESSÁRIO PARA A SUA FORMAÇÃO TÉCNICA, E CONDENAR O RÉU A DEVOLVER TODA A QUANTIA PAGA POR ELA PELO CURSO CONCEDERIA À AUTORA ENRIQUECIMENTO SEM CAUSA.

A AUTORA, POR UM LADO, FOI DESTINATÁRIA DO SERVIÇO OFERECIDO E REALIZOU A SUA CONTRAPRESTAÇÃO, EFETUANDO O PAGAMENTO DO CURSO. CONDENAR O RÉU À DEVOLUÇÃO DESSE VALOR CELEBRARIA O ENRIQUECIMENTO ILÍCITO DAQUELA, HAJA VISTA SER MATERIALMENTE IMPOSSÍVEL QUE ELA DEVOLVA TAMBÉM O CONHECIMENTO OBTIDO.

Destarte, por todo o exposto, verifica-se que o réu observou todas as normas reguladoras das relações de consumo, bem como respeitou prontamente o contrato celebrado, não realizando nenhuma conduta ilícita ou que tenha causado prejuízo ou mesmo lesão a algum direito da personalidade da autora, não havendo que se falar ocorrência de dano moral sofrido pela autora.

Assim, não estando presente nenhum dos elementos formadores da responsabilidade civil, por não haver conduta ou mesmo dano, não há que se falar em responsabilização do réu, face ao exposto.

DO PEDIDO

Pelo exposto, requer a V. Exa.,

a. a improcedência dos pedidos autorais;

Indica como provas a serem produzidas as de caráter documental.

Pede deferimento.

Local e data.

MICHAEL ENRIQUE MARTINEZ VARGAS
OAB/RJ 118.317[110]

---

110   Contestação cedida por Michael Enrique Martinez Vargas, advogado.

EXMO. JUÍZO DE DIREITO DA 6ª VARA CÍVEL DA COMARCA DE RECIFE/PE.

A

Processo nº

RÉU, pelo(a) patrono(a) signatário(a), nos autos da AÇÃO CAUTELAR INOMINADA em que figura como requerente AUTOR, vem, dentro do prazo legal, oferecer CONTESTAÇÃO, expondo e requerendo a V. Exa. o seguinte:

PRELIMINARMENTE: DA INADEQUAÇÃO DA VIA ELEITA

Inicialmente, salta aos olhos a manobra do requerente para obter medida satisfativa por meio do ajuizamento de ação cautelar, o que descaracteriza a cautela.

Ora, os pressupostos que devem ser atendidos para a concessão da medida cautelar são a plausibilidade das alegações para o acolhimento do pleito, denominada "fumaça do bom direito", e a urgência no que tange a assegurar os efeitos da sentença que define a lide principal, chamada doutrinariamente *periculum in mora*. Assumindo a decisão postulada natureza satisfativa, seus pressupostos são outros, mais rígidos, justamente por importarem no atendimento imediato do interesse autoral, o que somente ocorreria ao tempo da sentença.

Especificamente, deveria o requerente, nos autos da demanda principal, pleitear ao d. juízo a concessão da medida ora perseguida, comprovando a verossimilhança dos fatos, apresentando provas inequívocas, reversibilidade dos efeitos decorrentes da concessão da liminar e, também, urgência acerca da proteção do bem jurídico em discussão.

Patente, portanto, a inadequação da via eleita para a concessão da pretensão deduzida, o que pode traduzir-se em mera manobra do requerente para obter, por via transversa, medida que lhe beneficie, contudo contrária aos autos e, em última análise, ao Direito, entendido este como o ordenamento que estrutura a sociedade brasileira e as normas que a regulamentam.

Assim, e ainda preliminarmente, requer o requerido o decreto de extinção do processo, sem julgamento de mérito, na forma do artigo 267, inciso VI, do Código de Processo Civil, carreando-se para o requerente os ônus de sucumbência.

DA IMPROCEDÊNCIA DO PEDIDO CAUTELAR

Ainda que ultrapassadas as questões preliminares, o que se admite tão-somente em homenagem aos princípios da eventualidade e da concentração, melhor sorte não encontra o requerente quando enfrentados os termos ajuizados.

O mérito da ação cautelar, como se sabe, reside na verificação da existência dos chamados seus pressupostos, i.e., *fumus boni iuris* e *periculum in mora*.

Fiel a seu entendimento de que a ação cautelar tem como objeto assegurar a eficácia do provimento definitivo, adverte Calamandrei que a declaração de certeza da existência do direito é função do processo principal; *"para a providência cautelar basta que a existência do direito pareça verossímil, basta que, segundo um cálculo de probabilidades, se possa prever que a providência principal declarará o direito em sentido favorável àquele que solicita a medida cautelar"* (apud Willard de Castro Villar – Medidas Cautelares, p. 59-60).

Portanto, o *fumus boni iuris* é, em derradeira análise, a plausibilidade do direito material invocado pelo requerente da demanda cautelar. Enquanto isso, para a obtenção da tutela preventiva, a parte deverá demonstrar fundado temor de dano ao suposto direito material.

O clássico Lopes da Costa, em aplaudida monografia, ensina que *"o dano deve ser provável"*, pois *"não basta a possibilidade, a eventualidade"*. E acrescenta o eminente processualista:

> *"Possível é tudo, na contingência das cousas criadas, sujeitas à interferência das forças naturais e da vontade dos homens. O possível abrange assim até mesmo o que rarissimamente acontece. Dentro dele cabem as mais abstratas e longínquas hipóteses. A probabilidade é o que, de regra, se consegue alcançar na previsão. Já não é um estado de consciência, vago, indeciso, entre afirmar e negar, indiferente. Já caminha na direção da certeza. Já para ela propende, apoiado nas regras da experiência técnica."* (Medidas Preventivas, p. 43, os grifos são do original).

É este o chamado *periculum in mora*.

Fundado nas lições transcritas – que de resto não encontram discrepância em sede doutrinária –, passa a requerida a demonstrar nos capítulos seguintes a inocorrência na espécie de tais requisitos.

DA AUSÊNCIA DO *FUMUS BONI IURIS*

As partes celebraram contrato de financiamento para aquisição de um veículo, garantido pela alienação fiduciária da coisa ao credor até a quitação integral do preço do mútuo feneratício. Estão sendo discutidas cláusulas do referido contrato na ação de consignação de pagamento em apenso, sendo certo que, já antes da propositura desta, encontra-se em inadimplência. Visa, pelo presente meio, a extrair seu nome dos registros do Serviço de Proteção ao Crédito e da Serasa, o que pleiteia, reitere-se, a título liminar tão-somente, sem requerer ratificação em sentença.

Diante dos fatos, não há como reconhecer a ocorrência da "fumaça do bom Direito", que autorizaria manter o devedor, ora requerente, livre para contrair novas dívidas. Enquanto não ficar comprovada a ausência de culpa quanto ao seu inadimplemento, o que afastaria os efeitos da mora, não haverá lastro que fundamente o impedimento ao requerido de exercer os atos de proteção ao seu crédito, conforme conferido pelo ordenamento jurídico em vigor.

Compulsando os autos da ação principal, destaca-se a assentada da audiência preliminar, esta ocorrida em 20 de maio de 2004. Segundo os termos da ata, o autor, atual requerente, aguardaria manifestação do réu, ora requerido, para acertar o pagamento da dívida.

Ora, Excelência, o requerente reconheceu a existência e validade da obrigação, bem como a sua inadimplência. Tanto é verdade que iniciou acordo com o requerido para saldá-la de modo que pudesse honrar a novação. Tal fato, *per si*, afasta as alegações autorais quanto à ilegitimidade do cadastro junto aos órgãos restritivos do crédito. O ato foi lícito e indicado ao credor que persiga ao convalescimento de direito seu violado.

Acrescente-se que o processo relativo à ação principal se mostra maduro para julgamento por estar finda a fase instrutória, haja vista as partes terem declarado, na mesma oportunidade, que não pretendem produzir novas provas.

Isso posto, é forçoso reconhecer que não concorre na espécie o *fumus boni iuris*.

DA INEXISTÊNCIA DO *PERICULUM IN MORA*

Tal como já afirmado, para a obtenção da tutela cautelar, impõe-se à parte a demonstração do perigo na demora, revelado no fundado temor de dano ao suposto direito material.

Mas não é tudo. O que resulta dos fatos da causa é que inexiste qualquer probabilidade de dano ao direito da requerente. Mesmo que no futuro processo de conhecimento venha a ser acolhido o pedido – hipótese remota e que se admite em mera linha de argumentação –, ainda assim não haverá lesão ao direito material.

Compreende-se perigo no caso concreto. Não se pode fundamentar o pedido cautelar em causa genérica e abstrata. Este deve ser provado, mostrando-se a necessidade de se atender um bem jurídico, cuja tutela seja premente. Pior, comprovada a licitude do cadastro junto à Serasa e ao SPC, não há que se pensar em indenização por danos morais, tão menos em descadastrar o requerente do rol dos inadimplentes. Afinal, como já se provou, a dívida existe e é válida.

Não pode o requerido ser punido pela conduta do requerente. Este tenta transferir as consequências do seu ato ilícito, inadimplir obrigação legalmente assumida, para as expensas da própria vítima da inadimplência, o requerido.

Ademais, o requerente simplesmente alegou sofrer prejuízo irreparável por estar impedido de realizar operações bancárias. Todavia, não especificou quais seriam essas, a urgência em realizá-las, como também os prejuízos irreparáveis ou de difícil reparação que sofrerá caso não lhe seja deferida a cautela postulada.

Quid o *periculum in mora?*

Logo, também neste passo, melhor destino não aguarda pelo requerente.

CONCLUSÃO

O que se extrai de todo o exposto é a natureza satisfativa da medida reclamada, devendo o feito ser extinto de plano. Sendo diverso o entendimento de V. Exa., o que se admite apenas *ad argumentandum tantum*, pugna pelo reconhecimento da inocorrência na espécie do *fumus boni iuris* e do *periculum in mora*, o que conduz à improcedência do pedido, o que se requer, condenado o requerente nos ônus de sucumbência. De qualquer sorte, não havendo prosperidade à pretensão cautelar deduzida, requer a cassação da liminar concedida, uma vez que não restaram presentes os requisitos autorizadores da medida, tal como postulado na inicial.

Para fins de comprovar a antítese, requer a produção de provas oral e documental.

N. termos,
E. deferimento.

Local e data.

Nome e OAB do advogado[111]

EXMO. JUÍZO DE DIREITO DA 9ª VARA CÍVEL DA COMARCA DE RECIFE/PE.

Autos nº

RÉU, pelo(a) procurador(a) abaixo assinado(a), nos autos da AÇÃO DE REVISÃO DE CONTRATO proposta por AUTOR, submetida ao procedimento comum ordinário, vem, dentro no prazo legal, oferecer CONTESTAÇÃO, expondo e requerendo a V. Exa. o seguinte:

---

111 Petição cedida pelo Professor Sandro Gaspar Amaral, advogado, professor da EMERJ, FESUDPERJ e pós-graduação da Universidade Estácio de Sá.

RETIFICAÇÕES NECESSÁRIAS E INDISPENSÁVEIS

Antes de entrar a examinar os fundamentos contidos na demanda, é necessário e indispensável que desde logo se ponham premissas verdadeiras para o exame da relação jurídica de que se vai tratar. Com efeito, embora o autor assegure que celebrou com o réu contrato de financiamento, na verdade o que ele celebrou foi um contrato de compra e venda com a empresa Via Sul – Veículos Ltda., estabelecida na Rua Barreto de Menezes, nº 697, em Jaboatão dos Guararapes, contrato este cujos direitos foram cedidos ao réu, diante do instrumento contratual que instrui a demanda, de compra e venda mercantil, assunção de dívida com cláusula de reserva de domínio e outras avenças. Portanto, e como se verá em capítulo destacado, não se cuida de financiamento, até porque o réu não é instituição financeira. Esclareça-se, outrossim, que não se vislumbra na espécie a garantia real de alienação fiduciária, mas a garantia é outra, como seja a reserva de domínio do bem objeto do contrato de compra e venda mercantil.

Feitas as retificações necessárias e indispensáveis – principalmente porque, diante da natureza jurídica do negócio celebrado entre as partes e da garantia contratual, os fundamentos serão diverso –, entremos a examinar as alegações contidas na inicial, não sem antes fazermos um breve comentário sobre o contrato de *factoring*.

DA NATUREZA DAS OPERAÇÕES DE *FACTORING*

A quem estiver interessado na aquisição de produtos e bens duráveis, dispõe o mercado, atualmente, de várias alternativas. No que se enreda com o mercado de veículos automotores, as lojas e concessionárias oferecem aos consumidores operações distintas para viabilizar a compra do bem, entre as quais podemos destacar as seguintes: 1) contrato de financiamento (crédito direto ao consumidor com garantia de alienação fiduciária); 2) mútuo, sob a forma de crédito pessoal; 3) arrendamento mercantil, o chamado *leasing*; 4) consórcio; e 5) *factoring* (fomento mercantil).

Referidas operações, como se vê, assemelham-se sob o ponto de vista econômico, na medida em que viabilizam e incrementam a comercialização de veículos no mercado de consumo; ele não se pode dizer quando se enfocam as referidas operações sob o aspecto jurídico, uma vez que a natureza e os efeitos decorrentes de cada uma delas diferem, cada qual com as suas características próprias. Ocioso seria aqui e agora estabelecer as nítidas distinções entre alienação fiduciária, o mútuo, o *leasing* e o consórcio, cada qual com suas regras próprias, sua legislação específica e quejandos.

As operações de fomento (*factoring*) desenvolvidas pelo réu, de acordo com o que está pactuado nos instrumentos respectivos, compreendem mera compra e venda de créditos e débitos com terceiros. Em outras palavras: trata-se de verdadeiro escambo de obrigações pecuniárias perante terceiros. De fato, por um lado o réu assume a obrigação de que pagará à vista, tendo como credora a loja e/ou a concessionária, a dívida contraída pelo adquirente do veículo, que, por sua vez, assume a obrigação de pagar as parcelas (parte da dívida) contraídas pelo réu junto a terceiro.

Daí resulta que a relação celebrada pelo réu com o autor, tendo a interveniência da vendedora do veículo, não encerra relação de mútuo, e nem se pode vislumbrar que tal relação tenha sido celebrada com instituição financeira, pois o réu, como a sua razão social indica, é uma sociedade de fomento comercial, que pratica negócios comerciais regidos pelo direito comum, não se aplicando a ele, portanto, as restrições legais impostas às operações de crédito e financiamento desenvolvidas pelas instituições financeiras, nem as operações de crédito de natureza bancária. Isso porque – repita-se à exaustão – o réu não é instituição financeira e, portanto, não poderia mesmo celebrar com o autor o negócio jurídico que ele supõe tenha sido celebrado. Aliás, convém lembrar que aqueles que, como o autor, preferem contratar com o réu enxergam na operação de fomento vantagens sob o ponto de vista jurídico e sob o ponto de vista econômico, quando confronta as condições do contrato de que se cuida com as demais alternativas acima referidas (alienação fiduciária, *leasing*, consórcio etc.).

Não custa assinalar que a nítida distinção entre as atividades inerentes às empresas de fomento comercial e as que são da essência das instituições financeiras é matéria já pacificada, tanto na doutrina quanto na jurisprudência.

Em artigo publicado na Revista de Direito Mercantil o professor Wilson do Egito Coelho assim explicita:

> *"Desse modo, nem por semelhança as operações de* factoring *realizadas pelas empresas brasileiras de fomento comercial poderão ser identificadas com as privativas de instituições financeiras, descritas no art. 17, da Lei nº 4.595, de 1964." (local citado, O Factoring e a Legislação Bancária Brasileira, v. 54/73-82).*

O conhecido e acatado Fran Martins não discrepa de tal entendimento quando explicita:

> *"Se bem que as empresas de faturização também aplicam, como as instituições financeiras, recursos próprios, sempre entendemos, seguindo a lição de GAVALDA e STOUFFLET, que as empresas de faturização se distingue das instituições financeiras porque estas não realizam operações especulativas, e sim operações de crédito, enquanto as empresas de faturização realizam operações de risco." (Contratos e Obrigações Comerciais, Forense, 1993, p. 593, os grifos são do original).*

O entendimento doutrinário acima reproduzido recebe o aval da jurisprudência, de que são exemplos os seguintes e venerandos arestos:

> *"Ora, a realização de empréstimo, com meios próprios e sem captação de recursos de terceiros, não se pode*

equiparar às atividades específicas de instituições financeiras, que consistem, como expresso no texto legal, na coleta, intermediação ou aplicação de recursos próprios ou de terceiros. O traço característico das chamadas financeiras é a captação de recursos do público em geral para investimentos financeiros, cujos resultados são atribuídos aos respectivos subscritores." (HC 2.555 - ES - Rel. Min. Godoy Ilha, 2ª Turma do TFR, j. 9.8.71).

"... a realização de empréstimos com meios próprios e sem captação de recursos de terceiros, não se pode equiparar às atividades específicas de instituições financeiras, que consistem, como expresso no texto legal, na coleta, intermediação ou aplicação de recursos próprios ou de terceiros. O traço característico das chamadas financeiras é a captação de recursos do público em geral para investimentos financeiros, cujos resultados são atribuídos aos respectivos subscritores. Sempre entendi diferentemente. Curvo-me, porém, à interpretação dominante, para aceitar que só com a conjugação dos três pressupostos do caput *do art. 17, da Lei nº 4.595, de coleta, intermediação e aplicação de recursos financeiros próprios ou de terceiros - se há caracterizada a atividade privativa de instituição financeira." (Ap. Crim. 3.168-PR - Rel. Min. Jarbas Nobre, 4ª Turma do TFR, DJU de 13.6.79).*

A distinção apontada entre as empresas de *factoring* e as instituições financeiras dita as consequências para as questões discutidas na demanda, pelo que estamos todos, agora, aptos a examinar cada uma das alegações do autor.

DO CONTRATO – DA ENTRADA – DA TAXA DE PERMANÊNCIA – DA TAXA DE JUROS

Como já se viu, o contrato celebrado entre as partes nada tem de financiamento, nem nele se cogitou de alienação fiduciária, o que afasta, desde logo, a perplexidade revelada pelo autor de haver pagado o valor de R$ 1.240,00, além das 36 prestações pactuadas. O valor de entrada foi pago à vendedora do veículo, no contrato de compra e venda, enquanto o saldo seria parcelado, junto à mesma vendedora, em 36 parcelas. O réu, empresa de fomento, pagou à vista à vendedora o saldo do preço do veículo e assumiu os direitos e obrigações do contrato respectivo, inclusive no que concerne ao pacto adjeto de reserva de domínio.

Assim, não há qualquer reparo a ser feito no que concerne ao contrato celebrado entre as partes, válido e eficaz, sendo irrelevante para o desate desta causa o valor que o autor pagou de entrada na compra e venda do veículo.

Finalmente, no que respeita à taxa de permanência e ao importe dos juros, convém reiterar – e isto se vai repetir *ad nauseam* – que as operações mercantis desenvolvidas pelo réu não se confundem com as operações próprias de instituições financeiras, de tal sorte que a contraprestação pecuniária devida ao réu é inconfundível com juros ou encargos financeiros aplicáveis às operações bancárias de qualquer espécie.

De fato, a diferença apurada entre os valores das dívidas assumidas de parte a parte corresponde à remuneração devida à empresa de *factoring* (no caso, o réu). Isto porque o valor da dívida a prazo assumida pelo autor não é igual ao valor à vista pago pelo réu à vendedora do bem; quem assume dívida de terceiro adquire, entre outros que possam decorrer das peculiaridades do caso concreto, os benefícios do crédito, do prazo e eventualmente da moeda de pagamento.

Ao propósito, não custa voltar a referir os mais doutos em sede doutrinária, que abonam o entendimento acima adotado:

> "É óbvio que o apontado encargo do cedente do em*prés*tim*o, mesmo sob a denominação de comissão (Orlando Gomes, Contratos, nº 395, p. 530-531, Ed. Forense, 1993), não se confunde com juros pois juros são conceituados como rendimento do capital, preço do seu uso, preço locativo ou aluguel do dinheiro." (Arnoldo Wald, Curso de Direito Civil Brasileiro, vol. II, Editora Revista dos Tribunais, 1992, p. 121, o destaque é nosso).*

Em artigo publicado no Diário do Comércio e da Indústria que circulou no dia 7 de junho de 1989, sob o título "Tabelamento dos Juros e a Questão do *Factoring*", o acatado Carlos Renato de Azevedo Ferreira, após repassar o mecanismo das operações de fomento, já acima ressaltadas, conclui:

> *"Entretanto, na esteira do conceito adrede exposto, tem-se que, entre nós, a atividade encontra respaldo e instrumentalização no instituto da cessão de direitos, legislado nos artigos 1.065 a 1.078 do Código Civil, ainda em vigor. E, ao examinarmos essas regras legais, constatamos que aí não se cogita de juros ou qualquer outra remuneração, mas, sim, do preço, mediante o qual um crédito ou um direito é cedido e transferido.*

Deflui-se daí que são evidentes as vantagens das operações de factoring *onde não se cogita de juros ou outra remuneração, mas tão só do preço a ser estabelecido entre as partes contratantes." (não há grifos no original).*

Logo, quando se trata de contrato de fomento, não há que se falar em juros, em capitalização de juros, em limite constitucional de taxa de 12% ao ano, taxas extorsivas, incidência da Lei da Usura e quejandos.

Disto resulta que todas as alegações produzidas pelo autor caem no vazio.

Não custa assinalar, outrossim, outra circunstância de especial relevo e que milita em favor do adquirente do veículo automotor por meio de uma operação praticada por uma empresa de fomento. Referimo-nos à não incidência de IOF (Imposto sobre Operações Financeiras), atualmente de 15% para pessoas físicas em operações com, pelo menos, um ano de prazo. O autor foi beneficiado ao adquirir o veículo por meio da operação de fomento, pois não viu a incidência do IOF e, consequentemente, barateou o preço final.

Derradeiramente, ficam prejudicados os pedidos de repetição do indébito, ou de compensação com o saldo devedor existente, que têm como antecedente lógico a cobrança indevida de juros de mora, de capitalização de juros e de comissão de permanência, atividades que, como já se viu e se reproduziu exaustivamente, é exclusividade de instituição financeira (*lato sensu*), não se aplicando quando se trata de operação de *factoring*.

DA TUTELA DE URGÊNCIA – SEU DESCABIMENTO

A citação recebida não noticia se a tutela antecipada foi, ou não, concedida, de tal sorte que o réu entende que ainda não houve o exame de tal requerimento. Não é por outra razão que passa a examinar o instituto da tutela antecipada para demonstrar o seu não cabimento na espécie.

De fato. Inovação introduzida no Código de Processo Civil pela Lei nº 8.952/94, que ofereceu nova redação ao artigo 273, a tutela antecipada depende de requisitos que devem estar satisfeitos para a sua obtenção.

Em sua monografia sobre a reforma processual civil, assim explicita Sérgio Bermudes:

"Colhem-se os pressupostos de concessão da tutela, integrados no próprio art. 273:

a) *Sua outorga depende de requerimento, não podendo a antecipação ser concedida de ofício. Omissis.*

b) *É indispensável a prova inequívoca, evidente, manifesta da alegação do autor, com intensidade para convencer o juiz*

> de que a alegação, ou alegações são verossímeis, isto é, que pareçam verdadeiras. Omissis.
> c) Urge que a providência antecipada não produza resultados irreversíveis, isto é, resultados de tal ordem que tornem impossível a devolução da situação em seu estado anterior. Omissis.
> d) ...é preciso que haja fundado receio de dano irreparável ou de difícil reparação, aplicando-se, na verificação desse pressuposto, os mesmos princípios, abundantemente versados pela doutrina e aplicados pela jurisprudência, relativos ao periculum in mora.
> e) ...é preciso que, simultaneamente com os pressupostos do caput e do § 2º, haja ocorrido, ou abuso de direito de defesa, como nos casos do art. 17, I e II, ou quando o réu se limita a alegações de todo inverossímeis, ou desgarradas de qualquer prova, ou, então, que o réu se comporte com manifesto propósito protelatório, buscando fazer arrastado o processo para aproveitar-se da tardança, tal como previsto no art. 17, IV, V e VI." (A Reforma do Código de Processo Civil, 1ª edição, 2ª tiragem, Freitas Bastos, 1995, p. 35-37, os grifos são nossos).

Diverso não é o entendimento de Cândido Rangel Dinamarco, a saber:

> "O art. 273 condiciona a antecipação da tutela à existência de prova inequívoca suficiente para que o juiz [se convença da verossimilhança da alegação]. Omissis. A probabilidade, assim conceituada, é menos que a certeza, porque lá os motivos divergentes não ficam afastados, mas somente suplantados; e é mais que a credibilidade, ou verossimilhança, pela qual na mente do observador os motivos convergentes e os divergentes compareçam em situação de equivalência e, se o espírito não se anima a afirmar, também não ousa negar.
> Omissis.
> O novo art. 273 do Código de Processo Civil, com a consciência de estar instituindo uma arma contra os males que o tempo pode causar aos direitos e a seus titulares, figura duas situações indesejáveis a serem debeladas mediante a antecipação da tutela.
> A primeira delas sugere o requisito do periculum in mora, ordinariamente posto em relação à tutela cautelar.

> *Reside no [fundado receio de dano irreparável ou de difícil reparação].* Omissis.
> *A segunda situação a ser debelada mediante antecipação da cautela consiste no [abuso do direito de defesa] ou no [manifesto propósito protelatório do réu].* Omissis.
> *Nem por isso o exercício dos direitos antes do seu seguro reconhecimento em sentença deve ser liberado a ponto de criar situações danosas ao adversário, cuja razão na causa ainda não ficou descartada. É difícil conciliar o caráter satisfativo da antecipação e a norma que a condiciona à reversibilidade dos efeitos do ato concessivo."* (A Reforma do Código de Processo Civil, 2ª edição, Malheiros Editores, 1995, p. 138-148, grifado, em parte, no original, pois o grifo final é nosso).

No mesmo diapasão é o ensinamento de Humberto Theodoro Júnior:

> *"Para não transformar a liminar satisfativa em regra geral, o que afetaria, de alguma forma, a garantia do devido processo legal e seus consectários do direito ao contraditório e ampla defesa antes de ser o litigante privado de qualquer bem jurídico [CF, art. 5º, incisos LIV e LV], a tutela antecipatória submete a parte interessada às exigências da prova inequívoca do alegado na inicial.*
> *Além disso, o juiz para deferi-la deverá estar convencido de que, o quadro demonstrado pelo autor, caracteriza, por parte do réu, abuso de direito de defesa ou manifesto propósito protelatório, ou, independentemente da postura do réu, haja risco iminente para o autor, de dano irreparável ou de difícil reparação, antes do julgamento de mérito da causa."* (As Inovações no Código de Processo Civil, Forense, 1995, p. 13-14).

O que resulta do exame dos fatos e documentos da causa é que não reúne o autor os pressupostos necessários à obtenção da tutela pretendida, como se verá nos parágrafos seguintes.

Averbe-se que os pedidos formulados na demanda não incluem a providência postulada como antecipação de tutela, não se podendo cogitar, portanto, de sua concessão, uma vez que a tutela de urgência, por definição, é o instituto que consiste na outorga antecipada da proteção que se busca no processo de conhecimento, tratando-se de prestação jurisdicional cognitiva.

Reproduzamos, pela sua oportunidade, o que postulou na demanda o autor:

"EX POSITIS *REQUER O RECONHECIMENTO DE QUE:*
A) *SÃO ABUSIVAS AS CLÁUSULAS EM QUE SE COBROU TAXA DE PERMANÊNCIA EM VIOLAÇÃO A RESOLUÇÃO Nº 1.129/86;*
B) *SÃO ABUSIVAS D EPLENO DIREITO AS CLÁUSULAS QUE AUTORIZEM QUE A RÉ PRATIQUE ANATOCISMO;*
C) *SÃO NULAS DE PLENO DIREITO A COBRANÇA DE JUROS A 12% AO ANO;*
OMISSIS.

... julgando-se totalmente procedente a presente ordinária, para que seja a RÉ condenada a restituir, em dobro, todos os valores cobrados a maior, bem como o que deixou de ganhar o AUTOR, a serem apurados em perícia; ou para que seja imputado sobre o saldo devedor ainda devido, e ainda, ao pagamento as custas processuais e nos honorários advocatícios de 20% (vinte por cento) do que se liquidar." (sic, fls. 10/11)

Portanto, para que se pudesse cogitar de tutela antecipada, na espécie, referida antecipação somente se poderia referir a um dos pedidos acima reproduzidos.

Tal como formulado, o requerimento de tutela antecipada mais se reveste de caráter cautelar, de cuja natureza não participa a inovação introduzida pela Lei nº 8.952/94.

Aliás, sobre a distinção entre tutela antecipada e medida cautelar, assim explicita Barbosa Moreira, que alia ao conhecimento teórico a longa vivência pretoriana:

"A medida cautelar, é, por essência, instrumental. Ela visa, essencialmente, a assegurar a eficácia da prática de outra medida que, esta sim, deve satisfazer o direito postulado. A medida cautelar, na sua feição clássica, não visa diretamente a tutelar o direito de qualquer das partes; visa apenas a criar condições para outra providência, seja ela cognitiva, seja executiva, possa fazê-lo com a segurança de produzir efeitos práticos e eficazes." (A Antecipação da Tutela Jurisdicional na Reforma do Código de Processo Civil, in Revista de Processo, nº 81, Editora Revista dos Tribunais, p. 200).

Outro não é o entendimento de Sérgio Bermudes, ao acentuar que:

"Não há dúvida de que essa antecipação guarda parecença com a tutela cautelar. Distingue-se dela, entretanto, porque a providência cautelar é, por sua natureza, transitória e urgente, destinada a subsistir apenas enquanto durar o

processo principal, ao passo que a providência antecipada é a mesma que se pediu na ação cognitiva, concedida, entretanto, em momento anterior à sentença, condicionada a sua subsistência à confirmação pela sentença." (Pontes de Miranda, Comentários ao Código de Processo Civil, tomo III, 3ª edição, Forense, atualização legislativa de Sérgio Bermudes, p. 533-534, o destaque é nosso).

Como se vê, o que o autor rotulou de tutela antecipada não guarda referida natureza, mas é indubitavelmente providência que somente pode ser postulada, em tese, por meio de ação cautelar, pois – deixar passar o estilo repetitivo – as providências pedidas na ação de conhecimento são diversas.

O consultado Theotonio Negrão anota que:

"O magistrado não pode antecipar tutela que a própria sentença não outorgará, porque estranha ao pedido formulado na ação (RT 737/365)." (Código de Processo Civil e legislação processual em vigor, Saraiva, 2001, 32ª ed., nota 5 ao art. 273, p. 355).

Portanto, a tutela antecipada não deve ser concedida, pois a providência nela postulada não é providência de mérito. Em outras palavras: o autor não pediu a manutenção na posse do veículo como questão de mérito, de modo que não pode pretender que o instituto da antecipação de tutela incida na espécie.

CONCLUSÃO

Face ao exposto, requer o réu a declaração de improcedência dos pedidos cumulados, carreando-se para o autor os ônus de sucumbência.

Requer, por derradeiro, a produção das provas documentais presentes e superveniente.

E. deferimento.

Local e data.

Nome e OAB do advogado[112]

---

[112] Petição fornecida por Sandro Gaspar Amaral, advogado e professor universitário, bem como da pós-graduação da Universidade Estácio de Sá. Professor da EMERJ.

EXMO. SR. JUIZ DE DIREITO DA 2ª VARA CÍVEL DA COMARCA DE ITAÚNA/MG.

Autos nº

RÉU, por seu advogado, nos presentes autos da AÇÃO REVISIONAL em que AUTOR, submetida ao procedimento comum ordinário, vem, no prazo legal, oferecer CONTESTAÇÃO, expondo e requerendo a V. Exa. o seguinte:

DO MÉRITO

DA NATUREZA JURÍDICA DO *LEASING*

Em notável artigo publicado na Revista dos Tribunais, o professor Fábio Konder Comparato esclarece que o contrato de arrendamento mercantil se apresenta como negócio jurídico complexo, e não simplesmente como coligação de negócio, porque o contrato entre a sociedade financeira e o utilizador do material é sempre coligado ao contrato de compra e venda do equipamento entre a sociedade financeira e o produtor.

Afirma o acatado doutrinador que a sociedade financeira, apesar de proprietária, não tem nunca a posse do material locado, e a sua maior preocupação é que ele lhe seja devolvido. A empresa utilizadora do material, por sua vez, apesar de locatária, comporta-se como tendo a sua plena disposição. Finaliza a lição acentuando que:

> *"Sem dúvida, dentre as relações obrigacionais típicas que compõem o* leasing *predomina a figura da locação de coisa. Mas a existência de uma promessa unilateral de venda por parte da instituição financeira serve para extremá-lo não só da locação comum como da venda a crédito."* (RT 389/7).

Enquanto isso, Fran Martins entende que o conceito de arrendamento mercantil é o de um contrato segundo o qual uma pessoa jurídica arrenda a outra, por tempo determinado, um bem comprado pela primeira de acordo com as indicações da segunda, cabendo ao arrendatário a opção de adquirir o bem arrendado, findo o contrato, mediante um preço residual previamente fixado (Contratos e Obrigações Comerciais, 6ª ed., 1981, p. 545).

Finalmente, Silvio Rodrigues arremata a lição afirmando que:

> *"De modo que o contrato de* leasing, *em que figuram como partes o arrendador-financiador e o locatário-financiado, contempla em seu início, a presença de uma outra parte, ou seja, a do alienante do equipamento almejado. Pois, em geral, o locatário encomenda a máquina desejada,*

que o fabricante produz segundo a especificação daquele. A empresa financeira adquire o equipamento em questão, aluga-o ao arrendatário, que paga ao locador o aluguel em prestações periódicas. Ao fim do contrato, o financiador já recebeu todo o investimento e mais a remuneração do dinheiro emprestado. Se o financiado renovar o contrato, ou adquirir a coisa, o preço fixado é lucro." (Direito Civil, v. III, Saraiva, 18ª ed., 1989, p. 249).

Em lição mais recente, o Eminente Desembargador do Tribunal de Justiça do Estado do Rio Grande do Sul, Irineu Mariani, após examinar as várias correntes doutrinárias, conclui:

"Eis, pois, a natureza jurídica do leasing: *contrato misto. Diz-se unidade indissolúvel porque o descumprimento não rompe a parte inadimplida, mas o todo.*

Concorrem para formar essa unidade os contratos de financiamento, de locação e de compra e venda. Qual tem supremacia? Nenhum. A questão é de ênfase, e não de supremacia, de acordo com a fase assim como a pessoa é, na essência, a mesma durante toda a vida, acentuando-se algumas características conforme as diversas etapas. No caso do leasing, *seja qual for a espécie, na fase inicial a ênfase é para o financiamento, na intermediária para locação, e na final para a compra e venda."* (Leasing: Valor Residual, Garantia, Antecipação e Descaracterização, RT 756, p. 78).

INAPLICABILIDADE DO CÓDIGO DE DEFESA DO CONSUMIDOR AOS CONTRATOS DE *LEASING*

Ao contrário do que sustenta o autor, não incidem nos contratos de arrendamento mercantil regras do Código de Defesa do Consumidor. Com efeito, a jurisprudência já assentou que *"o que ocorre na operação de* leasing *é a cessão de um equipamento mediante certa remuneração, com a opção de compra no final do contrato. Em termos econômicos pode-se afirmar que o elemento desse contrato – o contrato de mútuo – está presente no* leasing, *em termos jurídicos, entretanto, o elemento que está presente é o da locação: cessão de equipamento, do bem, mediante o pagamento de um aluguel."* (STJ, REsp 61/SP, rel. Min. Carlos Velloso, DJU de 04.12. 89).

Logo, diante da conceituação jurídica do instituto, a conclusão inevitável é que não existe entre as partes relação de consumo derivada de um serviço colocado à venda, e, portanto, não incidem no contrato de arrendamento mercantil as regras do Código de Defesa do Consumidor.

O Egrégio Segundo Tribunal de Alçada Civil de São Paulo, em julgamento de sua Colenda Décima Segunda Câmara, relator o Juiz Clóvis Castelo, ao julgar o agravo de instrumento nº 532.483-0/5, assim resumiu o seu entendimento:

> "Arrendamento mercantil. Bens móveis. Reintegração de posse. Código de Defesa do Consumidor. Inaplicabilidade. Contrato de arrendamento mercantil não tem natureza de relação de consumo, motivo pelo qual não se lhe aplicam as regras do Código de Defesa do Consumidor, sendo válida, portanto, a cláusula resolutória pela falta de pagamento. Caracteriza esbulho possessório inadimplemento da arrendatária para com as obrigações contratuais, ensejando a concessão de liminar para reintegração da arrendante na posse dos bens arrendados."

Em seu voto, o eminente Relator revela o entendimento tranquilo da jurisprudência do Egrégio Tribunal de Justiça do Estado de São Paulo, reproduzindo voto do eminente Desembargador Ruiter Oliva, a saber:

> "O leasing *pode representar economicamente uma operação de financiamento na aquisição do equipamento industrial ou comercial de uma empresa, mas juridicamente a operação vinculada nos moldes de uma locação, com opção unilateral de compra. Essa especial peculiaridade caracteriza o* leasing *com o contrato de arrendamento mercantil, e não como contrato de empréstimo. Desse modo, não se está diante de relação de consumo derivado de um serviço colocado à venda, e regulado pelo Código de Proteção ao Consumidor, sendo legítima a cláusula resolutória em caso de falta de pagamento. Ficando elidido o título da posse do devedor, por força da cláusula resolutiva expressa, a sua posse restaria sem título, consolidando-se a titularidade possessória do credor, a legitimá-lo para o exercício da reintegratória, em face do esbulho, sem necessidade de pleitear a rescisão do contrato. (AI 15.597-4/2)."*

Efetivamente, não há que se cogitar de financiamento, pois não se vislumbra na espécie nenhum empréstimo de dinheiro, uma vez que o que ocorre na operação de arrendamento mercantil é a cessão do bem mediante uma certa remuneração, com a opção de compra no final do contrato, de tal sorte que, embora em termos jurídicos possamos, em uma determinada fase da execução do contrato, enxergar um mútuo, na verdade o elemento preponderante é a locação.

Aliás, esse foi o entendimento que o Pretório Excelso acolheu por sua Egrégia Segunda Turma no julgamento do RE 130.113, de que foi relator o eminente Ministro

Sydney Sanches, ao definir o *leasing* não como um contrato de empréstimo, mas como um contrato de arrendamento mercantil (RT 726/140). Não custa reproduzir fundamental texto do voto do referido e eminente Ministro Relator:

> "O leasing, *arrendamento mercantil em nosso ordenamento jurídico, possui – mister admitir – natureza diversa da que se lhe pretendeu atribuir ao ensejo do apelo extremo. Com efeito, mesmo sendo, do ponto de vista prático, operação complexa de financiamento, os elementos jurídicos necessários à sua caracterização o distanciam do gênero empréstimo, revelando, ao se conjugarem, peculiar espécie de locação. Dessa se distingue, sobretudo, pela faculdade posta ao arrendatário de, a determinado momento, exercer opção de compra do bem descrito no contrato, mediante o pagamento de preço residual previamente estipulado."* (RT 726/143).

Vale lembrar, outrossim, que, diante da natureza jurídica do contrato de arrendamento mercantil, não há relação de consumo, e sim fornecimento de crédito para a aquisição de bens com opção de compra pelo arrendatário.

Finalmente, transcreve-se o entendimento do eminente Ministro Ari Pargendler da Egrégia Terceira Turma do Superior Tribunal de Justiça, de evidente pertinência com a hipótese dos autos:

> *"A desvalorização do real em relação ao dólar, em face da cláusula de indexação, acarreta, sim, onerosidade excessiva para o devedor; mas, salvo melhor juízo, não traz qualquer benefício ao credor, que apenas repassa para o financiador externo os reais adicionalmente necessários para pagar os dólares originariamente contratados.*
>
> É preciso que isso fique claro: *não se pode suprimir a cláusula de variação cambial em relação ao consumidor, sem transferir os respectivos efeitos para o arrendador, que é, no particular, intermediário de recursos externos.*
>
> Quid, *tendo em vista o artigo 6º da Lei nº 8.880, de 1994, a cujo teor é nula de pleno direito a contratação de reajustes vinculados à variação cambial, exceto quando expressamente autorizado por lei federal e nos contratos de arrendamento mercantil celebrados entre pessoas físicas e domiciliadas no país, com base em captação de recursos provenientes do exterior?*

> *A aplicação da cláusula de reajuste vinculado à variação cambial parece ser de rigor, quando não se tratar de uma relação de consumo.*
>
> *Presente a relação de consumo – tendo em vista o artigo 6º, inciso V, que autoriza a revisão de cláusulas contratuais que se revelem excessivamente onerosas em razão de fatos supervenientes – pergunta-se:*
>
> *O risco próprio da cláusula de indexação cambial não excluiria a aplicação dessa norma legal? Se a despeito da natureza da cláusula, o consumidor está protegido, qual a medida da onerosidade excessiva?*
>
> *O dimensionamento dessas questões exige que se esboce a conjuntura macroeconômica e como era percebida.*
>
> *As partes contavam com a estabilidade do real durante o prazo contratual. Em longo prazo, sabia-se a despeito da posição pública do governo – que ela não subsistiria, porque comprometia a nossa balança comercial. O papel governamental era esse mesmo, porque qualquer dúvida, a propósito, comprometeria irremediavelmente a política econômica, toda atrelada à chamada âncora – o vocábulo diz tudo – cambial. A probabilidade de mudanças nesse âmbito, portanto, fazia parte do cenário, mas as partes quiseram, ambas, acreditar que teriam tempo de fazer um bom negócio. Cada qual, por isso, tem uma parcela de (ir)responsabilidade pela onerosidade que dele resultou, e nada mais razoável que a suportem. Tal é o regime legal, que protege o consumidor da onerosidade excessiva, sem prejuízo das bases do contrato. Se a onerosidade superveniente não pode ser afastada sem grave lesão à outra parte, impõe-se uma solução de equidade."*
>
> (Agravo nº 401.732 – RJ, DJU de 05.10.2001, p. 455)

Portanto, forçoso é concluir-se que o Código de Defesa do Consumidor não se aplica aos contratos de arrendamento mercantil, afirmação que por si só bastaria para conduzir à improcedência dos pedidos cumulados, uma vez que – repita-se à exaustão – todas as alegações contidas na demanda se fincam na incidência de regras da referida legislação extravagante.

DO EQUILÍBRIO CONTRATUAL

Constitui lamentável equívoco considerar que a alteração do valor do dólar terá causado impacto no chamado princípio da equivalência das prestações, causando onerosidade excessiva aos consumidores e, em contrapartida, enriquecimento injusto das empresas de *leasing*, como o réu.

Na verdade, não é possível constatar-se tal fenômeno, porque os valores com que o réu adquiriu os bens de consumo para arrendá-los a seus clientes foram captados no exterior. Ademais, quiçá principalmente, a cláusula de variação cambial compõe a estrutura do negócio jurídico, conferindo operacionalidade ao princípio do equilíbrio econômico-financeiro do contrato de arrendamento mercantil realizado com fundos originários de captação de recursos no exterior, equilíbrio que estará rompido quando se impõe a uma das partes (como na espécie) a substituição do padrão de valor originariamente avençado.

Em tais circunstâncias, e a rigor, se é possível vislumbrar-se algum desequilíbrio contratual, este haverá em desfavor do réu, que, captando os recursos em dólares americanos, deverá pagar ao seu credor estrangeiro na mesma moeda, o que não logrará obter se os repasses feitos aos consumidores sejam repostos em moeda nacional brasileira.

Com efeito, trata-se de *leasing* financeiro, o que vale dizer, a empresa de arrendamento mercantil aplica elevadíssimo capital para adquirir o bem indicado pelo arrendatário, razão pela qual, ao fixar o valor das contraprestações, leva em consideração diversos fatores, tais como:

a) *o custo do dinheiro: a empresa de arrendamento mercantil, capta no mercado financeiro o valor necessário para adquirir o bem indicado pelo arrendatário;*

b) *o impacto fiscal: o arrendatário possui o benefício fiscal, ou seja, deduz de seu importo de renda, a título de despesas, os valores referentes às contraprestações que paga à empresa de arrendamento mercantil. Esta, todavia, paga imposto de renda sobre os valores que recebe referentes a tais contraprestações. Desembolsa, também, o ISS;*

c) *o spread: a empresa de arrendamento mercantil precisa, evidentemente, lucrar na operação, mesmo porque suporta, outrossim, inúmeros encargos de ordem operacional.*

Daí a razão pela qual, a empresa de arrendamento mercantil, ao celebrar o *leasing*, efetua a planilha de cálculo de retorno de capital despendido para compra do bem, fixando os valores das contraprestações e o valor residual garantido, o que pode ser pago em parcelas mensais, levando em consideração, para tal fixação de valores, os fatores acima mencionados.

Averbe-se, outrossim, que o arrendatário, no ato da contratação, está perfeitamente ciente dos valores das contraprestações e do valor residual garantido, bem como sobre os encargos incidentes e o modo de calcular-se o valor do aluguel mensal.

Em recente monografia, o eminente Desembargador Luiz Roldão de Freitas Gomes, também Professor da Universidade Federal Fluminense, que ilustra esse Egrégio Tribunal, sobre a onerosidade excessiva, acentua que:

> "Discorrendo a seu respeito, expõe o Prof. ORLANDO GOMES (Contratos, págs. 178 e segs.) consistir a onerosidade excessiva apenas em obstáculo ao cumprimento da obrigação. Não se trata de inexecução por impossibilidade, mas de extrema dificuldade, isto é, a prestação não deve ser onerosa apenas em relação ao devedor, mas com respeito a toda e qualquer pessoa que se encontrasse em sua situação.
>
> Não basta, porém, que haja se agravado exageradamente. É mister que o agravamento decorra de acontecimentos extraordinários e imprevisíveis." (Contrato, Editora Renovar, Rio de Janeiro, 1999, p. 161).

DA MOEDA DO PAGAMENTO

Revela notável equívoco, *data maxima venia*, a afirmação segundo a qual a variação cambial contratada para pagamento do aluguel mensal do bem objeto do arrendamento mercantil mostra que o dólar americano é o indexador para a atualização monetária do referido aluguel. <u>Em verdade, a moeda do pagamento é o real, no equivalente em dólares americanos, na quantidade prevista no contrato.</u>

Como se sabe, entre as funções básicas da moeda é de sublinharem-se as de instrumento de reserva de valor e de padrão de valor. As funções que são inerentes à moeda, imprescindíveis ao funcionamento dos mercados e ao desempenho de suas atribuições pelo Estado, somente se viabilizam a partir da definição do direito positivo, de qual a moeda e qual o padrão de valor a ser utilizado. Moeda é, portanto, conceito jurídico.

O que se pôs acima, como premissa necessária ao correto desate deste aspecto da controvérsia, implica que, quando em um negócio jurídico, como o que é objeto da ação proposta, há estipulação de cláusula de pagamento em moeda, atuam como pressupostos de sua validade, além dos enunciados no artigo 82 do Código Civil, outros mais, estipulados na disciplina da moeda. Portanto, mais do que simples limite à aplicação do princípio insculpido na parêmia *pacta sunt servanda*, a disciplina jurídica da moeda atua como determinante do conteúdo dos pressupostos de validade do negócio jurídico em que se insira a cláusula de pagamento de certo valor em moeda ou estipuladora de critérios voltados à determinação desse valor. Trata-se, portanto, de padrão de valor, que é usado unicamente para expressar o enunciado nominal da quantia a pagar, operando-se a sua apuração mediante a paridade com outras moedas.

Os mecanismos de indexação e de paridade cambial são diversos, quando a paridade cambial é analisada a partir do conceito de moeda como padrão de valor, que toma como referência do enunciado nominal a expressão de determinado crédito em moeda de outro Estado, em que a apuração do montante a ser expresso derivará da paridade entre ambos os instrumentos monetários, oportunidade, como é óbvio, em que prevalece a relação quantitativa entre as duas moedas, relação essa que nada tem a ver com a oscilação do poder de compra da moeda em que se expresse determinada obrigação de pagamento, até porque a paridade cambial é informada por diferentes variáveis. Neste sentido, entram em consideração para a variação cambial a política econômica, a política monetária e a oscilação do poder de compra da moeda.

Portanto, não se pode vislumbrar na hipótese a alegada indexação e, consequentemente, também não se pode afirmar que houve desequilíbrio contratual ou onerosidade excessiva em desfavor dos arrendatários.

Está evidentemente dispensada a concorrência do pressuposto da imprevisibilidade, por isso que lida com elementos objetivos, rompendo-se a base negocial sempre que a modificação das circunstâncias presentes na formação do contrato fizer inviável a sua finalidade.

Embora se reconheça que a indigitada teoria vem ganhando adeptos, mormente quando se têm vistas para as relações de consumo, também não há como se reconhecer a sua incidência na espécie ou, ainda que se admita que ela incida, será em favor do réu.

Quando as partes contrataram o pagamento do aluguel mensal no equivalente em reais a dólares americanos, a moeda do pagamento, a base objetiva do negócio jurídico assim se explicitava. As circunstâncias então presentes viabilizavam a finalidade do negócio para ambas as partes: para o réu, que captara no Exterior os recursos para tanto, certo de que também obteria os mesmos recursos para saldar a obrigação assumida com seus credores internacionais; e para o autor, que optara por uma forma de pagamento de aluguel cuja taxa de juros era sensivelmente menor e que durante muito tempo valeu-se das benesses da referida taxa, mantendo-se estável o valor do aluguel.

Em que a alteração da política de câmbio terá alterado a base objetiva do negócio jurídico? Como se poderá sustentar que a finalidade se tornou inviável?

DA DEVOLUÇÃO DAS PARCELAS PAGAS PELO RÉU

À luz do direito posto, quem procura locupletar-se ilicitamente é o autor, ao pretender a devolução dos valores referentes às parcelas pagas.

Os pagamentos referiam-se ao direito do devedor, ora demandante, de usar a coisa. A posse manteve-se desdobrada, estando sob o poder direto do autor enquanto este cumprisse o seu dever de pagar a contraprestação pactuada. A inadimplência importa no dever de devolver a posse, sob pena de viciar o direito sobre a precariedade.

Decorrência natural do esbulho possessório, praticado pelo vício da precariedade, foi gerado ao autor o direito à reintegração de posse, já que, além de proprietário da coisa, é o possuidor indireto, na forma do art. 1.197 CC e art. 926 CPC.

Conclusão irrefutável é o direito do réu de reaver a posse da coisa, como não poderia deixar de entender o brilhante magistrado.

Os valores pagos pelo réu ao autor, por força do contrato, reitera-se, destinaram-se ao uso da coisa deste por aquele. Logo, a vantagem econômica foi devidamente obtida, configurando-se a ideia da repetição em enriquecimento sem causa do autor.

Afinal, qual é a finalidade do contrato de arrendamento mercantil celebrado entre as partes? Para o réu, o recebimento do aluguel mensal, do valor residual garantido durante o prazo pactuado; para os arrendatários, como o autor, a posse direta do bem objeto do contrato, o pagamento do aluguel mensal juntamente com o valor residual garantido e o exercício do direito de opção de compra, ao final do prazo avençado.

O que se extrai de tudo quanto se examinou até agora é que não há indébito a ser repetido, pois é necessário e indispensável que tenha havido cobrança e pagamento indevido. Ao propósito, assim explicita Antônio Herman de Vasconcellos e Benjamin, um dos autores do Anteprojeto do Código de Defesa do Consumidor:

> *"Por conseguinte, a sanção, no caso da lei especial, aplica-se sempre que o fornecedor (direta ou indiretamente) cobrar e receber, extrajudicialmente quantia indevida.*
>
> *O Código de Defesa do Consumidor enxerga o problema em estágio anterior àquele do Código Civil. Por isso mesmo, impõe requisito inexistente neste. Note-se que, diversamente do que sucede com o regime civil, há necessidade de que o consumidor tenha, efetivamente, pago indevidamente. Não basta a simples cobrança. No art. 1.531, é suficiente a simples demanda."* (Código Brasileiro do Consumidor, comentado pelos autores do Anteprojeto, Forense Universitária, 6ª ed., 2000, p. 336, os destaques são nossos).

Outro não é o entendimento de Arruda Alvim, Thereza Alvim, Eduardo Arruda Alvim e James Marins, quando asseveram que:

> *"O parágrafo único, deste artigo, dispõe que o consumidor cobrado indevidamente, tem direito à repetição do indébito, pelo dobro do que pagou em excesso, mais correção monetária e juros legais, salvo hipótese de engano justificado. Evidentemente, se for o caso de o consumidor pagar a mais do que deve, os juros e correção monetária incidirão, apenas, sobre o excesso indevidamente cobrado.*

> *Naturalmente, não é suficiente para a aplicabilidade da sanção cominada por este parágrafo único, que o consumidor seja apenas cobrado em excesso. Faz-se necessário que o consumidor tenha realmente efetivado o pagamento indevido."*
> *(Código do Consumidor Comentado, 2ª ed., Revista dos Tribunais, 1995, p. 223-224, ainda nosso é o grifo).*

Finalmente, Fábio Ulhoa Coelho assegura que:

> *"Esta penalidade só tem razão de ser quando o consumidor efetivou o pagamento indevido. O simples fato de o fornecedor cobrá-lo por um valor excessivo, não é causa por si só da sanção, uma vez que o consumidor pode se opor à cobrança, valendo-se dos meios judiciais adequados à defesa do seu interesse." (Comentários ao Código de Proteção ao Consumidor, Saraiva, 1991, p. 173, o destaque é nosso).*

Mostra-se, assim, absurdo o pleito de restituição integral dos valores correspondentes às parcelas pagas. Aliás, até mesmo a fundamentação autoral é falha, pois o próprio Código de Defesa do Consumidor, no art. 53, refere-se aos contratos de compra e venda e às alienações fiduciárias em garantia, enquanto o pacto em tela é relativo a arrendamento mercantil.

Trilhando caminho estranho ao Direito, o autor, por entender, equivocadamente, incidir a norma mencionada, persegue a devolução, após usar a coisa por meses se pagar as parcelas devidas, da quantia equivalente ao monte total pago pelo arrendatário.

Contudo, a despeito dos esforços em sensibilizar o Poder Judiciário e da manipulação ardilosa da Lei nº 8.078/90, fracassa a empreitada. Ora, reitere-se, o autor utilizou-se da coisa, deu à mesma a finalidade que intendeu, restando desvalorizado o preço venal do veículo.

Estabelece o artigo 5º, inciso I, do novo Regulamento do Conselho Monetário Nacional, aprovado pela Resolução nº 2.309/96, do Banco Central do Brasil, que o valor da contraprestação e demais pagamentos previstos no contrato devem ser suficientes para que a arrendadora recupere, durante o prazo contratual, o custo do bem arrendado, e adicionalmente obtenha um retorno sobre os recursos investidos.

Na hipótese em exame, o próprio autor confessa a inadimplência das parcelas do aluguel. Logo, durante todo o tempo em que o veículo permaneceu em sua posse, ele obteve a vantagem econômica conferida pelo contrato, sem que, porém, mantivesse a comutatividade, consistente no pagamento das prestações do arrendamento.

Na verdade, a eventual procedência do pedido seria um prêmio à inadimplência, que certamente não é o desejável pela ordem jurídica, além do mais absoluto desrespeito aos poderes inerentes ao domínio. Não é ocioso repetir que, ao postular a devolução de preço que pagou ao réu, oculta o autor a pretensão inconfessável de se enriquecer sem causa justa. Afinal, usou o veículo do demandado, mantendo sob seu poder mediante ato precário por muitos meses sem nada pagar.

O acolhimento da pretensão constituiria a condenação ilegal à prática de uma liberalidade não desejada, considerando que a restituição do valor pago torna gratuito o uso temporário do veículo, tal qual se as partes tivessem realizado contrato de comodato.

Aliás, mesmo que assim tivessem procedido, o descumprimento da obrigação do comodatário de restituir a posse gera-lhe o dever de pagar aluguel por todo o lapso temporal em que a coisa permanecer sob a sua posse precária. Por que a solução neste caso foi diversa se o acordo é ainda mais grave por consistir em negócio oneroso?

CONCLUSÃO

Assim, infrutíferos os esforços do autor, o que se extrai de tudo quanto se disse é que não há indébito a ser repetido, de modo que a improcedência do pedido é o desfecho que se espera para a causa, carreando para o mandante os ônus de sucumbência.

Incidindo no caso em tela o disposto no artigo 330, inciso I, do Código de Processo Civil, requer o réu o julgamento antecipado da lide, certo da improcedência do pleito deduzido.

N. termos,

E. deferimento.

De Belo Horizonte para Itaúna, 22 de novembro de 20XX.

NOME E OAB DO ADVOGADO[113]

EXMO. SR. JUIZ DE DIREITO DA 1ª VARA CÍVEL DA COMARCA DE SÃO JOÃO DE MERITI - RJ

Autos Nº:

RÉU, por seus advogados, nos autos da AÇÃO DE REPARAÇÃO DE DANOS MORAIS E MATERIAIS, AUTORA submetida ao procedimento comum ordinário, vem, no prazo legal, oferecer CONTESTAÇÃO, expondo e requerendo a V. Exa. o seguinte:

---

[113] Petição cedida pelo Professor Sandro Gaspar Amaral, advogado, professor da EMERJ, FESUDPERJ e pós-graduação da Universidade Estácio de Sá.

PRELIMINARMENTE: DA COISA JULGADA

Consoante a previsão do art. 301, VI, do CPC, antes de adentrar o mérito da causa, é preciso enfrentar questão preliminar, *in casu*, peremptória, a qual ensejará, por certo, na extinção do feito liminarmente.

A demanda é o ato por meio do qual se dá o impulso inicial à atuação do Estado-juiz, sendo o modo de romper a inércia o Poder Judiciário e lhe exigir a prestação jurisdicional. É identificada por três elementos essenciais, sendo estes as partes, a causa de pedir e o objeto. Adotada pelo Direito brasileiro a Teoria da Substanciação, a causa de pedir é formada exclusivamente pelos fatos jurídicos que fundamentam a pretensão deduzida.

A própria autora provou nos autos, conforme documentos juntados e confissão expressa, que foi movida e julgada definitivamente ação anterior que enfrentou a questão possessória sobre o veículo objeto do contrato celebrado entre as partes. Portanto, dispensada está a Ré de comprovar a tese preliminar, pois a própria demandante já realizou tal tarefa com honroso êxito.

Ora, como saltou aos olhos do d. juízo, não são, portanto, cabíveis os pedidos 2 e 3, à fl. 07, por completa afronta à coisa julgada. A regra insculpida no art. 468 CPC delimita os contornos da coisa julgada, importando seus efeitos a pedidos já atendidos em causas anteriores, já definitivamente julgadas. Eis o que ocorre.

A segurança, finalidade primordial do Direito, a ser estabelecida pelas normas processuais, encontra no instituto da coisa julgada um dos seus pilares fundamentais. A imutabilidade do conteúdo da decisão judicial confere, consequentemente, aos sujeitos a certeza de que, uma vez transitada em julgado, a substância da prestação jurisdicional é inalterável, intangível por outra.

Ocioso parece assinalar-se que a lição transcrita, emanada de autorizada pena, recebe o aval do entendimento doutrinário prevalente e de precedentes jurisprudenciais, de que dá conta o consultado Theotonio Negrão, em sua compilação, ao assinalar:

> *"Inexiste, para as partes ou para o juiz a faculdade de substituir o procedimento sumaríssimo (nota nossa: atualmente, procedimento sumário) pelo ordinário, submetendo a causa a este quando a lei prescreve aquele; contudo a erronia do rito não induz à invalidade do processo, devendo-se aproveitar todos os atos realizados; relativamente aos atos processuais ainda não consumados no momento em que se constata a inadequação do rito, deve ser o procedimento sumaríssimo adotado, nada importando o estágio e o grau de jurisdição em que se acha o feito (V ENTA - concl. aprovada por 15 votos a favor, 1 contra e 2 abstenções)."*

> "A jurisprudência é predominante quanto a estes pontos:
> - o autor não pode optar pelo procedimento ordinário, se previsto em lei ou sumário (art. 295 - V); RT479/120, 479/185, 491/207, 492/102, 495/86, 503/189, RF 257/261, RJTJESP 30/181, 34/136, JTA 45/49; omissis;
> - não é nulo o processo, se o réu não arguir a nulidade (RTJ 86/716, 86/881 - 1ª col., opinião do Min. relator, RT 479/85, 597/68, RJTJESP 41/204, JTA 43185, 96/253) ou se não tiver havido prejuízo para ele (RT 487/138, 541/189, JTA 110/344, maioria; contra, decretando a nulidade do processo: RT 621/209, RF 291/301;
> - de qualquer modo, o processo deve ser adaptado a todo o tempo, com o aproveitamento dos atos praticados (RT 610/101, 625/74, RJTJESP 95/277, JTA 87/368, 88/138)."
> (Código de Processo Civil e legislação processual em vigor, 32ª edição, Saraiva, 2001, notas 3 e 4 ao art. 250, p. 316).

E nem se alegue que os novos ventos que sopram sobre a ciência processual civil, com a primazia da efetividade do processo, sejam fenômeno suficiente para a revolução teórica e dogmática que os séculos foram necessários para construir. Ao propósito, vale reproduzir significativo trecho de conferência proferida pelo já referido e eminente Barbosa Moreira, na I Jornada de Direito Processual Civil da Universidade Federal de Santa Catarina:

> *"Repita-se agora o que já se disse noutras ocasiões: não há censurar a geração dos estudiosos que durante anos lavraram, com instrumentos de uma técnica incessantemente aperfeiçoada, o terreno do processo. Era necessário, e foi útil, que o fizessem. Ninguém deve subestimar o proveito que se tirou, e ainda hoje se tira, do produto desse labor. Não é coisa desprezível podermos trabalhar sobre estruturas sólidas, empregar linguagem precisa, lidar com conceitos bem definidos, saber como se articulam as peças do mecanismo."*
> (Os Novos Rumos do Processo Civil Brasileiro, Revista de Processo, 1995, nº 78, p. 134, os destaques são nossos).

Entre as estruturas sólidas, os conceitos bem definidos, que não são abalados pela já referida preocupação com a efetividade do processo, está o princípio segundo o qual o interesse público prevalece sobre o interesse particular. Em verdade, seria jogar por terra uma doutrina paciente e laboriosamente construída supor que a parte autora pudesse optar pelo tipo de procedimento que lhe conviesse, ao seu alvedrio, ao seu talante, em frontal vulneração do caráter publicístico relativo ao exercício do direito de ação.

Convém assinalar que o fato de haver de a petição inicial ter sido recebida, e o juízo, determinado a citação da ré, não constitui em óbice para que se declare agora a extinção do processo sem julgamento de mérito por carência da ação.

Ao propósito, assim explicita o acatado Calmon de Passos:

> *"O fato de haver o juiz recebido petição inicial viciada por qualquer dos defeitos enumerados no artigo 282 não significa preclusão, em relação ao réu, do poder de argui-los, para futura extinção do processo sem julgamento do mérito (art. 301). Consequentemente, preclusão não ocorre em relação a juiz, que os apreciará tanto de ofício, como por provocação do réu, ao proferir o julgamento conforme o estado do processo. O recebimento da inicial não traz em si, implícita, a afirmação, por parte do juiz, da regularidade e aptidão da inicial. É simples despacho ordinatório, e não decisão interlocutória com força de pronunciamento sobre os pressupostos processuais ou condições da ação." (Comentários ao Código de Processo Civil, v. III, Forense, 8ª ed., 2000, p. 238).*

Oportuno ressaltar que o entendimento doutrinário acima transcrito recebe o aval da jurisprudência, como anota o também já mencionado e consultado Theotonio Negrão na 35ª edição de sua compilação jurisprudencial:

> *"Acerca dos pressupostos processuais e das condições da ação, não há preclusão para o juiz, a quem é lícito, em qualquer tempo e grau de jurisdição ordinária, reexaminá-los, não estando exaurido o seu ofício na causa (STJ - 4ª Turma - REsp 18.711-0-SP, rel. Min. Barros Monteiro, j. 31.5.93, deram provimento, v.u., DJU 30.8.93, p. 17.296, 1ª col., em)"* (Código de Processo Civil e legislação processual em vigor, Saraiva, 2001, nota 29 ao artigo 267, p. 338).

Destarte, o prosseguimento do feito, acarretando novo julgamento sobre a posse do automóvel já definitivamente restituído à Ré, é veementemente repelido pelo ordenamento jurídico em vigor, na medida em que expõe à ruína todos os pilares que sustentam a segurança jurídica conferida pela sentença.

Ante todo o exposto, evidenciado o desrespeito à coisa julgada pelo autor, outra conclusão não se deve chegar se não o acolhimento da preliminar suscitada, extinguindo-se o processo sem julgamento de mérito, no que tange aos pleitos 2 e 3, face ao disposto no artigo 267, inciso V, do CPC.

NÃO INCIDÊNCIA DO CÓDIGO DE DEFESA DO CONSUMIDOR

A jurisprudência já assentou que "*o que ocorre na operação de leasing é a cessão de um equipamento mediante certa remuneração, com a opção de compra no final do contrato. Em termos econômicos pode-se afirmar que o elemento desse contrato – o contrato de mútuo – está presente no leasing, em termos jurídicos, entretanto, o elemento que está presente é o da locação: cessão de equipamento, do bem, mediante o pagamento de um aluguel*" (STJ, REsp 61/SP, rel. Min. Carlos Velloso, DJU de 04.12. 89).

Logo, diante do conceito jurídico do instituto, conclusão inevitável é que não existe entre as partes relação de consumo derivada de um serviço colocado à venda, e, portanto, não incidem no contrato de arrendamento mercantil as regras do Código de Defesa do Consumidor.

O Egrégio Segundo Tribunal de Alçada Civil de São Paulo, em julgamento de sua Colenda Décima Segunda Câmara, relator o Juiz Clóvis Castelo, ao julgar o agravo de instrumento nº 532.483-0/5, assim resumiu o seu entendimento:

> "*Arrendamento mercantil. Bens móveis. Reintegração de posse. Código de Defesa do Consumidor. Inaplicabilidade. Contrato de arrendamento mercantil não tem natureza de relação de consumo, motivo pelo qual não se lhe aplicam as regras do Código de Defesa do Consumidor, sendo válida, portanto, a cláusula resolutória pela falta de pagamento. Caracteriza esbulho possessório inadimplemento da arrendatária para com as obrigações contratuais, ensejando a concessão de liminar para reintegração da arrendante na posse dos bens arrendados.*"

Em seu voto, o eminente Relator revela o entendimento tranquilo da jurisprudência do Egrégio Tribunal de Justiça do Estado de São Paulo, reproduzindo voto do eminente Desembargador Ruiter Oliva, a saber:

> "*O* leasing *pode representar economicamente uma operação de financiamento na aquisição do equipamento industrial ou comercial de uma empresa, mas juridicamente a operação vinculada nos moldes de uma locação, com opção unilateral de compra. Essa especial peculiaridade caracteriza o* leasing *com o contrato de arrendamento mercantil, e não como contrato de empréstimo. Desse modo, não se está diante de relação de consumo derivado de um serviço colocado à venda, e regulado pelo Código de Proteção ao Consumidor, sendo legítima a cláusula resolutória em caso de falta de*

pagamento. Ficando elidido o título da posse do devedor, por força da cláusula resolutiva expressa, a sua posse restaria sem título, consolidando-se a titularidade possessória do credor, a legitimá-lo para o exercício da reintegratória, em face do esbulho, sem necessidade de pleitear a rescisão do contrato. (AI 15.597-4/2)."

Efetivamente não há que se cogitar o financiamento, pois não se vislumbra na espécie nenhum empréstimo de dinheiro, uma vez que o que ocorre na operação de arrendamento mercantil é a cessão do bem mediante uma certa remuneração, com a opção de compra no final do contrato, de tal sorte que, embora em termos jurídicos possamos, em uma determinada fase da execução do contrato, enxergar um mútuo, na verdade o elemento preponderante é a locação. Aliás, esse foi o entendimento que o Pretório Excelso acolheu por sua Egrégia Segunda Turma no julgamento do RE 130.113, de que foi relator o eminente Ministro Sydney Sanches, ao definir o *leasing* não como um contrato de empréstimo, mas como um contrato de arrendamento mercantil (RT 726/140). Não custa reproduzir fundamental texto do voto do referido e eminente Ministro Relator:

> *"O leasing, arrendamento mercantil em nosso ordenamento jurídico, possui – mister admitir – natureza diversa da que se lhe pretendeu atribuir ao ensejo do apelo extremo. Com efeito, mesmo sendo, do ponto de vista prático, operação complexa de financiamento, os elementos jurídicos necessários à sua caracterização o distanciam do gênero empréstimo, revelando, ao se conjugarem, peculiar espécie de locação. Dessa se distingue, sobretudo, pela faculdade posta ao arrendatário de, a determinado momento, exercer opção de compra do bem descrito no contrato, mediante o pagamento de preço residual previamente estipulado." (RT 726/143).*

Vale reiterar que, diante da natureza jurídica do contrato de arrendamento mercantil, não há relação de consumo, e sim fornecimento de crédito para a aquisição de bens com opção de compra pelo arrendatário.

Emerge, então, a evidência de não se conceber a incidência do Código de Defesa do Consumidor ao caso em espécie, o que, por si só, bastaria para conduzir à improcedência dos pedidos cumulados, uma vez que – repita-se à exaustão – todas as alegações contidas na demanda fincam-se na incidência de regras da referida legislação extravagante.

DA RELAÇÃO DE CONSUMO

Ainda que o entendimento de V. Exa. seja pela incidência da Lei nº 8.078/90 para compor o conflito em tela, o que é discutido apenas em homenagem ao princípio da eventualidade, melhor sorte não tem a autora.

É verdade que o Código de Defesa e Proteção ao Consumidor inaugurou uma nova era nas relações de consumo no Brasil, acompanhando a evolução do Direito no mundo, caminhando da fase repressiva – em que visava apenas a punir os maus fornecedores, para impedir os exemplos de más condutas – para a fase indenizatória, atingindo o atual estágio da fase de prevenção.

As responsabilidades dos fornecedores concentram-se mais intensamente na área das advertências, da informação, dos avisos e dos esclarecimentos, tudo voltado para a harmonização dos interesses de consumo. Vale dizer: promove a novel legislação o justo equilíbrio dos negócios e o respeito ao consumidor, moderno instrumento democrático que é. Ressalte-se que todo fornecedor é, também, um consumidor, e, portanto, em tese, encontra agasalho na legislação consumerista.

Todos os fornecedores, ao contrário do que parece resultar da crença popular, que sempre respeitaram, como o réu, os consumidores, nada têm, tiveram ou terão a temer. Somente os fornecedores de caráter duvidoso devem saber que, onde há dignidade e responsabilidade, somente aos bons é permitido atuar no mercado.

De outra face, não autoriza o Código, em momento algum, o consumidor a deixar de ser correto. Prevenido, advertido e orientado, nada poderá alegar contra o fornecedor, sendo ao consumidor vedada, por igual, a prática de abuso.

Em conclusão: os mecanismos do Código do Consumidor e da Lei dos Juizados Especiais destinam-se a impedir comportamentos não desejados tanto dos fornecedores como, e por igual, dos consumidores, em favor da boa harmonia econômica.

E é esse último aspecto que parece não ter sido bem entendido pela autora, especialmente pelo consumidor que abusivamente se lança a verdadeiras aventuras, como a presente.

O empresário, de longa data, é conhecedor de que seu maior patrimônio é sua clientela. De nada adiantam investimentos se não houver quem pague pelos produtos e serviços. O público que procura o estabelecimento comercial, ou que é por ele atingido pelas modernas técnicas de vendas, é o maior patrimônio da empresa. E este público, é também verdade, cada dia torna-se mais exigente e mais informado.

Reitera-se: a lei não autoriza o consumidor a deixar de ser correto. A ele não é permitida a prática de abuso em razão da nova lei. Também o comportamento não desejado do consumidor, como deflui da presente demanda, é defeso pelos mecanismos da legislação consumerista.

Além disso, não custa assinalar que a disposição legal acima referida estabelece que a baixa nos cadastros negativos é ônus do consumidor, apenas cabendo ao credor a emissão da carta de anuência respectiva. Acontece que os consumidores, no que se pode mesmo chamar de indústria do dano moral, preferem deixar o seu nome negativado e virem a Juízo postular indenização pelo dano moral.

Portanto, o que resulta dos fatos e documentos da causa, ao contrário do que quer fazer crer a autora, é a inexistência de ato ilícito.

Ao propósito, leia-se por todas a lição de Yussef Said Cahali que, embora relativa a protesto de título, cabe também para a hipótese de que se cuida:

> *"Em linha de princípio, é direito do credor levar a protesto título revestido das formalidades legais, não pago pelo devedor no respectivo vencimento; a responsabilidade civil, assim, tem como pressuposto o exercício anormal ou irregular desse direito, a ilicitude do ato de sua utilização para obter o pagamento de dívida já paga ou inexigível."* (Dano Moral, 2ª ed., Editora Revista dos Tribunais, 1998, p. 370).

DO PROTESTO E DA INSCRIÇÃO EM ÓRGÃO RESTRITIVO AO CRÉDITO

Não pode prosperar o objeto da presente demanda no que tange à condenação da Ré em pagar indenização à autora por danos morais, simplesmente porque não estão configurados os elementos da responsabilidade civil, o que restará evidente. A mera compulsão dos autos em exame superficial dos documentos que instruíram a petição inicial estabelece a veracidade dos fatos, destruindo a manobra autoral em conduzir o d. juízo a erro.

Primeiramente, não se trata de manutenção do protesto por descumprimento de dever judicial. Nunca houve ordem à Ré para cancelar o protesto, não podendo ela ser compelida a fazê-lo. A constituição nasceu no tempo em que a autora efetivamente estava em mora quanto à sua obrigação, conforme expressamente declara no corpo da petição inicial.

Não é só. O protesto foi realizado um ano antes do momento em que a autora alega ter efetuado o pagamento. Aliás, sequer prova a *causa debendi* dos títulos que juntou para comprovar a solvência, o que, por certo, prejudica a cognição da pretensão, à luz das normas processuais vigentes.

Logo, inexistem vícios que maculem o ato imputado à demandada.

Ademais, mostra-se relevante salientar a Lei nº 9.492/97, denominada Lei dos Protestos de Títulos, que reza, em seu artigo 26, que o cancelamento do registro deve ser solicitado diretamente ao cartório pelo interessado. Basta a apresentação do título e a comprovação da extinção da dívida que ele consubstancia.

Observe-se que o diploma especial não foi revogado pelo novo Código Civil, pois este preceitua apenas normas de cunho geral, não havendo colisão sobre o assunto específico – protesto.

Alie-se o fato de ser necessário o pagamento de emolumentos cartorários para que seja desconstituído o protesto. Ora, não pode o autor esperar que a Ré, prejudicada pela sua inadimplência, arque com o ônus, na medida em que a constituição em mora foi causada pela efetiva inexecução da obrigação autoral.

Em suma, se alguém deve ser responsabilizado pelo fato ensejador da demanda, este é a própria autora, como prevê expressamente o art. 26 da Lei nº 9.492/97.

Vencida a questão do protesto, melhor sorte não encontra o autor ao sustentar que foi vítima de um registro indevido junto à Serasa, o que é comprovado pelos documentos que instruíram a petição inicial, ou seja, o próprio demandante, em clara e inequívoca contradição, demonstra ao d. juízo que a limitação do seu crédito ocorreu porque estava inadimplente. Portanto, pautou-se a Ré no ordenamento jurídico vigente, que autoriza o credor a praticar os atos descritos para compelir o devedor a solver a dívida, bem como coibi-lo de contrair novos débitos.

Ora, na hipótese em exame, a autora, em evidente comportamento que só visou à propositura desta ação, não se deu conta do disposto no artigo 43, § 3º, do Código de Defesa do Consumidor, que lhe faculta exigir imediata correção de seus dados e cadastros. Ora, se tivesse lançado mão da faculdade que lhe dá o referido dispositivo legal, certamente que não haveria qualquer dano a ser reparado.

Além disso, não custa assinalar que a disposição legal acima referida estabelece que a baixa nos cadastros negativos é ônus do consumidor, apenas cabendo ao credor a emissão da carta de anuência respectiva. Acontece que os consumidores, no que se pode mesmo chamar de indústria do dano moral, preferem deixar o seu nome negativado e virem a Juízo postular indenização pelo dano moral.

Ao propósito, leia-se por todas a lição de Yussef Said Cahali, que, embora relativa a protesto de título, cabe também para a hipótese de que se cuida:

> *"Em linha de princípio, é direito do credor levar a protesto título revestido das formalidades legais, não pago pelo devedor no respectivo vencimento; a responsabilidade civil, assim, tem como pressuposto o exercício anormal ou irregular desse direito, a ilicitude do ato de sua utilização para obter o pagamento de dívida já paga ou inexigível."* (Dano Moral, 2ª ed., Editora Revista dos Tribunais, 1998, p. 370).

Nessa ordem de ideias, o ato atacado pela Ré foi praticado sem que nenhum ilícito civil possa ser atribuído ao réu, inexistindo o suposto prejuízo sofrido pela autora que, na verdade, pretende, de forma gratuita e sem qualquer fundamentação fática ou jurídica, obter vantagem ilícita à custa do demandado, desejando auferir lucro com base em um suposto constrangimento, o qual não foi demonstrado e nem sequer ocorreu.

Ainda que assim não fosse – como efetivamente o é –, fadada ao insucesso estaria a pretensão da autora, já que não ficou demonstrada qualquer lesão ou dano passível de recomposição, pois o dano não tem qualquer comprovação, sequer um mínimo de plausibilidade.

Neste sentido, já existe consolidada posição jurisprudencial, não sendo ocioso colacionar as seguintes decisões:

> *"Responsabilidade Civil. Inscrição de Nome no SPC de Consumidor. Reabilitação após Emenda da Mora.*
> *– O consumidor que tem o seu nome no rol do SPC por comprovada inadimplência, cabe, precipuamente, a iniciativa de providência para a reabilitação, segundo preceituado no parágrafo 3º do art. 43 C.D.C., podendo, é certo, também ter a mesma iniciativa o promovente da negativação, mas não pratica este qualquer ilícito se omite.*
> *Recurso provido, para julgar improcedente o pedido."*
> *(TJRJ - AC nº 4112/98 – Décima Sexta Câmara Cível – Relator: Desembargador Jayro S. Ferreira – J. em 09/06/1998).*

Aliás, repita-se, que mesmo nestes casos, a exclusão do nome nos cadastros pode também ser feita pelo inscrito, tal como é expressamente permitido no Código de Defesa do Consumidor em seu artigo 43, § 3º.

Do contrário, poderia o autor quedar-se inerte *ad eternum* aguardando o momento apropriado para pleitear sua "generosa" indenização. Outro entendimento resultaria num paternalismo extremado, o qual tenta se afastar ao máximo o Estado de Direito atual em que vivemos, conforme se verifica do acórdão a seguir, senão vejamos:

> *"DANOS MORAIS. NEGATIVAÇÃO NO SPC. De regra, somente faz jus à indenização por danos morais o consumidor comprovadamente fiel e pontual cumpridor de suas obrigações contratuais. Embora em princípio esteja a cargo do estabelecimento comercial comunicante a obrigação de atualizar o cadastro do cliente negativado no órgão de proteção ao crédito, tal providência está ao alcance da parte interessada, nos termos do art. 43, § 3°, do CDC. Apelo provido. (Processo nº 71000114702, 4º JEC, 1ª Turma Recursal, Rel. Dr. José Conrado de Souza Júnior, Porto Alegre, 14-09-00, unânime)." (Grifos nossos).*

Aliás, neste sentido já existe consolidada posição jurisprudencial, não sendo ocioso colacionar as seguintes decisões:

> "*Ementa: Dano Moral. Inscrição junto ao Cartório de Protestos, Serasa e CADIN. Diligência de baixa. A quem cabe. Reconvenção. Exercício regular de direito. Litigância de má-fé. 1 - Não atacada a legalidade do protesto tirado, não pode ser o credor responsabilizado pela manutenção do registro perante o Cartório competente. Diligência de baixa que cabe ao próprio devedor, após a liquidação do título com o devido pagamento, ou mediante a liberação por qualquer outro meio legalmente admitido. Disposição das leis nº 6.990/79 (cancelamento de protesto) e lei nº 8.078/90 (Código de Proteção e Defesa do Consumidor). 2 - Serasa e CADIN. Informações tomadas pelos órgãos independentemente de qualquer ato do credor. Aquelas do Serasa são colhidas junto aos Cartórios e Distribuidores Judiciais, com a devida autorização; as do CADIN são relativas aos órgãos públicos e de interesse direto dos mesmos. 3 – O improvimento de uma ação não determina, por si só, o dever de indenizar danos morais, pois apresenta-se, de regra, como o exercício regular de um direito. 4 – Litigância de má-fé configurada. Hipótese de alteração da verdade dos fatos – art. 17, II. Adequação das penas ao disposto no artigo 18 do CPC. Apelos improvidos. Sentença mantida". (Apelação Cível nº 70001415009, Décima Câmara Cível, Tribunal de Justiça do Rio Grande do Sul, Relator: Des. Paulo Antônio Kretzmann, julgado em 30/11/00). (Os grifos são nossos).*

No mesmo sentido, brilhante acórdão que merece ser colacionado aos autos:

> "*Indenização. Registro em nome de devedor feito pela 'Serasa'. Inexistência de dolo ou culpa do credor e do órgão de proteção ao crédito. Desídia atribuída ao próprio autor, que deixou de promover o cancelamento da execução junto ao distribuidor judicial da comarca. Matéria de fato. Falta de comunicação da abertura do cadastro ao devedor. Art. 43, § 2º, da Lei nº 8.078, de 11/09/90. Motivo que não foi o determinante dos prejuízos alegados. Fundamento inatacado da decisão recorrida e incidência da súmula nº 07-STJ.*
>
> *1. Registro do nome do devedor em órgão de proteção ao crédito derivado de certidão expedida pelo Cartório do Distribuidor Judicial. Inexistência de participação do banco credor e inexigibilidade de comunicação sua à 'Serasa'. Desídia imputada pelas instâncias ordinárias ao próprio autor, que deixou de promover a respectiva baixa junto à serventia. Matéria de fato. Incidência da súmula nº 07-STJ.*
>
> *2. Ausência de comunicação acerca da abertura do cadastro (art. 43, § 2º, do Código de Defesa e Proteção do*

Consumidor). Circunstância tida como não determinante dos alegados prejuízos. Fundamentos expendidos pelas instâncias ordinárias suficientes para manter o decisório recorrido. Aplicação também do verbete sumular n° 07-STJ. Recurso especial não conhecido.
REsp 53214/SP; Recurso Especial 1994/0026262-0; Fonte DJ data: 28/06/1999 pg:00113; Relator Min. Barros Monteiro (1089); Data da decisão 09/03/1999; Órgão Julgador T4 - Quarta Turma." (Grifos nossos).

Logo, não resta outra conclusão que não a absoluta licitude da conduta da Ré, a qual somente agiu no sentido de buscar a percepção do seu crédito ao tempo em que o devedor já deveria ter honrado a obrigação assumido e assim não o fez.

Em face do evento, basta unirem-se os fatos: se a Ré não estava obrigada a cancelar o protesto, tampouco o cadastro junto a qualquer órgão de proteção ao crédito, sendo que a lei especial prevê o ônus ao devedor, não se pode condenar a demandada por um comportamento estritamente jurídico.

Portanto, o que resulta dos fatos e documentos da causa, ao contrário do que quer fazer crer a autora, é a inexistência de ato ilícito.

DA INEXISTÊNCIA DA OBRIGAÇÃO DE INDENIZAR

Restabelecida a verdade fática, não é difícil tarefa a demonstração de que não concorre na espécie qualquer dos clássicos requisitos da obrigação de indenizar

Em celebrada monografia, assim leciona Agostinho Alvim:

> *"Os requisitos ou pressupostos da obrigação de indenizar são três: o prejuízo, a culpa e o nexo causal.*
> *Tais requisitos tanto dizem respeito à culpa aquiliana como à contratual.*
> Omissis.
> *Falando de um modo geral, não há cogitar de indenização onde falte um dos mencionados três requisitos."*
> (Da Inexecução das Obrigações e suas Consequências, 3ª edição, Editora Jurídica e Universitária Ltda., 1965, p. 177).

Assim, no que respeita à estipulação do nexo causal, não se pode vislumbrar conduta da Ré que tenha gerado qualquer prejuízo à autora.

Nesse sentido, destaca-se expressivo trecho da lavra do eminente Desembargador fluminense Luiz Roldão de Freitas Gomes, que assim se posicionou em palestra na Escola de Magistratura do Estado do Rio de Janeiro, no dia 22/03/95, o qual merece ser apreciado por V. Exa.:

"...No tocante ao dano moral ou extrapatrimonial, com todas as vênias, a sua apreciação requer muito cuidado.

A Constituição Federal o entronizou, no que andou muito bem, apesar de outras legislações já o tinham previsto, tais como a Lei de Imprensa, o Código Brasileiro de Ar, etc., porém, dentro de uma indenização tarifária, levando-se em conta aspectos de ordem objetiva e subjetiva.

A Constituição Federal vincula a reparação sobretudo à ofensa aos direitos da personalidade, tais como o direito à honra, ao nome, à imagem, etc.

Não há dúvida de que a indenização do dano moral tornou mais efetiva a reparação civil, pois se passa a englobar a reparação de bens que anteriormente não eram passíveis de indenização.

Mas um certo encantamento pela matéria, tem levado na prática um pouco também de excesso, na consideração do que seja o dano moral, como ofensa aos próprios direitos da personalidade. Isso obriga a uma certa observação. Vejam, então, os senhores, que qualquer perturbação, não direi constrangimento, mas qualquer limitação de ordem psicológica ou de ordem subjetiva que a pessoa sinta, que está sendo imposta pela vida social, é tendente a ser valorizada como ofensa a bem da personalidade, a acarretar reparação a título de dano moral. TAMBÉM NÃO É ASSIM. Não se pode erigir o dano moral numa panaceia e também não se pode erigir as limitações que são naturais ao convívio humano, certas restrições, sob o ponto de vista psicológico, eu diria até certos padecimentos que podem ser ínsitos à natureza humana, como sendo ofensas aos direitos da personalidade e exigir sempre a reparação por dano moral, sob pena de: l) vulgarização do dano moral; 2) desnaturalização do dano moral, porque ele envolve, na verdade, um profundo gravame e um sentimento nobre da pessoa e não restrições ou deveres de tolerância que nós devemos ter, para um convívio social adequado, a partir da família até o grupo social maior.

De modo que essa exasperação, essa excessiva e desnaturada valorização do dano moral, acaba implicando num certo aviltamento que acaba por desnaturar o instituto, e, o que é pior, acaba tornando o dano moral também numa fonte de locupletamento por parte de pessoas que invocam situações dessa natureza.

> *Entre a violação de bens dessa natureza e a dos bens da personalidade vai uma certa distância.*
>
> *Isso também está tornando a reparação do dano moral, que é complexa na sua apuração, numa reparação fundada, praticamente, numa responsabilidade objetiva, quando este não é o seu fim.*
>
> *A reparação do dano moral tradicionalmente, tem encontrado duplo fundamento. Não há dúvida alguma de que não se trata do* pretium doloris. *A reparação do dano moral não visa, de modo algum, a resgatar pecuniariamente a dor de ninguém, até porque esta é insuscetível de mensuração.*
>
> *Então o fundamento da reparação do dano moral obedece a dois princípios, o da mitigação da dor e o da exemplaridade, os quais, nem de longe, traduzem responsabilidade objetiva, ao contrário, o Juiz vai ter que, tanto para verificar a ocorrência do dano moral com os seus pressupostos, levando em conta as condições do ofendido, a situação econômica e financeira do ofensor, o eventual grau de culpa com que tenha agido o ofensor, até mesmo a intensidade do dolo, quando é a hipótese".*

Nessas condições, não se pode dar ao dano moral a extensão que pretende a autora, sob pena de desnaturalização do instituto, e, o que é mais grave, de acabar tornando-se o dano moral também numa fonte de locupletamento, por parte de pessoas que invocam situações dessa natureza. Não se pode vislumbrar, no caso em tela, com perdão pelo necessário estilo repetitivo, a configuração dos pressupostos a legitimar a pretensão de ressarcimento de dano moral.

Não ficou configurado, tampouco se produziu qualquer prova, que tivesse a autora experimentado o desconforto psíquico, com repercussão patrimonial, quando se sabe que a respectiva comprovação em sede judicial é indispensável, uma vez que se trata do fato constitutivo de seu direito à indenização, a teor do artigo 333, inciso I, do Código de Processo Civil, malgrado outras regras, injustas por si sós, prevejam o contrário, não lhe socorrendo nem mesmo as restrições, sob o ponto de vista psicológico, ou até certos padecimentos que podem ser ínsitos à natureza humana, como sendo ofensa aos direitos da personalidade a exigir sempre a reparação por dano moral, como ao menos avisado pode parecer o direcionamento das normas de proteção ao consumo.

Não se deve, consoante o dever de cuidado recomendado pelo eminente Desembargador Luiz Roldão, propiciar, sem dúvida, o enriquecimento ilícito e dos mais revoltantes, alimentando uma *"indústria"* que, a passos largos, está se instalando, como a das demandas concernentes ao dano moral, *data maxima venia*.

É no âmbito da responsabilidade civil que se inserem todas as hipóteses das quais deflui uma obrigação de indenizar por prática de ilícitos civis, e nesse campo haverá o Juízo Singular de buscar sua convicção.

Consiste a relação de causalidade na determinação de *"elementos objetivos, externos, consistentes na atividade ou inatividade do sujeito, atentatórios do direito alheio"*, conforme esclarece Serra Lopes. É uma *quaestio facti*, ou uma *imputatio facti*, cujo ônus da prova incumbe a quem alega.

Aliando a dinâmica dos fatos aos elementos jurídicos, fica nítido que não poderia ter sido a Ré, por sua conduta, a geradora dos danos à autora. Entre as várias teorias que se empenharam em construir a base doutrinária do nexo causal, o Direito brasileiro adotou a teoria da causalidade adequada. Esta considera que, entre várias condições, é a causadora do dano a mais idônea para produção do evento.

Traz-se à colação os ensinamentos do festejado mestre maior sobre a disciplina, Aguiar Dias, na sua obra "Da Responsabilidade Civil" (v. II/315):

> *"Falamos em oportunidade melhor e mais eficiente de evitar o dano, e não em causa. Consideramos em culpa quem teve não a* last chance, *mas a melhor oportunidade, e não a utilizou. Isso é exatamente uma consagração da causalidade adequada, porque, se alguém tem a melhor oportunidade de evitar o evento e não a aproveita, torna o fato do outro protagonista irrelevante para sua produção."*

(grifos nossos)

Irrefutável concluir, destarte, que o nexo causal está deslocado para quem realmente deu causa aos prejuízos autorais, ou seja, quem, por sua conduta, construiu o evento. Em suma, está-se diante de típico caso de culpa exclusiva da vítima, pois, admitindo-se que a autora foi vítima de algum dano causado, a responsabilidade recai sobre a própria suposta vítima.

Se é certo que o princípio da responsabilidade civil tenha como fundamento a existência de um dano, e a relação de causalidade entre este e a conduta do agente, também é certo é que excepciona algumas situações em que, não obstante o dano, o imputado agente não é titular do dever de indenizar. Entre eles, o chamado <u>fato exclusivo da vítima.</u>

Embora o Código Civil não se lhe refira diretamente, a elaboração pretoriana e doutrinária construiu a hipótese de escusativa de responsabilidade fundada na culpa da vítima para o evento danoso, como em Direito romano se dizia: *Quo quis ex culpa sua damnum sentit, non intelligitur damnum sentire.*

Como observa Aguiar Dias, a conduta da vítima, como fato gerador do dano, elimina a causalidade. Com efeito, o próprio sujeito que se declara vitimado pelo evento danoso é o real causador, com ato seu, na construção dos elementos do dano, o Direito não se pode conservar estranho a essa circunstância.

Atente-se que o fato exclusivo da vítima, como excludente de responsabilidade civil, foi positivado pelo próprio Código de Defesa do Consumidor, no seu art. 14, circunstância esta olvidada pela autora.

Exa., somente o mais desprovido de inteligência não perceberia a tentativa grosseira da autora de abusar da boa-fé e compaixão do magistrado para obtenção de vantagem ilícita. Afinal, trata-se de devedor confesso, a quem cabia promover os atos necessários para cancelar o protesto da nota promissória que consubstanciava a dívida, porém nada fez.

Reitere-se que todos os fatos alegados pela autora, os quais funcionam nos autos como causa de pedir para a condenação da Ré em pagar indenização por danos morais, poderiam, e deveriam, ter sido cancelados pelo próprio demandante. Se não os fez, certamente há razões inconfessáveis, as quais, pelo óbvio, não são expostas ao d. juízo.

Sobre o instituto da culpa exclusiva da vítima, valiosas são as lições do eminente Desembargador Luiz Roldão de Freitas Gomes sobre o chamado "fato exclusivo da vítima":

"Ao propósito, Philippe Le Tourneau e Loïc Cadiet (*op. cit.*, p. 311) ressaltam que, quando o fato da vítima exsurge como a causa exclusiva do dano, ele absorve a causalidade, salvo em matéria de acidentes de circulação. Ocorre, na verdade, uma situação de força maior para o agente, que está totalmente exonerado: não se verifica fato gerador de responsabilidade de sua parte, apesar da aparência contrária." (Elementos de Responsabilidade Civil, Renovar, 2000, p. 174).

Não é só. Não pode a Ré ser condenada, independentemente da natureza da sanção, visto não ter praticado qualquer ato ilícito, tampouco ter dado causa a um evento danoso que vitimasse a autora.

Declarar ilícita a conduta em que a Ré se pautou é temerário ao Direito positivo e a todos os fins a que se destina, entre os quais, principalmente, a instituição da ordem pública e da segurança nas relações sociais. Consequentemente, significa a instauração do caos em detrimento do Estado de Direito.

Certamente que a hipótese *sub examine* se insere no campo da responsabilidade civil, por isso que postula a autora a indenização pelos danos morais que alega ter sofrido. Entretanto, analisando os fatos, é fácil concluir que não estão presentes os requisitos da culpa e nexo causal para determinar a responsabilidade civil.

Pois o fato da vítima, *per se,* foi apto a desencadear todo o (alegado) problema, para ele não concorrendo qualquer atividade, conduta da Ré que gerasse o nexo causal e, consequentemente, o dano alegado.

Não basta, esclarece Savatier, que um dano tenha coincidido com a inexistência de nexo causal para estabelecer uma responsabilidade.

"Coincidência não implica em causalidade."
(in La Responsabilité Civile, vol. II, no. 459)

Consiste a relação de causalidade na determinação de *"elementos objetivos, externos, consistentes na atividade ou inatividade do sujeito, atentatórios do direito alheio"*, conforme esclarece Serpa Lopes.

É uma *quaestio facti*, ou uma *imputatio facti*, cujo ônus da prova incumbe a quem alega.

Traduzindo a questão para a teoria geral das obrigações, considerando que o dever de indenizar por ilícito civil é espécie daquele gênero, estar-se-ia diante da figura da confusão, em que o credor, vítima do evento danoso, e o devedor, agente causador dos prejuízos reclamados, encerram-se na mesma pessoa.

Em tais circunstâncias, repita-se, forçoso é reconhecer-se que não concorrem na espécie os pressupostos do dever de indenizar, impondo-se a declaração de improcedência do pedido.

DA INEXISTÊNCIA E NÃO COMPROVAÇÃO DOS DANOS ALEGADOS

O dano alegado ficou no terreno das alegações, pois que desacompanhado de qualquer suporte fático. Em razão de apresentar-se, antes de tudo, como fenômeno de ordem física, tem o dano um significado vulgar e outro jurídico.

Segundo Fischer, em linguagem vulgar entende-se por dano todo prejuízo que alguém sofra na sua alma, corpo ou bens, quaisquer que sejam o autor e a causa da lesão. Em linguagem jurídica, acrescenta o clássico doutrinador:

> *"...dano é todo prejuízo que o sujeito de direito sofra através da violação dos seus bens jurídicos, com exceção única daquele que a si mesmo tenha inferido o próprio lesado: esse é juridicamente irrelevante."*

Como assinala Maria Helena Diniz:

> *"...dano é um dos pressupostos da responsabilidade civil, contratual ou extracontratual, visto que não poderá haver ação de indenização sem a existência de um prejuízo. Só haverá responsabilidade civil se houver um dano a reparar."*

E conclui:

> *"...dano pode ser definido como a lesão (destruição ou diminuição) que, devido a um certo evento, sofre uma pessoa, contra sua vontade, em qualquer bem ou interesse jurídico, patrimonial ou moral."*

(Curso de Direito Civil Brasileiro, São Paulo, Saraiva, 1984, v. VII, p. 50 e 52).

Para que o dano venha a ser sancionado pelo ordenamento jurídico, vale dizer, autorize aquele que o sofreu a exigir do responsável uma indenização, indispensável se faz a presença de dois elementos: um de fato e outro de direito. O primeiro se manifesta no prejuízo, e o segundo, na lesão jurídica.

Nem todo prejuízo, portanto, rende azo à indenização. É, pois, a antijuridicidade que vem a caracterizar o dano ressarcível.

Por outro lado, e admitindo-se somente *ad argumentandum*, acaso ultrapassada a questão, há de se estabelecer até onde o fato danoso projeta sua repercussão negativa no patrimônio do ofendido.

Vale dizer, não basta, para sua composição, a simples alegação de dano. Toda alegação, desacompanhada de suporte probatório, permanece no campo das alegações, e nenhuma consequência jurídica dela pode advir.

Finalmente, mostra-se estranha a nomenclatura da ação em indenizatória por danos materiais, haja vista não serem apresentados nem mesmo argumentos acerca de prejuízos patrimoniais sofridos pela autora. É uníssono entre os doutrinadores que constroem a teoria da responsabilidade civil moderna, repetida nos julgados dos tribunais pátrios ao compor interesses nesta seara, que, para que se possa condenar suposto agente por danos materiais, é preciso que fique provado exatamente quais foram os danos emergentes e lucros cessantes.

DO *QUANTUM* INDENIZATÓRIO

A rigor, não havendo dano moral a ser indenizado, estaria exaurida a argumentação respectiva. Malgrado isso, não deixa a Ré de assinalar o entendimento doutrinário, que recebe o aval da jurisprudência, segundo o qual "a fixação da reparação do dano moral deve ficar ao prudente arbítrio dos Juízes. Comungam dessa posição, entre nós, Wilson de Melo e Silva e Aguiar Dias, para quem *"o arbitramento é critério por excelência para indenizar o dano moral"* (Antonio Lindbergh Montenegro, Ressarcimento de Danos, p. 138).

O fundamento da reparabilidade do dano moral, consiste *"no sofrimento humano que não é causado por uma perda pecuniária"*, nas palavras de Savatier (Traité de la Responsabilité Civile, v. II, nº 525), e abrange *"todo atentado à reputação da vítima, à sua autoridade legítima, ao seu pudor, à sua segurança e tranquilidade, ao seu amor-próprio estético, à integridade de sua inteligência, às suas afeições..."*.

A III Conferência Nacional de Desembargadores do Brasil, efetivada no antigo Estado da Guanabara, em dezembro de 1965, firmou, entre suas conclusões:

> *"2ª - que o arbitramento do dano moral fosse apreciado ao inteiro arbítrio do Juiz, que, não obstante, em cada caso, deveria atender à repercussão econômica dele, à prova da dor e ao grau de dolo ou culpa do ofensor."*

(cf. Wilson Melo da Silva, in O Dano Moral e sua Reparação, 2a. ed., p. 365).

Irineu Antonio Pedrotti lembra que:

> "...o juiz, ao apreciar o caso concreto submetido a exame fará a entrega da prestação jurisdicional de forma livre e consciente, à luz das provas que foram produzidas. Verificará as condições das partes, o nível social, o grau de escolaridade, o prejuízo sofrido pela vítima, a intensidade da culpa e os demais fatores concorrentes para a fixação do dano, haja visto que costumeiramente a regra do direito pode se revestir de flexibilidade para dar a cada um o que é seu."
>
> (*in* Responsabilidade Civil, vol. 2, ed. 1990, p. 982).

Ainda é de ter-se presente que o Anteprojeto do Código de Obrigações de 1941 (Orozimbo Nonato, Hahnemann Guimarães e Philadelpho Azevedo) recomendava que a reparação por dano moral deveria ser *"moderadamente arbitrada"*.

E essa moderação tem por finalidade evitar a perspectiva de lucro fácil e generoso, enfim, do locupletamento indevido, ou o que vem a dar no mesmo, de forma a evitar que a indenização passe a ter o objetivo de provocar o enriquecimento ou proporcionar ao ofendido um avantajamento, não se convertendo o sofrimento alegado em móvel de captação de lucro (*de lucro capiendo*).

Ao propósito, em recente monografia, o eminente Desembargador fluminense Sérgio Cavalieri, que alia ao conhecimento teórico a vivência pretoriana, ao examinar a tormentosa questão do arbitramento do dano moral, assim leciona:

> "Creio, também, que este é outro ponto onde o princípio da lógica do razoável deve ser a bússola norteadora do julgador. Razoável é aquilo que é sensato, comedido, moderado; que guarda uma certa proporcionalidade. importa dizer que o juiz, ao valorar o dano moral, deve arbitrar uma quantia que, de acordo com o seu prudente arbítrio, seja compatível com a reprovabilidade da conduta ilícita, a intensidade e duração do sofrimento experimentado pela vítima, a capacidade econômica do causador do dano, as condições sociais do ofendido, e outras circunstâncias mais que se fizerem presentes."
> (*Programa de Responsabilidade Civil*, Malheiros Editores, 1996, p. 78, o destaque é do original).

Certo é afirmar-se que não há meio mais eficiente para apuração do *quantum* indenizatório que não o arbitramento judicial. Cabe ao Juiz, de acordo com seu prudente arbítrio, considerando a repercussão do dano, estimar uma quantia a título de reparação pelo dano moral, DESDE QUE FIXADOS OS SEUS PARÂMETROS, ATRIBUINDO-SE UM VALOR DETERMINADO PARA ESSE FIM, o que não ocorreu na hipótese dos autos.

Conforme pacífico entendimento doutrinário e jurisprudencial vigente, a fixação do valor reparatório do dano moral, pelo fato de ser a legislação pátria lacônica a respeito, deve ser procedida pelo julgador com acentuada prudência, visando o maior equilíbrio possível, de modo a não servir de base para ilícito enriquecimento da suposta vítima, sendo oportuno citar o seguinte julgado:

> "DANO MORAL – Ato ilícito – Fixação do quantum – Verba que deve levar em conta o estado de quem o recebe e as condições de quem paga, para que não seja fonte de enriquecimento ilícito.
> Ementa da redação: O ressarcimento pelo dano moral decorrente de ato ilícito é uma forma de compensar o mal causado, e não deve ser usado como fonte de enriquecimento ou abusos. Dessa forma, a sua fixação deve levar em conta o estado de quem o recebe e as condições de quem paga."
> (Ap. 720.472-6 – 12ª Câm. Esp. – j. 03.02.1997 – rel. Juiz Matheus Fontes – 1ºTACivSP).

O pedido de dano moral traz em si uma dificuldade na liquidação do seu *quantum*, cabendo ao Juiz haver-se com a máxima cautela, pois não cabe ao processo servir de instrumento para concessão de direitos inexistentes; não deve a justiça se transformar em fonte de lucro, sob pena da completa banalização do nobre instituto constitucionalmente avalizado da reparação por danos morais.

O processo, na sua instrumentalidade e eficácia com que tanto se preocupam os autores modernos, tais como Luiz Guilherme Marinoni e Cândido Rangel Dinamarco, não pode servir de meios para fins ilícitos.

O Código Civil, com a sua nova redação, estabelece por meio do artigo 945 os parâmetros a serem utilizados na fixação do *quantum*.

Segundo correto entendimento do ilustre Desembargador de Justiça do Tribunal do Estado do Rio de Janeiro, eminente Desembargador Luiz Roldão de Freitas Gomes, não consiste a responsabilidade civil em fonte de enriquecimento para o ofendido. Os critérios da razoabilidade e proporcionalidade são recomendáveis para, sem exageros, atingir-se indenização adequada.

Desse modo, ainda que se admita a existência do dano, o que se faz tão-somente pelo amor ao debate e à argumentação, a verba indenizatória não deverá ser superior à quantia equivalente a 10 (dez) salários mínimos, valor reiteradas vezes fixado pelos Juizados Especiais Cíveis, que ordinariamente julgam demandas análogas, mais que suficiente para prestar o devido conforto para as hipotéticas e não comprovadas alegações da demanda, tangenciando ao absurdo condenação superior e, por isso, extravasando da moldura da razoabilidade.

CONCLUSÃO

Ante o exposto, pugna a Ré pela declaração de improcedência da pretensão autoral, carreando à autora os ônus da sucumbência.

Requer-se a produção de provas testemunhais, depoimentos pessoais e documentais.

Local e data.

NOME A OAB DO ADVOGADO[114]

EXMO. SR. JUIZ DE DIREITO DA 2ª VARA CÍVEL REGIONAL DA LEOPOLDINA – COMARCA DA CAPITAL/RJ.

Autos nº

RÉU, por seus advogados, nos autos da AÇÃO REVISIONAL DE CONTRATO DE DÉBITO CUMULADO COM REPETIÇÃO DO INDÉBITO E INDENIZAÇÃO POR DANOS MORAIS, submetida ao procedimento comum ordinário, movida por AUTORA, vem, dentro do prazo legal, oferecer CONTESTAÇÃO, expondo e requerendo a V. Exa. o seguinte:

DO MÉRITO

DA INAPLICABILIDADE DO CÓDIGO DE DEFESA DO CONSUMIDOR AOS CONTRATOS DE FINANCIAMENTO

Desde o advento do Código de Defesa do Consumidor que se vem procurando fazer incidir sobre a universalidade das relações jurídicas de débito e crédito as normas do referido diploma, alcançando, como na hipótese, os contratos de financiamento, celebrados com instituições financeiras.

Entretanto, conforme se verá a seguir, as normas do Código de Defesa do Consumidor não se aplicam aos contratos bancários. Deve-se analisar a figura da instituição financeira sob a ótica do Código de Defesa do Consumidor, principalmente no que diz respeito à regra contida em seu artigo 3º, § 2º.

---

[114] Petição fornecida por Sandro Gaspar Amaral, advogado e professor universitário, bem como da pós-graduação da Universidade Estácio de Sá.

De acordo com a Constituição Federal de 1988, a competência normativa para regular as atividades das instituições financeiras é do Banco Central. Portanto, ao Código de Defesa do Consumidor é vedado regular as atividades das instituições financeiras.

De acordo com os artigos 17 da Lei nº 4.595/64 e 1º da Lei nº 7.492/86, os contratos bancários que constituem atividade financeira de intermediação não se enquadram no rol do artigo 3º, § 2º do Código de Defesa do Consumidor, ou seja, o referido § 2º não abarca qualquer contrato bancário, apenas alcança aqueles que não constituam atividade de intermediação.

Assim, nas atividades de intermediação realizadas pelos bancos, mais precisamente nos contratos bancários, não se vislumbra a atividade descrita no § 2º do artigo 3º do Código de Defesa do Consumidor.

Portanto, forçoso é reconhecer-se que, no contrato de financiamento em questão, não há relação de consumo e que a Ré não é fornecedora de serviços, bem como a autora, em relação àquela, não é destinatária final.

DA RELAÇÃO DE CONSUMO

Ainda que o entendimento de V. Exa. seja pela incidência da Lei nº 8.078/90 para compor o conflito em tela, o que é discutido apenas em homenagem ao princípio da eventualidade, melhor sorte não tem a autora.

É verdade que o Código de Defesa e Proteção ao Consumidor inaugurou uma nova era nas relações de consumo no Brasil, acompanhando a evolução do Direito no mundo, caminhando da fase repressiva – em que visava apenas a punir os maus fornecedores, para impedir os exemplos de más condutas –, para a fase indenizatória, atingindo o atual estágio da fase de prevenção.

As responsabilidades dos fornecedores concentram-se mais intensamente na área das advertências, da informação, dos avisos e dos esclarecimentos, tudo voltado para a harmonização dos interesses de consumo. Vale dizer: promove a novel legislação o justo equilíbrio dos negócios e o respeito ao consumidor, moderno instrumento democrático que é. Ressalte-se que todo fornecedor é, também, um consumidor, e, portanto, em tese, encontra agasalho na legislação consumerista.

Todos os fornecedores, ao contrário do que parece resultar da crença popular, que sempre respeitaram, como a Contestante, os consumidores, nada têm, tiveram ou terão a temer. Somente os fornecedores de caráter duvidoso devem saber que, onde há dignidade e responsabilidade, somente aos bons é permitido atuar no mercado.

De outra face, não autoriza o Código, em momento algum, o consumidor a deixar de ser correto. Prevenido, advertido e orientado, nada poderá alegar contra o fornecedor, sendo ao consumidor vedada, por igual, a prática de abuso.

Em conclusão: os mecanismos do Código do Consumidor e da Lei dos Juizados Especiais destinam-se a impedir comportamentos não desejados tanto dos fornecedores como, e por igual, dos consumidores, em favor da boa harmonia econômica.

E é esse último aspecto que parece não ter sido bem entendido pela autora, especialmente pelo consumidor que abusivamente se lança a verdadeiras aventuras, como a presente.

O empresário, de longa data, é conhecedor de que seu maior patrimônio é sua clientela. De nada adiantam investimentos se não houver quem pague pelos produtos e serviços. O público que procura o estabelecimento comercial, ou que é por ele atingido pelas modernas técnicas de vendas, é o maior patrimônio da empresa. E este público, é também verdade, cada dia torna-se mais exigente e mais informado.

Reitera-se: a lei não autoriza o consumidor a deixar de ser correto. A ele não é permitida a prática de abuso em razão da nova lei. Também o comportamento não desejado do consumidor, como deflui da presente demanda, é defeso pelos mecanismos da legislação consumerista.

Portanto, o que resultará do exame acurado dos fatos e documentos da causa, ao contrário do que quer fazer crer a autora, é a inexistência de ato ilícito, logo a improcedência da pretensão. Ao propósito, leia-se por todas a lição de Yussef Said Cahali que, embora relativa a protesto de título, cabe também para a hipótese de que se cuida:

> "Em linha de princípio, é direito do credor levar a protesto título revestido das formalidades legais, não pago pelo devedor no respectivo vencimento; a responsabilidade civil, assim, tem como pressuposto o exercício anormal ou irregular desse direito, a ilicitude do ato de sua utilização para obter o pagamento de dívida já paga ou inexigível." (Dano Moral, 2ª ed., Editora Revista dos Tribunais, 1998, p. 370).

DA LEGITIMIDADE DOS JUROS COBRADOS

Primeiramente, antes de adentrar a dialética sobre o patamar dos juros, é relevante reiterar, com perdão ao estilo repetitivo que visa a compreensão da verdade dos fatos, que os índices adotados contratualmente a título de multa e juros moratórios estão absolutamente consonantes com a ordem em vigor. Unicamente por entender salutar a discussão sobre a matéria, na medida em que enriquecerá o conhecimento da causa e dos fatos que a circundam, passa a ré a enfrentar a questão diretamente, tal qual se os índices adotados fossem diversos.

Opiniões inflamadas têm se travado, atualmente, sobre os encargos e taxas de juros cobrados pelas instituições bancárias, o que, com o advento da Lei nº 4.595/94, em seu art. 4º, inc. IX, compete ao Conselho Monetário Nacional. Construiu-se orientação pretoriana no sentido de que estariam essas, a partir de então, fora do alcance dos tentáculos do art. 1º do Decreto nº 22.626/33 – chamada Lei de Usura – consolidando-se tal posição na Súmula nº 596 do STF, que assim prescreve: *"As disposições do Decreto nº*

22.626/33 *não se aplicam às taxas de juros e aos outros encargos cobrados nas operações realizadas por instituições públicas ou privadas que integram o sistema financeiro nacional*".

Nesse fluxo, foi aprovado o Parecer Normativo SR nº 70, de 06/10/88, da Consultoria-Geral da República, em que ficou estabelecido o entendimento oficial da Administração Pública federal, refletindo, em consequência, junto ao Banco Central do Brasil, autarquia reguladora, disciplinadora e fiscalizadora das instituições financeiras – que de imediato expediu circular no sentido de ainda vigorarem as normas anteriores à Constituição Federal de 1988 – de que a disposição constitucional, limitadora da taxa de juros por elas cobradas, não era autoaplicável, carecendo da edição de lei complementar, nos termos do art. 192, *caput*, do novo texto constitucional.

Sepultando a discussão, ao se manifestar sobre a decisão presidencial, por meio da ADIN nº 4-7-DF (2), o Supremo Tribunal Federal, em sessão plenária, entendeu com razão o Chefe do Executivo Federal, sufragando a tese da não autoaplicabilidade da limitação constitucional dos juros. Assim manifestou-se o eminente Relator: *"Não me parece possível admitir a norma do § 3º, explicitando outra matéria relacionada ao sistema financeiro nacional, como a taxa de juros, e fixando o modo como nela deveria ser tratada, pudesse desprender-se do* caput, *que, para tudo, exige lei complementar, e em haver referência clara, no citado parágrafo, de que a vigência do ali contida seria imediata, sem carecer da lei complementar apontado no cabeço".*

Aliás, é sabido que o Supremo Tribunal Federal se pronunciou diversas vezes sobre o assunto, asseverando ser a norma simplesmente programática, estando a merecer regulamentação infraconstitucional, para que se possibilite sua aplicabilidade.

Merece ser ressaltado o fato de que o entendimento do STF, a respeito da questão ora em apreço, não foi, ainda, mudado. É ainda a expressão emanada da Corte Suprema, que tem a missão constitucional de interpretar a própria Lei Maior.

É trazida à colação a Medida Provisória nº 1.963-17, publicada em 31 de março de 2000, a qual derrogou a Lei de Usura no tocante às instituições financeiras:

> *"Art. 4º. É proibido contar juros dos juros; esta proibição não compreende a acumulação de juros vencidos aos saldos líquidos e conta corrente de ano a ano."*

> *"Art. 5º. Nas operações realizadas pelas instituições integrantes do Sistema Financeiro Nacional, é admissível a capitalização de juros com periodicidade inferior a um ano."* (grifos nossos)

Reitere-se que a questão não guarda sequer o sabor de novidade, já tendo, como visto, merecido final e decisivo pronunciamento do Plenário do Supremo Tribunal Federal, por definição constitucional o guardião da Carta Magna, no sentido da natureza não autoaplicável da referida regra, o que deveria desencorajar a reprodução do tema nas instâncias ordinárias. Embora a palavra derradeira sobre a questão pertença ao Pretório Excelso, em que necessariamente chegará à discussão pela provocação da matéria constitucional, não se priva a Ré de enfrentá-la.

Em clássica monografia, o aplaudido Carlos Maximiliano, ao propósito da isolada exegese de um dispositivo legal, assinalava que:

> "Qualquer um poderia ser condenado à forca, desde que o julgassem por um trecho isolado de discurso, ou escrito de sua autoria." (Hermenêutica e Aplicação do Direito, 9ª ed., Forense, Rio, 1979).

E prossegue o mestre:

> "Não se encontra um princípio isolado em ciência alguma; acha-se cada um em conexão íntima com os outros. O direito objetivo não é um conglomerado caótico de preceitos; constitui vasta unidade, organismo regular, sistema conjunto harmônico de normas coordenadas, em interdependência metódica, embora fixada cada uma no seu lugar próprio". (Maximiliano, 1979, p. 128).

A lição mais se torna indispensável à proporção que a autora se atém a uma interpretação absolutamente literal e isolada da regra matriz, método que, a toda evidência, não pode conduzir a porto seguro.

Ocioso é acentuar a prevalência técnica do método sistemático na interpretação das leis. E, utilizado o processo sistemático da regra em tela, comparando-a com as demais disposições do mesmo capítulo, bem assim com as de outros capítulos da Carta Matriz que versam sobre juros ou matérias a eles pertinentes, a conclusão será, inevitavelmente, que a norma em exame não participa da natureza autoaplicável, ou, no dizer de Pontes de Miranda, regra bastante em si, *self-executing, self-acting, self-enforcing*, mas, ao revés, reclama lei regulamentadora.

Novamente, a lição de Pontes de Miranda:

> "Regras programáticas são aquelas em que o legislador, constituinte ou não, em vez de editar norma de aplicação concreta, apenas traça linhas diretoras, pelas quais se hão de orientar os poderes públicos. A legislação, a execução e a própria justiça ficam sujeitas a esses ditames, que são como programas dados à sua função." (Comentários à Constituição de 1967, com a Emenda nº 1, de 1969, 1973, tomo I, p. 110-111).

Do exame do artigo 192, seus incisos e seus §§ resulta o seu caráter evidentemente programático, norteando e vinculando a atuação futura do legislador, na organização do sistema financeiro nacional. À primeira vista, conjugado à lição de Pontes de Miranda, parece não abonar a tese da Ré. Todavia, assim, não o é.

A atividade interpretativa não se exaure com tamanha singeleza. Dá-se que o fim colimado pelos preceitos referidos, os que compõem o Capítulo do Sistema Financeiro Nacional, é o de que, no interesse da promoção do desenvolvimento equilibrado do País e da própria coletividade, o novo sistema financeiro nacional, a ser organizado pela Lei Complementar, prescreva, mediante regras adequadas e eficazes, a limitação de 12% das taxas de juros reais, sem prejuízo da manutenção das operações de interesse social e da economia em geral.

Além disso – e principalmente – importa considerar, à luz de toda a nova Carta Matriz, que, a uma outra Lei Complementar (a que vier regular as finanças públicas) caberá dispor sobre a dívida pública externa e interna e a emissão e resgate de títulos da dívida pública (art. 163, incisos II e IV), o que abrange a fixação, sem qualquer limite, das respectivas taxas de juros.

Também a captação da poupança popular, envolvendo, como é claro, a remuneração das cadernetas e instrumentos assemelhados, deverá ser objeto de lei federal ordinária (art. 22, inciso XIX).

Finalmente, os juros das operações de crédito externo e interno serão submetidos à disciplina prevista no artigo 52, incisos VII e IX, isto é, a Resoluções do Senado Federal.

Segundo o entendimento do mercado financeiro, juros reais são as taxas de juros praticadas, descontada a inflação no período de vigência do negócio pactuado. A expressão – despiciendo parece assinalar-se – é novidade no Direito Positivo brasileiro. Ao propósito, o professor Caio Tácito, titular da Universidade do Estado do Rio de Janeiro, assevera que:

> "... inexiste, no direito positivo, um conceito definido de juros reais que possibilite imediatamente ao intérprete dizer onde começa e onde acaba a legalidade de estipulação das taxas nas operações de crédito, cujo excesso a Constituição capitula como um novo tipo do crime de usura, a ser regulado em lei ordinária." (em Folha de S.Paulo, 27/10/88).

Consequentemente, a lei que regulamentará a regra constitucional terá que estabelecer o meio efetivamente eficaz de se descontar, na taxa de juros, a inflação, prescrevendo o(s) índices(s) a ser(em) aplicado(s) a todos os negócios ou a cada uma das diferentes classes de operações financeiras.

Compete à lei complementar, também, definir o que se deve entender pela expressão "comissões e quaisquer outras remunerações direta ou indiretamente referidas à concessão de crédito" e, em consequência, o que se exclui dessa cláusula, o que, naturalmente, diz respeito a despesas administrativas na intermediação; a deságios, que são ganhos ou perdas de capital; e a tributos e outras imposições pecuniárias compulsórias, em especial o imposto de renda.

Como se vê, por mais liberal que seja a posição que se adote; ainda que se queira conferir ao dispositivo em questão a natureza de regra autoaplicável, na prática tal se revelaria impossível, à míngua de critério seguro de saber-se o que sejam juros reais, pela ausência, outrossim, de regras seguras para o cálculo da inflação real no período, das despesas administrativas, dos deságios, dos tributos etc. O seu conceito é recém-ingressado no ordenamento jurídico nacional. Acatada a definição de juros reais como os juros nominais deflacionados, persiste, como se disse, a falta de estipulação sobre a qual o índice que será usado para medir-se a inflação.

Convém não esquecer, finalmente, que a fixação da taxa de juros pelo Banco Central do Brasil tem sido, no sistema financeiro nacional, o instrumento de controle de que se vale o Poder Executivo para evitar consequências mais graves na economia do país, atividade que não tem sofrido restrições e está legitimada pela decisão do Supremo Tribunal Federal, antes referida.

Ao propósito, e em lição que soa como definitiva, o autorizado Pinto Ferreira, em seus "Comentários à Constituição Brasileira", assim leciona:

> *"Evidentemente a expressão juros reais, do modo como está inserida na Constituição, não apresenta condições de aplicabilidade, sobretudo em períodos de inflação estrutural e às vezes galopante, como no Brasil, em que a moeda sofre sempre o esvaziamento do seu valor.*
>
> *A cláusula juros reais tem amplo conteúdo de indeterminação. Apresentam um vazio semântico e necessita de melhor disciplina à luz de lei complementar.*
>
> Omissis.
>
> *Deve-se argumentar, em princípio, que a referência à lei complementar no* caput *do artigo, na verdade, funciona como uma força atrativa a fim de sujeitar todo o art. 192 e seus parágrafos à incidência de lei complementar, exceto no trecho que se refere à determinação das figuras delituosas por lei ordinária."* (obra citada, Editora Saraiva, 6º volume, 1994, p. 570, os destaques são do original).

Está evidente a plena consonância entre a incidência dos juros no caso concreto *sub judice* e as práticas do mercado admitidas e reguladas pelo Bacen.

Não obstante já tenha a questão merecido final e decisivo pronunciamento do Plenário do Supremo Tribunal Federal, por definição constitucional, o guardião da Constituição da República, deve-se destacar a VIGÊNCIA DA EMENDA CONSTITUCIONAL Nº, 40, DE 29 DE MAIO DE 2003, que, para elidir qualquer dúvida acerca da natureza da regra disposta no artigo 192, da Constituição Federal (C.F.), alterou-a, em seu *caput*, revogando seus incisos e parágrafos, fazendo constar, <u>expressamente, a necessidade de edição de lei complementar para a regulamentação do referido dispositivo constitucional, tendo sido, inclusive, revogado o § 3º do artigo 192 da C.F.</u>

Assim, resta claro que a limitação de juros, que se quer fazer vigorar, NÃO SERÁ APLICADA ÀS INSTITUIÇÕES FINANCEIRAS ENQUANTO NÃO FOR REGULAMENTADO O ARTIGO 192 DA CONSTITUIÇÃO FEDERAL, que passou a ter a seguinte redação, *in verbis*:

> *"Art. 192 caput. O sistema financeiro nacional, estruturado de forma a promover o desenvolvimento equilibrado do País e as servir aos interesses da coletividade, em todas as partes que o compõem, abrangendo as cooperativas de crédito, será regulado por leis complementares que disporão, inclusive, sobre a participação do capital estrangeiro nas instituições que o integram."* (Emenda Constitucional nº 40, de 29 de maio de 2003). (grifo nosso)

Logo, à míngua de lei complementar regulamentadora do dispositivo constitucional, não há como aplicá-lo.

No que respeita à incidência da chamada Lei de Usura, é entendimento pacificado em sede jurisprudencial que não se aplica a referida lei aos contratos bancários, o que está, aliás, disposto no verbete nº 596 da Súmula do Supremo Tribunal Federal.

Finalmente, acerca da comissão de permanência e a correção monetária, em venerando acórdão, em que foi relator o eminente Desembargador Fernando Whitaker, assim revelou o entendimento jurisprudencial prevalente:

> *"MÚTUO BANCÁRIO – REFINANCIAMENTO DO DÉBITO – COMISSÃO DE PERMANÊNCIA É CONCILIÁVEL COM CORREÇÃO MONETÁRIA – NOVAÇÃO AVALIÁVEL PELO CONTEÚDO DO NEGÓCIO – ART. 192 C.F. EXIGE LEI COMPLEMENTAR – CONSTITUCIONALIDADE DO ART. 4º, IX, DA LEI Nº 4.595/94 – SÚMULA 596 DO S.T.F."* (apud *Instituições Financeiras e Mercado de capitais – Jurisprudência – v. I – Nelson Eizirik – Editora Renovar – p. 748-749*).

Na fundamentação do referido acórdão, destaca-se o seguinte e sugestivo trecho:

> *"A doutrina é, praticamente, uníssona de que o art. 192, parágrafo 3º da C.F. depende de lei complementar e não se detecta ictu oculi, inconstitucionalidade da Lei nº 4.595/94, art. 4º, IX, em vista de seus fins específicos e do que dispõe a Súmula 596."*

Face ao exposto, fica evidenciado que as taxas de juros pactuadas não estão nem nunca estiveram sujeitas às limitações do artigo 192, parágrafo 3º da Constituição Federal.

DA NATUREZA DOS JUROS E AUSÊNCIA DE ANATOCISMO

Ao ser estabelecido conflito acerca de juros, é fundamental, primeiramente, entender que, sob a mesma denominação, são abordados institutos que têm gênese diversa e, portanto, natureza jurídica absolutamente distinta: compensatórios, com o objetivo de compensar a utilização do capital; moratórios, quando constituem uma indenização prefixada pelo atraso culposo no cumprimento da obrigação.

Os juros compensatórios são, normalmente, convencionados entre as partes e decorrem de uma utilização consentida do capital alheio, estando preestabelecidos no título constitutivo da obrigação, mas podem decorrer de lei ou decisão jurisprudencial (Súmula 164 do STF). As partes, pelo prazo da convenção, acordam os juros, os quais têm a qualidade de frutos civis.

Os juros moratórios são devidos quando ocorrer o inadimplemento relativo de uma das partes. Podem ser convencionais, caso em que as partes estipularão, para efeito de atraso no cumprimento da obrigação, sendo exigíveis, independentemente e sem prejuízo da cláusula penal convencionada pelas partes e das custas judiciais.

Destarte, a mesma obrigação pode perfeitamente comportar incidência de juros, sem que, todavia, importe na prática de juros sobre juros. Este, aliás, é o entendimento já pacificamente assentado pelos tribunais, como exemplifica a Súmula 12, do Superior Tribunal de Justiça.

Ora, juros simples são aqueles que incidem apenas sobre o principal corrigido monetariamente, isto é, não incidem sobre os juros moratórios que se acrescente ao saldo devedor. Vale dizer, assim, que os juros não pagos não constituem a base de cálculo para a incidência posterior de novos juros simples.

Em conclusão lógica, a incidência de juros moratórios sobre o capital simples, considerados os juros compensatórios, não importa em anatocismo, pois não existe, nessa hipótese, a prática de juros compostos. Estes incidem, além do principal corrigido, mas também sobre os juros que já incidiram sobre o débito.

As partes processuais firmaram contrato que clausula juros compensatórios e moratórios. Em termos práticos, ainda que não estivesse inadimplente, a autora pagaria juros a título de remuneração à credora, ora ré, pelo mútuo. No caso de inadimplemento relativo, incidem os juros nascidos da mora, como sanção pelo descumprimento do avençado contratualmente.

Em brilhante dissertação, denominada "Juros no Direito Brasileiro", afirma categoricamente o Prof. Luiz Antonio Scavone Junior: *"Uma coisa é certa: cumular juros compensatórios com juros moratórios não se trata de cobrar juros sobre juros, mormente ante as origens diversas".*

Isso posto, não há qualquer estranheza no que tange ao valor em que a dívida encontrava ao tempo da propositura da demanda. O capital, sobre o qual incidem o rendimento gerado pelo mútuo feneratício, foi simplesmente atualizado monetariamente, incidindo sobre este apenas os efeitos da mora. Não houve prática de juros compostos, mas sim de juros simples.

DAS CLÁUSULAS ABUSIVAS E DA REPETIÇÃO DO INDÉBITO

Como se sabe, para que uma cláusula seja tida como abusiva é necessário e indispensável que ela se mostre como desvantajosa, excessivamente, à parte mais fraca da relação contratual.

Eis o que explicita Nelson Nery Junior, um dos autores do anteprojeto do Código de Defesa do Consumidor:

> *"O instituto das cláusulas abusivas não se confunde com o do abuso de direito do parágrafo único do art. 160 do Código Civil, interpretado a contrario sensu. Podemos tomar a expressão cláusulas abusivas como sinônima de cláusulas opressivas, cláusulas onerosas ou, ainda, cláusulas excessivas.*
>
> *Nesse sentido, cláusula abusiva é aquela que é notoriamente desfavorável à parte mais fraca da relação contratual, que, no caso de nossa análise, é o consumidor, aliás, por expressa definição do art. 4º, nº I, do CDC. (Código Brasileiro de Defesa do Consumidor – Comentado pelos autores do Anteprojeto – Forense Universitária, 5ª edição, 1998, p. 400, os destaques são do original).*

Na hipótese de que se cuida, é impossível saber-se se a cláusula contratual é opressiva, onerosa ou excessiva, por isso que o instrumento contratual não está nos autos, tornando impossível a leitura de suas cláusulas, como já se acentuou na preliminar de indeferimento da petição inicial.

Argumentando, em tese, todavia, a cláusula em que se pactuaram os juros de mora superiores a 12% ao ano não participa da natureza de cláusula abusiva, mas, ao contrário, é usual nos contratos bancários. Tampouco se constitui em vantagem exagerada do banco. Como já se assinalou – e vai-se repetir *ad nauseam* –, não se vislumbra qualquer vantagem exagerada do Banco ao estipular juros de mora de mercado.

O que se extrai de tudo quanto se examinou até agora é que não há indébito a ser repetido: primeiramente, os valores cobrados na execução do contrato de abertura de crédito em conta corrente o foram em absoluta harmonia com as cláusulas avençadas, as quais, reitera-se, não se revestem de qualquer abusividade; ademais, para repetir o indébito com apoio na regra legal em que a autora fundamenta a sua pretensão, é necessário e indispensável que tenha havido cobrança e pagamento indevido.

Salvo melhor entendimento, a regra do parágrafo único do artigo 42 do Código de Defesa do Consumidor não incide na espécie, pois ali está dito que o consumidor cobrado em quantia indevida tem o direito à repetição do indébito, por valor igual ao dobro do que pagou em excesso, acrescido de correção monetária e juros legais.

Ora, a autora não pagou em excesso qualquer valor. Ao contrário, o que afirma é que foi cobrado, mas que não pagou porque pretende discutir cláusulas contratuais, para o que, aliás, propôs a presente ação. Assim sendo – e assim é –, não é o simples fato da cobrança de quantia indevida que conduz à incidência da mencionada regra legal.

Ao propósito, assim explicita Antônio Herman de Vasconcellos e Benjamin, um dos autores do Anteprojeto do Código de Defesa do Consumidor:

> *"Por conseguinte, a sanção, no caso da lei especial, aplica-se sempre que o fornecedor (direta ou indiretamente) cobrar e receber, extrajudicialmente quantia indevida.*
>
> *O Código de Defesa do Consumidor enxerga o problema em estágio anterior àquele do Código Civil. Por isso mesmo, impõe requisito inexistente neste. Note-se que, diversamente do que sucede com o regime civil, há necessidade de que o consumidor tenha, efetivamente, pago indevidamente. Não basta a simples cobrança. No art. 1.531, é suficiente a simples demanda."* (Código Brasileiro do Consumidor, comentado pelos autores do Anteprojeto, Forense Universitária, 6ª ed., 2000, p. 336, os destaques são nossos).

Outro não é o entendimento de Arruda Alvim, Thereza Alvim, Eduardo Arruda Alvim e James Marins, quando asseveram que:

> *"O parágrafo único, deste artigo, dispõe que o consumidor cobrado indevidamente, tem direito à repetição do indébito, pelo dobro do que pagou em excesso, mais correção monetária e juros legais, salvo hipótese de engano justificado. Evidentemente, se for o caso de o consumidor pagar a mais do que deve, os juros e correção monetária incidirão, apenas, sobre o excesso indevidamente cobrado.*
>
> *Naturalmente, não é suficiente para a aplicabilidade da sanção cominada por este parágrafo único, que o consumidor seja apenas cobrado em excesso. Faz-se necessário que o consumidor tenha realmente efetivado o pagamento indevido."* (Código do Consumidor Comentado, 2ª ed., Revista dos Tribunais, 1995, p. 223-224, ainda nosso é o grifo).

Finalmente, Fábio Ulhoa Coelho assegura que:

> "Esta penalidade só tem razão de ser quando o consumidor efetivou o pagamento indevido. O simples fato de o fornecedor cobrá-lo por um valor excessivo, não é causa por si só da sanção, uma vez que o consumidor pode se opor à cobrança, valendo-se dos meios judiciais adequados à defesa do seu interesse." (Comentários ao Código de Proteção ao Consumidor, Saraiva, 1991, p. 173, o destaque é nosso).

Como já se disse e vai-se repetir *ad nauseam*, o que afirma a autora é que foi cobrada em juros extorsivos e, por isso, não pagou, de modo que tangencia o absurdo a pretensão de repetir o que não pagou...

Assim, também neste ponto melhor destino não aguarda pela autora.

DA INVERSÃO DO ÔNUS DA PROVA

Salvo melhor entendimento, não é pelo simples fato de reconhecer-se a existência de relação de consumo que se estará autorizado a determinar a inversão do ônus da prova.

Com efeito, segundo os mais doutos, o Código de Defesa do Consumidor não instituiu uma inversão legal do ônus da prova, mas, isso sim, uma inversão judicial, que caberá ao juiz determinar, quando considerar configurado o quadro previsto na regra da lei. Ao propósito, o Egrégio Superior Tribunal de Justiça já adotou o seguinte entendimento:

> "Isso quer dizer que não é automática a inversão do ônus da prova. Ela depende de circunstâncias concretas que serão apuradas pelo juiz no contexto da facilitação da defesa dos direitos do consumidor." (REsp 171.988-RS, 3ª Turma, rel. Min. Waldemar Zveiter, DJU de 28.6.99, p. 104).

Em conhecida monografia, o acatado Humberto Theodoro Júnior, que alia ao conhecimento teórico a longa vivência de Magistrado, adverte que:

> "Cabe bem, aqui, a advertência da boa doutrina de que a finalidade da prova que prevê a inversão é a de facilitar a defesa dos direitos do consumidor, e não a de assegurar-lhe a vitória, ao preço elevado do sacrifício do direito de defesa, que ao fornecedor se deve proporcionar." (Direitos do Consumidor, Forense, 2000, p. 143, o destaque é do original).

Se é verdade que a premissa é a de que seja o consumidor a parte mais fraca do mercado de consumo, daí as medidas protetivas da legislação extravagante, não é menos verdadeiro que, na doutrina de elite, a autorização contida no inciso VIII do artigo 6º do Código de Defesa do Consumidor não é compulsória, mas depende da constatação da verossimilhança da alegação do consumidor e da sua hipossuficiência. Se não ocorrerem tais pressupostos, o ato que determinar a inversão é inegavelmente de caráter abusivo, inclusive com a mutilação do princípio do devido processo legal.

Nem mesmo o despacho de regularidade formal da demanda enfrentou a questão relativa à inversão do ônus da prova. Em seu requerimento, a parte autora não sustenta a existência dos pressupostos necessários à obtenção de tal benesse, limitando-se a tecer variações sobre o mesmo tema, sempre repetindo que os bancos são os onipotentes, os que fazem dos consumidores as vítimas oprimidas.

Ora, os fatos constitutivos do direito da autora limitam-se à alegação da existência de anatocismo e da cobrança de juros excessivos, questões que se demonstram facilmente, com a mera exibição de cálculos, nem sequer sendo necessária e indispensável a perícia contábil. De qualquer sorte, ainda que tal perícia se faça mister, não quer isso significar que a autora estaria inibida de provar a existência dos fatos constitutivos de seu direito.

Voltemos à lição do referido Humberto Theodoro Júnior:

> "Quanto à hipossuficiência, trata-se de impotência do consumidor, seja de origem econômica seja de outra natureza, para apurar e demonstrar a causa do dano cuja responsabilidade é imputada ao fornecedor. Pressupõe uma situação em que concretamente se estabeleça uma dificuldade muito grande para o consumidor de desincumbir-se de seu natural onus probandi, estando o fornecedor em melhores condições para dilucidar o evento danoso." (Júnior, 2000, p. 135, o destaque continua sendo do original).

Desse modo, parece que não concorrem na espécie os pressupostos para o deferimento da inversão do ônus da prova, pelo que tal pretensão deve ser repelida quando do exame das questões processuais, na audiência preliminar de que trata o artigo 331 do Código de Processo Civil.

DA INEXISTÊNCIA DO DEVER DE INDENIZAR

Ontologicamente, o ato ilícito, fonte de obrigação indenizatória ora reclamada pela autora, é contrário ao Direito, violador da norma jurídica. Todavia, tal não ocorre em tela, estando inequívoco que a credora se limitou a adotar todas as providências expressamente previstas em contrato e, principalmente, previstas e expressamente autorizadas pela legislação em vigor.

Nesse sentido, destaca-se expressivo trecho da lavra do eminente Desembargador fluminense Luiz Roldão de Freitas Gomes, que assim se posicionou em palestra na Escola de Magistratura do Estado do Rio de Janeiro, no dia 22/03/95, o qual merece ser apreciado por V. Exa.:

"*...No tocante ao dano moral ou extrapatrimonial, com todas as vênias, a sua apreciação requer muito cuidado.*

A Constituição Federal o entronizou, no que andou muito bem, apesar de outras legislações já o tinham previsto, tais como a Lei de Imprensa, o Código Brasileiro de Ar, etc., porém, dentro de uma indenização tarifária, levando-se em conta aspectos de ordem objetiva e subjetiva.

A Constituição Federal vincula a reparação sobretudo à ofensa aos direitos da personalidade, tais como o direito à honra, ao nome, à imagem, etc.

Não há dúvida de que a indenização do dano moral tornou mais efetiva a reparação civil, pois se passa a englobar a reparação de bens que anteriormente não eram passíveis de indenização.

Mas um certo encantamento pela matéria, tem levado na prática um pouco também de excesso, na consideração do que seja o dano moral, como ofensa aos próprios direitos da personalidade. Isso obriga a uma certa observação. Vejam, então, os senhores, que qualquer perturbação, não direi constrangimento, mas qualquer limitação de ordem psicológica ou de ordem subjetiva que a pessoa sinta, que está sendo imposta pela vida social, é tendente a ser valorizada como ofensa a bem da personalidade, a acarretar reparação a título de dano moral. TAMBÉM NÃO É ASSIM. Não se pode erigir o dano moral numa panaceia e também não se pode erigir as limitações que são naturais ao convívio humano, certas restrições, sob o ponto de vista psicológico, eu diria até certos padecimentos que podem ser ínsitos à natureza humana, como sendo ofensas aos direitos da personalidade e exigir sempre a reparação por dano moral, sob pena de: l) vulgarização do dano moral; 2) desnaturalização do dano moral, porque ele envolve, na verdade, um profundo gravame e um sentimento nobre da pessoa e não restrições ou deveres de tolerância que nós devemos ter, para um convívio social adequado, a partir da família até o grupo social maior.

De modo que essa exasperação, essa excessiva e desnaturada valorização do dano moral, acaba implicando num certo aviltamento que acaba por desnaturar o instituto, e, o que é pior, acaba tornando o dano moral também numa fonte de locupletamento por parte de pessoas que invocam situações dessa natureza.

> *Entre a violação de bens dessa natureza e a dos bens da personalidade vai uma certa distância.*
>
> *Isso também está tornando a reparação do dano moral, que é complexa na sua apuração, numa reparação fundada, praticamente, numa responsabilidade objetiva, quando este não é o seu fim.*
>
> *A reparação do dano moral tradicionalmente, tem encontrado duplo fundamento. Não há dúvida alguma de que não se trata do* pretium doloris. *A reparação do dano moral não visa, de modo algum, a resgatar pecuniariamente a dor de ninguém, até porque esta é insuscetível de mensuração.*
>
> *Então o fundamento da reparação do dano moral obedece a dois princípios, o da mitigação da dor e o da exemplaridade, os quais, nem de longe, traduzem responsabilidade objetiva, ao contrário, o Juiz vai ter que, tanto para verificar a ocorrência do dano moral com os seus pressupostos, levando em conta as condições do ofendido, a situação econômica e financeira do ofensor, o eventual grau de culpa com que tenha agido o ofensor, até mesmo a intensidade do dolo, quando é a hipótese".*

Nessas condições, não se pode dar ao dano moral a extensão que pretende a autora, sob pena de desnaturalização do instituto, e, o que é mais grave, de acabar tornando-se o dano moral também numa fonte de locupletamento, por parte de pessoas que invocam situações dessa natureza. Não se pode vislumbrar, no caso em tela, reitere-se, a configuração dos pressupostos a legitimar a pretensão de ressarcimento de dano moral.

Não ficou configurado, tampouco se produziu qualquer prova, de que tivesse a autora experimentado o desconforto psíquico, com repercussão patrimonial, quando se sabe que a respectiva comprovação em sede judicial é indispensável, uma vez que se trata do fato constitutivo de seu direito à indenização, a teor do artigo 333, inciso I do Código de Processo Civil, malgrado outras regras, injustas por si sós, prevejam o contrário, não lhe socorrendo nem mesmo as restrições, sob o ponto de vista psicológico, ou até certos padecimentos que podem ser ínsitos à natureza humana, como sendo ofensa aos direitos da personalidade a exigir sempre a reparação por dano moral, como ao menos avisado pode parecer o direcionamento das normas de proteção ao consumo.

Não se deve, consoante ao dever de cuidado recomendado pelo eminente Desembargador Luiz Roldão, propiciar, sem dúvida, o enriquecimento ilícito e dos mais revoltantes, alimentando uma *"indústria"* que, a passos largos, está se instalando, como a das demandas concernentes ao dano moral, *data maxima venia*.

É no âmbito da responsabilidade civil que se inserem todas as hipóteses das quais deflui uma obrigação de indenizar por prática de ilícitos civis, e nesse campo haverá o Juízo Singular de buscar sua convicção.

Neste ponto, não é inoportuno citar os pressupostos da reparação civil, que vêm a ser culpa, prejuízo e nexo causal. Dispõe, entretanto, a lei civil, excludentes do dever indenizatório, entre os quais a culpa exclusiva da vítima. Este o caso em tela, que descaracteriza a responsabilidade civil da Ré, já que a autora é o responsável por eventual dano à sua imagem.

DO FATO EXCLUSIVO DA VÍTIMA

Claro está que o fato da vítima, *per se*, foi apto a desencadear todo o (alegado) dano, para ele não concorrendo qualquer atividade, positiva ou negativa, da Ré. Trata-se de fato exclusivo da vítima, elencado em nosso ordenamento, especialmente no Código de Defesa do Consumidor, art. 14, § 3º, II, como uma das excludentes de responsabilidade civil, pois o evento foi desencadeado pelo seu comportamento em inadimplir a obrigação de pagar, no tempo avençado, as parcelas contratuais.

Reitere-se, o ato atacado pela autora consiste na inscrição do seu nome junto aos órgãos restritivos de crédito, ao tempo em que efetivamente era devedor. Portanto, a Ré não empreendeu nenhuma conduta contrária à ordem em vigor capaz de gerar danos injustos a alguém.

Aliando a verdade fática aos elementos jurídicos, fica nítido que não foi a Ré quem, por sua conduta, gerou danos à autora. O agente é aquele que tinha o dever de evitá-lo ou não o praticar, porém age antijuridicamente.

Em linhas gerais, não basta que o agente tenha praticado uma conduta ilícita, tampouco o dano sofrido pela vítima. É preciso que o ato ilícito tenha ensejado o evento danoso, de sorte que somente não ocorreria se um sujeito tivesse pautado sua conduta conforme o Direito espera do homem médio.

Entre as várias teorias que se empenharam em construir a base doutrinária do nexo causal, o Direito brasileiro adotou a teoria da causalidade adequada. Esta considera que, entre várias condições, é a causadora do dano a mais idônea para produção do evento.

Traz a contestante à colação os ensinamentos do festejado mestre maior sobre a disciplina, Aguiar Dias, na sua obra "Da Responsabilidade Civil" (v. II/315):

> *"Falamos em oportunidade melhor e mais eficiente de evitar o dano, e não em causa. Consideramos em culpa quem teve não a last chance, mas a melhor oportunidade, e não a utilizou. Isso é exatamente uma consagração da causalidade adequada, porque, se alguém tem a melhor oportunidade de evitar o evento e não a aproveita, torna o fato do outro protagonista irrelevante para sua produção."* (grifos nossos)

Se é certo que o princípio da responsabilidade civil tenha como fundamento a existência de um dano, e a relação de causalidade entre este e a conduta do agente, também é certo é que excepciona algumas situações em que, não obstante o dano, o imputado agente não é titular do dever de indenizar. Entre eles, o chamado <u>fato exclusivo da vítima</u>.

Embora o Código Civil não se lhe refira diretamente, a elaboração pretoriana e doutrinária construiu a hipótese de escusativa de responsabilidade fundada na culpa da vítima para o evento danoso, como em Direito romano se dizia: *"Quo quis ex culpa sua damnum sentit, non intelligitur damnum sentire"*. O Direito Positivo incorporou a presente excludente de ilicitude, expressamente, no art. 14, § 3º, II do Código de Defesa do Consumidor

Como observa Aguiar Dias, a conduta de terceiros, como fato gerador do dano, elimina a causalidade. Com efeito, o Direito não se pode conservar estranho a essa circunstância.

Assim, à luz da legislação vigente e dos princípios que norteiam o Direito pátrio, a responsabilidade civil está afasta da figura da Ré, sendo deslocada sobre o real agente do ilícito: a autora. Em celebrada monografia, assim leciona Agostinho Alvim:

> *"Os requisitos ou pressupostos da obrigação de indenizar são três: o prejuízo, a culpa e o nexo causal.*
> *Tais requisitos tanto dizem respeito à culpa aquiliana como à contratual.*
> Omissis.
> *Falando de um modo geral, não há cogitar de indenização onde falte um dos mencionados três requisitos."*
> (Da Inexecução das Obrigações e suas Consequências, 3ª edição, Editora Jurídica e Universitária Ltda., 1965, p. 177).

Certamente que a hipótese *sub examine* se insere no campo da responsabilidade civil, por isso que postula a autora a indenização pelos danos morais que alega ter sofrido. Entretanto, analisando os fatos, é fácil concluir que não estão presentes os requisitos da culpa e nexo causal para determinar a responsabilidade civil.

Pois o fato da vítima, *per se*, foi apto a desencadear todo o (alegado) problema, para ele não concorrendo qualquer atividade, conduta da Ré que gerasse o nexo causal e, consequentemente o dano alegado.

Não basta, esclarece Savatier, que um dano tenha coincidido com a inexistência de nexo causal para estabelecer uma responsabilidade.

> *"Coincidência não implica em causalidade."*
> *(in: La Responsabilité Civile, vol. II, no. 459)*

Consiste a relação de causalidade na determinação de *"elementos objetivos, externos, consistentes na atividade ou inatividade do sujeito, atentatórios do direito alheio"*, conforme esclarece Serpa Lopes. É uma *quaestio facti*, ou uma *imputatio facti*, cujo ônus da prova incumbe a quem alega.

Traduzindo a questão para a teoria geral das obrigações, considerando que o dever de indenizar por ilícito civil é espécie daquele gênero, estar-se-ia diante da figura da confusão, em que o credor, vítima do evento danoso, e o devedor, agente causador dos prejuízos reclamados, encerram-se na mesma pessoa.

Restabelecida a verdade fática, não é hercúlea tarefa a concluir pela inocorrência da obrigação de indenizar imputada à Contestante.

DO ARTIGO 43, § 3º, DA LEI Nº 8.078/90

Tão apenas em homenagem ao princípio da eventualidade, se, hipoteticamente forem consideradas verídicas as alegações da autora, o que, efetivamente é impossível, nem mesmo assim, teria melhor sorte em sua empreitada. Estaria fadada ao insucesso a pretensão deduzida, pois não ficou demonstrada qualquer lesão ou dano passível de recomposição.

Ainda que a autora tivesse seu nome inscrito na Serasa estando a dívida integralmente solvida, a regularização das anotações restritivas de crédito poderia, e deveria, ser procedida pela própria, uma vez que o artigo 43, § 3º do Código de Proteção e Defesa do Consumidor prevê que o consumidor também pode requerer a regularização dos cadastros inexatos.

Destarte, novamente incide o fato exclusivo do autora pelos danos que sustenta ter sofrido, visto que cabia da autora promover os atos necessários para livrar seu nome do cadastro de inadimplentes da Serasa. Neste sentido, já existe consolidada posição jurisprudencial, não sendo ocioso colacionar as seguintes decisões:

> *"Responsabilidade Civil. Inscrição de Nome no SPC de Consumidor. Reabilitação após Emenda da Mora. – O consumidor que tem o seu nome no rol do SPC por comprovada inadimplência, cabe, precipuamente, a iniciativa de providência para a reabilitação, segundo preceituado no parágrafo 3º do art. 43 C.D.C., podendo, é certo, também ter a mesma iniciativa o promovente da negativação, mas não pratica este qualquer ilícito se omite.*
>
> *Recurso provido, para julgar improcedente o pedido."*
> (TJRJ - AC nº 4112/98 - Décima Sexta Câmara Cível – Relator: Desembargador Jayro S. Ferreira – J. em 09/06/1998).

Sobre o instituto da culpa exclusiva da vítima, valiosas são as lições do eminente Desembargador Luiz Roldão de Freitas Gomes sobre o chamado "fato exclusivo da vítima":

> "Ao propósito, Philippe Le Touneau e Loïc Cadiet (op. cit., p. 311) ressaltam que, quando o fato da vítima exsurge como a causa exclusiva do dano, ele absorve a causalidade, salvo em matéria de acidentes de circulação. Ocorre, na verdade, uma situação de força maior para o agente, que está totalmente exonerado: não se verifica fato gerador de responsabilidade de sua parte, apesar da aparência contrária." (Elementos de Responsabilidade Civil, Renovar, 2000, p. 174).

Aliás, repita-se, que mesmo nestes casos, a exclusão do nome nos cadastros pode também ser feita pelo inscrito, tal como é expressamente permitido no Código de Defesa do Consumidor em seu artigo 43, § 3º.

Do contrário, poderia o autor quedar-se inerte *ad eternum* aguardando o momento apropriado para pleitear sua "generosa" indenização. Outro entendimento resultaria num paternalismo extremado, o qual tenta se afastar ao máximo o Estado de Direito atual em que vivemos, conforme se verifica do acórdão a seguir, senão vejamos:

> "DANOS MORAIS. NEGATIVAÇÃO NO SPC. De regra, somente faz jus à indenização por danos morais o consumidor comprovadamente fiel e pontual cumpridor de suas obrigações contratuais. Embora em princípio esteja a cargo do estabelecimento comercial comunicante a obrigação de atualizar o cadastro do cliente negativado no órgão de proteção ao crédito, tal providência está ao alcance da parte interessada, nos termos do art. 43, § 3°, do CDC. Apelo provido. (Processo nº 71000114702, 4º JEC, 1ª Turma Recursal, Rel. Dr. José Conrado de Souza Júnior, Porto Alegre, 14-09-00, unânime)." (Grifos nossos).

Aliás, neste sentido já existe consolidada posição jurisprudencial, não sendo ocioso colacionar as seguintes decisões:

> "Ementa: Dano Moral. Inscrição junto ao Cartório de Protestos, Serasa e CADIN. Diligência de baixa. A quem cabe. Reconvenção. Exercício regular de direito. Litigância de má-fé. 1 - Não atacada a legalidade do protesto tirado, não pode ser o credor responsabilizado pela manutenção do registro perante o Cartório competente. Diligência de baixa que cabe ao próprio devedor, após a liquidação do título com o devido pagamento, ou mediante a liberação por qualquer outro meio legalmente admitido. Disposição das leis nº 6.990/79 (cancelamento de protesto) e lei nº

8.078/90 (Código de Proteção e Defesa do Consumidor). 2 - Serasa e CADIN. Informações tomadas pelos órgãos independentemente de qualquer ato do credor. Aquelas do Serasa são colhidas junto aos Cartórios e Distribuidores Judiciais, com a devida autorização; as do CADIN são relativas aos órgãos públicos e de interesse direto dos mesmos. 3 – O improvimento de uma ação não determina, por si só, o dever de indenizar danos morais, pois apresenta-se, de regra, como o exercício regular de um direito. 4 – Litigância de má-fé configurada. Hipótese de alteração da verdade dos fatos – art. 17, II. Adequação das penas ao disposto no artigo 18 do CPC. Apelos improvidos. Sentença mantida". (Apelação Cível nº 70001415009, Décima Câmara Cível, Tribunal de Justiça do Rio Grande do Sul, Relator: Des. Paulo Antônio Kretzmann, julgado em 30/11/00). (Os grifos são nossos).

No mesmo sentido, brilhante acórdão que merece ser colacionado aos autos:

"Indenização. Registro em nome de devedor feito pela 'Serasa'. Inexistência de dolo ou culpa do credor e do órgão de proteção ao crédito. Desídia atribuída ao próprio autor, que deixou de promover o cancelamento da execução junto ao distribuidor judicial da comarca. Matéria de fato. Falta de comunicação da abertura do cadastro ao devedor. Art. 43, § 2º, da Lei nº 8.078, de 11/09/90. Motivo que não foi o determinante dos prejuízos alegados. Fundamento inatacado da decisão recorrida e incidência da súmula nº 07-STJ.

1. Registro do nome do devedor em órgão de proteção ao crédito derivado de certidão expedida pelo Cartório do Distribuidor Judicial. Inexistência de participação do banco credor e inexigibilidade de comunicação sua à 'Serasa'. Desídia imputada pelas instâncias ordinárias ao próprio autor, que deixou de promover a respectiva baixa junto à serventia. Matéria de fato. Incidência da súmula nº 07-STJ.

2. Ausência de comunicação acerca da abertura do cadastro (art. 43, § 2º, do Código de Defesa e Proteção do Consumidor). Circunstância tida como não determinante dos alegados prejuízos. Fundamentos expendidos pelas instâncias ordinárias suficientes para manter o decisório recorrido. Aplicação também do verbete sumular nº 07-STJ.

Recurso especial não conhecido.

REsp 53214/SP; Recurso Especial 1994/0026262-0; Fonte DJ data: 28/06/1999 pg:00113; Relator Min. Barros Monteiro (1089); Data da decisão 09/03/1999; Órgão Julgador T4 - Quarta Turma." (Grifos nossos).

DA AUSÊNCIA DOS DANOS ALEGADOS

O dano alegado ficou no terreno das alegações, pois que desacompanhado de qualquer suporte fático. Em razão de apresentar-se, antes de tudo, como fenômeno de ordem física, tem o dano um significado vulgar e outro jurídico.

Segundo Fischer, em linguagem vulgar entende-se por dano todo prejuízo que alguém sofra na sua alma, corpo ou bens, quaisquer que sejam o autor e a causa da lesão. Em linguagem jurídica, acrescenta o clássico doutrinador:

> "...dano é todo **prejuízo** que o sujeito de direito sofra através da violação dos seus bens jurídicos, com exceção única daquele que a si mesmo tenha inferido o próprio lesado: esse é juridicamente irrelevante".

Como assinala Maria Helena Diniz:

> "...dano é um dos pressupostos da responsabilidade civil, contratual ou extracontratual, visto que não poderá haver ação de indenização sem a existência de um prejuízo. Só haverá responsabilidade civil se houver um dano a reparar."

E conclui:

> "...dano pode ser definido como a lesão (destruição ou diminuição) que, devido a um certo evento, sofre uma pessoa, contra sua vontade, em qualquer bem ou interesse jurídico, patrimonial ou moral"

(Curso de Direito Civil Brasileiro, São Paulo, Saraiva, 1984, v. VII, p. 50 e 52).

Para que o dano venha a ser sancionado pelo ordenamento jurídico, vale dizer, autorize aquele que o sofreu a exigir do responsável uma indenização, indispensável se faz a presença de dois elementos: um de fato e outro de direito. O primeiro se manifesta no prejuízo, e o segundo, na lesão jurídica.

Nem todo prejuízo, portanto, rende azo à indenização. É, pois, a antijuridicidade que vem a caracterizar o dano ressarcível.

Por outro lado, e admitindo-se somente *ad argumentandum*, acaso ultrapassada a questão, há de se estabelecer até onde o fato danoso projeta sua repercussão negativa no patrimônio do ofendido.

Vale dizer, não basta, para sua composição, a simples alegação de dano. Toda alegação, desacompanhada de suporte probatório, permanece no campo das alegações e nenhuma consequência jurídica dela pode advir.

DO *QUANTUM* INDENIZATÓRIO

Não espera a Ré seja o pedido formulado na inicial julgado procedente, o que significaria a premiação da inércia. Entretanto, em respeito aos princípios da eventualidade e do ônus da impugnação especificada, e, por amor ao debate, cabe tecer algumas considerações acerca da fixação do valor indenizatório.

Logo, assinale-se o entendimento doutrinário, que recebe o aval da jurisprudência, segundo o qual "a fixação da reparação do dano moral deve ficar ao prudente arbítrio dos Juízes". Comungam dessa posição, entre nós, Wilson de Melo e Silva e Aguiar Dias, para quem *"o arbitramento é critério por excelência para indenizar o dano moral"* (Antonio Lindbergh Montenegro, p. 138, Ressarcimento de Danos).

Certo é afirmar-se que não há meio mais eficiente para apuração do *quantum* indenizatório que não o arbitramento judicial. Cabe ao Juiz, de acordo com seu prudente arbítrio, considerando a repercussão do dano estimar uma quantia a título de reparação pelo dano moral.

Conforme pacífico entendimento doutrinário e jurisprudencial vigente, a fixação do valor reparatório do dano moral, pelo fato de ser a legislação pátria lacônica a respeito, deve ser procedida pelo julgador com acentuada prudência, visando o maior equilíbrio possível, de modo a não servir de base para ilícito enriquecimento da suposta vítima.

O pedido de dano moral traz em si uma dificuldade na liquidação do seu *quantum*, cabendo ao Juiz haver-se com a máxima cautela, pois não cabe ao processo servir de instrumento para concessão de direitos inexistentes; não deve a justiça se transformar em fonte de lucro, sob pena da completa banalização do nobre instituto constitucionalmente avalizado da reparação por danos morais e dos danos materiais e lucros cessantes, carentes que qualquer elemento probatório.

O processo, na sua instrumentalidade e eficácia, com que tanto se preocupam os autores modernos tais como Luiz Guilherme Marinoni e Cândido Rangel Dinamarco, não pode servir de meios para fins ilícitos. O Código Civil, com a sua nova redação, estabelece por meio do artigo 945, os parâmetros a serem utilizados na fixação do *quantum*.

Este o caso em tela, tendo em vista que a própria autora, ao inadimplir o pagamento de suas obrigações contratuais consubstanciadas no pagamento das prestações devidas, deu margem à inclusão e permanência de seu nome nos cadastros restritivos de crédito, conforme acima restou claramente demonstrado.

Segundo correto entendimento do ilustre Desembargador de Justiça do Tribunal do Estado do Rio de Janeiro, eminente Desembargador Luiz Roldão de Freitas Gomes, não consiste a responsabilidade civil em fonte de enriquecimento para o ofendido. Os critérios da razoabilidade e proporcionalidade são recomendáveis para, sem exageros, atingir-se indenização adequada.

O fundamento da reparabilidade do dano moral, consiste *"no sofrimento humano que não é causado por uma perda pecuniária"*, nas palavras de Savatier (Traité de la Responsabillité Civile, vol. II, nº 525), e abrange *"todo atentado à reputação da vítima, à sua autoridade legítima, ao seu pudor, à sua segurança e tranquilidade, ao seu amor-próprio estético, à integridade de sua inteligência, às suas afeições..."*.

A III Conferência Nacional de Desembargadores do Brasil, efetivada no antigo Estado da Guanabara, em dezembro de 1965, firmou, entre suas conclusões:

> *"2ª - que o arbitramento do dano moral fosse apreciado ao inteiro arbítrio do Juiz, que, não obstante, em cada caso, deveria atender à repercussão econômica dele, à prova da dor e ao grau de dolo ou culpa do ofensor."*

(cf. Wilson Melo da Silva, in O Dano Moral e sua Reparação, 2a. ed., p. 365).

Irineu Antonio Pedrotti lembra que:

> *"...o juiz, ao apreciar o caso concreto submetido a exame fará a entrega da prestação jurisdicional de forma livre e consciente, à luz das provas que foram produzidas. Verificará as condições das partes, o nível social, o grau de escolaridade, o prejuízo sofrido pela vítima, a intensidade da culpa e os demais fatores concorrentes para a fixação do dano, haja visto que costumeiramente a regra do direito pode se revestir de flexibilidade para dar a cada um o que é seu."*

(*in* Responsabilidade Civil, vol. 2, ed. 1990, p. 982).

Ainda é de ter-se presente que o Anteprojeto do Código de Obrigações de 1941 (Orozimbo Nonato, Hahnemann Guimarães e Philadelpho Azevedo) recomendava que a reparação por dano moral deveria ser *"moderadamente arbitrada"*.

E essa moderação tem por finalidade evitar a perspectiva de lucro fácil e generoso, enfim, do locupletamento indevido, ou o que vem a dar no mesmo, de forma a evitar que a indenização passe a ter o objetivo de provocar o enriquecimento ou proporcionar ao ofendido um avantajamento, não se convertendo o sofrimento alegado em móvel de captação de lucro (*de lucro capiendo*).

Ao propósito em recente monografia, o eminente Desembargador fluminense Sérgio Cavalieri, que alia ao conhecimento teórico a vivência pretoriana, ao examinar a tormentosa questão do arbitramento do dano moral, assim leciona:

> *"Creio, também, que este é outro ponto onde o princípio da lógica do razoável deve ser a bússola norteadora do julgador. Razoável é aquilo que é sensato, comedido, moderado; que guarda uma certa proporcionalidade. importa dizer que o juiz, ao valorar o dano moral, deve arbitrar*

> *uma quantia que, de acordo com o seu prudente arbítrio, seja compatível com a reprovabilidade da conduta ilícita, a intensidade e duração do sofrimento experimentado pela vítima, a capacidade econômica do causador do dano, as condições sociais do ofendido, e outras circunstâncias mais que se fizerem presentes."* (Programa de Responsabilidade Civil, Malheiros Editores, 1996, p. 78, o destaque é do original).

Desse modo, ainda que se admita a existência do dano, o que se faz tão-somente pelo amor ao debate e à argumentação, a verba indenizatória não deverá ser superior a R$1.300,00 (mil e trezentos reais), quantia mais que suficiente para prestar o devido conforto para as hipotéticas e não comprovadas alegações da demanda.

Mostra-se absurdo o valor de R$ 10.400,00 (dez mil e quatrocentos reais), principalmente cumulado com pedido de repetição de indébito, o qual já encerra natureza punitiva. O pleito, como se apresenta, constitui um verdadeiro *bis in idem*, ultrapassando ao longe os limites instituídos pela doutrina especializada e pelos tribunais, tangenciando ao absurdo e, por isso, extravasando da moldura da razoabilidade à condenação, se imposta.

CONCLUSÃO

Ante o exposto, pelo que mais dos autos consta, fia e confia a Ré na improcedência dos pedidos, pela não configuração dos elementos da responsabilidade civil no caso em tela.

Requer-se a produção de provas testemunhais, depoimentos pessoais e documentais.

N. termos,

E. deferimento.

Rio de Janeiro, 29 de setembro de 20XX.

NOME DO ADVOGADO E OAB[115]

---

115 Petição cedida pelo Professor Sandro Gaspar Amaral, advogado, professor da EMERJ, FESUDPERJ e pós-graduação da Universidade Estácio de Sá.

EXMO. SR. JUIZ DE DIREITO DA 12ª VARA DE FAMÍLIA DA COMARCA DA CAPITAL

Autos nº

RÉU, por seu advogado, nos autos da AÇÃO DE ALIMENTOS ajuizada por AUTOR, menor impúbere representando por sua mãe, XXXXXXXXXXXXXX, vem, tempestivamente, oferecer CONTESTAÇÃO, expondo e requerendo a V. Exa. o seguinte:

DO MÉRITO

Não se diverge das alegações da petição inicial no que tangem à união estável mantida entre o réu e a representante legal do autor, o fato de ela ter deixado o lar da família levando consigo o filho do casal e o estado de filiação. No entanto, é imperioso impor os limites da verdade, os quais são ultrapassados ao se afirmar haver ampla possibilidade de pagar alimentos.

O dever de ambos os pais de pagar alimentos aos filhos submetidos ao poder familiar é inquestionável, consistindo em norma cogente. Logo, nem o genitor nem a genitora podem agitar falta de recursos para deixar de arcar com as despesas relativas à criação, educação e desenvolvimento da criança e do adolescente. Entretanto, reitere-se, a possibilidade dos devedores tem de ser avaliada na oportunidade em que é quantificada a obrigação de pagar quantia certa.

DAS REAIS NECESSIDADES DO AUTOR

Como bem destacou a peça exordial, o dever do réu é de <u>contribuir para o seu sustento, e não assumir sozinho o ônus legal em tela. Tampouco, é seu dever pagar as despesas da representante legal do menor, conforme se pretende imputá-lo. O desiderato salta aos olhos da planilha dos gastos mensais apresentada na petição inicial, em que se percebe o intuito da genitora do menor em compartilhar suas despesas ordinárias mensais com o réu.</u>

Com efeito, vê-se a cobrança de taxa condominial, fornecimento de canais de televisão a cabo, salário e encargos com empregada doméstica, aluguel, telefone, luz, gás, sem mencionar em atribuir a uma criança o gasto de R$ 500,00 (quinhentos reais) com alimentação. Ora, Excelência, qualquer cidadão sabe que a quantia é apta a sustentar todos os gastos de supermercado de uma residência onde vivam dois adultos. Portanto, claro está que o intuito da representante legal de dividir suas despesas com material de limpeza, a sua própria alimentação e higiene pessoal etc.

Não se pode olvidar o óbvio: assim como a representante legal do autor tem despesas a pagar, o réu também tem. Afinal, estaria ela disposta a dividir as dívidas ordinárias do demandado? Seria sua intenção manter a igualdade entre os pais neste caso *sub judice*? Clamaria ela por tratamento idêntico, assumindo, do mesmo modo em que requer para si, os encargos financeiros do réu? Este também tem gastos com supermercado, condomínio, empregada doméstica, consumo de gás e energia elétrica, telefone etc.

Acrescente-se as despesas inverídicas do menor. Narra a petição inicial gastos com natação e curso de inglês, sendo que o autor sequer está matriculado para tais atividades (sem mencionar que é direito do alimentante de participar das decisões que envolvam a educação e desenvolvimento do menor, principalmente se lhe acarretam onerosidade). Ademais, não há gastos mensais com dentista, farmácia, material escolar, uniforme e vestuário. São despesas esporádicas, devendo assim ser tratadas.

Especificamente quanto ao tratamento dentário, o réu sempre confiou no mesmo profissional, há muitos anos, cuidados consigo e seus filhos. O valor da consulta não atinge o montante indicado na planilha, aliás é menos do que a metade: R$ 150,00 (cento e cinquenta reais). Outrossim, o orçamento de um tratamento dentário admite pagamento parcelado.

Neste diapasão, descontados da planilha os encargos pessoais da mãe do autor, bem como os inexistentes e os exagerados, atinge-se o monte de R$ 1.380,00 (um mil trezentos e oitenta reais), o qual, dividido em duas partes iguais, faz a quantia de R$ 690,00 (seiscentos e noventa reais), o que sequer atinge a 2 (dois) salários mínimos.

Cabe também enfatizar a ausência de bom senso em que trilha a pretensão deduzida. Evidencia-se a intenção de manutenção do mesmo poder aquisitivo desfrutado antes da separação do casal de genitores. Entretanto, o discernimento, resultado da observação dos efeitos financeiros da separação, indica a direção oposta, ou seja, é consequência natural da separação justamente a queda do padrão econômico, haja vista que os provedores financeiros terão despesas particulares, enquanto, antes, havia apenas despesas comuns.

Beira ao óbvio a afirmação de ser injusto transferir ao réu despesas que devem ser arcadas pela representante legal, pois são decorrentes de suas necessidades particulares. Assim, estando ou não na companhia do menor, sofreria gastos com residência, consumo de bens essenciais (energia elétrica, gás e alimentos) e impulsos telefônicos. Repita-se: tal qual a mãe, o pai tem as mesmíssimas despesas.

Quanto à alimentação, especificamente, deve-se atentar que o autor significa apenas um "plus" na despesa geral, pois, ainda que não residisse com a representante legal, ela também teria de se alimentar e manter a higiene pessoal e do imóvel. Conclusão: indicar o consumo mensal de R$ 500,00 (quinhentos reais) pelo menor é declarar que ele despende sozinho o suficiente parta um solteiro de classe média prover uma residência inteira.

Com perdão pelo estilo enfático, não é preciso esforço hercúleo para perceber o paradoxo da petição inicial: pugna a representante legal pela manutenção de um padrão de vida "classe média" (fl. 03), não obstante declarar que as despesas de uma única criança de 6 (seis) anos de idade atingem a quantia nada irrisória de R$ 5.132,00 (cinco mil cento e trinta e dois reais). ABSURDO!!!!

Data venia, não se pode deixar de questionar o país em que vive esse menor impúbere de classe média, que gera aos seus pais despesas mensais de R$ 5.132,00 (cinco mil cento e trinta e dois reais). Se assim for, adotada a tese esposada pelo autor, alguém que tiver dois filhos terá de gastar, apenas com os dois, R$ 10.265,00 (dez mil duzentos e sessenta e quatro reais). Cômico, se não fosse trágico, considerando que nem mesmo profissionais de carreiras consideradas de elite poderiam desfrutar a paternidade de mais de um filho, pois seus ganhos mensais teriam de orbitar ao redor de cifras como R$ 20.000,00 (vinte mil reais).

Se tomadas como parâmetro as carreiras jurídicas, os salários oferecidos a advogados da maior empresa brasileira, considerando o valor efetivamente percebido, vê-se tranquilamente que não atingem à quantia pretendida pelo autor. Ora, uma criança, para manter o padrão de vida "classe média", provido por pais profissionais liberais não renomados no mercado, deve receber, a título de alimentos, mais do que os ganhos líquidos de um advogado ou de um médico plantonista?

A ironia do pedido de alimentos é tamanha que a representante legal indica como valor adequado quase a mesma quantia que declara perceber mensalmente, à custa de longas jornadas (o que justificaria manter empregada doméstica) e árdua formação acadêmica. Está-se ou não diante de uma típica inversão de valores? Seria exagero sugerir que a representante legal do menor teria intenção de se locupletar indevidamente, à custa do réu? A peça vestibular parece apontar para a resposta negativa.

Insta salientar que, em momento algum, nega o réu seu dever de pagar alimentos, porém não pode aceitar, sob qualquer pretexto, as despesas do menor apresentadas na petição inicial. Se pudesse, proveria alimentos em cifras tão vultosas, porém, reitere-se, estão muito além da possibilidade de um médico que precisa laborar em 3 (três) expedientes diferentes para suprir as necessidades próprias e de seus dois filhos.

DA REAL POSSIBILIDADE DO RÉU

Novamente, depara-se com exageros propositais da representante legal do autor com o único escopo de obter benefício econômico superior ao qual realmente é devido. Os rendimentos mensais do devedor de alimentos, conforme farto material probatório que instrui o presente recurso, são provenientes do vínculo empregatício que mantém com a Unimed e dos honorários variáveis percebidos em seu consultório.

Extrai-se da declaração de imposto renda do réu sua renda percebida mensalmente, a qual perfaz o total aproximado de R$ 6.000,00 (seis mil reais), já considerado o salário decorrente do vínculo empregatício. Deste valor, para se conhecerem os rendimentos líquidos, como é sabido, devem-se subtrair suas despesas ordinárias, tais como: R$ 2.000,00 (dois mil reais) com condomínio, IPTU, consumo de energia elétrica e gás, empregada doméstica e supermercado; R$ 660,00 (seiscentos e sessenta reais) com medicamentos e tratamento médico; R$ 343,12 (trezentos e quarenta e três reais e doze centavos) com recolhimento previdenciário. Ao final, sobram-lhe, aproximadamente, R$ 3.000,00 (três mil reais) para todos os demais fins, como poupança, lazer, alimentos aos seus filhos, custos de manutenção de automóvel, refeições em restaurantes, estacionamentos etc.

A peça vestibular foi claramente construída com o propósito de convencer o julgador sobre um falso alto poder aquisitivo do réu para induzir a fixação dos alimentos em patamares irreais. Parece desconhecer que o profissional de medicina depende dos repasses das operadoras de planos de saúde, as quais não observam prazos e, frequentemente, levam meses para efetuar pagamentos. Ademais, são conhecidos os protestos médicos acerca dos baixíssimos valores tabelados, os quais estão longe de remunerar com justiça os honorários médicos.

Ademais, olvidou o autor de informar que, malgrado o impacto que causa a assertiva de manter o réu dois consultórios, não teve interesse de relatar que o espaço é dividido com outros colegas, na medida em que as despesas de manutenção de um consultório médico são muito altas, não desfrutando o alimentante de clientela tão vasta e abastada que possa lhe conferir o luxo da exclusividade de consultório.

Ressalte-se que o mesmo fenômeno ocorre com a carreira de advogados, os quais costumam dividir espaços quando não há êxito financeiro que torne possível arcar com todos os custos de um escritório. Assim ocorre com o réu no que tange aos seus consultórios.

Por outro lado, a mesma peça faz menção aos rendimentos mensais da representante legal do autor em R$ 3.000,00 (três mil reais), aproximadamente. A quantia é espantosa, se confrontada com as despesas relacionadas pela mesma, principalmente os custos locatícios ordinários (aluguel, taxa condominial e impostos) ultrapassam a metade de sua renda, atentando-se que adotou como residência a zona sul da cidade (área nobre, em que os custos são mais elevados).

A respeito do quadro clínico do réu, é a presente instruída de descrição pormenorizada de graves disfunções cardíacas, que requerem o consumo de medicamentos caros e acompanhamento quanto ao desempenho de atividades físicas que sirvam positivamente para a manutenção de sua saúde. Vê-se inclusive que o réu já teve sérios problemas até mesmo quanto ao seu peso, o qual já foi excessivo e, portanto, deve ser vigiado com frequência.

Além disso, segundo a cópia da petição inicial da ação de separação judicial consensual em que são interessados o réu e a genitora do seu primogênito, é o mesmo devedor de alimentos ao seu filho mais velho, Bernardo de Oliveira Seara, na proporção de 20% sobre os seus rendimentos, admitindo-se dedução da renda apenas os descontos compulsórios tributários. Mister esclarecer que o credor em tela não recebe o pagamento dos alimentos por meio de desconto em folha, conforme ora oferece o autor. Eis a razão de não constar no espelho do contracheque.

Outrossim, conforme os documentos acostados, o primeiro filho do réu cursa faculdade de Direito e ainda não atingiu a idade de 24 anos, o que implica a manutenção da obrigação de lhe pagar alimentos para contribuir com o custeamento dos seus estudos. Perceba-se que os custos não são baixos, porém é também dever do réu prover a formação educacional de ambos os filhos, não podendo prejudicar o mais velho em favor do mais novo.

Confessa o réu que não arca sozinho com as despesas de estudos do seu filho mais velho, visto não poder assumi-las sem prejudicar o autor. Logo, em comum acordo com o seu outro credor de alimentos, ajuda-o na proporção das suas possibilidades.

Não é só. Como bem salientou a peça vestibular, o réu já fornece plano de saúde cujo preço de mercado seria correspondente a R$ 187,43 (cento e oitenta e sete reais e quarenta e três centavos). Deixou de mencionar (sem propósitos?), contudo, que também arca com os gastos relativos à educação do menor.

Portanto, considerando ambas as dívidas, o réu compromete quase metade da sua renda líquida na prestação de alimentos aos seus dois filhos. Onerá-lo ainda mais obstaria o pagamento de suas despesas pessoais, o que constituiria antagonismo ao ordenamento jurídico.

A Carta Política de 1988 instituiu, em decorrência do princípio da dignidade humana, um dos pilares do Estado Democrático de Direito, ser dever da família prover o bem-estar da criança e do adolescente, fomento seu desenvolvimento saudável, físico, intelectual e emocional. A norma tem caráter programático, tendo sido regulamentada pelo Estatuto da Criança e do Adolescente, bem como pelo Código Civil.

Orbitando especificamente ao redor da questão alimentar, o ordenamento positivo impõe a ambos os pais, em situação de igualdade de direitos e deveres, a obrigação de sustentar as mais diversas necessidades dos filhos ainda submetidos ao poder familiar. Neste diapasão, o art. 1.634 do CC, em seu rol de atribuição aos pais, traz primeiramente a direção da criação e educação, o que importa tanto o aspecto moral quanto material.

Todavia, não obstante o dever legal ora discorrido, a norma jurídica estabelece critérios para a fixação do débito alimentar, visto ser certo o *quid debeatur*. Assim, o art. 1.694, § 1º CC, confrontado com o preceito do *caput* do mesmo dispositivo legal, o arbitramento dos alimentos tem de ser o ponto equidistante entre a necessidade do credor e os recursos financeiros do devedor – binômio necessidade/possibilidade.

O réu, por sua vez, ciente da sua obrigação legal, sempre prestou alimentos ao autor, o que, aliás, faz com prazer, haja vista o profundo amor que nutre por seu filho. Entretanto, como bem salienta o texto normativo, o valor da pensão deve ser compatível com a condição social do alimentando, pois, afinal, as necessidades tendem ao infinito, contrariamente à possibilidade de pagar. Em outros termos, há de se estabelecerem limites, uma vez que os rendimentos do alimentante não são astronômicos, sob pena de, num futuro próximo, forçosamente, ser levado à insolvência.

Não é ocioso reiterar, a despeito de ser fato cansativamente repetido pelos tribunais e pela doutrina, a fixação dos alimentos deve ser suportada pelos pais, obedecendo ao mandamento constitucional, não sendo pertinente atribuir ao réu uma carga de responsabilidade maior do que pode suportar.

Some-se que a representante legal do autor é fisioterapeuta, atividade em voga e ascensão no mercado, o que lhe propicia desfrutar padrão de vida equivalente, quiçá superior ao do réu. A propósito, a petição inicial deixou de informar ao Poder Judiciário que a representante legal não aceita convênios ou planos de saúde. Assim, não percebe de seus clientes os preços ínfimos de tabela. Acrescente-se que seu consultório funciona sob baixos custos, visto que nem mesmo mantém secretária, além de atender em domicílio, pelo que é remunerada em cifras ainda maiores.

Isso posto, consiste a pretensão recursal em estabelecer, para o caso concreto, os mesmos parâmetros adotados pelo Egrégio Tribunal em demandas semelhantes, ou seja, alimentado é menor e a genitora é profissional liberal sempre inserida no mercado de trabalho, consoante se traz à colação:

> *"Ação de modificação de cláusula de pensionamento, proposta pelo alimentante, que é pai do menor alimentando. Sentença julgando procedente em parte o pedido para reduzir o pensionamento para três salários-mínimos. excluindo a obrigação de pagar a mensalidade escolar e o plano de saúde do menor, despesas antes arcadas pelo autor, conforme acordo homologado em 1995. Duplo inconformismo. À época do decisum, três salários-mínimos correspondiam a R$ 780,00 (setecentos e oitenta reais). Hoje, equivalem a R$ 900,00 (novecentos reais). O valor do pensionamento, portanto, ainda que desobrigado o apelante das despesas com o plano de saúde e mensalidade escolar do menor, continua excessivo se comparado com as necessidades daquele – que em abril de 2004 eram estimadas em R$ 1.330,00 (um mil, trezentos e trinta reais) e levando-se em conta que a obrigação de prestar alimentos é de ambos os pais. Hipótese em que a genitora do menor é psicóloga formada, com quarenta e três anos, e sempre inserida no mercado de trabalho. Deve o pensionamento, pois, ser reduzido para dois salários-mínimos e meio, correspondentes, hoje, a R$ 750,00 (setecentos e cinquenta reais), mantendo-se, assim, o binômio possibilidade do alimentante – necessidade do alimentado. Provimento parcial ao recurso do autor, julgando-se prejudicado o recurso do réu."*
> (Apelação Cível 2005.001.15238, Des. Maria Henriqueta Lobo; Julgamento: 07/02/2006; - Sétima Câmara Cível, grifos nossos)

> *"AÇÃO DE ALIMENTOS. OBRIGAÇÃO DECORRENTE DO PODER FAMILIAR. ALIMENTANTE ANALISTA DE SISTEMAS. FILHO MENOR. O autor tem 5 anos de idade e estuda em colégio particular, sendo*

> *inegáveis suas necessidades, a justificar o arbitramento de pensão alimentícia. O percentual de 30% (trinta por cento) dos ganhos do Alimentante que, ainda, fornece assistência médica, destinado a um filho é excessivo, principalmente, levando-se em conta que a genitora é analista de sistema e deve contribuir para o sustento da criança. Os problemas de saúde alegados pela mãe e questionados pelo pai, não são suficientes para elevar a pensão alimentícia, mesmo porque a criança está amparada pelo plano de saúde pago pelo pai. O percentual de 20% dos ganhos líquidos do Recorrente, acrescido do pagamento do plano de saúde, é razoável e atenderá ao binômio necessidade do beneficiário e possibilidade do provedor. RECURSO PROVIDO, EM PARTE."* (Apelação Cível 2005.001.02651; Des. Elisabete Filizzola; Julgamento: 12/04/2005; Segunda Câmara Cível, grifos nossos).

Os dois julgados encaixam-se como luvas nas mãos do caso *sub judice*: genitores são profissionais liberais inseridos no mercado de trabalho; os alimentados são menores e filhos de pais que compõem a chamada "classe média". É assentado que uma criança, deste padrão de vida, não produz gastos superiores a 4 (quatro) salários-mínimos, os quais devem ser suportados por ambos os pais.

> *"Agravo de Instrumento contra decisão que fixou os alimentos provisórios em quatro salários-mínimos, dois para cada filho alimentado. Não comprovada a alegada impossibilidade financeira nos autos, e uma vez caracterizado o binômio necessidade/possibilidade por não ser o valor da pensão excessivo, impõe-se o improvimento do recurso. Recurso improvido."* (Agravo de Instrumento 1997.002.04563; Des. Roberto Cortes; - Julgamento: 12/05/1998; Oitava Câmara Cível; grifos nossos)

> *"INVESTIGAÇÃO DE PATERNIDADE C/C ALIMENTOS. PRELIMINARES DE NULIDADE REJEITADAS. ALIMENTOS EXAGERADAMENTE FIXADOS. REDUÇÃO. As arguições de nulidade, desacompanhadas da demonstração dos prejuízos por eles causados às partes, no sistema da nossa lei processual, não merecem ser acolhidas. - Os alimentos, arbitrados em valor excessivo, devem ser reduzidos e adequados às reais necessidades do alimentado, levando-se em conta que tal obrigação compete aos pais. Recurso, parcialmente*

provido, para reduzir a verba de alimentos." (Apelação Cível 1996.001.05581; DES. MARLAN MARINHO; Julgamento: 19/11/1996; Primeira Câmara Cível; grifos nossos)

"ALIMENTOS FILHO MENOR; REVISÃO DE PENSÃO ALIMENTÍCIA; MAJORAÇÃO DA PENSÃO ALIMENTÍCIA. Ação revisional de alimentos. Majoração de pensão. Aumento excessivo dos gastos com a educação do alimentado. A pensão alimentícia deve atender à existência da proporcionalidade da obrigação do alimentante com as necessidades reais ou básicas do alimentado. Menor, adolescente, em idade escolar. (IRP)" (Apelação Cível 1995.001.08668; Des. Marianna Pereira Nunes; Julgamento: 06/08/1996 - Sexta Câmara Cível; grifos nossos).

As manifestações pretorianas são unânimes no que tange à cautela a ser observada quando liquidada a obrigação alimentar, haja vista a rígida aplicação do princípio da razoabilidade ao se enfrentar o binômio possibilidade/necessidade, pois, como se repete, o primeiro elemento é limitado, e o segundo tende ao infinito. O mínimo descuido ou a emoção sobreposta à razão pode resultar em julgamento injusto, que imporá ao devedor prestação superior às suas forças.

CONCLUSÃO

O réu, por ser pai do autor e profissional de medicina, não pode ser condenado a pagar alimentos em R$ 1.750,00 (um mil setecentos e cinquenta reais), o que corresponde a, aproximadamente, 30% da sua renda mensal bruta, como se extrai da declaração à Receita Federal ora anexada, sem mencionar o pensionamento ao seu primogênito.

O Direito e a Justiça apontam uníssonos para a fixação dos alimentos de acordo com o padrão de vida do menor, criança de seis anos que pertence à chamada "classe média", filho de pais profissionais liberais. Clama o réu, ciente do seu dever legal, pela sentença conforme o princípio da razoabilidade, sob pena de restar condenado a privações absurdas ou, pior, à prisão pela inadimplência, visto o valor pleiteado ultrapassar ao longe às suas forças.

Conforme os julgados trazidos à colação, mostra-se adequado a atender às necessidades do menor a quantia equivalente a 2 (dois) salários mínimos, hoje R$ 700,00 (setecentos reais), já que o dever de prestar alimentos é atribuído a ambos os pais, os quais, *in casu*, podem dividi-lo igualmente. Em resultado, perceberia o menor R$ 1.400,00 (mil e quatrocentos reais), monte suficiente para suprir suas necessidades, de acordo com padrão de vida dos seus genitores.

Requer-se a produção de provas testemunhais, depoimentos pessoais e documental.

N. termos,

E. deferimento.

Local e data.

NOME DO ADVOGADO E OAB[116]

2.7) Alegação de impedimento ou suspeição

2.7.1) Conceito

A imparcialidade é pressuposto processual relacionado com a pessoa do juiz ou do auxiliar da justiça, que são requisitos essenciais para o desenvolvimento válido da relação processual.

Assim, é defesa processual dilatória que se volta contra o próprio órgão jurisdicional ou seu titular ou qualquer auxiliar da justiça.

A suspeição ou impedimento devem ser oferecidas por meio de petição fundamentada e autuada em apartado aos autos principais. O prazo para sua apresentação é de 15 (quinze) dias, contados da ciência da citação ou do fato que deu origem.

Por fim, a decisão que julgar procedente o impedimento ou a suspeição implicará a remessa dos autos ao juízo competente ou a substituição do juiz ou do auxiliar da justiça suspeito ou impedido.

2.7.2) Prazo

Segundo dispõe o artigo 146 do CPC, o impedimento ou a suspeição pode ser apresentada a qualquer tempo ou grau de jurisdição, no prazo de quinze dias, contado do fato que ocasionou a o impedimento ou a suspeição.[117]

A suspeição e o impedimento podem ser verificados desde logo ou a qualquer momento durante o processo. Quando já conhecidos antes do início do processo, devem ser alegados na contestação. Caso surjam durante o curso do processo, devem ser alegados em petição avulsa, dentro do prazo de 15 (quinze) dias contados da ciência do fato pelo interessado.

---

116 Petição cedida pelo Professor Sandro Gaspar Amaral, advogado, professor da EMERJ, FESUDPERJ e pós-graduação da Universidade Estácio de Sá.

117 Gonçalves, Marcus Vinícius Rios, *Novo Curso de Direito Processual Civil*. Editora Saraiva, 2004. v. 1, p. 373.

Ressalte-se que o impedimento não preclui, podendo ser invocado a qualquer tempo pela parte e conhecido de ofício pelo juiz. Já a suspeição preclui, podendo, entretanto, ser alegada de ofício pelo juiz.

Em tese, o Ministério Público e o assistente não podem apresentar a alegação de suspeição, tendo em vista que aquela está intimamente ligada ao interesse das partes, sendo certo que o impedimento, pode ser alegado pelo Ministério Público e assistente, posto que se trata de verdadeira objeção processual, matéria que deve ser conhecida de ofício pelo juiz.

2.8) Reconvenção

2.8.1) Conceito

A reconvenção está prevista em um único artigo no CPC, artigo 343 e seus parágrafos, e teve importantes modificações no sentido de se atender ao princípio da instrumentalidade das formas, atenuando o formalismo processual inerente à legislação anterior.

Na contestação, é lícito ao réu propor reconvenção para manifestar pretensão própria, conexa com a ação principal ou com fundamento da defesa[118].

Vale dizer que a reconvenção é a possibilidade de o réu, no processo em que é demandado, demandar em face do autor[119]. Quando o réu contesta, ele quer afastar a pretensão do autor, não quer se sujeitar ao pedido do autor. Quando o réu apresenta a reconvenção, passa a desejar algo a mais da tutela jurisdicional que obterá se a reconvenção for acolhida[120].

---

118 Súmula 292 do STJ: a reconvenção é cabível na ação monitória, após a conversão do procedimento em ordinário.
119 BUENO, Cássio Scarpinella. *Manual de Direito Processual Civil*. 8ª edição. São Paulo: SaraivaJur, 2022.
120 PROCESSUAL CIVIL. RECURSO ESPECIAL. AÇÃO DE EXIBIÇÃO DE DOCUMENTOS. RECONVENÇÃO. CONEXÃO ENTRE A RECONVENÇÃO E A AÇÃO PRINCIPAL OU O FUNDAMENTO DA DEFESA. PRESSUPOSTO DE ADMISSIBILIDADE ESPECÍFICO. INDEPENDÊNCIA ENTRE A AÇÃO PRINCIPAL E A RECONVENÇÃO. EXTINÇÃO DA AÇÃO PRINCIPAL, SEM EXAME DO MÉRITO. PROSSEGUIMENTO DA RECONVENÇÃO.
1. Ação de exibição de documentos ajuizada em 23/12/2020, da qual foi extraído o presente recurso especial interposto em 17/02/2022 e concluso ao gabinete em 26/04/2023.
2. O propósito recursal consiste em definir se, em ação de exibição de documentos, é admissível a propositura de reconvenção veiculando pedido condenatório do débito constante dos documentos apresentados e se a extinção da ação principal obsta o prosseguimento da reconvenção.
3. Para que seja admitida a reconvenção, exige-se que a) haja conexão com a ação principal ou b) haja conexão com o fundamento da defesa (art. 343, *caput*, do CPC/2015). A conexão aqui referida tem sentido mais amplo do que a conexão prevista no art. 55 do CPC/2015, tratando-se de um vínculo mais singelo. Assim, cabe reconvenção quando a ação principal ou o fundamento da defesa e a demanda reconvencional estiverem fundados nos mesmos fatos ou na mesma relação jurídica, houver risco de decisões conflitantes ou mesmo entrelaçamento de questões relevantes, com aproveitamento das provas.
4. A reconvenção tem natureza jurídica de ação e é autônoma em relação à demanda principal. Desse modo, a ação principal pode ser extinta, com ou sem resolução de mérito, podendo o mesmo ocorrer com a reconvenção, sem que o destino de uma das demandas condicione o da outra (art. 343, § 2º, do CPC/2015).
5. Na espécie, a ação de exibição de documentos foi proposta com a finalidade de obtenção de esclarecimentos acerca de débito inscrito nos órgãos de proteção ao crédito e, na reconvenção, postulou-se a condenação da reconvinda ao pagamento do valor constante dos documentos apresentados para fins de esclarecer a origem do débito que motivou a anotação. Apesar de distintos a causa de pedir e o pedido das demandas, há evidente vínculo entre elas, à medida em que a ação principal e a reconvenção estão fundadas na mesma relação jurídica (contrato de cartão de crédito firmado entre as partes) e há entrelaçamento das provas, uma vez que os documentos requeridos na petição inicial e apresentados na contestação são os mesmos que fundamentaram o pedido condenatório deduzido na reconvenção. Outrossim, o fato de a ação principal ter sido extinta, sem exame do mérito, por ausência de interesse processual, não obsta o prosseguimento do processo com relação à reconvenção, devido à autonomia entre elas. 6. Recurso especial conhecido e provido.
(REsp nº 2.076.127/SP, relatora Ministra Nancy Andrighi, Terceira Turma, julgado em 12/9/2023, DJe de 15/9/2023.)

O artigo 343, em seu *caput*, esclarece que o réu reconvirá na própria contestação[121]. Proposta a reconvenção, o reconvindo (autor) para se manifestar, por seu advogado, para se defender em 15 dias. Se na hipótese, o reconvindo for representado por Defensor Público, quando a intimação deva ser realizada pessoalmente a própria parte, na forma do artigo 186, § 2º do CPC.

É importante ressaltar que a reconvenção poderá ser admitida em ação monitória, desde que seja o procedimento convertido para o comum.

O artigo 343, § 5º é no sentido de ser admissível a possibilidade de substituição processual na reconvenção resultante do entendimento pacífico da doutrina e na jurisprudência.

A reconvenção pode ser um tópico na contestação[122] ou de forma autônoma (obedecendo aos requisitos dos artigos 319 e 320 do CPC), como descrito no § 6º do artigo 343 do CPC.

Segundo o ensinamento de Daniel Amorim Assumpção Neves[123], em que pese a reconvenção não ter mais forma autônoma de alegação, entende-se que a reconvenção não perdeu sua natureza de ação do réu contra o autor, já que o próprio *caput* do artigo 343 do CPC prevê que a reconvenção se presta para o réu manifestar pretensão própria. O § 2º do artigo 343 mantém sua autonomia, prevendo que a desistência da ação ou ocorrência de causa extintiva que impeça o exame de mérito não obsta ao prosseguimento do processo quanto à reconvenção.

O prazo para sua apresentação é de 15 (quinze) dias, conforme prevê o artigo 343, § 1º do CPC.

---

[121] STJ - RECURSO ESPECIAL: REsp XXXXX PR XXXX/XXXXX-0 RECURSO ESPECIAL. PROCESSUAL CIVIL. PEDIDO RECONVENCIONAL. REQUISITOS. ATENDIMENTO. NOMEM IURIS. IRRELEVÂNCIA. 1. Recurso especial interposto contra acórdão publicado na vigência do Código de Processo Civil de 2015 (Enunciados Administrativos nº 2 e 3/STJ). 2. A partir das inovações trazidas pelo Código de Processo Civil de 2015, o oferecimento de reconvenção passou a ser feito na própria contestação, sem maiores formalidades, visando garantir a razoável duração do processo e a máxima economia processual. 3. A equivocada denominação do pedido reconvencional como pedido contraposto não impede o regular processamento da pretensão formulada pelo réu contra o autor, desde que ela esteja bem delimitada na contestação e que ao autor seja assegurado o pleno exercício do contraditório e da ampla defesa. 4. A existência de manifestação inequívoca do réu qualitativa ou quantitativamente maior que a simples improcedência da demanda principal é o quanto basta para se considerar proposta a reconvenção, independentemente do *nomen iuris* que se atribua à pretensão, nos termos do Enunciado nº 45 do Fórum Permanente dos Processualistas Civis. 5. Recurso especial provido. TJ-SP - Apelação Cível: AC XXXXX20198260482 SP XXXXX-93.2019.8.26.0482 APELAÇÃO. PRESTAÇÃO DE SERVIÇOS. PLANO DE BENEFÍCIOS FUNERÁRIOS. AÇÃO DE OBRIGAÇÃO DE FAZER CUMULADA COM REPETIÇÃO DE INDÉBITO E DANOS MORAIS. AÇÃO PRINCIPAL JULGADA IMPROCEDENTE. RECONVENÇÃO JULGADA PREJUDICADA EM QUE A PARTE RÉ-RECONVINTE DEDUZIU PEDIDO EXCLUSIVAMENTE VINCULADO AO ACOLHIMENTO DO PEDIDO PRINCIPAL. RECONVENÇÃO PREJUDICADA. PERDA SUPERVENIENTE DO OBJETO DA RECONVENÇÃO. PLEITO DE HONORÁRIOS ADVOCATÍCIOS SUCUMBENCIAIS NA RECONVENÇÃO. IMPOSSIBILIDADE. APLICAÇÃO DO PRINCÍPIO DA CAUSALIDADE. PRECEDENTE DO TRIBUNAL DE JUSTIÇA DE SÃO PAULO. RECURSO IMPROVIDO. No caso em julgamento, o exame e acolhimento da reconvenção estava condicionado à procedência do pedido principal. Todavia, havendo a improcedência da ação principal, tornou-se prejudicado o acolhimento do pedido reconvencional pela superveniente perda de objeto, com sua extinção sem resolução do mérito. Por isso, nesse caso, não há que se falar em sucumbência da autora-reconvinte. Precedente deste Tribunal de Justiça de São Paulo.

[122] Enunciado nº 45 do Fórum Permanente de Processualistas Civis (FPPC): "Para que se considere proposta a reconvenção, não há necessidade de uso desse *nomen iuris*, ou dedução de um capítulo próprio. Contudo, o réu deve manifestar inequivocamente o pedido de tutela jurisdicional qualitativa ou quantitativamente maior que a simples improcedência da demanda inicial (Grupo: Litisconsórcio, Intervenção de rerceiros e resposta do réu)".

[123] NEVES. Daniel Amorim Assumpção, *Manual de Direito Processual Civil*. São Paulo: Editora Juspodivm, 2023. p. 350.

Na hipótese de não ser apresentada a reconvenção, ocorrerá a chamada preclusão temporal e consumativa naquele processo, podendo ser ajuizada ação própria para pleitear seu direito.

Não se pode olvidar, que, na hipótese de pedido reconvencional, é vital que seja requisitado a procedência do pedido reconvencional, assim como atribuir valor da causa, como descrito no artigo 292 do CPC.

2.8.2) Modelo de reconvenção

Exmo. Sr. Juízo de Direito da 12ª Vara...

Processo nº:

RECONVINTE, (qualificação completa) por seu advogado, com endereço profissional na ..., para fins do artigo do CPC, nos autos da AÇÃO..., pelo rito comum, proposta por RECONVINDO, (qualificação completa) pelos motivos a seguir aduzidos.

DOS FATOS

DOS FUNDAMENTOS

DO PEDIDO

a) a citação do reconvindo;
b) a procedência do pedido reconvencional para....;
c) a condenação aos ônus sucumbenciais.

DAS PROVAS

Indica como provas as de caráter documental e testemunhal e depoimento pessoal na amplitude do artigo 369 do CPC.

DO VALOR DA CAUSA

R$

Local e data.

Advogada e OAB

CAPÍTULO 3
RECURSOS

3.1) Teoria geral dos recursos

3.1.1) Conceito

Para que se entenda o significado de recurso, deve-se atentar que o direito de ação, direito este fundamental, segundo o disposto no art. 5º, da Constituição da República, é necessário compreender que recurso nada mais é do que a extensão do direito de ação. O mais importante é que se entenda que o recurso é o meio pelo qual é possível a revisão de uma decisão, lastreado na insuficiência humana de aceitação de uma única decisão sobre qualquer assunto.

Entende Barbosa Moreira que recurso consiste em "remédio voluntário idôneo, a ensejar dentro do mesmo processo a invalidação, reforma, integração, esclarecimento ou integração de decisão".

Já Humberto Theodoro Júnior entende que recurso "é o poder de provocar o reexame de uma decisão, pela mesma autoridade judiciária, ou por outra hierarquicamente superior, visando a obter sua reforma ou modificação, ou apenas a sua invalidação".

Aqui é importante fazer uma assertiva importante para compreensão dos recursos. Será remédio voluntário? E o duplo grau de jurisdição? Alexandre de Freitas Câmara[124], citando a doutrina dominante, entende que recurso é remédio voluntário, tendo por fundamento a insatisfação com a decisão, e que, por conseguinte, o duplo grau de jurisdição não tem natureza de recurso, considerando-o uma condição de eficácia das sentenças que a ele estão sujeitas.

Não poderia ser de outra forma, haja vista ninguém ser obrigado a recorrer. Dito isto, passa-se à diferenciação de recurso de ação de impugnação autônoma. Nestas, não há a revisão das decisões, mas sim meios de impugnação a fim de alterar uma situação jurídica preexistente. Os recursos ocorrem dentro do mesmo processo, em que não tenha havido trânsito em julgado da decisão. Já nas ações de impugnação, ao contrário, mister haver o trânsito em julgado da decisão, e não ocorrem no mesmo processo.

São exemplos de ações de impugnação autônoma, ação anulatória, a ação rescisória e mandado de segurança em casos excepcionalíssimos. Os recursos cabem de decisão interlocutória e de sentenças. Consiste a decisão interlocutória em ato do juiz que resolve questão incidental, e não ação incidental, de acordo com o disposto no art. 162, § 2º do CPC. Assim, qualquer decisão que sane uma questão incidente no processo é decisão interlocutória, antes ou depois da sentença[125].

---
124 CÂMARA, Alexandre de. *Lições de Direito Processual Civil*, v. II, 6ª edição, Rio de Janeiro: Lumen Juris, 2002, p. 49-53.
125 WAMBIER, Luiz Rodrigues; TALAMINI, Eduardo. *Curso Avançado de Processo Civil*. v. I, 5ª edição, São Paulo: Revista dos Tribunais, 2002, p. 578-589.

Exemplificando facilita o raciocínio. Veja: foi requerido, certa vez, a expedição de alvará judicial de pessoa falecida de quantia correspondente a restituição de imposto de renda referente ao ano de 1997. O juiz mandou expedir o alvará na quantia de 380 UFIR, correspondente ao ano de 1998. Está claro que houve erro material a respeito do ano, razão pela qual foi peticionado informando tal, requerendo, assim, a correção do ano, já que não existia restituição de imposto da renda referente ao ano de 1998. O juiz entendeu que estava correto e que assim deveria sair o alvará: correspondente ao ano de 1998. Cabível na espécie agravo de instrumento, vez que a decisão resolveu questão incidental no processo, e não pôs fim do processo. Interposto o agravo de instrumento, o tribunal reformou a decisão determinando que fosse expedido o alvará correspondente ao ano de 1997.

A sentença, segundo o disposto no art. 203 do CPC, é o ato pelo qual se põe termo a processo. Melhor dizendo: sentença é ao ato no qual se encerra o procedimento.

Luiz Rodrigues Wambier dispõe que sentença é o pronunciamento judicial que tem por conteúdo o estabelecido nos artigos 485 e 487 do CPC e que tem por efeito principal pôr fim ao procedimento em primeiro grau de jurisdição e, em não havendo recurso, ao processo.

3.1.2) Finalidade

Com a interposição do recurso, e aqui é importante que se utilize o tecnicismo, recurso é interposto, tem o recurso as seguintes finalidades: reforma, invalidação, esclarecimento ou integração de decisão, no todo ou em parte, sendo os dois primeiros objetivos típicos dos recursos.

Dar-se-á a reforma quando ocorrer *error in iudicando*, i.e., má apreciação das questões de fato ou de direito material. Imagine-se a seguinte hipótese: Maria propôs ação de reparação de danos em face de uma instituição financeira que inseriu indevidamente seu nome nos cadastros de restrição ao crédito, pleiteando compensação pelos danos morais daí advindo no valor de R$ 12.000,00. O d. magistrado, entretanto, fixou a reparação do dano em R$ 5.000,00.

Maria, insatisfeita, quer recorrer por que acredita ter direito aos R$ 12.000,00. No caso vertente, resta claro o *error in iudicando*, pela má apreciação da questão de fato ou de direito material. Assim, cabível o recurso para reformar a decisão, ou seja, que o órgão superior reexamine a decisão e fixe a reparação do dano em até R$ 12.000,00 porque foi dada errônea solução à questão.

A invalidação consiste na existência de *error in procedendo*, i.e., erro no procedimento, melhor dizendo qualquer vício processual. Interposto quando o juiz não errou quanto ao conteúdo, mas deixou de apreciar a forma legal, sendo assim nula a sentença prolatada.

Neste item, os discentes têm as maiores dúvidas. Vício processual? O que seria isso? Quando faltar qualquer das condições da ação, incompetência do juízo, inexistência ou nulidade de citação, coisa julgada, perempção, convenção de arbitragem, inépcia da inicial, litispendência, conexão, incapacidade de parte, falta de caução, a oitiva de alguma testemunha que tenha sido arrolada, entre várias outras elencadas no Código de Processo Civil.

Assim, o que se pretende é uma decisão (do tribunal) que anule o pronunciamento recorrido retirando-o do processo, determinando ao órgão que o havia prolatado que profira nova decisão sobre aquela mesma questão. Um exemplo de invalidação, que aparentemente não haveria interesse em recorrer.

Proposta ação de obrigação de fazer, pelo rito sumário em face de um condomínio. réu ausente à audiência. Decretada a revelia. Sentença julgando procedente o pedido. Posteriormente, o oficial de justiça certificou que deixou de citar, pois o representante legal do réu estava viajando. Tempestivamente a autora interpôs recurso requerendo a anulação do processo. Há interesse em recorrer?

Sim, pois em sede de execução, em embargos, o síndico provaria a nulidade do processo de conhecimento.

Em assim sendo, sua cliente teria que pagar custas processuais e honorários de advogado ao condomínio por sucumbir aos embargos. De toda forma, teria que reiniciar a cognição novamente.

É importante ressaltar que, nos casos de extinção do processo sem julgamento de mérito, o art. 485 do CPC dispõe poder o tribunal – se a questão versar matéria de direito, ou de fato incontroverso, em razão de o processo já estar pronto para o julgamento, e por isso teoria da causa madura, em prol da economia processual – julgar a demanda, evitando-se assim a perda de tempo[126].

Mister informar que nestes casos deve haver pedido expresso de tal, sob pena de o tribunal não analisar, retornando assim os autos ao juízo monocrático para prolatar outra decisão.

---

126 RECURSO ESPECIAL REPETITIVO. TEMA 1000/STJ. PROCESSUAL CIVIL. CPC/2015. COMINAÇÃO DE ASTREINTES NA EXIBIÇÃO DE DOCUMENTOS REQUERIDA CONTRA A PARTE 'EX ADVERSA'. CABIMENTO NA VIGÊNCIA DO CPC/2015. NECESSIDADE DE PRÉVIO JUÍZO DE PROBABILIDADE E DE PRÉVIA TENTATIVA DE BUSCA E APREENSÃO OU OUTRA MEDIDA COERCITIVA. CASO CONCRETO. INSCRIÇÃO NEGATIVA EM CADASTRO DE INADIMPLENTES. PEDIDO AUTÔNOMO DE EXIBIÇÃO DO CONTRATO PERTINENTE À INSCRIÇÃO NEGATIVA. INDEFERIMENTO DA INICIAL PELO JUÍZO DE ORIGEM. APLICAÇÃO DA TEORIA DA CAUSA MADURA PELO TRIBUNAL DE ORIGEM. PROCEDÊNCIA DO PEDIDO DE EXIBIÇÃO COM COMINAÇÃO DE ASTREINTES. DESCABIMENTO. NECESSIDADE DE PRÉVIO JUÍZO DE PROBABILIDADE E DE PRÉVIA TENTATIVA DE BUSCA E APREENSÃO OU OUTRA MEDIDA COERCITIVA. ANULAÇÃO DA SENTENÇA E DO ACÓRDÃO RECORRIDO. RETORNO DOS AUTOS AO JUÍZO DE ORIGEM.
1. Delimitação da controvérsia: exibição incidental ou autônoma de documentos requerida contra a parte 'ex adversa' em demanda de direito privado.
2. Tese para os fins do art. 1.040 do CPC/2015: "Desde que prováveis a existência da relação jurídica entre as partes e de documento ou coisa que se pretende seja exibido, apurada em contraditório prévio, poderá o juiz, após tentativa de busca e apreensão ou outra medida coercitiva, determinar sua exibição sob pena de multa com base no art. 400, parágrafo único, do CPC/2015" (Tema 1000/STJ).
3. Caso concreto:
3.1. Controvérsia acerca da cominação de astreintes em ação autônoma de exibição ajuizada com o escopo de ter acesso ao contrato que teria dado origem a uma inscrição negativa em cadastro de inadimplentes.
3.2. Indeferimento da petição inicial pelo juízo de origem, tendo o Tribunal de origem reformado a sentença e, aplicando a teoria da causa madura, julgado procedente o pedido de exibição, com cominação de astreintes.
3.3. Descabimento da cominação de astreintes sem prévio juízo de probabilidade acerca da existência da relação jurídica e do documento, nos termos da tese firmada neste voto.
3.4. Necessidade de prévia tentativa de busca e apreensão ou outra medida coercitiva, antes da cominação de astreintes.
3.5. Desconstituição da sentença e do acórdão recorrido para que seja retomado o curso da ação de exibição de documentos para possibilitar a aplicação da tese consolidada neste voto, como se entender de direito. 4. RECURSO ESPECIAL PROVIDO, EM PARTE.
(REsp nº 1.777.553/SP, relator Ministro Paulo de Tarso Sanseverino, Segunda Seção, julgado em 26/5/2021, DJe de 1/7/2021.)

Os casos de esclarecimento e integração ocorrem nos embargos de declaração, que possuem natureza jurídica de recurso prevista no artigo 1.022 do novo CPC. O reexame da decisão é permitido quando a sentença se apresentar obscura, contraditória, omissa ou com erro material. Tais situações são regulamentadas pelos incisos do referido artigo.

Na primeira hipótese, no entendimento do ilustre mestre Alexandre de Freitas Câmara, o que se pretende é que o juiz prolator da decisão ré exprima o que já havia afirmado em sua decisão, mas que não havia sido expresso de forma clara. Câmara ainda apresenta um exemplo que facilita a compreensão.

"Durante uma festa, em seu palácio, o governador assoma à sacada e dele se houve esta frase: 'Roubaram a minha mulher'. Um popular, que assistia à cena, disse a outro: 'Roubaram a mulher do governador, coitado. Ele vai ficar sem mulher'. O interlocutor, vendo a primeira-dama na janela, explica: 'O governador não falou no acusativo; falou no dativo'". Ou seja, a mulher do governador havia sido vítima do crime de roubo, e não objeto do roubo. Da mesma forma se dá com a interposição de embargos de declaração nos casos em que haja obscuridade esclarecendo-se assim a decisão monocrática.

Ensina ainda Alexandre de Freitas Câmara que, por integração, entende-se a atividade de suprir lacunas, o que nos faz concluir que o recurso aqui sirva para suprir omissão contida na decisão judicial. Ou seja, a atividade judicial não se encerrou, em razão do juízo ter-se omitido sobre questão ao qual deveria ter se pronunciado. Pense-se, numa demanda, em que se pediu a condenação do réu ao pagamento de certa quantia, tendo o réu alegado em defesa, nulidade do contrato, e prescrição. O juiz julga procedente o pedido do autor, alegando que não havia a nulidade do contrato, restando omisso a respeito da prescrição. Cabíveis embargos de declaração para o fim de que a questão omissa seja apreciada. Assim, se reconhecida a prescrição, será julgado improcedente o pedido autoral. São os chamados embargos de declaração com efeitos infringentes, ou ainda embargos de declaração com efeitos modificativos.

3.1.3) Admissibilidade dos recursos

Os recursos têm duas fases, o juízo de admissibilidade e o juízo de mérito, sendo aquela apreciada em primeiro lugar. Na admissibilidade, verifica-se se estão presentes as condições do recurso, quais sejam legitimidade para recorrer, interesse em recorrer e possibilidade jurídica do recurso, pressupostos processuais, tais como órgão *ad quem* investido de jurisdição, recorrente com capacidade processual, tempestividade, preparo, onde presentes estes, passa-se à análise do mérito do recurso[127].

---

127 PROCESSUAL CIVIL. AGRAVO INTERNO NO RECURSO ESPECIAL. AUSÊNCIA DE VIOLAÇÃO DE ARTS. 489 E 1.022 DO CPC. ART. 996 DO CPC. ILEGITIMIDADE RECURSAL. EMBARGOS DE DECLARAÇÃO NÃO CONHECIDOS. AUSÊNCIA DE INTERRUPÇÃO DO PRAZO RECURSAL.
1. O acórdão recorrido abordou, de forma fundamentada, todos os pontos essenciais para o deslinde da controvérsia, razão pela qual não há falar na suscitada ocorrência de violação dos arts. 489 e 1.022 do CPC.
2. A legitimidade para recorrer constitui requisito de admissibilidade dos recursos, não se podendo conhecer de recurso interposto por quem não seja parte (art. 996 do CPC).
3. Nos termos da jurisprudência pacífica desta corte, a legitimidade para recorrer (assim como o interesse processual) constitui requisito

Quanto ao preparo, é importante ressaltar que se tem entendido que, a deserção apenas poderá ser decretada após o prazo de 5 (cinco) dias da intimação do recorrente para complementar o preparo. E mais, como parâmetro mínimo para complementação, é necessário que aquela seja sempre menor do que aquela que foi recolhida.

Caso o recurso seja admitido, haverá o conhecimento do recurso interposto, e, na análise do mérito, se for favorável ao recorrente, o recurso será provido; caso contrário, será negado provimento ao recurso.

3.1.4) Princípio da fungibilidade dos recursos

No Código de Processo Civil de 1939 era previsto o princípio da fungibilidade dos recursos, o que não ocorreu com o CPC de 1973, com as reformas daí advindas. A fungibilidade seria aplicada aos casos em que houver dificuldade de se distinguir qual o recurso cabível em razão do provimento proferido, ou seja, se a decisão tem natureza de decisão interlocutória ou de sentença. Nestes casos, admitia-se a fungibilidade, desde que não houvesse erro grosseiro ou má-fé, i.e., nos casos de dúvida objetiva[128].

Entretanto, na prática, difícil a ocorrência de dúvida objetiva, haja vista que a apelação é interposta no juízo monocrático e o agravo de instrumento, interposto no Tribunal de Justiça; assim, o juízo de admissibilidade dos recursos é realizado por autoridades distintas.

No atual Código de Processo Civil de 2015, o princípio da fungibilidade não é previsto expressamente. No entanto, a jurisprudência ainda reconhece sua aplicação em casos excepcionais, desde que não haja má-fé ou erro grosseiro por parte do recorrente e que o recurso utilizado seja compatível com a decisão impugnada. Em outras palavras, os tribunais podem, excepcionalmente, admitir a possibilidade de que o recorrente utilize um recurso diferente daquele previsto em lei, desde que seja razoável e justificável a dúvida objetiva sobre qual seria o recurso correto a ser utilizado.

3.1.5) Efeitos dos recursos

Quando interposto, o recurso tem três efeitos, a saber: impedir o trânsito em julgado, devolutivo e suspensivo. O primeiro é comum a todos os recursos, e pouco lembrado pelos doutrinadores, em que normalmente apenas há referência ao duplo efeito.

O duplo efeito corresponde ao efeito devolutivo e suspensivo. No primeiro caso, significa dizer que a decisão recorrida será reexaminada, podendo acarretar a invalidação ou mesmo a reforma, levando ao órgão *ad quem* o conhecimento da

---

de admissibilidade dos recursos, razão pela qual não se revelam cognoscíveis os embargos de declaração opostos por quem não seja parte vencida ou terceiro prejudicado. Prejudicado.

4. Os embargos de declaração não conhecidos não causam a interrupção dos prazos para os demais recursos. Agravo interno improvido. (AgInt no REsp nº 2.017.642/MG, relator Ministro Humberto Martins, Terceira Turma, julgado em 16/10/2023, DJe de 18/10/2023.)

128 PROPOSTA DE AFETAÇÃO. RECURSO ESPECIAL REPRESENTATIVO DA CONTROVÉRSIA. POSSIBILIDADE DE APLICAÇÃO DO PRINCÍPIO DA FUNGIBILIDADE RECURSAL AOS CASOS EM QUE, EMBORA CABÍVEL A INTERPOSIÇÃO DE RECURSO EM SENTIDO ESTRITO, A PARTE IMPUGNA DECISÃO MEDIANTE APELAÇÃO.

1. Delimitação da controvérsia: definir se é possível aplicar o princípio da fungibilidade recursal aos casos em que, embora cabível recurso em sentido estrito, a parte impugna a decisão mediante recurso de apelação e, em caso positivo, quais os requisitos necessários para a incidência do princípio em comento.

2. Afetação do recurso especial ao rito previsto nos arts. 1.036 e 1.037 do CPC/2015 e 256 e ss. do RISTJ.

(ProAfR no REsp nº 2.082.481/MG, relator Ministro Sebastião Reis Júnior, Terceira Seção, julgado em 17/10/2023, DJe de 20/10/2023.)

matéria recorrida, e aqui é importante lembrar que apenas a matéria recorrida pode ser apreciada, salvo os casos de matéria de ordem pública que pode ser apreciada de ofício. Nada mais é do que devolver ao tribunal matéria para reapreciação[129].

É mister ressaltar que no processo civil, tal como o processo penal, não há a *reformatio in peius*[130], que consistir na impossibilidade de piorar a situação do recorrente

---

129 QUESTÃO DE ORDEM NA PROPOSTA DE AFETAÇÃO. RECURSO ESPECIAL. ACÓRDÃO PROFERIDO EM IRDR. ART. 256-H DO RISTJ, C/C O ART. 1.037 DO CPC/2015. PROCESSAMENTO SOB O RITO DOS RECURSOS REPETITIVOS. CONTRATOS BANCÁRIOS. EMPRÉSTIMO CONSIGNADO. DISTRIBUIÇÃO DO ÔNUS DA PROVA. DELIMITAÇÃO DA CONTROVÉRSIA.
1. A presente questão de ordem tem por propósito melhor delimitar a matéria a ser apreciada por esta Corte Superior como recurso representativo da controvérsia.
2. O efeito devolutivo transfere ao órgão *ad quem* o conhecimento da matéria nos limites horizontais do recurso, isto é, não cabe ao tribunal apreciar matéria que não lhe foi transferida para apreciação, sob pena de se configurar o julgamento *extra petita*.
3. A questão controvertida deve ser delimitada ao seguinte tema: "Se nas hipóteses em que o consumidor/autor impugnar a autenticidade da assinatura constante do contrato juntado ao processo, cabe à instituição financeira/ré o ônus de provar essa autenticidade (CPC, art. 429, II), por intermédio de perícia grafotécnica ou mediante os meios de prova legais ou moralmente legítimos (CPC, art. 369)".
4. Recurso especial afetado ao rito do art. 1.036 do CPC/2015, com a redefinição da controvérsia.
(ProAfR no REsp nº 1.846.649/MA, relator Ministro Marco Aurélio Bellizze, Segunda Seção, julgado em 23/6/2021, DJe de 1/7/2021.)
130 AGRAVO INTERNO. PROCESSUAL CIVIL. EMBARGOS À EXECUÇÃO. HONORÁRIOS ADVOCATÍCIOS. OMISSÃO DA BASE DE CÁLCULO NO TÍTULO EXECUTIVO. INCIDÊNCIA SOBRE O VALOR DA CAUSA. CRITÉRIO DE EQUIDADE. ART. 20, § 3º E 4º, DO CPC/1973. DEVIDA E TEMPESTIVA ARGUIÇÃO PELA EMBARGANTE. INEXIGIBILIDADE E EXCESSO DE EXECUÇÃO. MATÉRIA DE ORDEM PÚBLICA. PRECLUSÃO. INEXISTÊNCIA. REEXAME DE MATÉRIA FÁTICO-PROBATÓRIA. IMPOSSIBILIDADE. RATIFICAÇÃO DE VOTO. RATIFICAÇÃO DA DECISÃO MONOCRÁTICA DO MINISTRO FRANCISCO FALCÃO
1. Anoto, preliminarmente, que recebi os autos em redistribuição após o despacho da fl. 1.125, e-STJ, ocasião em que o Relator originalmente designado, eminente Ministro Francisco Falcão, declarou-se suspeito por motivo de foro íntimo.
2. Em complemento ao Voto que anteriormente proferi, e para que não reste qualquer dúvida a respeito, RATIFICO, para todos os fins, a decisão monocrática ora recorrida, da lavra do Ministro Francisco Falcão. HISTÓRICO DO RECURSO 3. Trata-se de Agravo Interno interposto de decisão monocrática (fls. 1.058-1.065, e-STJ), proferida pelo Exmo. Ministro Francisco Falcão, que conheceu do Agravo para não conhecer do Recurso Especial, ante a incidência do óbice da Súmula 7/STJ. Em suma, entendeu sua Excelência (fls. 1.058/1.065, e-STJ): "O Tribunal de origem, em sede de embargos infringentes, vinculou-se ao conjunto fático-probatório dos autos para negar provimento ao recurso e manter a execução dos honorários pelo valor de R$ 10.170,16, com base no valor atualizado da causa. O acórdão recorrido confirmou que não houve inovação recursal por parte da União, isso porque os embargos à execução impugnaram totalmente a execução ao se fundarem na inexigibilidade do título (...). A decisão atacada ainda demonstrou que o título executivo havia deixado de fixar a base de cálculo dos honorários advocatícios e que a sentença manifestamente pautou-se no artigo 20, § 4º, do Código de Processo Civil de 1973 para fixar o percentual de 5% (...). Assim, a reanálise das alegações de inovação recursal, de extrapolação dos limites da coisa julgada e de aplicação do artigo 20, § 3º, do Código de Processo Civil de 1973 demanda inconteste revolvimento fático-probatório. Por consequência, o conhecimento de referida argumentação resta obstaculizada diante do verbete sumular 7 do Superior Tribunal de Justiça".
4. Redistribuídos os autos à minha Relatoria em virtude da já relatada suspeição do Ministro Francisco Falcão, neguei provimento ao Agravo Interno interposto pela parte, em apertadíssima síntese sustentando que "a Corte de origem, em detida análise dos fatos da causa originária (ação coletiva) e das peças processuais, concluiu pela ausência de expressa indicação da base de cálculo dos honorários sucumbenciais na sentença da ação de conhecimento, razão pela qual, em adequada interpretação do título executivo e dos dispositivos legais que disciplinavam a matéria à época (art. 20, § 4º, do CPC/1973), estabeleceu que os honorários advocatícios de 5% tinham como base de cálculo o valor atualizado da causa originária (R$ 203.403,26 em maio/2015) (fl. 678, e-STJ), o que foi feito a partir da correta aplicação dos princípios da razoabilidade e da proporcionalidade (...) A prevalecer a interpretação pretendida pelo recorrente, isto é, de que os honorários foram fixados com base no art. 20, § 3º, do CPC/1973, estaria contrariado o próprio sentido do dispositivo sentencial, pois aplicada a alíquota de 5% sobre o valor da condenação na ação coletiva, os honorários devidos, em valores atualizados para março/2021 (IPCA-E - IBGE), alcançariam aproximados R$ 18.492.218,00, quantia que não parece moderada à luz da ressalva expressa do próprio título executivo (...) tal como consta na r. decisão agravada da lavra do Eminente Min. Francisco Falcão, compreende-se que modificar as conclusões do aresto confrontado (no tocante à inexistência de violação da coisa julgada e ao valor dos honorários advocatícios devidos) implica reexame da matéria fático-probatória, o que é obstado ao STJ, conforme determina sua Súmula 7". VOTO DO EMINENTE MINISTRO MAURO CAMPBELL MARQUES.
5. O em. Ministro Mauro Campbell Marques vota no sentido de prover o Agravo Interno e o Recurso Especial, para interpretar que a condenação em honorários se deu no percentual de 5% do valor da condenação na ação coletiva (R$ 243.384.916,87 em março/2021 - IPCA-E IBGE), que corresponde a atualizados R$ 18.492.218,00 (fls. 35/36, e-STJ - março/2021 - IPCA-E).
6. Inicialmente, considera sua Excelência ser "fato incontroverso a falta de clareza no título judicial acerca da base de cálculo dos honorários advocatícios sucumbenciais no âmbito da ação coletiva", sendo "imune de dúvidas o patamar estratosférico a ser alcançado pelos honorários se o valor da condenação na sentença coletiva for utilizado como base de cálculo". Pondera, também, que, embora a lei vigente ao tempo da sentença estabelecesse o parâmetro do valor da condenação, a jurisprudência do STJ admitia, a partir de critérios de equidade, o uso do valor da causa como base de cálculo para incidência dos honorários fixados contra a Fazenda Pública, citando precedentes (AgInt nos EDcl no REsp 1.518.276/SP, Rel. Min. Assusete Magalhães, DJe 27.5.2021; EREsp 637.905/RS Rel. Min. Eliana Calmon, Corte Especial, DJU de 21.8.2006).
7. Reconhece o eminente Ministro Mauro Campbell Marques, contudo, que ao estabelecer o valor da causa coletiva como base de cálculo dos honorários advocatícios, tal como autorizava o revogado art. 20, § 4º, do CPC/1973, teria a Corte Regional desconsiderado a ocorrência de preclusão sobre o tema, pois, na esteira do que advogam os recorrentes, a inicial dos Embargos à Execução ofertados pela Fazenda Nacional

não impugnara a base de cálculo dos honorários, tendo tal tema sido arguido, apenas, em grau de Apelação da sentença dos embargos. O que, em seu sentir, não se admite e justifica o provimento do recurso.

8. Para encaminhar sua conclusão, faz aprofundada análise dos termos da inicial dos Embargos à Execução, da sentença proferida pelo magistrado de primeiro grau, bem como do recurso de Apelação ofertado pela Fazenda Nacional, conforme se destaca do seguinte trecho de seu Voto-Vista: "Ao se examinar os embargos à execução, que só tem 02 folhas (bem genéricas), vê-se que a União, desde o princípio, defende que o valor que deve pagar R$ 10.007.212,00 a título de advogados, mas por esses fundamentos: I - falta de elementos necessários à conferência dos valores a falta de comprovação do quanto é devido mês a mês a cada servidor; II - a falta de indicação dos advogados que receberão os honorários sucumbenciais; III - a falta de subsídios necessários à comprovação do valor devido a cada servidor mês a mês. Ou seja, em nenhum momento se discutiu a base de cálculo dos honorários advocatícios fixados na fase de conhecimento. A própria União, em apelação, admite que essas são as questões dos embargos à execução (e-STJ fl. 487): 'A UNIÃO alegou inexigibilidade do título causa impeditiva da execução e excesso de execução, uma vez que os exequentes não trouxeram aos autos os elementos necessários à conferência dos valores postulados, não restando comprovados os valores pagos mês a mês devidos a cada servidor. Ademais, não há como verificar os valores constantes da certidão emitida pelo Departamento de Polícia Federal, por se tratar de mera indicação de somatórios, carecendo da discriminação mensal e individual dos valores. Por outro lado, a FENAPEF deixou de indicar o advogado que irá receber os honorários advocatícios pleiteados'. Mesmo assim, a União - na apelação - suscitou a inexigibilidade do título pela ausência de base de cálculo da verba honorária com base no art. 741, II, III, V e VI, do CPC/1973. Frisa-se: não há uma só frase nos embargos à execução acerca da base de cálculo dos honorários fixados na sentença coletiva. Ora, a exigibilidade dos honorários advocatícios por falta de base de cálculo foi questão nova introduzida em apelação. Ou seja, tal como defendido pelo particular no recurso especial, 'Até a prolação da sentença nos embargos à execução, em momento algum a União se insurgiu contra a base de cálculo da execução, somente o fazendo, frisa-se, apenas em seu recurso de apelação.' (e-STJ fl. 923). Dessa forma, em que pese a fundamentação do Min. Herman Benjamin, reconheço a ocorrência de inovação recursal ainda em sede de apelação, razão pela qual não poderia o Tribunal de origem reformar a base de cálculo utilizada pelo recorrente nos cálculos dos honorários advocatícios, pois não são manifestamente contra o título executivo judicial. Essa compatibilidade se torna ainda mais evidente ao se observar os termos da sentença proferida nestes autos de embargos à execução, pois assim se manifestou o juiz federal Walner de Almeida Pinto: 'Considerando que a execução trata de honorários advocatícios de sucumbência, calculados mediante aplicação de porcentagem sobre o total da condenação, não há necessidade de planilha contendo as diferenças devidas, mês a mês, pagas a cada servidor, como alega a Embargante'". IMPOSSIBILIDADE DE SE INFIRMAR, SEM REVISÃO DO ACERVO FÁTICO-PROBATÓRIO, A DECISÃO DA ORIGEM PELA EFETIVA EXISTÊNCIA DE IMPUGNAÇÃO QUANTO À BASE DE CÁLCULO DOS HONORÁRIOS NOS EMBARGOS À EXECUÇÃO. SÚM. 7/STJ.

9. Com todas as vênias do ponto de vista ora trazido ao colegiado pelo eminente Ministro Mauro Campbell, entendo que tamanha incursão sobre o acervo fático-probatório dos autos extravasa, e muito, os limites de cognoscibilidade da irresignação neste grau (Súmula 7/STJ), visto que, para infirmar as conclusões pela inexistência de preclusão sobre a questão, soberanamente pronunciada na origem, foi preciso se afastar dos dados indicados no acórdão e reanalisar os termos da inicial dos Embargos à Execução, da sentença e das razões da Apelação da Fazenda Nacional, o que me parece incompatível com os limites do Recurso Especial.

10. Ademais, a conclusão da Corte Regional, a quem competia mesmo deliberar sobre o tema, foi diametralmente oposta à do eminente Vistor. O acórdão afastou expressamente a propalada preclusão sobre a questão da inexigibilidade e do excesso de execução (inexistência de título), que conforme reconhecido na origem, foi objeto de devida arguição pela Fazenda Nacional nos Embargos ofertados, verbis (fl. 831, e-STJ): "Como bem salientado pelo Ministério Público Federal, os embargos à execução da União 'são expressos no sentido da impugnação total à execução e estão amparados nos artigos 741, incisos II, V e VI, do Estatuto Processual Civil' (f. 738vº), ou seja, 'inexigibilidade do título', 'excesso de execução' e 'qualquer causa impeditiva, modificativa ou extintiva da obrigação, como pagamento, novação, compensação, transação ou prescrição, desde que superveniente à sentença'. E conclui a douta Procuradora Regional da República: 'Como se percebe, os embargos à execução fizeram referência à inexigibilidade do título, argumento esse que, inclusive, foi contraditado pelo ora recorrente quando da apresentação de sua impugnação (fls. 14/21), quando se fez menção ao cômputo dos honorários tomando-se por base não o valor da causa, mas o valor da condenação imposta à União Federal' (f. 738vº). Além disso, se a União pede, na inicial, sejam julgados procedentes os embargos 'para afastar a integralidade da execução' (f. 03), e pede, na apelação, como transcrito nos próprios embargos infringentes, o julgamento de procedência dos 'embargos, por inexigibilidade do título' (fs. 452 e 716), alegando expressamente a inexigibilidade por não ter sido indicada a base de cálculo e, por conseguinte, pela 'inviabilidade de qualquer cálculo' (f. 450), parece tranquilo que a redução parcial do valor da execução constitui, na verdade, pelas características da hipótese em julgamento, um minus em relação aos pedidos, pois o provimento integral da apelação encerraria a execução, e o seu desprovimento levaria aos cerca de dez milhões da execução originária. Mais: a verificação dos requisitos substanciais da obrigação consubstanciada no título executivo (certeza, liquidez e exigibilidade) é questão de ordem pública (artigos 580, 586 e 618, I, do CPC), apreciável de ofício, independentemente da propositura de embargos à execução, e, neste caso, houve efetivo contraditório sobre a base de cálculo dos honorários. Inexiste, portanto, ofensa aos artigos 2º, 128, 262,459 ou 460 do Código de Processo Civil" (grifei).

11. Em outros termos, e com as renovadas vênias à posição externada pelo eminente Ministro Mauro Campbell Marques, não se tem em seu voto, propriamente, revaloração dos elementos fáticos indicados no acórdão. Avançou-se sobre o conjunto fático-probatório dos autos para se infirmar as conclusões da origem no sentido de que não houve inovação recursal por parte da União, porque os Embargos impugnaram totalmente a execução ao se fundarem na inexigibilidade do título e outros fundamentos. O que é vedado pela Súmula 7/STJ. INEXISTÊNCIA DE BASE DE CÁLCULO DOS HONORÁRIOS ADVOCATÍCIOS NO TÍTULO EXECUTIVO. QUESTÃO DE ORDEM PÚBLICA. ARGUIÇÃO A QUALQUER TEMPO E INEXISTÊNCIA DE PRECLUSÃO 12. Ainda que não fosse pela própria constatação fática retrotranscrita do acórdão recorrido – isso é, que inexistiu preclusão sobre a questão porque, na verdade, houve impugnação da execução de honorários em toda sua extensão e profundidade (inexigibilidade do título e excesso de execução) –, fato é que não parece acertada a conclusão do Ministro Mauro Campbell Marques, no sentido de que estaria vedada a incursão sobre o tema (da inexistência de base de cálculo dos honorários) pela Corte Regional.

13. Como sabido, a verificação dos requisitos substanciais da obrigação representada pelo título executivo (certeza, liquidez e exigibilidade) é questão de ordem pública (arts. 618, I, CPC/1973 e 803, I, do CPC/2015), sobre o que não se opera preclusão. Não se exige sequer provocação da parte para que o magistrado, no controle dos pressupostos processuais e condições da ação executiva, em qualquer tempo ou grau de jurisdição, possa se pronunciar a respeito.

14. No caso, a extensão do título executivo integra os requisitos de validade da própria execução (inexistência de título quanto à parcela

quando do julgamento do recurso. Alexandre de Freitas Câmara, como sempre, exemplifica de forma excelente. Proferida a sentença que condenou o réu ao pagamento de certa quantia, tendo aquele interposto o recurso, não poderá o tribunal, ao apreciar a impugnação por ele interposta, aumentar o valor da condenação, piorando a situação de quem recorreu, em benefício de quem não havia manifestado insatisfação com a decisão impugnada. Entretanto, caso fosse contrário, em que o autor tivesse recorrido para aumentar o valor da condenação do réu, aí sim, poderia haver tal aumento.

Já o efeito suspensivo significa, como o próprio nome diz, suspender a eficácia de decisão monocrática antes do julgamento do recurso, impedindo o início de execução.

Em nosso sistema a regra é que os recursos tenham duplo efeito, ou seja, suspensivo e devolutivo, e quando não houver resultará sempre de previsão legal. Dúvida há quando

---

indevidamente reclamada), de modo que, mesmo que não tivesse havido impugnação nos Embargos à Execução sobre a inexistência de base de cálculo dos honorários, isso poderia ser feito oportunamente, em grau de Apelação (arts. 303, II, do CPC/1973 e 342, II, do CPC/2015), ou mesmo por intermédio de exceção (objeção) de pré-executividade (executividade), seja qual for o *nomen iuris* que a manifestação da parte apresentada no processo tiver. Doutrina e precedente (REsp 621.710/RS, Rel. Min. Eliana Calmon, Segunda Turma, DJ de 22.5.2006, p. 180).
15. Conforme bem apontado pelo. Ministro Mauro Campbell Marques em seu Voto-Vista, "a jurisprudência do STJ não admite a realização de inovação recursal, salvo quando a questão nova se tratar de fato novo ou matéria de ordem pública". Pois exatamente por essa última razão (matéria de ordem pública), mesmo que no caso não tivesse havido, nos Embargos à Execução, alegação da Fazenda Nacional sobre o vício na base de cálculo do título executivo, seria possível que a Corte Regional se pronunciasse sobre o tema de ofício ou por meio da arguição em Apelação (exceção de pré-executividade). Não houve, portanto, preclusão e, muito menos, inovação recursal processualmente condenável.
16. No mais, a demonstrar que o vício no título executivo é evidente, independendo do reconhecimento de dilação probatória e, por isso, pode ser arguido a qualquer tempo, reavivo a afirmação constante do acórdão, no sentido de que: "(...) a sentença simplesmente não estabeleceu a base de cálculo dos honorários advocatícios, e nada foi julgado efetivamente quanto ao ponto e por isso, não se pode falar em coisa julgada, nem em violação aos artigos 463, 468, 471 ou 473 do CPC. Quase supérfluo lembrar que 5% de nada é nada. Neste caso incidiria, ao meu ver, por semelhança de razões (já que a mera fixação de alíquota sem a definição da base de cálculo corresponde à ausência de fixação de honorários), o enunciado n° 453 da Súmula da Jurisprudência Predominante do Superior Tribunal de Justiça ('Os honorários sucumbenciais, quando omitidos em decisão transitada em julgado, não podem ser cobrados em execução ou em ação própria.'), mas os lindes da divergência se restringem, como já foi visto, a 5% do valor da causa ou da condenação, sendo vedada, ademais, a *reformatio in peius*" (fl. 832, e-STJ). TÍTULO EXECUTIVO QUE FIXOU HONORÁRIOS COM BASE NO VALOR DA CAUSA. ART. 20, § 4°, CPC/1973. EXPRESSA REFERÊNCIA NA SENTENÇA DE QUE OS HONORÁRIOS ESTAVAM SENDO FIXADOS "DE FORMA MODERADA" 17. Resgato por fim, em obiter dictum, fundamentos que trouxe quando da prolação de meu voto originário, no sentido da absoluta adequação do entendimento da origem acerca do tema em debate: "A interpretação pretendida pelo recorrente, de que os honorários foram fixados com base no valor da condenação (benefício econômico dos substituídos pela Federação Nacional dos Policiais Federais), não pode prevalecer, eis que à época da sentença (30.07.1998) era vigente o art. 20, § 4°, do CPC/1973, que tinha a seguinte redação:
Nas causas de pequeno valor, nas de valor inestimável, naquelas em que não houver condenação ou for vencida a Fazenda Pública, e nas execuções, embargadas ou não, os honorários serão fixados consoante apreciação equitativa do juiz, atendidas as normas das alíneas a, b e c do parágrafo anterior (...) Na medida em que o próprio título é expresso no sentido de que a fixação dos honorários estaria se dando de forma moderada em razão de a parte vencida ser a Fazenda Pública, razoável a exegese da Corte regional, a partir da mens do título executivo, de que a base de cálculo dos honorários era o valor da causa (art. 20, § 4°, do CPC/1973), e não o valor da condenação (art. 20, § 3°, do CPC/1973) (...) A prevalecer a interpretação pretendida pelo recorrente, isto é, de que os honorários foram fixados com base no art. 20, § 3°, do CPC/1973, estaria contrariada a própria essência do título executivo, pois aplicada a alíquota de 5% sobre o valor da condenação na ação coletiva, os honorários devidos, em valores atualizados para março/2021 (IPCA-E – IBGE), alcançariam aproximados R$ 18.492.218,00, quantia que não parece módica à luz da ressalva expressa do próprio título executivo. Por outro lado, embora não se negue ser a jurisprudência dessa Casa tem admitido, em caráter excepcional, a revisão de honorários fixados na origem quando desproporcionais, no caso presente tal entendimento sequer pode ser aplicado. O debate travado na origem não recaiu sobre os honorários fixados quando do julgamento dos Embargos à Execução, mas sim sobre a adequada interpretação do título executado transitado em julgado, o que obsta, nos termos do art. 467 do CPC/1973, qualquer revisão nesse grau". CONCLUSÃO 18. Por qualquer prisma que se analise a questão, seja na admissão do Recurso Especial (incidência da Súmula 7/STJ), seja no mérito (possibilidade de análise da base de cálculo dos honorários pelo Tribunal), não tem o recorrente razão.
19. Por isso, com respeitosas vênias dos que pensam de modo diverso, RATIFICO meu Voto no sentido de não prover o Agravo Interno, mantendo a decisão proferida pelo eminente Ministro Francisco Falcão e por mim ratificada neste ato.
(AgInt nos EDcl no AREsp n° 1.143.975/RJ, relator Ministro Herman Benjamin, Segunda Turma, julgado em 18/8/2022, DJe de 19/12/2022).

a lei for silente acerca do efeito suspensivo, sendo o entendimento majoritário de que, quando a lei não dispuser, o recurso terá efeito suspensivo.

Assim, fácil concluir que o recurso adesivo é um recurso subordinado ao recurso principal interposto pela outra parte. Não sendo admitido por qualquer razão o recurso principal, restará prejudicado o adesivo. Apenas as partes detêm legitimidades para interposição de recurso adesivo as partes, e não o Ministério Público e o terceiro prejudicado, pois condição de admissibilidade do recurso adesivo é a sucumbência recíproca, e MP e terceiro prejudicado não sucumbem.

Ressalte-se que o recurso adesivo cabe apenas nos seguintes recursos: apelação, embargos infringentes, recurso especial, recurso extraordinário e recurso ordinário.

3.2) Apelação

3.2.1) Cabimento

A apelação é recurso cabível de sentença, seja de mérito ou não, sendo o prazo de interposição de 15 (quinze) dias, contados a partir da intimação da sentença.

3.2.2) Forma

O artigo 1.009 estabelece que a apelação deve ser interposta por petição dirigida ao juízo de primeiro grau, contendo a exposição do fato e do direito, as razões do pedido de reforma ou de decretação de nulidade da decisão e o próprio pedido de nova decisão. A apelação é composta de duas petições: interposição e razões de apelação[131].

Já entendeu o STF que a "falta das razões do pedido de nova decisão impede o conhecimento da apelação". A peça de interposição, que é endereçada ao juízo monocrático, deve conter: número do processo, partes, ação, rito, o requerimento do tipo de efeito em que o recurso deve ser recebido, como restará claro adiante.

No que toca à qualificação das partes, tal torna-se desnecessário, haja vista as partes terem sido qualificadas na exordial, sendo certo que os autos serão remetidos ao tribunal, tornando-se assim sem efeito a norma que dispõe ser necessária a qualificação das partes.

---

131 PROCESSO CIVIL. RECURSO ESPECIAL. APELAÇÃO. EMBARGOS À MONITÓRIA. ACOLHIMENTO. LITISCONSORTES PASSIVOS. EXCLUSÃO PARCIAL. AÇÃO MONITÓRIA. ENCERRAMENTO. NÃO OCORRÊNCIA. AGRAVO DE INSTRUMENTO. CABIMENTO. ERRO GROSSEIRO. INEXISTÊNCIA. PRINCÍPIO DA FUNGIBILIDADE. APLICAÇÃO. RECURSO PROVIDO.
1. Os embargos à monitória têm natureza jurídica de defesa, e não de ação autônoma, de forma que seu julgamento, por si, não extingue o processo.
1.1. Somente é cabível recurso de apelação, na forma prevista pelo art. 702, § 9º, do CPC/2015, quando o acolhimento ou a rejeição dos embargos à monitória encerrar a fase de conhecimento.
1.2. No caso dos autos, contra a decisão que acolheu os embargos para excluir da lide parte dos litisconsortes passivos, remanescendo o trâmite da ação monitória em face de outro réu, é cabível o recurso de agravo, na forma de instrumento, conforme dispõem os arts. 1.009, § 1º, e 1.015, VII, do CPC/2015.
2. Havendo dúvida objetiva razoável sobre o cabimento do agravo de instrumento ou da apelação, admite-se a aplicação do princípio da fungibilidade recursal.
3. Recurso especial provido para determinar o retorno dos autos à origem, a fim de que seja analisado o recurso de apelação como agravo de instrumento.
(REsp nº 1.828.657/RS, relator Ministro Antonio Carlos Ferreira, Quarta Turma, julgado em 5/9/2023, DJe de 14/9/2023.)

A razões de apelação, que são dirigidas ao tribunal, devem conter as questões de fato e de direito que resultarão na invalidação, ou na reforma, conforme o caso concreto, contendo aí o pedido de nova decisão. Importante não se olvidar que, nas razões, não se pode inovar, trazer à apelação arguição de fatos novos.

Assim, o juízo monocrático fará o juízo de admissibilidade, recebendo ou não a apelação, e em que efeito, dando-se vista ao apelado para apresentação de contrarrazões, que é no prazo de 15 (quinze) dias. Mais uma vez, apresentadas as contrarrazões, o juízo monocrático fará o juízo de admissibilidade, podendo negar seguimento à apelação, quando o apelado suscitou causa de inadmissibilidade da apelação em suas contrarrazões. Após, serão os autos remetidos ao tribunal de justiça para análise.

É importante ressaltar que, de acordo com o novo CPC, documentos poderão acompanhar a apelação ou contrarrazões desde que sejam relevantes para a discussão do mérito da demanda, conforme previsão do art. 1.017, II. Ademais, em se tratando de terceiro prejudicado que interpõe apelação, este também poderá juntar documentos que entender necessários, nos termos do art. 997, § 10. É importante destacar que, em qualquer caso, os documentos devem ser apresentados no momento adequado do processo, sob pena de preclusão.

3.2.3) Efeitos

Geralmente, a apelação terá duplo efeito, o devolutivo e o suspensivo, salvo os casos elencados na segunda parte do art. 1.013 do CPC, quais sejam: homologar divisão ou demarcação; condenar a prestação de alimentos; julgar a liquidação de sentença; decidir processo cautelar; rejeitar liminarmente embargos à execução ou julgá-los improcedentes; julgar procedente o pedido de instituição de arbitragem; e confirmar a antecipação dos efeitos da tutela.

E ainda, sentença que decreta a interdição (1.184 CPC) e sentença de ação de despejo, consignação em pagamento de aluguel e acessórios da locação, revisional de aluguel e renovatórias de locação (art. 58, V da Lei nº 8.245/91) e sentença que negue ou conceda o mandado de segurança (parágrafo único do art. 12 da Lei nº 1.533/51).

Nestes casos, poderá ser requerido o efeito suspensivo, de acordo com o art. 1.012 *caput* e parágrafo único do CPC[132], desde que haja possibilidade de lesão grave

---

132 PROCESSUAL CIVIL. AGRAVO INTERNO. RECURSO EM MANDADO DE SEGURANÇA. IMPETRAÇÃO NO PRAZO PARA INTERPOSIÇÃO DE APELAÇÃO. AFASTAMENTO DA SÚMULA Nº 202 DO STJ EM RAZÃO DA CIÊNCIA DO IMPETRANTE, TERCEIRO PREJUDICADO, NO PRAZO PARA RECURSO. PRECEDENTES. IMPOSSIBILIDADE DE IMPETRAÇÃO DE MANDADO DE SEGURANÇA CONTRA ATO JUDICIAL DO QUAL CABE RECURSO. INCIDÊNCIA DA SÚMULA Nº 267 DO STF.
1. O cabimento do mandado de segurança contra ato judicial pelo terceiro prejudicado, nos termos da Súmula 202/STJ (A impetração de segurança por terceiro, contra ato judicial, não se condicional à interposição de recurso), exige, além do pressuposto lógico de não integrar a lide, que o terceiro não tenha sido cientificado da decisão judicial que o prejudicou ou que apresente razões que justifiquem a não interposição do recurso cabível.
2. Demonstrado que o impetrante teve ciência do teor do ato judicial ainda no prazo para a interposição de recurso, no caso, apelação, a qual possui efeito suspensivo, a teor do art. 1.012 do CPC/2015, incide na hipótese a Súmula nº 267 do STF, segundo a qual "Não cabe mandado de segurança contra ato judicial passível de recurso ou correição". Nesse sentido: AgInt na Pet 12650/RN, Rel. Min. Isabel Gallotti, Quarta Turma, DJe 4.3.2021; RMS 51.532/CE, Rel. Ministro Napoleão Nunes Maia Filho. Rel. para o acórdão Ministro Gurgel de Faria, Primeira Turma, julgado em 18/8/2020, DJe 19/8/2020; AgRg no RMS 50.012/ SP, Rel. Ministro Luis Felipe Salomão, Quarta Turma, DJe 21/03/2016.3. Agravo interno não provido.
(AgInt no RMS nº 68.202/DF, relator Ministro Mauro Campbell Marques, Segunda Turma, julgado em 30/5/2022, DJe de 3/6/2022.)

e de difícil reparação, oriundo mesmo do poder geral de cautela do juiz, advindo do disposto no art. 798 do CPC.

Tal requerimento deve constar da peça de interposição, tendo em vista que quem faz o juízo de admissibilidade é o juiz que prolatou a sentença, tendo mesmo que constar toda a fundamentação acerca da possibilidade de lesão grave e de difícil reparação. Nos casos de indeferimento da apelação no duplo efeito, cabível o agravo de instrumento.

3.2.4) Teoria da causa madura

Dispõe o art. 1.015, § 3º do CPC: "Nos casos de extinção do processo sem julgamento do mérito, o tribunal, ao julgar o agravo de instrumento, poderá julgar desde logo a lide, se a questão for exclusivamente de direito e estiver em condições de imediato julgamento".

Assim, quando a questão for exclusivamente de direito, ou estiver em condições de imediato julgamento, o tribunal de justiça, em prol da economia processual, julgará de imediato o mérito[133].

Eliézer Rosa, citado por Alexandre de Freitas Câmara, entende que "causa madura é aquela que está completamente instruída e pronta para receber a sentença de mérito. Quando o juiz, por *error in iudicando*, em lugar de julgar o mérito, põe fim ao processo por uma sentença processual, sobre a ação, julgando, por exemplo, o autor carecedor de ação. Havendo recurso, em segunda instância há dois caminhos a seguir: a) cassa a sentença, fazendo baixar os autos, para que o juiz profira sentença de mérito; b) pelo princípio da causa madura, reforma sentença na sua conclusão, e profere um julgamento sobre o mérito, pela procedência ou improcedência do pedido".

Assim, fácil concluir que não é qualquer extinção do processo sem julgamento de mérito. A causa deve versar questão apenas de direito, e o feito deve estar em condições

---

133 RECURSO ESPECIAL REPETITIVO. TEMA 1000/STJ. PROCESSUAL CIVIL. CPC/2015. COMINAÇÃO DE ASTREINTES NA EXIBIÇÃO DE DOCUMENTOS REQUERIDA CONTRA A PARTE 'EX ADVERSA'. CABIMENTO NA VIGÊNCIA DO CPC/2015. NECESSIDADE DE PRÉVIO JUÍZO DE PROBABILIDADE E DE PRÉVIA TENTATIVA DE BUSCA E APREENSÃO OU OUTRA MEDIDA COERCITIVA. CASO CONCRETO. INSCRIÇÃO NEGATIVA EM CADASTRO DE INADIMPLENTES. PEDIDO AUTÔNOMO DE EXIBIÇÃO DO CONTRATO PERTINENTE À INSCRIÇÃO NEGATIVA. INDEFERIMENTO DA INICIAL PELO JUÍZO DE ORIGEM. APLICAÇÃO DA TEORIA DA CAUSA MADURA PELO TRIBUNAL DE ORIGEM. PROCEDÊNCIA DO PEDIDO DE EXIBIÇÃO COM COMINAÇÃO DE ASTREINTES. DESCABIMENTO. NECESSIDADE DE PRÉVIO JUÍZO DE PROBABILIDADE E DE PRÉVIA TENTATIVA DE BUSCA E APREENSÃO OU OUTRA MEDIDA COERCITIVA. ANULAÇÃO DA SENTENÇA E DO ACÓRDÃO RECORRIDO. RETORNO DOS AUTOS AO JUÍZO DE ORIGEM.
1. Delimitação da controvérsia: exibição incidental ou autônoma de documentos requerida contra a parte 'ex adversa' em demanda de direito privado.
2. Tese para os fins do art. 1.040 do CPC/2015: "Desde que prováveis a existência da relação jurídica entre as partes e de documento ou coisa que se pretende seja exibido, apurada em contraditório prévio, poderá o juiz, após tentativa de busca e apreensão ou outra medida coercitiva, determinar sua exibição sob pena de multa com base no art. 400, parágrafo único, do CPC/2015" (Tema 1000/STJ).
3. Caso concreto:
3.1. Controvérsia acerca da cominação de astreintes em ação autônoma de exibição ajuizada com o escopo de ter acesso ao contrato que teria dado origem a uma inscrição negativa em cadastro de inadimplentes.
3.2. Indeferimento da petição inicial pelo juízo de origem, tendo o Tribunal de origem reformado a sentença e, aplicando a teoria da causa madura, julgado procedente o pedido de exibição, com cominação de astreintes.
3.3. Descabimento da cominação de astreintes sem prévio juízo de probabilidade acerca da existência da relação jurídica e do documento, nos termos da tese firmada neste voto.
3.4. Necessidade de prévia tentativa de busca e apreensão ou outra medida coercitiva, antes da cominação de astreintes.
3.5. Desconstituição da sentença e do acórdão recorrido para que seja retomado o curso da ação de exibição de documentos para possibilitar a aplicação da tese consolidada neste voto, como se entender de direito.4. RECURSO ESPECIAL PROVIDO, EM PARTE.
(REsp nº 1.777.553/SP, relator Ministro Paulo de Tarso Sanseverino, Segunda Seção, julgado em 26/5/2021, DJe de 1/7/2021.)

de imediato julgamento. Se se tratar de extinção do processo sem julgamento de mérito por indeferimento da inicial, não há que se falar de causa madura, tendo em vista que o feito não está pronto para julgamento, pois nem mesmo foi estabelecido o contraditório, devendo assim os autos retornarem ao juízo de origem, a fim de se estabelecer a relação jurídica processual, com a expedição do mandado de citação.

Humberto Theodoro Júnior, citando Flávio Cheim Jorge, explica que o pedido do apelante para que o tribunal julgue o mérito da causa é requisito intransponível. O modelo apresentado na seção 3.2.6 deixará claro a feitura de apelação com o requerimento de efeito suspensivo, de acordo com o art. 558 do CPC, bem como deve ser feito o pedido de aplicação da teoria da causa madura.

3.2.5) Da Tutela de urgência

Parece até estranho tratar de antecipação dos efeitos da tutela em sede de recurso, mas o art. 300 do CPC, pode ser aplicado em qualquer fase do processo, e ademais, o art. 1.019, III do CPC dispõe acerca da concessão de antecipação de tutela em sede de agravo, sendo certo que pode ser aplicado facilmente a apelação em alguns casos concretos[134].

3.2.6) Modelos de apelação

EXMO. SR. JUIZ DE DIREITO 1ª DA VARA DE FAMÍLIA REGIONAL DE JACAREPAGUÁ

Processo nº:

TIAGO DA SILVA e PEDRO DA SILVA JÚNIOR, menores absolutamente incapazes, neste ato representados por sua mãe, Ana da Silva, nos autos da AÇÃO DE ALIMENTOS, pelo rito especial, por si e por seus filhos, que movem em face de PEDRO DA SILVA, vêm, interpor o presente recurso de

---

134 AGRAVO INTERNO NA AÇÃO RESCISÓRIA. ERRO DE FATO. TUTELA PROVISÓRIA. COGNIÇÃO SUMÁRIA. EXISTÊNCIA DE FATO CONTROVERTIDO PRONUNCIADO PELAS INSTÂNCIAS ORDINÁRIAS.
1. A antecipação dos efeitos da tutela, em sede de ação rescisória, além de constituir hipótese excepcional, requer, de forma concomitante, a presença de prova inequívoca da verossimilhança das alegações e de fundado receio de dano irreparável ou de difícil reparação.
2. Não se pode olvidar que o art. 966, VIII, § 1º do CPC/2015, em idêntica linha outrora albergada pelo art. 485, IX, § 2º do CPC/1973, consigna que somente se considera ocorrido o erro de fato, quando a situação não represente ponto controvertido sobre o qual o juiz deveria ter-se pronunciado.
3. Nota-se que a hipótese delineada, nos presentes autos, representa ponto controvertido, máxime porque, desde a primeira instância, há discussão a respeito da data de filiação do autor.
4. Saliente-se, ainda, que as decisões proferidas durante o processo originário demonstram, de maneira inequívoca, que a filiação do requerido ocorreu antes do o regulamento da fundação prever idade mínima para a fruição do benefício.
5. Nesse diapasão, verifica-se que as alegações da autora, em juízo provisório, não evidenciam a probabilidade do direito, apta a promover a concessão da tutela de urgência pleiteada.
6. Agravo interno não provido.
(AgInt na AR nº 5.839/CE, relator Ministro Luis Felipe Salomão, Segunda Seção, julgado em 15/6/2021, DJe de 21/6/2021.)

APELAÇÃO

para o Egrégio Tribunal de Justiça do Estado do Rio de Janeiro, apresentando as razões anexas.

Isso posto, requer a V. Exa. se digne em receber o presente recurso, no seu efeito prescrito em lei, remetendo os autos à Superior Instância.

Requer outrossim, que os presentes autos sejam remetidos à Superior Instância desvencilhados da execução de alimentos a fim de evitar danos irreparáveis aos primeiros apelantes.

P. deferimento.

Local e data.

NOME DO ADVOGADO
OAB

RAZÕES DE APELAÇÃO

Processo nº: 2002.000.000.000-5

Apelante: TIAGO DA SILVA e PEDRO DA SILVA JÚNIOR, menores absolutamente incapazes, neste ato representados por sua mãe, Ana da Silva.
Apelado: PEDRO DA SILVA

EGRÉGIA CÂMARA,

Merece reforma a r. sentença recorrida em razão da má apreciação das questões de fato e de direito, como irão demonstrar os apelantes.

DOS FUNDAMENTOS DE FATO E DE DIREITO

Trata-se de ação de alimentos proposta pelos apelantes em face do apelado, tendo por fundamento o poder familiar. Ressalte-se que a ação foi proposta em 15/10/20XX, tendo sido prolatada sentença em 20 de abril de 2005.

Em 26/11/XX foi realizada audiência de instrução e julgamento, sem, no entanto, terem sido fixados os alimentos definitivos, ocasião em que deveria ter sido apresentada contestação.

Entretanto, consta nos autos mera petição, após fixação dos alimentos provisórios em 30% dos vencimentos líquidos do apelado, bem como os pagamentos do aluguel do imóvel onde os apelantes residissem, tendo tal decisão transitado em julgado.

Os apelantes, até o presente momento, vez que passaram por três anos sem o percebimento a que tinham direito, quais sejam, férias, décimo terceiro, já que fazem parte das verbas trabalhistas do apelado, agora terão que amargar a sua sobrevivência com 34% dos vencimentos líquidos do réu, novamente sem férias e décimo terceiro, vez que o juiz não acolheu os embargos declaratórios opostos tempestivamente.

E mais, quase três anos após a audiência de instrução e julgamento, 23/03/05, que, repita-se, deu-se em 26/11/XX, a juíza determinou com que o réu juntasse a contestação.

Evidente está a preclusão no caso vertente, posto que não se admite a qualquer momento determinar a juntada de contestação, aplicando-se à espécie à revelia, tendo como verdadeiros os fatos alegados na exordial.

Ensina Alexandre de Freitas Câmara, *in* "Lições de Direito Processual" Civil, Lumen Juris, p. 292, 2002, 7ª edição:

> "Em nosso sistema, revelia é ausência de contestação, sendo esta a única situação em que se pode admitir ocorrência do fato processual da revelia.
>
> Este é o efeito material da revelia. Trata-se de presunção relativa e que, por conseguinte, pode ser ilidida por prova em contrário. Note-se que, no direito brasileiro (como no italiano), o revel pode intervir no processo a qualquer tempo, recebendo-o no estado em que se encontra."

Verifica-se que não se atendeu ao princípio da razoabilidade, tendo em vista que a jurisdição foi prestada com retardo inexplicável, pois estatisticamente, evidencia-se que as ações de alimentos, no máximo, têm a duração de 06 meses, o que não se deu no caso vertente.

Ademais, constata-se ainda o *error in iudicando*, tendo em vista a má apreciação das questões de fato e de direito, pois os apelantes, apesar de terem que esperar por dois anos e meio para prestação da jurisdição, não têm direito a férias, bem como ao décimo terceiro salário, que integram as verbas trabalhistas.

É notório que o décimo terceiro e férias integram os vencimentos do apelado, em que pese opinião do magistrado *a quo*, que se eximiu de julgar tal, o que resultou na interposição de embargos de declaração, não tendo efeito prático, posto que rejeitados.

Segundo o Dicionário Brasileiro Globo, salário significa retribuição de serviço (Francisco Fernandes, Celso Pedro Luft, F. Marques Guimarães, 32ª edição, São Paulo: Globo, 1993).

O décimo terceiro salário, como o próprio nome diz, é salário, logo retribuição de serviço.

Férias correspondem às verbas trabalhistas, que o trabalhador tem direito a gozar, e receber o pagamento das mesmas.

Por um raciocínio lógico, chega-se à conclusão óbvia de que as férias, bem como o décimo terceiro salário, integram os vencimentos, o que confere aos apelantes o percebimento de tal, tendo em vista a necessidade dos mesmo para a mantença dos menores.

Outro não é o entendimento jurisprudencial:

> "EMENTA: AGRAVO DE INSTRUMENTO - AÇÃO DE OFERECIMENTO DE ALIMENTOS C/C GUARDA E REGULAMENTAÇÃO DAS VISITAS - FIXAÇÃO ALIMENTOS AO FILHO MENOR - MAJORAÇÃO - IMPOSSIBILIDADE - MANUTENÇÃO DA DECISÃO. - O Código Civil, em seu artigo 1.694, § 1º, dispõe que os alimentos devem ser fixados na proporção das necessidades do reclamante e dos recursos da pessoa obrigada, o que significa dizer, por outras palavras, que a verba alimentar deve ser fixada observando-se o trinômio necessidade/possibilidade/proporcionalidade. Corrobora a jurisprudência em todo nosso país no sentido de que nos alimentos incluem-se décimo terceiro e férias."

Entende ainda a doutrina pátria que os alimentos constituem o necessário para conviver de acordo com sua condição social, inclusive para atender às necessidades de educação. Em outras palavras, os alimentos não constituem, no sentido exato do vernáculo, "comida", mas sim contribuição para o sustento dos apelantes na educação, vestuário, lazer, bem como atendimento médico.

Assim, por mero cálculo aritmético, constata-se que os valores fixados a título de alimentos definitivos são insuficientes para mantença dos apelantes, posto que são crianças, e é notório que o cônjuge que fica com a guarda dos filhos sempre tem mais despesas. O valor corresponde a 40% dos vencimentos do apelado é necessário à subsistência e criação dos apelantes.

Outro aspecto a ser ressalte reside no fato de que a ex-mulher do apelado, ora também apelante, pleiteou alimentos em seu favor, posto que, desde o início do casamento, o apelante, por convicções pessoais, impediu que aquela trabalhasse, para que ela cuidasse da casa e dos filhos.

A alegação de que a apelante não trabalha porque não quer não merece prosperar, pois o desemprego ronda os lares de todos os brasileiros, o que é fácil constatação, pois diariamente é noticiado nos telejornais o índice crescente alarmante do desemprego.

Em nenhum momento quis-se pedir mais do que aquilo a que tinha direito. Muito pelo contrário, a apelante apenas quer o valor suficiente para que possa reerguer-se, pois atualmente vive de favores de parentes, foi despejada com as crianças do imóvel onde residia (o que resultou na execução dos alimentos provisórios fixados anteriormente), tendo mesmo diversas privações, sendo certo ainda que seu nível social teve uma queda brusca, o que, por si só, enseja no pensionamento da ex-mulher do apelado, por um período razoável, a fim de que possa reerguer-se.

Veja-se o entendimento doutrinário, *in* Sílvio de Salvo Venosa, Direito Civil, 3ª edição, p. 386, Editora Atlas São Paulo S.A., 2013:

> "... a regra geral é, portanto, que em caso de separação judicial ou de fato, o marido prestará pensão alimentícia à mulher. A doutrina e a jurisprudência brasileira têm emprestado à pensão, concedida na separação judicial ou no divórcio, nítida natureza alimentar, representativa do prolongamento do dever de assistência, nascido com o vínculo do casamento' (Pereira, 1998:89)"

DO PEDIDO DE NOVA DECISÃO

Em razão de todo o exposto, requer o apelante que esse Egrégio Tribunal conheça do recurso ora interposto e lhe dê provimento para invalidar a decisão monocrática, ou, face ao princípio da eventualidade, reformar a sentença recorrida no sentido de julgar procedente o pedido fixando-se os alimentos definitivos em 40% dos vencimentos líquidos do apelado, incluindo-se férias e décimo terceiro, a serem depositados em conta corrente da representante legal dos apelantes, bem como seja julgado procedente o pedido fixando-se os alimentos definitivos em favor da apelante, nos termos da exordial, por ser medida de Direito e de JUSTIÇA.

Local e data.

NOME DO ADVOGADO
OAB
EXMO. SR. JUIZ DE DIREITO DA 1ª VARA CÍVEL DA COMARCA DE SÃO GONÇALO

Proc. nº

MARINA DA SILVA, nos autos da AÇÃO DE DESPEJO, pelo rito especial, movida por CORTESIAS S.A., inconformada com a r. sentença de fls. 22/23, vem a V. Exa., tempestivamente, interpor recurso de APELAÇÃO para o Egrégio Tribunal de Justiça do Estado do Rio de Janeiro, apresentando as razões anexas, assim como o comprovante de recolhimento das custas relativas ao preparo do recurso.

Isso posto, requer a V. Exa. se digne em receber o presente recurso no duplo efeito, aplicando-se o disposto no art. 300 do CPC, em razão da possibilidade de lesão grave e de difícil reparação, suspendendo o cumprimento da decisão até o pronunciamento definitivo do Tribunal, remetendo os autos à Superior Instância.

P. deferimento.

Local e data.

NOME DO ADVOGADO
OAB
RAZÕES DE APELAÇÃO

Processo nº

Apelante: MARINA DA SILVA
Apelada: CORTESIAS S.A.

EGRÉGIA CÂMARA,

Merece invalidação ou reforma a r. sentença, em razão de ofensa aos princípios constantes no art. 5º LIV, LV da Constituição da República, como irá demonstrar a apelante.

DOS FUNDAMENTOS DE FATO E DE DIREITO

A apelante firmou em 15 de maio de 20XX, contrato de locação de salas comerciais com a apelada.

Alegando falta de pagamento de aluguéis, a apelada propôs ação de despejo em face da apelante.

O pedido foi julgado procedente, conforme sentença de fls. 22/23.

Apesar de ter seguido seu curso normal, o referido processo encontra-se eivado de nulidade, devendo esta ser reconhecida por trazer integral prejuízo à defesa, tendo em vista que a citação foi absolutamente nula.

A apelante reside e tem domicílio na Rua das Orquídeas nº 200, Jacarepaguá, nesta cidade, conforme informado no contrato de locação juntado pela própria apelada (doc. fl. 05).

Não se sabe a razão pela qual a apelada requereu, na exordial, que a apelante fosse citada no endereço dos imóveis objetos da locação, ou seja, na Rua Cel. Cerrado, nº 1.000, em São Gonçalo, já que tinha conhecimento do domicílio da apelante, sendo certo que no contrato de locação figura como locatária a ora apelante, não devendo se confundir a pessoa física desta com a pessoa jurídica, que não tem relação jurídica com a apelada.

Obviamente a apelante não foi encontrada no endereço fornecido, já que reside em município diverso, sendo então citada na modalidade de citação por hora certa, conforme fl. 17.

Diante disso, sem que a apelante tivesse ciência de que era ré no referido processo, o prazo para contestação, purga da mora e demais meios de impugnação transcorreram *in albis*, tendo ainda a apelante sofrido os efeitos da revelia.

A apelante tem domicílio certo; a apelada tem conhecimento de seu endereço, mesmo assim requereu que a citação fosse efetuada em município distante de seu domicílio.

Conforme se extrai da leitura do contrato de locação, a apelante é a única locatária, com a ressalva de que poderá esta qualidade se estender a empresa que ela venha a participar, mas a apelante não veio a integrar ao quadro social de nenhuma empresa ligada ao contrato de locação objeto do litígio ou qualquer outra e, mesmo que viesse a integrar, não se pode confundir a empresa com a figura da locatária.

Por essa razão, a apelante é parte legítima para discutir questões relacionadas ao referido contrato de locação, mas eventuais citações, intimações ou notificações deverão ser efetivadas em seu domicílio, ou seja, na Rua das Orquídeas, nº 2.000, Jacarepaguá, e não em São Gonçalo.

A jurisprudência apresenta-se tranquila quanto à questão, protegendo a parte prejudicada pela citação nula, conforme a acórdão proferido por este Egrégio Tribunal que trazemos à colação:

> AGRAVO DE INSTRUMENTO E AGRAVO INTERNO. JULGAMENTO CONJUNTO. AÇÃO DE DESPEJO POR FALTA DE PAGAMENTO. TUTELA DE URGÊNCIA PARA DESOCUPAÇÃO DO IMÓVEL DEFERIDA, MEDIANTE PRESTAÇÃO DE CAUÇÃO NO VALOR DE TRÊS MESES DO ALUGUEL. INTELIGÊNCIA DO ART. 59, § 1º, IX, DA LEI Nº 8.245/1991. OFERTA DO PRÓPRIO DÉBITO PARA CAUCIONAR O DESPEJO. POSSIBILIDADE. PRECEDENTES. RECURSOS DE AGRAVO DE INSTRUMENTO E AGRAVO INTERNO CONHECIDOS E PROVIDOS. 1. Tanto para a análise do Agravo Interno quanto para a análise do Agravo de Instrumento, devem ser analisados os mesmos fatos e direito. Desta forma, para dar celeridade ao feito e não haver prejuízo as partes, deve o Agravo Interno interposto

pelo Agravante ser julgado juntamente com o mérito do recurso principal. 2. A lei de locações de imóveis urbanos nº 8.245/91, por meio do parágrafo 1º do artigo 59, estabelece que será concedida liminar para desocupação do imóvel, nas demandas de despejo, logo que haja prestação de caução proporcional a três meses de aluguel, apontando o rol de possibilidades aptas para tanto. 3. A caução pode se dar mediante depósito, de bens móveis ou imóveis, e até mesmo pela oferta de direito de crédito, inclusive do próprio crédito locatício buscado na demanda originária. (TJPR - 18ª C. Cível - XXXXX-24.2021.8.16.0000 - Curitiba - Rel.: DESEMBARGADOR MARCELO GOBBO DALLA DEA - J. 05/07/2021)

A citação válida é ato indispensável para a validade do processo, conforme dispõe o art. 239 do CPC. Parte da doutrina chega a considerá-la pressuposto processual de validade.

A citação por hora certa, como modalidade de citação ficta, tem por finalidade assegurar a realização do ato citatório nos casos em que o demandado pretenda frustrar a citação, ocultando-se. Não há razão para utilização desta modalidade nos casos em tela, já que a apelante tem endereço certo e em nenhuma hipótese tentaria frustrar o ato do oficial de justiça.

Diante do ocorrido, são incontestáveis os prejuízos sofridos pela defesa, já que, em decorrência da nulidade da citação, a apelante não teve ciência dos termos do processo, desconhecia os fatos narrados na inicial, não pôde responder a eles nem realizar a purga da mora, foi impossibilitada de evitar a rescisão do contrato de locação, não pode comparecer à audiência de conciliação, enfim, foi condenada injustamente à revelia.

Pelo exposto, fica evidente a ofensa aos princípios processuais constitucionais do devido processo legal, da ampla defesa e do contraditório, merecendo tal nulidade ser reconhecida, declarando-se nula a citação, anulando-se o processo, realizando-se nova citação para que possa a apelante exercer a mais ampla defesa, em homenagem aos princípios citados.

Deve-se ainda assertar que mais um requisito legal foi inobservado, qual seja, o constante no art. 72, II do CPC.

Dispõe o r. artigo que o juiz dará curador especial nos casos de réu revel citado por hora certa.

Conforme se verifica nos autos, não há nenhuma intimação da curadoria especial para que ela pudesse realizar a defesa da apelante, ainda que por negativa genérica.

Em nenhum momento, durante o processo, encontra-se qualquer manifestação da curadoria especial, o que caracteriza afronta ao mandamento legal que tem por escopo proteger os interesses da parte que, pelos motivos legais, não possa manifestar-se por si na defesa de seus interesses.

A jurisprudência deste Egrégio Tribunal demonstra que a r. norma não pode ser afastada, classificando como nulidade sua inobservância:

> LOCAÇÃO. AÇÃO DE DESPEJO POR FALTA DE PAGAMENTO CUMULADA COM COBRANÇA. DEFERIMENTO DE MEDIDA LIMINAR. PLEITO DE IMEDIATA EXECUÇÃO DO DESPEJO DO RÉU E DE SUA FAMÍLIA. DESACOLHIMENTO. CITAÇÃO DO DEMANDADO NÃO CONCRETIZADA. IMPOSSIBILIDADE DE ATRIBUIR EFICÁCIA DE CITAÇÃO À SIMPLES CIENTIFICAÇÃO DA OCUPANTE DO IMÓVEL. NECESSIDADE DE AQUILATAR OS "REQUISITOS PARA A CITAÇÃO COM HORA CERTA. RECURSO IMPROVIDO, COM OBSERVAÇÃO. 1. Deferida a medida liminar de despejo, o réu não foi citado, ocorrendo apenas a cientificação da ocupante do imóvel. Pretende a locadora seja determinada a imediata execução do despejo do réu e de sua família. 2. Diante da constatação de que o verdadeiro legitimado passivo não foi citado, não há fundamento para acolher o pleito de imediata execução da ordem de despejo dele e de sua família, não se mostrando suficiente a simples cientificação da ocupante do imóvel. 3. Necessidade de verificar eventual presença dos requisitos legais para a citação e intimação com hora certa."

Isso posto, verifica-se a necessidade da anulação do processo, pela caracterização, uma vez mais, de ofensa aos princípios processuais constitucionais do devido processo legal, da ampla defesa e do contraditório.

Sem embargo quanto às nulidades apresentadas, deve-se ressaltar também, *ad argumentandum*, que o juízo da Comarca de São Gonçalo não é o competente para processar e julgar o processo de despejo em questão, em razão da competência territorial determinada pelo foro de eleição.

Conforme se lê no contrato de locação, fl. 07, em sua cláusula 24, as partes elegeram o foro da comarca de Niterói como competente para conhecer e julgar questões referentes ao contrário.

A Lei nº 8.245/91, conhecida como Lei de Locação, permite a eleição de foro, devendo apenas constar tal hipótese no contrato, conforme art. 58, II da r. lei.

Destarte, deve prevalecer a vontade das partes que elegeram a comarca de Niterói para processar e julgar as causas relativas à presente relação locatícia, devendo os autos ser remetidos ao juízo competente.

É certo que a incompetência relativa deve ser arguida em exceção de incompetência, a ser exercida no prazo para contestação, mas, como já mencionado, devido à nulidade de citação, a apelante não pode exercer sua plena defesa, sequer apresentar contestação, sendo esta a primeira oportunidade que ela teve para se manifestar na presente demanda.

DO PEDIDO DE NOVA DECISÃO

Em razão de todo o exposto, requer a apelante que esse Egrégio Tribunal conheça do recurso ora interposto e lhe dê provimento para invalidar a decisão monocrática, reconhecendo as nulidades apresentadas, anulando-se o processo, determinando-se nova citação, ou face ao princípio da eventualidade, a reforma da sentença recorrida, no sentido de conceder novo prazo para a purgação da mora, remetendo os autos ao juízo competente, qual seja, o da Comarca de Niterói, requerendo ainda a condenação da apelada nos ônus de sucumbência no valor correspondente a 20% do valor da condenação.

Local e data.

NOME DO ADVOGADO

OAB[135]

EXMO. JUÍZO DE DIREITO DA 1ª VARA CÍVEL REGIONAL DE JACAREPAGUÁ

Proc. nº

SÔNIA DA SILVA, nos autos da AÇÃO DE COMPENSAÇÃO POR DANOS MORAIS, pelo rito ordinário, que move em face de OTOLINA DOS SANTOS, vem interpor o presente recurso de

APELAÇÃO

para o Egrégio Tribunal de Justiça do Estado do Rio de Janeiro, apresentando as razões anexas.

Isso posto, requer a V. Exa. se digne em receber o presente recurso, no seu efeito prescrito em lei, remetendo os autos à Superior Instância.

---

135 Petição elaborada por Michael Enrique Martinez Vargas, advogado do Rio de Janeiro.

DA GRATUIDADE DE JUSTIÇA

Inicialmente, requer a concessão do benefício da concessão da gratuidade de justiça, por ser pessoa juridicamente necessitada, não tendo condições de arcar com o pagamento de custas e honorários advocatícios, sem prejuízo do próprio sustento ou de sua família, de acordo com a Lei nº 1.060/50, com as alterações que lhe foram dadas pela Lei nº 7.510/86.

Isso posto, requer a V. Exa. se digne em receber o presente recurso, no seu efeito prescrito em lei, remetendo os autos à Colenda Turma Recursal.

P. deferimento.

Local e data.

NOME DO ADVOGADO
OAB

RAZÕES DE APELAÇÃO

Proc. nº

APELANTE: SÔNIA DA SILVA

APELADA: OTOLINA DOS SANTOS

Colenda EGRÉGIA CÂMARA

Merece invalidação ou reforma a d. sentença recorrida em razão da má apreciação das questões de fato e de direito, como irá demonstrar a recorrente.

DOS FUNDAMENTOS DE FATO E DE DIREITO

Trata-se de AÇÃO DE REPARAÇÃO DE DANOS, proposta pela apelante em face da apelada, em razão de aquela ter sofrido lesão à sua honra subjetiva.

A apelante reside em Jacarepaguá, a Apelada reside em Campo Grande, o evento danoso ocorreu em Jacarepaguá. Em razão da conveniência, e por dispor o art. 100, V, a do CPC que a ação que tenha por objeto reparação de dano pode ser proposta no lugar do ato ou fato, optou a apelante em propor a presente demanda em Jacarepaguá, até porque não arcaria com despesas de transporte até a cidade de Saquarema.

Alegou a apelada, a incompetência do juízo, pois, segundo esta, a ação de reparação de dano deveria ser proposta na cidade de Saquarema, aplicando-se à espécie o disposto no art. 42 do CPC.

Em preliminar de contestação, a apelada alegou incompetência absoluta, posto que a ação deveria ser proposta na Vara Cível Regional de Campo Grande.

Entretanto, o juízo monocrático acolheu a preliminar extinguindo o processo sem julgamento de mérito.

Porém, tanto na doutrina quanto na jurisprudência, é pacífico o entendimento de que, quando a ação tratar de reparação de dano, de qualquer natureza, não existindo restrição quanto à natureza do dano, que pode ser de delito ou de acidente de veículo, pode ser proposta no foro do lugar do ato ou fato, como na hipótese em tela, sendo, portanto, mera opção da autora em propor no domicílio do réu.

Veja-se a jurisprudência dominante acerca do assunto:

DIREITOS DO CONSUMIDOR E PROCESSUAL CIVIL. APELAÇÃO. INSTITUIÇÃO BANCÁRIA. DANOS CAUSADOS POR FRAUDE DE TERCEIRO. COMPRA DE VEÍCULO COM CARTÃO CLONADO. "NEGATIVA DE AUTORIA PELO BENEFICIÁRIO DO CARTÃO. RESPONSABILIDADE OBJETIVA. FORTUITO INTERNO. RISCO DO EMPREENDIMENTO. DANOS MATERIAIS. DEVER DE RESSARCIR AS QUANTIAS DEBITADAS INDEVIDAMENTE. SENTENÇA MANTIDA. 1- (...) 2- Incumbe ao banco demonstrar, por meios idôneos, a inexistência ou impossibilidade de fraude, tendo em vista a notoriedade de possibilidade de compras fraudulentas mediante a utilização de clonagem dos dados de cartões de crédito de clientes. 3- A instituição bancária responde objetivamente pelos danos causados aos consumidores na prestação de serviços (artigo 14 do Código de Defesa do Consumidor), sendo irrelevante a discussão sobre a existência, ou não, de conduta culposa ou dolosa ou, ainda, ato de terceiro que teria perpetrado o ato fraudulento. 4- "As instituições bancárias respondem objetivamente pelos danos causados por fraudes ou delitos praticados por terceiros – como, por exemplo, abertura de conta corrente ou recebimento de empréstimos mediante fraude ou utilização de documentos falsos -, porquanto tal responsabilidade decorre do risco do empreendimento, caracterizando-se como fortuito interno" (REsp nº 1.199.782/PR, Relator Ministro LUIS FELIPE SALOMÃO, SEGUNDA SEÇÃO, julgado em 24/8/2011, DJe 12/9/2011 – julgado sob a sistemática do art. 543-C do CPC/1973). 5- Exsurgindo dos autos a prova do fato e o nexo causal entre o defeito no serviço e os danos ocasionados, afigura-se correto condenar a instituição financeira ao ressarcimento da quantia debitada na conta corrente da cliente/apelada. 6- A instituição financeira somente eximir-se-ia do dever de reparar os danos ocasionados se tivesse fornecido arcabouço probatório hábil a atestar a inexistência do defeito na prestação do serviço ou a culpa exclusiva da apelada, o que não ocorreu. 7- Recurso conhecido, preliminar rejeitada e, no mérito, desprovido. (TJ-DF 20130111681803 0042829-70.2013.8.07.0001, Relator: MARIA IVATÔNIA, Data de Julgamento: 07/12/2016, 5ª TURMA CÍVEL, Data de Publicação: Publicado no DJE: 03/02/2017. Pág.: 644/648)."

O entendimento doutrinário também consubstancia que, em se tratando de ação de reparação de dano, qualquer que seja sua natureza, poderá ser a ação proposta no foro do local do ato ou fato, de acordo com o art. 100, V, a do CPC, a fim de conferir ao autor, na medida do possível, efetivo acesso ao judiciário mais próximo para a resolução do conflito.

Evidencia-se ainda que a causa está pronta para imediato julgamento de mérito tendo em vista que fora apresentada contestação, tomada de depoimento da Recorrida (ré), bem como oitiva de testemunha, o que corroborou o fato constitutivo do direito da Recorrente (autora), sendo a questão apenas de direito, sendo possível assim a aplicação do disposto no art. 1.013, § 3º do CPC.

DO PEDIDO DE NOVA DECISÃO

Em razão de todo o exposto, requer a recorrente que essa Colenda Turma Recursal conheça do recurso ora interposto e lhe dê provimento para invalidar a decisão monocrática, proferindo julgamento de mérito, nos termos do art. 513, § 3º do CPC, para julgar totalmente procedente o pedido condenando-se a ré nos danos morais ocasionados, no valor de R$ 80.000,00 (oitenta mil reais), ou, eventualmente, a invalidação da sentença, retornando-se os autos para o juízo de origem para novo julgamento, condenando-se a apelada aos ônus sucumbenciais.

P. deferimento.

Local e data.

NOME DO ADVOGADO
OAB

EXMO. JUÍZO DE DIREITO DO I JUIZADO ESPECIAL CÍVEL DA COMARCA DE SÃO GONÇALO

Processo nº:

ESCOLA Ltda., nos autos da AÇÃO DE EXECUÇÃO DE TÍTULO EXECUTIVO JUDICIAL movida por ALESSANDRO DE SOUZA, vem, por seu advogado, apresentar suas CONTRARRAZÕES, apresentando as razões anexo, requerendo que sejam ambas juntadas aos presentes autos e processadas para ulterior apreciação pela colenda Turma Recursal do Estado do Rio de Janeiro.

P. deferimento.

Local e data.

NOME DO ADVOGADO
OAB
CONTRARRAZÕES DE RECURSO

Processo nº:

Recorrente: ALESSANDRO DE SOUZA
Recorrido: ESCOLA Ltda.

Colenda Turma Recursal

Não merece prosperar a pretensão impugnatória do recorrente, tendo em vista que sua fundamentação não demonstra suporte jurídico idôneo suficiente para invalidar ou reformar da d. sentença.

Trata-se de Recurso interposto contra decisão que julgou extinta a Execução de Título Executivo Judicial movida pelo recorrente, tendo em vista que este não atendeu ao disposto no art. 53, p. 4º da Lei nº 9.099/95.

Conforme se verifica na fundamentação da sentença ora impugnada de fl. 95, o recorrente não cumpriu um ônus que lhe cabia, qual seja, o de indicar bens a serem penhorados a fim de obter a satisfação de seu crédito.

O recorrente alega nas razões de seu recurso que o recorrido vem se comportando de maneira irresponsável na presente relação jurídica processual, mas tal afirmação não encontra correlação com o que se verifica nos autos.

Embora tenha sofrido os efeitos da revelia, o recorrido respondeu prontamente ao mandado de penhora, tendo na ocasião apresentando bens penhoráveis para a devida satisfação da execução.

Ressalta-se que o recorrido sequer impugnou a execução por meio da via competente, deixando clara a sua posição de que cumpriria com sua obrigação da maneira que lhe era possível, ou seja, por meio dos bens nomeados para penhora.

Entretanto, não obstante a nomeação dos bens a serem executados, o recorrente não os aceitou, sequer promoveu a arrematação ou adjudicação deles.

Assim, como consequência natural do processo de execução, caberia ao recorrente indicar outros bens a serem penhorados, uma vez que não concordou com aqueles indicados pelo recorrido.

Desta forma, em razão da conduta do recorrente, surgiu no presente processo um ônus a ser cumprido pelo recorrente, qual seja, o de indicar outros bens a serem penhorados.

Sendo um ônus o comportamento positivo a ser comprido pela parte a quem beneficia, embora lhe seja facultado o cumprimento ou não do ônus, a sua inobservância certamente acarretará determinado efeito, mormente a perda da possibilidade de cumpri-lo novamente, não fazendo jus aos seus efeitos.

No presente processo, ao recorrente cabia o <u>ônus de apresentar bens a serem penhorados, sob pena extinção do processo de execução, na forma do art. 53, p. 4º da Lei nº 9.099/95.</u>

Observe que, por diversas ocasiões, foi dado ao recorrente prazo para que realizasse sua conduta, sem ele, no entanto, ter cumprido o ônus que lhe cabia.

<u>O RECORRENTE ENCONTRA-SE DEVIDAMENTE ASSISTIDO POR ADVOGADO, TEVE A CHANCE DE PROCEDER À PENHORA DOS BENS NOMEADOS, FORAM-LHE CONCEDIDOS DIVERSOS PRAZOS, TEVE DURANTE TODO ESTE TEMPO MEIOS CABÍVEIS PARA DAR PROSSEGUIMENTO À EXECUÇÃO, MAS O QUE SE OBSERVA É QUE ELE DEIXOU DE CUMPRIR UM ÔNUS QUE LHE ERA CABÍVEL, E O EFEITO CORRESPONDENTE É A EXTINÇÃO DO PROCESSO DE EXECUÇÃO.</u>

Destarte, tendo em vista que o recorrente não cumpriu a determinação que lhe cabia, verifica-se que o efeito natural reconhecido na sentença impugnada não padece de qualquer nulidade ou ilegalidade, consoante o disposto no art. 53, p. 4º da Lei nº 9.099/95.

Assim, por todo o exposto, verifica-se que a sentença impugnada encontra o mais perfeito respaldo legal, estando em congruência com as determinações constantes na Lei nº 9.099/95, não devendo prosperar a pretensão impugnatória do recorrente, por não haver fundamento legal idôneo para fins de reforma ou anulação da sentença.

Por fim, merecem comentários as afirmações do recorrente em fl. 100, as quais alegam que o recorrido constituiu irregularmente patrono para que fosse possível que este tivesse acesso aos autos e pudesse tirar cópias deles.

Lamentavelmente, o ilustre patrono do recorrente deve desconhecer o diploma legal que regulamenta a profissão de advogado, qual seja, o Estatuto da Advocacia e da OAB, Lei nº 8.906, de 4 de julho de 1994.

Isto porque o referido diploma legal confere aos advogados e estagiários de Curso de Direito o livre acesso a qualquer processo judicial, administrativo ou mesmo inquérito policial, sem a necessidade de procuração nos autos, consoante disposto no art. 7º, XIII da referida lei, aqui *in verbis*:

> Art. 7º - São direitos do advogado:
>
> XIII - examinar, em qualquer órgão dos Poderes Judiciário e Legislativo, ou da Administração Pública em geral, autos de processos findos ou em andamento, mesmo sem procuração, quando não estejam sujeitos a sigilo, assegurada a obtenção de cópias, podendo tomar apontamentos;

Assim, verifica-se que, caso fosse a intenção do recorrido manter-se inerte, mas acompanhando o processo "às escuras", não seria necessário que concedesse mandato ao advogado e que aquele fosse juntado aos autos, uma vez que o patrono do recorrido poderia acompanhar o processo e ainda tirar cópias dele sem a necessidade de procuração nos autos.

Lamentamos as afirmações do recorrente de que o recorrido teria agido de má-fé, já que, como provado, em nenhum momento ele se omitiu, tendo, como já afirmado, nomeado bens à penhora para prosseguimento da execução.

DO PEDIDO

Em razão de todo o exposto, requer o recorrido que essa Colenda Turma Recursal negue provimento ao presente recurso, mantendo os termos da sentença ora impugnada, com a consequente extinção do processo de execução.

P. deferimento.

Local e data.

NOME DO ADVOGADO
OAB[136]

---

[136] Petição elaborada por Michael Enrique Martinez Vargas, advogado do Rio de Janeiro.

3.3) Agravo

3.3.1) Cabimento

O agravo é o recurso cabível de decisões interlocutórias, no prazo de 10 (dez) dias, na forma retida, salvo quando se tratar de decisão suscetível de causar à parte lesão grave e de difícil reparação, bem como nos casos de inadmissão da apelação e nos relativos aos efeitos em que a apelação é recebida, quando será admitida sua interposição por instrumento, de acordo com o artigo 833 do CPC, contados da data da intimação da decisão.

Mas o que vem a ser decisão interlocutória? Segundo o disposto no art. 203, § 1º do CPC, consiste em ato pelo qual, no curso do processo, o juiz resolve questão incidente, e aqui não se pode confundir com ação incidental, que tem natureza diversa. Melhor dizendo, decisão interlocutória é qualquer decisão que não extingue o processo, que resolve questão incidente.

3.3.2) Espécies

Em nosso sistema legal, existem três tipos de agravo, a saber: o retido, o de instrumento, conforme dispõe o artigo 833 do CPC, e o interno, de acordo com os artigos 1.025 do CPC[137].

3.3.3) Agravo de instrumento

O agravo de instrumento tem esta nomenclatura porque deve ser instrumentalizado para sua interposição junto ao Tribunal de Justiça. No estado do Rio de Janeiro, o endereçamento (destinatário) é o 1º Vice-Presidente do Tribunal de Justiça do Rio de Janeiro, de acordo com o artigo 31, III do Código de Organização Judiciária do Estado do Rio de Janeiro[138], devendo ser respeitado o código de organização de cada estado.

É composto de peça de interposição e razões de agravo.

O artigo 1.016 do CPC dispõe acerca dos requisitos do agravo de instrumento, quais sejam:
a. o nome das partes;
b. exposição do fato e do direito;
c. as razões do pedido de reforma ou de invalidação da decisão e o próprio pedido;
d. o nome e o endereço completo dos advogados constantes do processo.

Há ainda requisitos específicos, elencados no art. 1.017 do CPC, com peças obrigatórias e facultativas.

---
137 CARNEIRO, Athos Gusmão, *O Novo Recurso de Agravo e Outros Estudos*. Editora Forense, 1996. p. 18.
138 DÓRIA, Jorge Viana; et. al. *CODJERJ Comentado*. 3ª edição, Editora Impetus, 2004. p. 69.

São obrigatórias:
a. obrigatoriamente, com cópias da petição inicial, da contestação, da petição que ensejou a decisão agravada, da própria decisão agravada, da certidão da respectiva intimação ou outro documento oficial que comprove a tempestividade e das procurações outorgadas aos advogados do agravante e do agravado;
b. com declaração de inexistência de qualquer dos documentos referidos no inciso I, feita pelo advogado do agravante, sob pena de sua responsabilidade pessoal.

São facultativas:
Outras peças que o agravante entender úteis.

3.3.3.1) Forma

Como dito anteriormente, o agravo retido pode ser interposto oralmente, quando se tratar de decisão proferida em audiência, ou por escrito.

O agravo de instrumento e o agravo interno, ao contrário, devem ser interpostos por escrito, dirigido diretamente ao Tribunal competente, não podendo olvidar as peças obrigatórias, e mesmo as facultativas que devem instruir o agravo de instrumento.

Outro aspecto relevante do agravo de instrumento é no tocante à obrigatoriedade de informar ao juiz monocrático a respeito da interposição do agravo de instrumento, no prazo de 3 (três) dias, a contar da data da interposição do agravo.

A fim de evitar o esquecimento, talvez seja prudente, quando da interposição do agravo de instrumento, já tendo pronta a petição para juntada de cópia do agravo, protocolar já no PROGER a petição que determina o art. 1.018 do CPC, em não sendo eletrônico o processo.

3.3.3.2) Efeitos

Geralmente, o agravo de instrumento tem apenas o efeito devolutivo, podendo, entretanto, haver efeito suspensivo, nos casos de risco de dano e de difícil reparação, conforme a redação do art. 558 do CPC. São os casos:
a. prisão civil;
b. adjudicação, remição de bens e levantamento de dinheiro sem caução idônea;
c. outros casos dos quais pode resultar lesão grave ou de difícil reparação.

O efeito suspensivo deve ser requerido na peça de interposição do agravo de instrumento, com as fundamentações pertinentes, convincentes e relevantes, a fim de criar no relator (que é quem concede o efeito suspensivo) um juízo de valoração favorável.

Se deferido o efeito suspensivo, o relator mandará informar o juiz da causa, para que impeça a produção de feito da decisão agravada. Ponto nodal diz respeito ao efeito suspensivo quando se tratar de agravo de instrumento de decisão negatória, como, por exemplo, de decisão que indefere a concessão de antecipação de tutela[139].

Na hipótese supracitada, anteriormente à edição da Lei nº 10.352/01, quando o agravo era interposto de decisão negatória, requeria-se o efeito suspensivo ativo, que era o entendimento jurisprudencial para dar efetividade a uma decisão negativa. Assim, interpunha-se o agravo de instrumento com pedido de efeito suspensivo ativo, a fim de que o relator concedesse, por exemplo, aquela antecipação de tutela negada em primeiro grau.

O artigo 1.019, inciso I, possibilitou ao relator a concessão de efeito suspensivo, ou deferir, em antecipação de tutela, total ou parcialmente, a pretensão recursal, comunicando ao juiz sua decisão.

Melhor dizendo, quando se tratar de decisão negativa, que é impossível suspender, pois sua essência é de inexistência de deferimento, conceder-se-á a tutela de urgência.

Carreira Alvim[140] entende que o efeito suspensivo ativo do agravo desapareceu quanto às decisões interlocutórias substanciais (ou de mérito), que são aquelas que decidem de forma positiva ou negativa sobre pedidos de antecipação de tutela. Nesses casos, se a tutela não for concedida na inferior instância, poderá ser concedida no tribunal, uma vez preenchidos os requisitos legais.

No entanto, quanto às decisões processuais, o efeito suspensivo subsiste, pois não se enquadram no âmbito das decisões que possibilitam antecipação de tutela[141],

---

139   CIVIL, Código Processo. Art. 1.019. Recebido o agravo de instrumento no tribunal e distribuído imediatamente, se não for o caso de aplicação do art. 932, incisos III e IV, o relator, no prazo de 5 (cinco) dias
I – poderá atribuir efeito suspensivo ao recurso ou deferir, em antecipação de tutela, total ou parcialmente, a pretensão recursal, comunicando ao juiz sua decisão;
140   ALVIM, J. E. Carreira. Direito na Doutrina. In: Subsiste o efeito Ativo do Agravo de Instrumento? Rio de Janeiro: Editora Juruá, 2006. p. 249-251
141   0054789-41.2023.8.19.0000 - AGRAVO DE INSTRUMENTO. 1ª Ementa Des(a). MÔNICA MARIA COSTA DI PIERO - Julgamento: 06/10/2023 - PRIMEIRA CÂMARA DE DIREITO PRIVADO (ANTIGA 8ª CÂMARA). AGRAVO DE INSTRUMENTO. PLANO DE SAÚDE. MENOR PORTADOR DE TRANSTORNO DO ESPECTRO AUTISTA. TRATAMENTO MULTIDISCIPLINAR. TUTELA DEFERIDA. VEROSSIMILHANÇA E PERIGO DE DANO IRREVERSÍVEL. MANUTENÇÃO DA DECISÃO. 1. Cuida-se de agravo de instrumento com pedido de efeito suspensivo interposto contra decisão, que, nos autos da ação de obrigação de fazer c/c indenizatória por danos morais, deferiu o pedido de tutela de urgência, a fim de determinar que o plano de saúde réu, no prazo de 5 dias úteis, a contar de sua intimação, adotasse as medidas cabíveis para autorizar e custear o tratamento especializado do autor requerido na exordial e indicado no laudo médico (id 63990505), por todo o período necessário e recomendado pela médica que o atende, até a prescrição de sua alta ou de outro tratamento, arcando com todas as despesas pertinentes, sob pena de multa de R$ 500,00 por dia de tratamento sem a devida cobertura contratual. Determinou, ainda, que caso o plano de saúde réu não possua profissionais credenciados próximo ao domicílio do autor, deverá custear o tratamento em clínica especializada situada no Município que se localize próximo à residência do autor, ou reembolsar integralmente a quantia paga. 2. Em linha de cognição sumária, a probabilidade do direito restou consubstanciada no laudo médico (id 63990505 do processo originário nº 0807984-98.2023.8.19.0031), restou comprovado ser o demandante, menor impúbere, portador de Transtorno do Espectro Autista, CID 10 ¿ F84.0 e CID 11 6ª02.Z, necessitando do tratamento indicado pela médica assistente neuropediatra, vez que foi observado prejuízos severos em múltiplos aspectos. 3. Nesse contexto, cabe ao médico assistente a escolha da conduta terapêutica mais eficaz para o tratamento da moléstia. Aplicação da súmula 211, deste Tribunal de Justiça. 4. A Lei nº 12.764/12, que instituiu a política nacional de proteção dos direitos da pessoa com Transtorno do Espectro Autista, prevê a obrigatoriedade do fornecimento de atendimento multidisciplinar a paciente diagnosticado com espectro de autismo, não prosperando, portanto, a negativa de cobertura, ao argumento de não constar o tratamento do rol de coberturas mínimas da ANS. 5. Ademais, ainda que o serviço/procedimento prescrito não conste na lista, o plano de saúde deve custeá-lo observando a indicação médica, com a finalidade de preservar a saúde e a vida do paciente, sob pena de violação dos princípios da boa-fé objetiva e da própria função social do contrato (art. 51, inciso IV, do CDC e art. 421 do Código Civil), colocando o paciente em desvantagem exagerada, e retirando dele a chance de vida digna. Assim, sendo o caso de contrato de seguro saúde ¿ típico contrato de adesão ¿ deve ser interpretado de forma mais favorável ao segurado, porquanto os contratos são regidos, como cláusula geral, pelo princípio da boa-fé contratual, nos termos dos artigos 51, IV, do CDC e 422 e 423 do Código Civil. 6. Em que pese o entendimento firmado pelo STJ quando do exame do Recurso Especial nº 1.733.013/PR, no sentido de que o rol de procedimentos obrigatórios da Agência Nacional de Saúde

cabendo ao relator, não só suspender a decisão agravada, mas alterar seu conteúdo, de negativo para positivo, e isso significa dar-lhe efeito ativo.

3.3.3.3) Modelos de agravo

EXMO. SR. DR. DESEMBARGADOR 1º VICE-PRESIDENTE DO EGRÉGIO TRIBUNAL DE JUSTIÇA DO ESTADO DO RIO DE JANEIRO

PEDRO PAULO DA SILVA, brasileiro, casado, empresário, portador da carteira de identidade nº XXXXXXXX expedida pelo IFP/RJ, inscrito no CPF/MF sob o nº XXXXXXXX, residente e domiciliado na Rua Flores, nº 5.220/201, em Jacarepaguá, CEP 22.739-900, Rio de Janeiro – RJ, vem, por seu advogado, com escritório na Rua da Assembleia, nº 10/1.001, Rio de Janeiro / RJ, *data venia*, inconformado com a r. decisão de fls., da lavra do eminente Dr. Juiz de Direito da 3ª VARA DE FAMÍLIA REGIONAL DE JACAREPAGUÁ , proferida nos autos da AÇÃO DE ALIMENTOS, pelo rito especial, que lhe movem TIAGO DA SILVA, PEDRO PAULO DA SILVA JÚNIOR, representados por sua mãe, Ana da Silva, brasileira, casada, do lar, portadora da carteira de identidade nº XXXXXXX, inscrita no CPF sob o nº XXXXXXXXXX residente na Estrada da Floresta Encantada nº 201/301, Jacarepaguá, vem, com fundamento no art. 524 e segs. do CPC, dela interpor recurso de AGRAVO DE INSTRUMENTO COM PEDIDO DE EFEITO SUSPENSIVO, a fim de ver invalidada ou reformada a d. decisão, pelas anexas razões, requerendo a V. Exa. se digne em recebê-lo e processá-lo, distribuindo o presente a uma das Colendas Câmaras deste Egrégio Tribunal.

A concessão do efeito suspensivo se faz necessária face a possibilidade de prejuízo grave e de difícil reparação, tendo em vista que o agravante percebe mensalmente a quantia aproximada de R$ 1.300,00 (mil e trezentos reais), como comprovam as últimas três declarações de imposto de renda acostadas ao presente, em que o valor dos alimentos provisórios fixados em seis salários mínimos, sendo dois para cada filho, torna impossível seu adimplemento, sendo certo que o inadimplemento resultará em execução dos alimentos fixados provisoriamente, e, como notório, no direito pátrio só existem dois casos de dívida civil que resultam em prisão, quais sejam, devedor

---

é taxativo, este julgamento não foi submetido à sistemática dos recursos repetitivos, pelo que não tem efeito vinculante. Destaque-se que o rol da ANS não é atualizado de forma a acompanhar os avanços de tratamentos medicinais, como no caso dos autos, devendo ser preservado o bem maior que é a vida e saúde da segurada. Precedentes. 7. Cabe destacar que, quanto aos pacientes portadores do transtorno de espectro autista, foi editada a Resolução nº 539/2022 da ANS que alterou a Resolução Normativa nº 465, ampliando as regras de cobertura para tratamento destes pacientes e destacando que a operadora deverá oferecer atendimento por prestador apto a executar o método ou técnica indicados pelo médico assistente para tratar a doença ou agravo do paciente 8. E não se olvide, ainda, que o entendimento jurisprudencial assente no Superior Tribunal de Justiça é no sentido de que, havendo previsão quanto ao tratamento de determinada enfermidade, não podem as cláusulas de contrato de plano de saúde restringir a cobertura do procedimento eleito pelo médico assistente, ainda que domiciliar, que se afigure necessário à recuperação do paciente. Precedentes. 9. Consigne-se que ausente profissionais adequados na rede credenciada do plano réu, aplica-se o disposto na Resolução Normativa nº 259/2011 da ANS, o qual garante ao consumidor atendimento fora da rede credenciada. 10. Valor da multa cominada, na hipótese de descumprimento da obrigação. Medida imposta em consonância com os artigos 297 e 497 do Código de Processo Civil, sendo necessária e eficaz para alcançar a finalidade almejada, diante do seu caráter coercitivo. 11. Presentes, portanto, os requisitos autorizadores da tutela de urgência, não podendo ser afastado, ainda que em cognição sumária, o direito da parte agravada. 12. Desprovimento do recurso.

de alimentos e depositário infiel, o que se quer evitar com a presente, estando assim evidente a hipótese do art. 1.019, I do CPC.

Outrossim, de acordo com o que dispõe o art. 1.017 do CPC, anexa os documentos abaixo relacionados, para a devida formação do instrumento.

1. Cópia da decisão agravada.
2. Cópia da certidão da intimação da decisão agravada.
3. Cópia da procuração outorgada aos advogados do agravante e do agravado, sendo esta dispensada, tendo em vista que os agravados são patrocinados pela Defensoria Pública.
4. Cópia da petição inicial da Ação de Alimentos.
5. Cópia do comprovante de serviço de reabilitação.
6. Cópia do comprovante do serviço de transporte escolar.
7. Comprovante de despesas com supermercado.
8. Comprovante de pagamento de mensalidade escolar.
9. Declaração de imposto de renda do agravante.

Nestes termos,
P. deferimento.

Local e data.

NOME DO ADVOGADO
OAB

RAZÕES DE AGRAVO

Processo Nº Ação de Alimentos

Agravante: PEDRO PAULO DA SILVA

Agravado: TIAGO DA SILVA, PEDRO PAULO DA SILVA JÚNIOR, representados por sua mãe, Ana da Silva.

COLENDA CÂMARA,
EGRÉGIO TRIBUNAL.

Merece invalidação ou reforma a r. decisão atacada, posto que proferida contrariamente à prova dos autos e sem qualquer amparo probatório.

1. Trata-se de AÇÃO DE ALIMENTOS, proposta pelos agravados em face do agravante.

2. Ocorre que, conforme as provas anexadas aos autos pelos agravados, a comprovação das despesas mensais com alimentação, reabilitação com fisioterapia, transporte escolar e mensalidade escolar ficam em torno de R$ 590,00 (quinhentos e noventa reais). Sendo assim, o valor de 2 (dois) salários-mínimos, relativo aos alimentos provisórios, para cada alimentando encontra-se muito acima dos gastos comprovados pelos agravados.
3. De acordo com as três últimas comprovações de imposto de renda do agravante, sua renda mensal fica em torno de R$ 1.316,00 (um mil trezentos e dezesseis reais), portanto não seria possível o pagamento de 6 salários mínimos a título de alimentos como se pode constatar com mero cálculo aritmético.
4. Em se tratando de ação de alimentos, em que, para sua fixação, deve se ser observado o binômio possibilidade/necessidade. No caso vertente, os agravados comprovam a necessidade de R$ 590,00 para seu sustento, e o agravante comprovou a possibilidade de arcar com o pagamento de valor corresponde a 80% (oitenta por cento) do salário mínimo para cada filho, despendendo assim de metade de seus vencimentos para tal fim.
5. Como sabido, os alimentos são devidos em relação ao parentesco ou, em razão do poder familiar, como no caso em tela, cabendo aos pais o dever de sustento dos filhos. E não apenas o pai deve arcar com este ônus, o que está sendo imposto pela representante legal dos agravantes, tendo em vista que todas as despesas são de responsabilidade do agravante, sendo que o valor arbitrado em decisão interlocutória, de dois salários mínimos para cada filho é muito superior ao valor que o agravante pode arcar. Isso para não dizer impossível, pois, para o sustento dos filhos, todo sacrifício é válido e aceito. Mas, nesta hipótese, não há como adimplir o pagamento dos valores arbitrados, podendo mesmo ter um efeito catastrófico, qual seja, a prisão do agravante em execução de alimentos.
6. Evidentemente, tal situação não pode perdurar, posto que é contrária ao disposto no art. 1.694, § 1º do Código Civil, que dispõe que os alimentos devem ser fixados na proporção das necessidades do reclamante e dos recursos da pessoa obrigada. Ora, não há qualquer comprovação nos autos de que os menores necessitam de R$ 1.560,00 (um mil quinhentos e sessenta reais), que correspondem aos seis salários-mínimos a título de provisórios, para se manterem, mas sim de aproximadamente R$ 590,00 (quinhentos e noventa reais), de acordo com os comprovantes juntados aos autos, ora acostados ao presente.

Vejamos jurisprudência acerca do tema:

> APELAÇÃO. Alimentos. Sentença que fixou o montante em 1/3 dos rendimentos líquidos do apelante. Alimentante que pretende a redução para meio salário mínimo. Impossibilidade. Binômio possibilidade/ necessidade. 1/3 dos rendimentos que está diretamente atrelada à possibilidade do apelante e atende às necessidades do apelado. Sentença mantida. Recurso desprovido. (TJ-SP

- AC: XXXXX20168260576 SP XXXXX-63.2016.8.26.0576, Relator: Rogério Murillo Pereira Cimino, Data de Julgamento: 16/04/2020, 9ª Câmara de Direito Privado, Data de Publicação: 16/04/2020)

AGRAVO DE INSTRUMENTO – Alimentos Provisórios – Fixação – Adequação – Observância do binômio possibilidade/necessidade - Recurso desprovido. (TJ-SP - AI: XXXXX20208260000 SP XXXXX-25.2020.8.26.0000, Relator: Alcides Leopoldo, Data de Julgamento: 15/10/2020, 4ª Câmara de Direito Privado, Data de Publicação: 15/10/2020)

7. Há que se ressaltar ainda que na inicial está narrado que os agravados necessitam de R$ 1.560,00 para se manterem, e, logo depois, o valor foi aumentado para R$ 2.000,00, sem qualquer comprovação ou mesmo critério para tal, o que leva a conclusão lógica de que a inicial é inepta, pois, pela Lei nº 5.478/68, é necessário ter a comprovação dos valores de que a criança necessita, bem como menção aos rendimentos do pai. Porém, repita-se, os agravados não comprovaram que necessitam de dois salários-mínimos cada um, num total de seis, para sua manutenção, deixando assim os agravados de mencionar a causa de pedir próxima e a causa de pedir remota, o que resulta na invalidação da decisão monocrática.

DO PEDIDO DE NOVA DECISÃO

Diante do exposto, requer seja conhecido e provido o presente Recurso de Agravo de Instrumento, para o fim de invalidar a decisão monocrática, ou, face ao princípio da eventualidade, a reforma da decisão ora agravada, no sentido de fixar os alimentos provisórios em valor correspondente a oitenta por cento do salário mínimo para cada filho, tendo em vista ser este o valor suficiente para suprir as despesas comprovadas e por ser medida de Direito e de JUSTIÇA.

Local e data.

NOME DO ADVOGADO

OAB

3.3.4) Agravo interno

Há autores que entendem que as decisões proferidas pelos relatores nos recursos nos tribunais, nas hipóteses em que a eles se dá autorização para proferir decisões como juízos monocráticos[142]. Outros entendem que, na realidade, em tais casos, cabível seria o agravo de instrumento.

---

142 PROCESSUAL CIVIL. MANDADO DE SEGURANÇA. CUMPRIMENTO DE SENTENÇA. HONORÁRIOS ADVOCATÍCIOS. DESCABIMENTO.
1. A jurisprudência desta Primeira Turma orienta-se no sentido de que a vedação à condenação em honorários advocatícios em mandado de segurança, excetuada a hipótese de execução individual de ação coletiva, abrange não somente a fase propriamente cognitiva da ação mandamental, mas, igualmente, a fase de cumprimento de sentença.2. Agravo interno desprovido.
(AgInt no REsp nº 2.016.469/MG, relator Ministro Gurgel de Faria, Primeira Turma, julgado em 23/10/2023, DJe de 27/10/2023.)

Seriam estas as decisões:
a. decisão de relator que negue seguimento ao recurso manifestamente inadmissível, improcedente, prejudicado ou contrário à súmula do tribunal;
b. decisão do relator que indefere embargos infringentes;
c. decisão do Presidente ou Vice-Presidente do tribunal que não admite recurso especial ou extraordinário;
d. decisão do relator que, no STF ou STJ, não admite agravo relativo ao cabimento do recurso extraordinário ou especial, ou lhe nega provimento;
e. decisão do relator que nega seguimento ao recurso, no STF e no STJ, por perda de objeto, ou por ser manifestamente intempestivo, descabido ou improcedente, ou ainda, por contrariar súmula do respectivo tribunal;
f. qualquer decisão no âmbito do STF e STJ, proferida por Presidente do Tribunal, de Turma, ou de Relator, que cause gravame à parte.

Na realidade, pouco importa a nomenclatura: agravo interno ou agravo de instrumento, cabível é o agravo, e ambos terão o mesmo endereçamento, no Rio de Janeiro, como dito anteriormente, o 1º Vice-Presidente do Tribunal de Justiça do Estado do Rio de Janeiro, sendo, portanto, a estrutura idêntica, como será visto adiante.

3.4) Embargos de declaração

3.4.1) Cabimento

Dispõe o art. 1.022 do Código de Processo Civil que caberão os embargos de declaração quando houver na sentença ou no acórdão, obscuridade ou contradição, ou ainda quando for omitido ponto sobre o qual devia pronunciar-se o juiz ou tribunal[143].

Barbosa Moreira entende que os embargos de declaração são cabíveis de qualquer decisão judicial, seja qual for sua espécie, o órgão que emane e o grau de jurisdição em que se profira, não se limitando o cabimento no primeiro grau[144].

Humberto Theodoro Júnior, corroborando entendimento de Barbosa Moreira, afirma que cabem os embargos declaratórios de qualquer decisão judicial, sendo inconcebível que fique sem remédio a obscuridade, a contradição ou a omissão existente no pronunciamento jurisdicional[145].

---

143 PROCESSUAL CIVIL. EMBARGOS DE DECLARAÇÃO. RECURSO ESPECIAL. OMISSÃO. EXISTÊNCIA. RECURSO ACOLHIDO.
1. Os embargos de declaração, nos termos do art. 1.022 do Código de Processo Civil, são cabíveis quando há obscuridade, contradição, omissão ou erro material no julgado. Em hipóteses excepcionais, a jurisprudência do Superior Tribunal de Justiça permite que a eles se empreste efeitos infringentes.
2. Embora reconhecida a omissão do julgado quanto à incidência da Súmula 7/STJ, indicada pela parte embargante como óbice ao conhecimento do recurso especial, verifica-se que a questão submetida a julgamento desta Corte Superior limitou-se à análise de matéria de direito - se é legítima, ou não, a cobrança da taxa de fiscalização de valores mobiliários quando o fato gerador ocorre após a fruição do incentivo fiscal, cujos fatos e provas foram devidamente delineados pelas instâncias ordinárias -, o que afasta aquele veto processual.
3. O acórdão embargado decidiu a controvérsia seguindo a orientação desta Corte Superior, consolidada pela Primeira Seção por ocasião do julgamento dos EREsp 993.452/SC, de que o fato de os incentivos fiscais serem anteriores à cobrança da taxa não configura retroatividade da aplicação da Lei nº 7.940/89, pois o fato de uma empresa não mais perceber incentivos fiscais não elide a sua condição de "incentivada", que persiste enquanto não se esgotarem todos os efeitos do benefício recebido.4. Embargos de declaração acolhidos sem efeitos modificativos. (EDcl no REsp nº 1.461.655/SC, relator Ministro Paulo Sérgio Domingues, Primeira Turma, julgado em 16/10/2023, DJe de 18/10/2023).
144 MOREIRA. José Carlos Barbosa. *O Novo Processo Civil Brasileiro*, 22ª edição, Editora Forense, p. 155.
145 JÚNIOR, Humberto Theodoro. *Curso de Direito Processual Civil*, 41ª edição, Editora Forense, p. 560.

Os embargos de declaração têm o prazo de 5 (cinco) dias, contados da data da intimação para sua interposição, com petição dirigida ao juiz ou ao relator do acórdão embargado, e indicarão o ponto obscuro, omisso ou contraditório, e não tem razões de embargos, como os demais recursos têm, e não estão sujeitos ao preparo.

Ressalte-se que nos embargos de declaração não há contraditório, salvo se seu eventual acolhimento implicar a modificação da decisão embargada[146], tendo em vista que os embargos declaratórios não se destinam a um novo julgamento, mas apenas ao aperfeiçoamento do decisório já proferido, razão pela qual o juiz decide o recurso em 5 (cinco) dias.

Entretanto, ressalta Humberto Theodoro Júnior[147], nos casos em que o suprimento de lacuna ou eliminação de contradição leve à anulação do julgamento anterior para nova decisão da causa, não deverá o órgão julgador enfrentar a questão emergente para proferir o rejulgamento. Assim, haverá anulação da decisão embargada, e será ordenado que o novo julgamento seja retomado com a plena participação da outra parte.

3.4.2) Efeitos

Os embargos de declaração visam o aperfeiçoamento do decisório, razão pela qual alguns doutrinadores entendem que não há efeito devolutivo; outros, contrários a esta defesa, entendem que exatamente por este motivo os embargos de declaração têm o efeito devolutivo de forma diferida.

Outro aspecto relevante diz respeito à interrupção do prazo recursal, quando da interposição dos embargos de declaração, posto que, quando aquele for interposto, após o julgamento recomeça-se a contagem por inteiro do prazo para interposição do outro recurso cabível na espécie contra a decisão embargada.

3.4.3) Modelos de embargos de declaração

EXMO. JUÍZO DE DIREITO DA 2ª VARA DE FAMÍLIA REGIONAL DE MADUREIRA

Processo nº 1234

EMBARGANTE, nos autos da AÇÃO DE ALIMENTOS, pelo rito especial, proposta em face de EMBARGADO, vem, com fulcro no artigo 1.022 do Código de Processo Civil, interpor os presentes

---

146 Código do Processo Civil, art. 1.022, § 2º O juiz intimará o embargado para, querendo, manifestar-se, no prazo de 5 (cinco) dias, sobre os embargos opostos, caso seu eventual acolhimento implique a modificação da decisão embargada.
147 Código do Processo Civil, art. 1.022, § 2º.

EMBARGOS DE DECLARAÇÃO

a R. Sentença de fls. 55/56, pelos fatos e fundamentos que passa a expor:

Constou da parte dispositiva da r. sentença:

"Ante todo o exposto, julgo procedente em parte o pedido, condenando o demandado a pagar os primeiros e segundo autores uma pensão mensal equivalente a 34% de seus ganhos líquidos, sendo 17% para cada um, mediante desconto em folha, e julgo improcedente o pedido com relação à terceira autora."

Entretanto, deixou a d. magistrada de fazer constar na sentença se os menores têm ou não direito às demais vantagens, tais como férias, 13os salários, viagens, já que o réu é capitão de corveta, inerentes à prestação de alimentos, já que tal verba servirá para o sustento dos menores.

Evidentemente, tais verbas são implícitas ao pedido, posto que fazem parte dos vencimentos do réu. Porém, não constou da sentença tal informação, o que impossibilitaria que os menores viessem a receber tal quantia, pois o órgão pagador não o realizará.

Assim, se tais valores são inerentes ao ofício do réu, devem constar na sentença as vantagens pecuniárias a que fazem jus os autores, até porque, repita-se, senão consta, o órgão pagador não realizará o pagamento.

Face ao exposto, requer a Embargante a V. Exa. seja suprida a omissão no tocante ao pedido de alimentos definitivos referentes ao 13º salário, férias e viagens.

E. deferimento

Local e data.

Advogado

OAB

EXMO. JUÍZO DE DIREITO DA 2ª VARA DE FAMÍLIA REGIONAL DE MADUREIRA

Processo nº 1234

EMBARGANTE, nos autos da AÇÃO DE ALIMENTOS, pelo rito especial, proposta em face de EMBARGADO, vem, com fulcro no artigo 1.022, do Código de Processo Civil, interpor os presentes

EMBARGOS DE DECLARAÇÃO

a R. Sentença de fls. 55/56, pelos fatos e fundamentos que passa a expor:

Constou da parte dispositiva da r. sentença:
"Ante todo o exposto, julgo procedente em parte o pedido, condenando o demandado a pagar os primeiros e segundo autores uma pensão mensal equivalente a 34% de seus ganhos líquidos, sendo 17% para cada um, mediante desconto em folha, e julgo improcedente o pedido com relação à terceira autora."

Entretanto, deixou a d. magistrada de fazer constar na sentença o deferimento ou não da gratuidade de justiça, o que prejudica sobremaneira o embargante, tendo em vista ser este hipossuficiente, não tendo condições de arcar com o pagamento de custas e honorários advocatícios, na forma do artigo 5º da Lei nº 1.060/50.

Assim, necessário se faz o suprimento da omissão para fazer constar na sentença a concessão ou não do benefício da gratuidade de justiça.

Face ao exposto, requer a Embargante a V. Exa. seja suprida a omissão no tocante à gratuidade de justiça.

E. deferimento

Local e data.

NOME DO ADVOGADO
OAB

3.5) Recurso especial

3.5.1) Cabimento

De acordo com o artigo 105, inciso III da Constituição Federal, cabível o recurso especial contra decisão que contrariar tratado ou lei federal, ou negar-lhes vigência; quando a decisão julgar válida lei ou ato de governo local contestado em face de lei federal; quando a decisão der à lei federal interpretação divergente da que lhe haja atribuído outro tribunal.

Tem como pressupostos específicos que a causa tenha sido decida em única ou última instância pelos tribunais regionais federais, estados e Distrito Federal.

Imperioso observar que, no recurso especial, é imprescindível o prequestionamento, que é verdadeira condição de procedibilidade do recurso interposto, que significa que a questão deveria ser expressamente objeto de manifestação nas razões do recorrente e na decisão judicial, nesta, até por força de embargos de declaração, ou seja, a questão de direito deve ter sido amplamente discutida.

Deve ser observado que o recurso especial (REsp) visa apenas matéria de direito, não cabendo o reexame da questão de fato, muito menos questão de prova[148].

Pela redação do artigo 105, inciso III da Constituição, fica excluída a possibilidade de recurso especial contra decisão das justiças especializadas, como TSE, STM e Turma Recursal.

É possível a interposição de REsp para discutir ato normativo, pois a expressão "lei federal", empregada pela Constituição, o foi em sentido amplo. Nesse sentido, "lei federal" pode compreender decretos, regulamentos, portarias, avisos etc.[149].

3.5.2) Efeito

O recurso especial tem apenas o efeito devolutivo, de acordo com a Lei nº 8.038/90, 27 § 2º e CPC 542 § 2º. Entretanto, o RISTJ, no art. 288, possibilita ao relator conceder liminar em ação cautelar para suspender a eficácia da decisão recorrida[150].

3.5.3) Forma

O REsp. é endereçado ao 3º Vice-Presidente do Tribunal de Justiça do Estado do Rio de Janeiro e, tal qual a apelação, é composto de duas peças – a interposição e as razões, sendo estas endereçadas ao Superior Tribunal de Justiça, que é o órgão julgador de tal recurso. Deve conter ainda: a exposição do fato e do direito, a demonstração do cabimento do recurso interposto e as razões do pedido de reforma da decisão recorrida.

3.5.4) Processamento

De acordo com a Lei nº 8.038/90, arts. 26 a 29, e o Regimento Interno do STJ (artigos 255 e 257), o RE tem o seguinte processamento:

---

148 AgInt no RE no AgInt no AREsp 2105000 / AL AGRAVO INTERNO NO RECURSO EXTRAORDINÁRIO NO AGRAVO INTERNO NO AGRAVO EM RECURSO ESPECIAL 2022/0103374-0 AGRAVO INTERNO NO RECURSO EXTRAORDINÁRIO. NEGATIVA DE SEGUIMENTO. DIREITO PROCESSUAL CIVIL. AÇÃO INDIVIDUAL. SUSPENSÃO EM RAZÃO DA EXISTÊNCIA DE AÇÃO CIVIL PÚBLICA. MATÉRIA INFRACONSTITUCIONAL. TEMA Nº 675/STF. AUSÊNCIA DE REPERCUSSÃO GERAL. 1. O Supremo Tribunal Federal, ao julgar o ARE nº 738.109-RG/RS, firmou o entendimento de que " a questão da suspensão de ação individual pelo ajuizamento de ação civil pública com a mesma finalidade tem natureza infraconstitucional, e a ela se atribuem os efeitos da ausência de repercussão geral, nos termos do precedente fixado no RE nº 584.608, relatora Ministra Ellen Gracie, DJe de 13/3/2009" (Tema nº 675 do STF). 2. Desse modo, resulta inviável a análise da violação constitucional alegada no recurso extraordinário, justamente porque a matéria ventilada possui índole infraconstitucional, conforme o Tema nº 675 do STF. 3. Agravo interno a que se nega provimento. DJe 29/09/2023

149 MOREIRA, José Carlos Barbosa, *O Novo Processo Civil Brasileiro*. 22ª edição, Editora Forense, p. 159.

150 CIVIL E PROCESSUAL. RECURSO ESPECIAL. AÇÃO DE CONSIGNAÇÃO EM PAGAMENTO. CONTRATO BANCÁRIO. IMPROCEDÊNCIA. FINALIDADE DE EXTINÇÃO DA OBRIGAÇÃO. NECESSIDADE DE DEPÓSITO INTEGRAL DA DÍVIDA E ENCARGOS RESPECTIVOS. MORA OU RECUSA INJUSTIFICADA DO CREDOR. DEMONSTRAÇÃO. OBRIGATORIEDADE. EFEITO LIBERATÓRIO PARCIAL. NÃO CABIMENTO. CÓDIGO CIVIL, ARTS. 334 A 339. CPC DE 1973, ARTS. 890 A 893, 896, 897 E 899. RECURSO REPRESENTATIVO DE CONTROVÉRSIA. CPC DE 2015.

1. "A consignação em pagamento visa exonerar o devedor de sua obrigação, mediante o depósito da quantia ou da coisa devida, e só poderá ter força de pagamento se concorrerem 'em relação às pessoas, ao objeto, modo e tempo, todos os requisitos sem os quais não é válido o pagamento' (artigo 336 do NCC)". (Quarta Turma, REsp 1.194.264/PR, Rel. Ministro Luis Felipe Salomão, unânime, DJe de 4.3.2011).

2. O depósito de quantia insuficiente para a liquidação integral da dívida não conduz à liberação do devedor, que permanece em mora, ensejando a improcedência da consignatória.

3. Tese para os efeitos dos arts. 927 e 1.036 a 1.041 do CPC: "Em ação consignatória, a insuficiência do depósito realizado pelo devedor conduz ao julgamento de improcedência do pedido, pois o pagamento parcial da dívida não extingue o vínculo obrigacional".

4. Recurso especial a que se nega provimento, no caso concreto.

(REsp nº 1.108.058/DF, relator Ministro Lázaro Guimarães (Desembargador Convocado do TRF 5ª Região), relatora para acórdão Ministra Maria Isabel Gallotti, Segunda Seção, julgado em 10/10/2018, DJe de 23/10/2018.)

a. interposição por escrito perante o Presidente do Tribunal recorrido (aqui no Rio de Janeiro, é o 3º Vice-Presidente do Tribunal de Justiça do Estado, art. 33, II[151] do CODJERJ), no prazo de 15 (quinze) dias (CPC, 1.029);
b. contrarrazões em 15 (quinze) dias (CPC, 1.030);
c. juízo de admissibilidade exercido pelo Presidente ou Vice-Presidente do Tribunal recorrido em 15 (quinze) dias (CPC, 542, § 1º);
d. se admitido, remessa ao STJ;
e. vista ao Ministério Público por 20 (vinte) dias;
f. distribuição ao Ministro relator;
g. sustentação oral por 15 minutos (RI, 160);
h. julgamento pela Turma por pelo menos três Ministros.

Obs.: o juízo de admissibilidade também é feito no STJ.

Obs.: o Regimento Interno do STJ aboliu a necessidade de preparo do recurso, mas o Tribunal de Justiça do Rio de Janeiro mantém a exigência de preparo para remessa do recurso ao STJ.

3.5.5) Modelo de recurso especial

EXCELENTÍSSIMO SENHOR DESEMBARGADOR, TERCEIRO VICE-PRESIDENTE DO EGRÉGIO TRIBUNAL DE JUSTIÇA DO ESTADO DO RIO DE JANEIRO.

Apelação Nº

RECORRENTE, nos autos da APELAÇÃO CÍVEL, em que litiga com RECORRIDA, oriundo da Egrégia Décima Quinta Câmara Cível, vem, com fundamento nos artigos 105, inciso III, alínea "a" da Constituição Federal e 1.029 do Código de Processo Civil, interpor RECURSO ESPECIAL do venerando acórdão de fls. 360/372, expondo e requerendo a Vossa Excelência o seguinte:

DA TEMPESTIVIDADE E DA ADEQUAÇÃO DO APELO EXTREMO

O venerando acórdão recorrido mereceu publicação no órgão oficial que circulou no dia 26 (vinte e seis) de setembro do corrente, como noticia a certidão de fl. 372, de tal sorte que, interposto nesta data, mostra-se o apelo extremo como tempestivo.

---
151 DÓRIA, Jorge Viana; *et al.* CODJERJ Comentado, 3ª edição, Editora Impetus, 2004. p. 71.

Enquanto isso, versa a hipótese sobre causa decidida em última instância, dela não mais cabendo recurso ordinário, o que atrai as regras contidas nos artigos 105, inciso III, da Constituição Federal e 1.029 do Código de Processo Civil, revelando a adequação do apelo raro à espécie.

E. deferimento.

Local e Data.

NOME DO ADVOGADO
OAB

RAZÕES DO RECURSO

Ínclitos Ministros do Superior Tribunal de Justiça,

DO FATO E DO DIREITO

Versa a hipótese sobre o ajuizamento de ação cujo objeto é rever o contrato de financiamento celebrado entre as partes, sob o fundamento de esta adotar taxa de juros abusiva, instituir a prática de anatocismo, cumulação de comissão de permanência com os juros. Assim, além de pretender a declaração de nulidade das cláusulas respectivas e a devolução em dobro do excesso averiguado por perícia. Segundo postula, a fixação dos juros deveria ser pautada conforme prevê o artigo 192 da Constituição da República e, finalmente, a prática ilícita de juros capitalizados obedeceria aos ditames do Decreto nº 22.626/33.

Em contestação, o Recorrente agitou a não incidência do artigo 192 da Constituição Federal para regular as atividades das instituições financeiras, o que se tornou mais evidente com a revogação dos seus parágrafos. Elucidou as normas que regulam essa espécie de atividade, as quais são contrárias aos propósitos dos Recorridos. Também destacou o texto do Decreto nº 22.626/33, o qual, expressamente, declara não servir para as atividades financeiras. Finalmente, esclareceu não ser caso de devolução em dobro, pois a dinâmica do fato não se adéqua à previsão normativa, em vista de os cálculos obedecerem às cláusulas contratuais.

A douta sentença recorrida julgou parcialmente procedente a pretensão dos Recorridos, acolhendo tão-somente a tese de anatocismo e cumulação de comissão de permanência com incidência de juros remuneratórios, consoante laudo pericial, condenando o Recorrente a devolver o montante excessivo, a ser apurado em liquidação futura. Eis a questão que o Recorrente laborou para ser removida mediante interposição de recurso, haja vista não incidir no caso em tela a Lei de Usura, a qual serviu de fundamento para a condenação, tampouco o preceito do artigo 42, parágrafo único do Código de Defesa do Consumidor, como tantas vezes esclarecido.

Foi interposto apelo ordinário pelo Recorrente para combater o *error in judicando*, sobrevindo o venerando acórdão recorrido, que assim resumiu o seu entendimento:

> "ANATOCISMO E OUTROS ACRÉSCIMOS INDEVIDOS. – SENTENÇA QUE DETERMINOU A EXCLUSÃO DOS EXCESSOS DECORRENTES DO ANATOCISMO, E TAMBÉM DA COBRANÇA DE COMISSÃO DE PERMANÊNCIA CUMULADA COM JUROS E 'IOC', COM RESPECTIVAS DEVOLUÇÕES EM DOBRO. – PRÁTICA DOS EXCESSOS ALEGADOS QUE RESTOU CONFIRMADA PELO LAUDO PERICIAL PRODUZIDO NOS AUTOS. – APELAÇÃO DO RÉU QUE ARGUMENTA SOBRE A NÃO LIMITAÇÃO AOS JUROS DE 12% AO ANO, MATÉRIA QUE JÁ FORA ASSIM DEFINIDA PELA SENTENÇA, DELA NÃO RECORRENDO OS AUTORES. – CORRETA A SENTENÇA, NEGA-SE PROVIMENTO AO RECURSO[152]."

Daí o presente recurso raro.

DO CABIMENTO DO RECURSO

Está o apelo extremo fincado na alínea "a" da permissão constitucional, em que se alega negativa de vigência do artigo 4º do Decreto 22.626/33 e do artigo 42, parágrafo único, do Código de Defesa do Consumidor, que contêm matérias que vêm sendo ventiladas desde a contestação oferecida, enfrentadas pela douta sentença de mérito, novamente agitada nas razões de apelação, assim como no venerando acórdão recorrido, de modo que afastada está a incidência das vedações sumulares dos verbetes 282 e 356 do Supremo Tribunal Federal, analogicamente aplicáveis ao recurso especial.

Ao propósito, o consultado Theotonio Negrão, na 31ª edição de sua compilação jurisprudencial, anota que:

---

[152] REsp 1061530 /RS RECURSO ESPECIAL 2008/0119992-4 "As instituições financeiras não se sujeitam à limitação dos juros remuneratórios estipulada na Lei de Usura (Decreto 22.626/33), Súmula 596/STF. A estipulação de juros remuneratórios superiores a 12% ao ano, por si só, não indica abusividade. São inaplicáveis aos juros remuneratórios dos contratos de mútuo bancário as disposições do art. 591 c/c o art. 406 do CC/02. É admitida a revisão das taxas de juros remuneratórios em situações excepcionais, desde que caracterizada a relação de consumo e que a abusividade (capaz de colocar o consumidor em desvantagem exagerada (art. 51, § 1 º, do CDC) fique cabalmente demonstrada, ante às peculiaridades do julgamento em concreto. O reconhecimento da abusividade nos encargos exigidos no período da normalidade contratual (juros remuneratórios e capitalização) descaracteriza a mora. A simples propositura da ação de revisão de contrato não inibe a caracterização da mora do autor. Nos contratos bancários, não regidos por legislação específica, os juros moratórios poderão ser convencionados até o limite de 1% ao mês. A abstenção da inscrição/manutenção em cadastro de inadimplentes, requerida mediante antecipação de tutela e/ou medida cautelar, somente será deferida se, cumulativamente: i) a ação for fundada em questionamento integral ou parcial do débito; ii) houver demonstração de que a cobrança indevida se funda na aparência do bom direito e em jurisprudência consolidada do STF ou STJ; iii) houver depósito da parcela incontroversa ou for prestada a caução fixada conforme o prudente arbítrio do juiz. A inscrição/manutenção do nome do devedor em cadastro de inadimplentes decidida na sentença ou no acórdão observará o que for decidido no mérito do processo. Caracterizada a mora, correta a inscrição/manutenção. A inscrição/manutenção do nome do devedor em cadastro de inadimplentes decidida na sentença ou no acórdão observará o que for decidido no mérito do processo. Caracterizada a mora, correta a inscrição/manutenção. Nos contratos bancários, é vedado ao julgador conhecer, de ofício, da abusividade das cláusulas". DJe 10/03/2009 RSSTJ vol. 34 p. 216 RSSTJ vol. 35 p. 48

> "O prequestionamento consiste na apreciação e na solução, pelo tribunal de origem, das questões jurídicas que envolvam a norma positiva tida por violada, inexistindo a exigência de sua expressa referência no acórdão impugnado (STJ - Corte Especial, ED no Resp 162.608-SP, rel. Min. Sálvio de Figueiredo, j. 16.6.99, receberam os embargos, v.u., DJU 16.8.99, p. 37)."
>
> "Não obsta o conhecimento do recurso a falta de menção, pelo acórdão, de determinado dispositivo legal, se a questão jurídica foi enfrentada (STJ - 3ª Turma, REsp 106.671-SP, rel. Min. Eduardo Ribeiro, j. 10.3.97, deram provimento, v. u., DJU 14.4.97, p. 12.742, 2ª col., em.)."
>
> (Código de Processo Civil e legislação processual em vigor, Saraiva, 2000, p. 1.733).

Em recente artigo doutrinário, o eminente Ministro Eduardo Ribeiro, que alia ao conhecimento teórico a longa vivência pretoriana, ao propósito da não necessidade de menção ao dispositivo legal tido como violado pela decisão recorrida, assinala:

> "A violação de determinada norma legal ou o dissídio sobre sua interpretação não requer, necessariamente, haja sido o dispositivo expressamente mencionado no acórdão. Decidida a questão jurídica a que ele se refere, é o quanto basta. No trabalho já citado lembramos o exemplo de o julgado negar que a hipótese era de litisconsórcio necessário quando disso, entretanto, era caso. Manifesto que violado o contido no artigo 47 do Código de Processo Civil, muito embora a ele não se haja feito menção. Uma coisa é não considerar a necessidade da presença do litisconsorte; outra, tê-la como dispensável, ainda que não se invoque a disposição legal a isso concernente. No primeiro caso, por falta de prequestionamento, não haverá cogitar de infringência daquele dispositivo; no segundo, poderá ter-se verificado, malgrado não haja alusão à norma que, entretanto, foi desconsiderado." (Aspectos Polêmicos e Atuais dos Recursos Cíveis de Acordo com a Lei nº 9.756/98, 1ª ed., 2ª tiragem, Editora Revista dos Tribunais, 1999, artigo intitulado Prequestionamento, p. 252).

Satisfeito o requisito do prequestionamento, não se vislumbra qualquer obstáculo de natureza sumular ou regimental que possa obviar ao cabimento do apelo extremo, nem mesmo a discutida Súmula 400 do Supremo Tribunal Federal, cuja aplicação ao recurso especial sofre sérias restrições.

Sobre o tema, assim disserta o já referido e eminente Ministro Eduardo Ribeiro de Oliveira:

> "*A jurisprudência do Supremo Tribunal, no regime anterior, considerava que a Súmula 400 não se aplicava quando se questionasse sobre interpretação da Constituição. O argumento basilar, para assim entender-se, estava em que competia àquela Corte, mais que tudo, a guarda da Constituição, devendo zelar por sua exata aplicação, o que não se coadunava com a tolerância de interpretação apenas razoável.*
>
> *No sistema instituído em 1988, confiou-se de modo expresso, ao Supremo, precipuamente aquela tarefa (art. 102). Criou-se o Superior Tribunal de Justiça com a função de garantir a correta aplicação do direito federal. Agirá, em relação a este, como o Supremo quanto à Constituição.*
>
> *Nota-se que, embora a diferente redação possa não ter servido de base para o entendimento de que, na interpretação constitucional, defeso ao julgador contentar-se com a razoabilidade, o certo é que, no texto atual e no anterior, à semelhança do que ocorria em 1946, utilizou-se de a expressão contrariar dispositivo da Constituição. Relativamente ao especial, fala-se em contrariar tratado ou lei federal. Não será fácil justificar que a mesma palavra deva ser entendida com significados diversos, consoante se trate de contrariedade à lei ou à Constituição.*" (Recursos no Superior Tribunal de Justiça, p. 183, Ed. Saraiva, 1991, os destaques são do original).

O já referido Theotonio Negrão, na 31ª edição de sua compilação jurisprudencial, anota que:

> "*A Súmula 400 perdeu quase todo o seu prestígio e raramente é invocada no STJ para não conhecimento do recurso especial. Outrora, no STF, ela e as Súmulas 282 e 356, combinadas, constituíam obstáculo dificilmente ultrapassáveis para o conhecimento do recurso extraordinário (sem contar que, antes, em geral, o recorrente precisava vencer o óbice da arguição de relevância).*

O enunciado nº 400 da Súmula STF é incompatível com a teleologia do sistema recursal introduzido pela Constituição de 1988 (STJ - 4ª Turma, REsp 5.936-PR, rel. Min. Sálvio de Figueiredo, j. 4.6.91, deram provimento, v. u., DJU 7.10.91, p. 13.971, 2ª col., em.)." (obra citada, p. 1.737).

O entendimento cristalizado em sede jurisprudencial, especialmente no Supremo Tribunal Federal e agora nesse Egrégio Superior Tribunal de Justiça, acentua que à expressão negar vigência tanto corresponde a recusa de aplicação do dispositivo legal no caso concreto, como também equivale a conferir ao referido dispositivo interpretação que razoavelmente não pode ter.

Assim, e preliminarmente, requer a Recorrente a emissão do juízo positivo de admissibilidade do apelo extremo.

DA VIOLAÇÃO DOS DISPOSITIVOS DE LEI FEDERAL APONTADOS

Adotou o venerando acórdão recorrido o entendimento segundo o qual o Recorrente estaria praticando capitalização de juros ilegal. Durante todo o curso processual, todavia, a questão foi enfrentada à luz do Decreto nº 22.626/33, sustentando o Recorrente ser incabível a incidência do ato normativo, o qual serviu de fundamento para o julgamento da causa.

Reitere-se: a violação do referido dispositivo legal está em que não incide na espécie, e, como é sabido, negar vigência é expressão que também quer significar fazer incidir regra legal onde ela não incide.

Muito se tem discutido, atualmente, sobre os encargos e taxas de juros cobrados pelas instituições bancárias, o que, com o advento da Lei nº 4.595/94, em seu art. 4º, inc. IX, compete ao Conselho Monetário Nacional. Construiu-se orientação pretoriana no sentido de que estariam essas, a partir de então, fora do alcance dos tentáculos do Decreto nº 22.626/33 – chamada Lei de Usura –, consolidando-se tal posição na Súmula nº 596 do STF, que assim prescreve:

> "as disposições do Decreto nº 22.626/33 não se aplicam às taxas de juros e aos outros encargos cobrados nas operações realizadas por instituições públicas ou privadas que integram o sistema financeiro nacional."

Nesse fluxo, foi aprovado o Parecer Normativo SR nº 70, de 06/10/88, da Consultoria-Geral da República, em que ficou estabelecido o entendimento oficial da Administração Pública federal, refletindo, em consequência, junto ao Banco Central do Brasil, autarquia reguladora, disciplinadora e fiscalizadora das instituições financeiras, a qual, de imediato, expediu circular no sentido de ainda vigorarem as normas anteriores à Constituição Federal de 1988.

É trazida à colação a Medida Provisória nº 1.963-17, publicada em 31 de março de 2000, a qual derrogou a Lei de Usura no tocante às instituições financeiras.:

> "Art. 5º. Nas operações realizadas pelas instituições integrantes do Sistema Financeiro Nacional, é admissível a capitalização de juros com periodicidade inferior a um ano."

Destarte, não há que se falar em capitalização, tendo em vista que os juros que não foram saldados no período anterior serão acrescidos ao saldo devedor, sobre o qual incidirão, vencido novo período, os juros devidos.

Destaque-se a Súmula 596 do Supremo Tribunal Federal, que, consequentemente, também incide na espécie. Ora, estando a Recorrente autorizada a cobrança de juros bancários sem limitação do Decreto nº 22.262/33, e este também não se aplica ao modo de cálculo dos juros. Afasta-se a norma em comento *tollitur quaestio*.

Por oportuno, não deixa o Recorrente de enfrentar a lide acerca da cobrança de comissão de permanência. A Resolução nº 1.129 do Conselho Monetário Nacional, baixada pelo Banco Central do Brasil, assim dispõe:

> "1 - Facultar aos bancos comerciais, bancos de desenvolvimento, bancos de investimento, caixas econômicas, cooperativas de crédito, sociedades de crédito, financiamento e investimento e sociedade de arrendamento mercantil cobrar de seus devedores, por dia de atraso, no pagamento ou na liquidação de seus débitos, além dos juros de mora na foram da legislação em vigor, 'comissão de permanência' que será calculada às mesmas taxas pactuadas no contrato original ou à taxa de mercado do dia do pagamento" (não há grifos no original).

Note-se, ainda, que a jurisprudência predominante do Egrégio Superior Tribunal de Justiça, já pacificou o entendimento quanto ao presente objeto recursal, inclusive foi objeto da edição do enunciado da Súmula 294, cuja reprodução mostra-se oportuna:

> "Súmula 294 – Não é potestativa a cláusula contratual que prevê a comissão de permanência, calculada pela taxa média de mercado, apurada pelo Banco Central do Brasil, limitada à taxa do contrato. (Precedentes: REsps. nº 139.343-RS, DJ de 10/6/02; 271.214-RS, DJ de 4/8/03, e 374.356-RS, DJ de 19/5/03, todos da 2ª Seção)."

Portanto, não se pode vislumbrar na hipótese a alegada cumulação e, consequentemente, também não se pode afirmar que houve desequilíbrio contratual, ou onerosidade excessiva em desfavor do Apelado, daí as razões para a reforma da sentença, para serem julgados improcedentes os pedidos.

DA VIOLAÇÃO AO ARTIGO 42, PARÁGRAFO ÚNICO DO CÓDIGO DE DEFESA DO CONSUMIDOR

A mera leitura do parágrafo único do artigo 42 da Lei nº 8.078/91 expõe claramente nada haver a se repetir no presente caso, tão menos em dobro, pois todas as prestações do contrato foram cobradas em absoluta harmonia com o pactuado entre as partes e as normas jurídicas que incidem sobre o assunto.

Logo, *in casu*, não incide a regra do artigo 42, parágrafo único, do Código de Defesa do Consumidor, não só pelas razões acima referidas, como também porque não há suporte para a devolução do valor, haja vista a licitude do cálculo da dívida ao tempo em que foi exigido. Absurdo, portanto, cogitar a restituição em dobro.

Ratifica o Recorrente o *quantum debeatur* nascido do inadimplemento do Recorrido no que tange à obrigação contratual firmada entre as partes, ficando provada a ausência de qualquer ilicitude quanto às normas clausuladas. O que se extrai de tudo quanto se examinou até agora é que não há indébito a ser repetido: primeiramente, os valores cobrados sempre estiveram em absoluta harmonia com as cláusulas avençadas, as quais, reitere-se, não se revestem de qualquer abusividade; ademais, para repetir o indébito com apoio na regra legal em que o Recorrido fundamentou a sua pretensão, acolhida pelo d. juízo, é necessário e indispensável que tenha havido cobrança e pagamento indevido. Evidente que tal não ocorreu.

Resulta da própria alegação contida na petição inicial que o Recorrido realmente era devedor em mora, revoltado com aspectos contratados, entre os quais a taxa de juros, declarada judicialmente lícita. Salvo melhor entendimento, a regra do parágrafo único do artigo 42 do Código de Defesa do Consumidor não incide na espécie, pois ali está dito que o consumidor cobrado em quantia indevida tem o direito à repetição do indébito, por valor igual ao dobro do que pagou em excesso, acrescido de correção monetária e juros legais.

A consequência lógica é: não havendo cobrança indevida, não há que se repetir em dobro. O Recorrido, inadimplente confesso, entendeu por discutir as cláusulas contratuais, para o que, aliás, propôs a presente ação, enquanto o Recorrente ajuizou ação monitória para recuperar seu crédito, cujos autos estão apensados.

Assim sendo – e assim é –, não é o simples fato da cobrança de quantia que conduz à incidência da mencionada regra legal. Ao propósito, assim explicita Antônio Herman de Vasconcellos e Benjamin, um dos autores do Anteprojeto do Código de Defesa do Consumidor:

"Por conseguinte, a sanção, no caso da lei especial, aplica-se sempre que o fornecedor (direta ou indiretamente) cobrar e receber, extrajudicialmente quantia indevida.

O Código de Defesa do Consumidor enxerga o problema em estágio anterior àquele do Código Civil. Por isso mesmo, impõe requisito inexistente neste. Note-se que, diversamente do que sucede com o regime civil, há necessidade de que o consumidor tenha, efetivamente, pago indevidamente. Não basta a simples cobrança. No art. 1.531, é suficiente a simples demanda." (Código Brasileiro do Consumidor, comentado pelos autores do Anteprojeto, Forense Universitária, 6ª ed., 2000, p. 336, os destaques são nossos).

Outro não é o entendimento de Arruda Alvim, Thereza Alvim, Eduardo Arruda Alvim e James Marins, quando asseveram que:

"O parágrafo único, deste artigo, dispõe que o consumidor cobrado indevidamente, tem direito à repetição do indébito, pelo dobro do que pagou em excesso, mais correção monetária e juros legais, salvo hipótese de engano justificado. Evidentemente, se for o caso de o consumidor pagar a mais do que deve, os juros e correção monetária incidirão, apenas, sobre o excesso indevidamente cobrado.

Naturalmente, não é suficiente para a aplicabilidade da sanção cominada por este parágrafo único, que o consumidor seja apenas cobrado em excesso. Faz-se necessário que o consumidor tenha realmente efetivado o pagamento indevido." (Código do Consumidor Comentado, 2ª ed., Revista dos Tribunais, 1995, p. 223/224, ainda nosso é o grifo).

Finalmente, Fábio Ulhoa Coelho assegura que:

"Esta penalidade só tem razão de ser quando o consumidor efetivou o pagamento indevido. O simples fato de o fornecedor cobrá-lo por um valor excessivo, não é causa por si só da sanção, uma vez que o consumidor pode se opor à cobrança, valendo-se dos meios judiciais adequados à defesa do seu interesse." (Comentários ao Código de Proteção ao Consumidor, Saraiva, 1991, p. 173, o destaque é nosso).

Como já se disse, e se repete *ad nauseam*, o que afirmam os Recorridos é que foram cobrados valores excessivos nascidos, entre outras causas, de juros extorsivos, o que se decidiu contrário. Salta aos olhos a absoluta ausência de vigência do dispositivo consumerista para a hipótese em tela, constatado o equívoco judicial na aplicação do ordenamento jurídico ao caso concreto. Eis a motivação do presente apelo raro.

CONCLUSÃO

Face ao exposto, fia e confia o Recorrente em que o apelo raro será conhecido e provido, para o fim de declarar-se a vulneração do 4º do Decreto 22.626 e do artigo 42, parágrafo único do Código de Defesa do Consumidor com o provimento do apelo extremo, para o fim de reformar-se o venerando acórdão recorrido, invertidos os ônus da sucumbência.

O Colendo Tribunal, como sempre, fará
J U S T I Ç A!

Local e data.

NOME DO ADVOGADO[153]
OAB

3.6) Recurso extraordinário

3.6.1) Cabimento

Segundo o disposto no artigo 102, III da Constituição Federal, o recurso extraordinário é cabível contra decisão que contrariar dispositivo constitucional; contra decisão que declarar a inconstitucionalidade de tratado ou lei federal e quando a decisão julgar válida lei ou ato de governo local contestado em face da Constituição[154].

Tem a função de guarda da Constituição, e, desse modo, a finalidade do recurso extraordinário passou a ser de preservar as normas constitucionais (Constituição, 102).

Seus pressupostos específicos são: causa decidida em única ou última instância; e existência de uma questão constitucional.

---

[153] Petição cedida pelo Professor Sandro Gaspar Amaral, advogado, professor da EMERJ, FESUDPERJ e pós-graduação da Universidade Estácio de Sá.

[154] DECISÃO: Vistos, etc. Trata-se de recurso extraordinário, interposto com suporte nas alíneas "a" e "c" do inciso III do art. 102 da Constituição Federal, contra acórdão do Tribunal de Justiça do Estado de Minas Gerais. 2. Da leitura dos autos observo que o Tribunal mineiro entendeu serem devidos, para fins de aposentadoria, o abono de 20% sobre o tempo de serviço na função de magistério, bem como o cômputo em dobro do período de férias-prêmio não gozadas, em face do direito adquirido antes da Emenda Constitucional 20/1998. 3. Pois bem, a parte recorrente alega violação ao § 10 do art. 40 da Magna Carta, bem como ao art. 3º da Emenda Constitucional 20/1998. Sustenta que "somente os servidores públicos que à data da promulgação da EC nº 20/98 já haviam cumprido os requisitos necessários à aposentadoria (com eventual contagem do tempo referente ao abono de 1.2 e férias-prêmio em dobro), possuem direito adquirido a essa contagem" (fl. 57). 4. A seu turno, a Procuradoria-Geral da República, em parecer da lavra do Subprocurador-Geral Rodrigo Janot Monteiro de Barros, opina pelo desprovimento do apelo extremo. 5. Tenho que o recurso não merece acolhida. Isso porque o acórdão recorrido afina com a jurisprudência do Supremo Tribunal Federal. Reproduzo, a propósito, a ementa do RE 394.661-AgR, da relatoria do Ministro Carlos Velloso: "CONSTITUCIONAL. ADMINISTRATIVO. SERVIDOR PÚBLICO. CONVERSÃO DE LICENÇA-PRÊMIO NÃO GOZADA EM TEMPO DE SERVIÇO. DIREITO ADQUIRIDO ANTES DA VIGÊNCIA DA EMENDA CONSTITUCIONAL 20/98. I. - Conversão de licença-prêmio em tempo de serviço: direito adquirido na forma da lei vigente ao tempo da reunião dos requisitos necessários para a conversão. Precedentes do STF. II. - Agravo não provido." 6. Com efeito, na data da promulgação da referida emenda, as servidoras já haviam cumprido todos os requisitos previstos na legislação vigente à época dos fatos, sendo-lhes conferido, para fins de aposentadoria, direito adquirido ao abono de 20%, bem como ao cômputo de férias-prêmio em dobro. É dizer: não se aplica às recorridas, em relação ao tempo de serviço prestado antes da edição da Emenda Constitucional 20/98, a inovação constitucional que passou a vedar a contagem de tempo de contribuição fictício. 7. No mesmo sentido, vejam-se os AIs 540.075-AgR, da relatoria da Ministra Cármen Lúcia; e 597.176, da relatoria do ministro Ricardo Lewandowski; bem como os REs 551.887, da relatoria do ministro Sepúlveda Pertence; 576.489, da relatoria da Ministra Ellen Gracie; e 570.958, da minha relatoria. 8. De mais, quanto à alínea "c" do inciso III do art. 102 do Magno Texto, é de se aplicar a Súmula 284 do STF Ante o exposto, e frente ao *caput* do art. 557 do CPC e ao § 1º do art. 21 do RI/STF, nego seguimento ao recurso extraordinário. Relator Ministro AYRES BRITTO. Publique-se. Brasília, 20 de setembro de 2011.

O RE visa a examinar questão constitucional, obviamente a questão é de direito, ficando afastada a possibilidade de exame de questão de fato no recurso extraordinário.

Pelo texto constitucional, verifica-se que não há restrição quando à interposição do RE quando as decisões emanarem das justiças especializadas, tais como: TSE, STM e das Turmas Recursais, razão pela qual é cabível das decisões emanadas pelas Turmas Recursais dos Juizados Especiais.

Note-se que, tal qual no REsp, no recurso extraordinário é imprescindível o prequestionamento, que é verdadeira condição de procedibilidade do recurso interposto, que significa que a questão deveria ser expressamente objeto de manifestação nas razões do recorrente e na decisão judicial; nesta, até por força de embargos de declaração – ou seja, a questão de direito deve ter sido amplamente discutida.

3.6.2) Efeito

Tal qual o recurso especial o RE tem apenas efeito devolutivo, como dispõe a Lei nº 8.038/90, 27 § 2º, e CPC 1.029 sendo certo que o STF pode conceder medida liminar em ação cautelar sustando os efeitos da decisão recorrida (RISTF, 21, IV).

3.6.3) Forma

Aqui aplicam-se as mesmas regras expostas quanto ao recurso especial.

3.6.4) Processamento

Como dispõe a Lei nº 8.038/90 (arts. 26 a 29), RISTF (art. 321) e CPC (arts. 1.029 e 1.030), o RE tem o seguinte processamento: interposição por escrito perante o Presidente do Tribunal recorrido (no TJ/RJ, o recurso é endereçado ao 3º Vice-Presidente, como dispõe o art. 33, inciso II do CODJERJ) (CPC, 1.029), no prazo de 15 (quinze) dias;

a. impugnação em 15 (quinze) dias (CPC, 1.030);
b. juízo de admissibilidade exercido pelo Presidente do Tribunal recorrido em 15 dias (CPC, 1.030, V);
c. preparo em 10 (dez) dias;
d. se admitido, remessa ao STF;
e. vista ao Procurador-Geral da República por 15 (quinze) dias;
f. distribuição a Ministro relator;
g. sustentação oral por 15 (quinze) minutos (RI, 131);
h. julgamento pela Turma por pelo menos três Ministros.

3.6.5) Modelo de recurso extraordinário

EXCELENTÍSSIMO SENHOR DESEMBARGADOR PRESIDENTE DO EGRÉGIO TRIBUNAL DE JUSTIÇA DO ESTADO DO RIO GRANDE DO SUL

APELAÇÃO CÍVEL 70000000001

RECORRENTE, nos autos da APELAÇÃO, em que litiga com RECORRIDO, oriunda da Egrégia Décima Terceira Câmara Cível, vem, com fundamento nos artigos 102, inciso III, alínea *a* da Constituição Federal e 1.029 do Código de Processo Civil, interpor RECURSO EXTRAORDINÁRIO do venerando acórdão de fl. 20 *usque* 30, expondo e requerendo a Vossa Excelência o seguinte:

DA TEMPESTIVIDADE E DA ADEQUAÇÃO DO APELO EXTREMO

O venerando acórdão recorrido mereceu publicação no órgão oficial que circulou no dia 18 (dezoito) de agosto último, como noticia a certidão de fl. 44. Assim, interposto nesta data, mostra-se o apelo extremo como tempestivo.

Enquanto isso, versa a hipótese sobre causa decidida em última instância, dela não mais cabendo recurso ordinário, o que atrai as regras contidas nos artigos 105, inciso III, da Constituição Federal e 541 do Código de Processo Civil, revelando a adequação do apelo raro à espécie.

E. deferimento.

Local e data.
NOME DO ADVOGADO
OAB

RAZÕES DO RECURSO

Ínclitos Ministros do Supremo Tribunal Federal,

DO FATO E DO DIREITO

Ajuizou o Recorrente ação de busca e apreensão, a qual apresenta causa de pedir a inadimplência do Recorrido quanto ao pagamento das parcelas relativas ao contrato de financiamento que as partes celebraram, este garantido pela alienação fiduciária do objeto de aquisição. Todos os documentos necessários para a comprovação da relação material e a mora instruíram a petição inicial, afastando, assim, a mais remota hipótese de vícios procedimentais, ficando inquestionavelmente comprovado o pagamento de apenas 4 (quatro) das 36 parcelas mensais que deveriam ter sido solvidas.

Todavia, em vez de determinar a citação do Recorrido e instaurar assim a relação processual, o nobre magistrado julgou extinto o feito por ausência dos pressupostos processuais, insculpidos no art. 267, IV do Código de Processo Civil, na medida em que existe em trâmite junto ao mesmo órgão monocrático demanda revisional do contrato ora inadimplido, a qual envolve as mesmas partes, em polos invertidos.

Insta salientar que a decisão definitiva não apresenta relatório dos atos consubstanciados nos autos, tampouco expõe os fundamentos que justificam o encerramento do procedimento sem julgamento do mérito. Ademais, sequer o juízo *a quo* identifica qual é o pressuposto processual inobservado no caso em tela. Aliás, a sentença mais se assemelha, em sua forma, a um despacho meramente ordinatório, de tão lacônica e evasiva.

Destarte, diante de tão claros graves erros, os quais viciam em absoluto todo o procedimento, foi interposta apelação que visou à nulificação da decisão terminativa, pelo que seria restabelecido o trâmite processual, à luz das normas especiais relativas à relação travadas entre as partes e, principalmente, das normas constitucionais acerca dos requisitos das decisões judiciais e do devido processo legal. Em resposta, sobreveio o venerando acórdão recorrido, que assim resumiu seu entendimento:

> *"Apelação cível. Ação de busca e apreensão. DL nº 911/69. Abusividade de cláusulas contratuais. Não configuração da mora. Carência de ação decretada. Extinção do feito sem julgamento do mérito. Apelo improvido."*

Daí o presente recurso raro.

DO CABIMENTO DO RECURSO

Está o apelo extremo fincado na alínea *a* da permissão constitucional, em que se alega contrariedade dos artigos 5º, incisos LIV e LV e 93, IX, da Carta Matriz, matéria que vem sendo ventilada desde a interposição da apelação, e, omisso o venerando acórdão recorrido, foram interpostos duplos embargos de declaração, que serviram para afastar a incidência das vedações sumulares dos verbetes 282 e 356 do Supremo Tribunal Federal.

Ao propósito, o consultado Theotonio Negrão, na 35ª edição de sua compilação jurisprudencial, anota que:

> "O prequestionamento exige que o acórdão recorrido tenha se manifestado de maneira clara sobre a matéria constitucional objeto do recurso extraordinário. Não há prequestionamento implícito, ainda que se trate de questão constitucional (RTJ 125/1.368). No mesmo sentido: RTJ 153/989." (Código de Processo Civil e legislação processual em vigor, Saraiva, 2003, p. 1.922).

Ora, a questão constitucional, porque surgiu ao prolatar da sentença que encerrou o procedimento em primeira instância, agitadas nas razões do apelo ordinário interposto da douta sentença terminativa, resolvidas expressamente no venerando acórdão recorrido, o que afasta a incidência das vedações sumulares dos verbetes 282 e 356 do Supremo Tribunal Federal, analogicamente aplicáveis ao recurso especial.

Averbe-se, outrossim, que está sendo interposto, nesta data, simultaneamente, recurso especial.

Assim, e preliminarmente, requer a Recorrente a emissão do juízo positivo de admissibilidade do recurso extraordinário.

DA VIOLAÇÃO AO ARTIGO 93, IX

Uma das manifestações mais relevantes do princípio do devido processo legal é a motivação das decisões judiciais.

Em monografia sobre o tema, assim explicita Nelson Nery Júnior:

"O art. 93, nº IX, CF estabelece que as decisões judiciais devem ser motivadas sob pena de nulidade. A menção expressa da necessidade da motivação das decisões judiciais no texto constitucional não significa que somente se adotada semelhante regra pelo legislador constituinte é que terá validade e eficácia.

Muito ao contrário, a motivação das decisões judiciais surge como manifestação do Estado de Direito, anterior, portanto, à letra da norma constitucional que a refira expressamente." ("Princípios do Processo Civil na Constituição Federal", Editora Revista dos Tribunais, 2ª ed., 1995, p. 156).

E, como que em lição encomenda para a hipótese de que se cuida, acrescenta o ilustre doutrinador:

Voltemos à lição de Celso Antônio Bandeira de Mello:

> "Violar um princípio é muito mais grave que transgredir uma norma qualquer. A desatenção ao princípio implica ofensa não apenas a um específico mandamento obrigatório, mas a todo o sistema de comandos. É a mais grave forma de ilegalidade ou inconstitucionalidade, conforme o escalão do princípio atingido, porque representa insurgência contra todo o sistema, subversão de seus valores fundamentais, contumélia irremissível a seu arcabouço lógico e corrosão de sua estrutura mestra.
>
> Isto porque, com ofendê-lo, abatem-se as vigas que o sustêm e alui-se toda a estrutura nela esforçada." (obra citada, p. 630).

Portanto, os princípios devem ser utilizados como critério superior de interpretação das demais normas, orientando sua aplicação no caso concreto, exercendo função criativa, na medida em que impõem ao legislador a função de criar regras que complementem o sistema em que estão inseridos, sendo, todavia, antes de tudo, harmônicos, não se admitindo choque entre eles.

Forçoso é concluir-se, portanto, que se vulnerou o princípio constitucional que exige as motivações das decisões, o que deve conduzir ao provimento do presente recurso extraordinário, para declarar-se a nulidade da decisão recorrida, à míngua de motivação.

E nem se alegue que não esteja configurada a questão constitucional, diante do entendimento de que tal não ocorre, quando, para se examinar a ofensa ao princípio da lei maior, tem-se que primeiro apurar a violação a regras de direito comum e que, portanto, a questão seria infraconstitucional, inviabilizando o manejo do recurso extraordinário. Acontece que a hipótese cuida de questão relativa à garantia constitucional da motivação das decisões judiciais e, não obstante haja regra infraconstitucional a respeito, já não se pode pensar em ofensa a direito comum, assumindo o tema, evidentemente, a notória conotação de questão constitucional.

É certo que a sentença *in casu*, por extinguir o processo sem adentrar ao mérito da causa, está autorizada a ser sucinta. Entretanto, não está isenta de expor os fundamentos que motivam a decisão, tampouco, evidentemente, o dispositivo. Em outros termos, pode ser dispensado o excesso de formalismo, porém nunca se entenda pela dispensa dos elementos essenciais – relatório, ainda que breve; fundamentos; dispositivo.

A sentença válida, obrigatoriamente, tem de apresentar três elementos: relatório, fundamentação e dispositivo. A ausência de qualquer destes vicia a decisão de tal sorte que causará a nulidade, devendo ser prolatada nova, pois esta será imprestável.

A fundamentação consiste na exposição das razões de decidir, os motivos que conduziram ao julgamento com ou sem apreciação de mérito, ao acolhimento ou não da pretensão deduzida... enfim, é a manifestação judicial dos argumentos que acarretaram o seu convencimento expresso na parte dispositiva.

Neste diapasão, a motivação assume duas relevantes finalidades: primeira, conectar a sentença com a impugnação a ser exercida pelas partes, além de permitir à instância superior o conhecimento das causas que acarretaram o julgamento da demanda em instância inferior; segunda, talvez a mais importante, garantir o controle externo da atividade judicial, até para que se possa vislumbrar a legalidade de uma decisão.

Sob este último aspecto, a fundamentação da sentença torna-se uma exigência do Estado Democrático de Direito, na medida em que espelha a justificativa política e jurídica do magistrado à sociedade, titular do poder numa verdadeira democracia, que legitima a decisão que encerrou o procedimento de uma ação, na qual lhe foi exigida a prestação da jurisdição. Eis o porquê de a exigência de motivação ter sido elevada à categoria de garantia constitucional, na forma do artigo 93, IX, da Constituição da República, erigindo-se em princípio geral do Direito Processual.

O fato é tão grave que nem mesmo é possível entender o porquê da extinção, assim como não se pode saber de qual pressuposto processual prescinde a causa. O julgador limitou-se a se reportar a uma outra demanda em trâmite, cujo objeto é absolutamente diverso, e, então, prolatou a decisão terminativa.

Isso posto, não há outra medida viável que não a nulificação da sentença, haja vista ser insanável o vício causado pela ausência de motivação, devendo ser restaurado o trâmite, em conformidade com as normas processuais em vigor.

DA CONTRARIEDADE DA REGRA DO ARTIGO 5º, INCISO LIV, DA CONSTITUIÇÃO FEDERAL

O venerando acórdão recorrido adotou o entendimento segundo o qual não há nos autos qualquer vício procedimental no que tange ao devido processo legal. As questões contratuais foram consideradas cabais para fundamentar, mesmo que de forma incipiente, o decreto extintivo sem julgamento do mérito, ao arrepio das normas processuais que incidem sobre as buscas e apreensões decorrentes de financiamento garantido por alienação fiduciária.

A Carta Política de 1988 institui, como fundamento da República, valores jurídicos, individuais e coletivos, inerentes ao exercício da própria cidadania, que representam, em última análise, o reconhecimento de um bem jurídico, universal e indisponível, que expressa a dimensão do que somos. Na qualidade de garantia fundamental, logo cláusula pétrea, encontra-se o devido processo legal, verdadeiro pilar do regime democrático contemporâneo.

Entenda-se tal garantia pela fiel incidência das normas instrumentais, de comando genérico e abstrato, a serem aplicados a todos os casos que se inserem na tipificação normativa. A decisão definitiva ora combatida é o fiel espelho de erros procedimentais que eivam a relação processual de vícios que o invalidam de modo insanável.

O d. magistrado solucionou o conflito em tela absolutamente alheio aos comandos procedimentais do Decreto-lei nº 911/69, norma jurídica que regulamenta a instrumentalização da relação material de financiamento mediante alienação fiduciária, quando ocorrida violação contratual.

O princípio do devido processo legal, em última análise, refere-se à obediência procedimental dos feitos submetidos à apreciação judicial ou administrativa. Os atos a serem realizados até a decisão definitiva estão previstos em leis ordinárias, sendo certo que a inobservância fere ao comando maior.

Ora, *in casu*, afrontou-se a norma procedimental, que determina a forma pela qual é instrumentalizado o direito material, insculpida no Decreto-lei nº 911/69. A vigência da norma federal foi aviltada, o que tipificou claro vício insanável, gerador de nulificação de todos os atos processuais.

Não cabe ao juiz opor-se à norma jurídica, mas sim obedecer à sua ordem genérica e abstrata que irradia à sociedade, garantindo, assim, a eficácia e efetividade, mantendo, por consequência, a segurança nas relações sociais.

Como salientando por Paulo Restiffe Neto:

> "A alienação fiduciária em garantia encerra em sua unidade dois elementos distintos: um de ordem obrigacional (do devedor), relacionado com o pagamento da dívida decorrente do financiamento; e outro de direito real, consistente na alienação da coisa, que se transfere ao financiador em garantia do cumprimento da obrigação de pagar toda a importância final do financiamento." (Garantia Fiduciária, Editora Revista dos Tribunais, 3ª ed., 2000, p. 313).

Diga-se, além disso, que a garantia do devido processo legal permanece incólume na presente hipótese, eis que este meio ou instrumento que serve à composição do litígio não se afastou da fronteira delimitada pela lei.

A Carta Magna em vigor estabelece, como fundamento do Estado Democrático de Direito, a tripartição dos Poderes Executivo, Legislativo e Judiciário. As atribuições e competências são delineadas de forma inequívoca, de sorte a evitar a usurpação das funções a uma destinada.

É evidente a inconstitucionalidade da decisão guerreada, na medida em que o juízo *a quo* arrosta a vigência de norma federal, Decreto-lei nº 911/69, para tornar sua vontade, sua inteligência, fonte de Direito, ao tempo em que derroga o diploma especial e aplica a solução do caso consoante sua vontade.

Em suma, a d. sentença fere frontalmente o direito subjetivo do apelante à garantia de pagamento da obrigação principal, sendo relação real acessória, que consiste em lhe conferir o domínio da coisa, bem como a posse indireta (o que lhe assegura o direito aos interditos, tal qual qualquer possuidor).

Se é certo que a norma especial, na qualidade de medida de exceção, tem de ser compreendida restritivamente, o mesmo deve ser aplicado quanto a direitos legalmente constituídos e garantidos. Estes não podem ser aviltados, diminuídos ou retirados do titular, nem mesmo pelo Poder Judiciário, sob pena do retorno de tempos trevosos da história da civilização.

Isso posto, o apelante clama à Egrégia Câmara pela manutenção da ordem pública e o respeito às instituições e aos princípios democráticos, que conferem segurança às relações jurídicas. Teme o despotismo de alguns magistrados de primeira instância, que, pela nobre intenção de fazer justiça, à luz de seus entendimentos particulares, impõem seu pensamento como se lei fosse.

Mostra-se ocioso assinalar-se que o referido direito é um dos mais importantes postulados inerentes à garantia política do devido processo legal, não sendo demais afirmar-se que é um dos pilares fundamentais do sistema processual. Não é por outro motivo que está contemplado em sede constitucional no conjunto de garantias do justo processo, quando o legislador constituinte enunciou os princípios do contraditório e da ampla defesa, culminando por assegurar a própria observância destes quando garante a todos o *due process of law* (artigo 5º, incisos LIV e LV da Carta Matriz).

Em tais circunstâncias, parece inegável a violação da regra constitucional, conduzindo ao provimento do recurso extraordinário.

CONCLUSÃO

Face ao exposto, fia e confia a Recorrente em que o recurso extraordinário será conhecido e provido, para o fim de declarar-se a violação da regra constitucional apontada.

O Pretório Excelso, como sempre, fará

JUSTIÇA!
Local e data.

NOME DO ADVOGADO
OAB[155]

EXMO. SR. DR. DESEMBARGADOR 3º VICE-PRESIDENTE DO TRIBUNAL DE JUSTIÇA DO ESTADO DO RIO DE JANEIRO

Processo nº

RECORRIDO, nos autos do RECURSO EXTRAORDINÁRIO, interposto por RECORRENTE, vem, tempestivamente, apresentar CONTRARRAZÕES.

E. deferimento

Local e data.

NOME DO ADVOGADO
OAB

COLENDO EGRÉGIO SUPREMO TRIBUNAL FEDERAL

RECORRENTE:

RECORRIDO:

---

[155] Petição cedida pelo Professor Sandro Gaspar Amaral, advogado, professor da EMERJ, FESUDPERJ e pós-graduação da Universidade Estácio de Sá.

DO MÉRITO

Data maxima venia, não merece ser reformada a magnífica decisão da Turma Recursal, em função dos seus justos e bem lançados fundamentos jurídicos, os quais traduzem, cristalinamente, alto grau de conhecimento e senso de justiça do Exmo. Magistrado prolator da decisão ora *sub examem*.

Trata-se de Recurso tendo sob fundamento que houve violação aos princípios constitucionais do contraditório e da ampla defesa, o que não restou devidamente comprovado nos autos.

O recorrido provou, em tempo hábil e com laudo técnico fornecido pela Secretaria de Meio Ambiente de fls. 10/25, que o ruído emitido pelas empresas Recorrentes é em limite superior ao estabelecido pelo Decreto Municipal de nº 5.412/85, sendo certo que a atividade industrial das recorrentes ocasionava dispersão de material particulado, gerando intenso incômodo a população circunvizinha.

Tenta a recorrente, de forma vã, alegar que não ocasionou quaisquer tipos de ruído, e que, se houve, o foi por culpa do recorrido que construiu galpão próximo ao muro divisório.

Em realidade, eméritos julgadores, as Recorrentes foram notificadas e até mesmo sancionadas, porém mantiveram a prática de funcionamento em desrespeito ao estabelecido no Decreto nº 1601/78, que define os níveis de ruídos aceitáveis, em razão da zona urbana do local onde funciona, qual seja, "CB-ZE2".

Deve ser observado que, com mero compulsar dos autos, os laudos emitidos pela Secretaria de Meio Ambiente são legítimos tendo as Recorrentes desobedecido a norma legal que dispõe acerca do tema.

Não há que se falar em lesão aos constitucionais princípios do contraditório e da ampla defesa, haja vista ser perfeitamente aceitável, em sede de juizados a apresentação de laudo técnico, este emitido por órgão público, ressalte-se, na forma do artigo 35 da Lei nº 9.009/95, em que deveriam as Recorrentes apresentar, talvez, mais de um laudo técnico, no sentido de convencer o Juízo da sua licitude no atuar industrial, em que ele restou precluso.

No que toca aos danos morais, estes se encontram caracterizados tendo em vista que as Recorrentes vieram a sofrer diversos constrangimentos e transtornos que afetam qualquer homem médio, tendo que se socorrer ao Judiciário para ter o devido sossego em sua residência.

Neste diapasão Savatier, citado por Rui Stoco, *in* "Responsabilidade Civil e sua Interpretação Jurisprudencial", editora Revista dos Tribunais, nos ensina que dano moral "é qualquer sofrimento humano que não é causado por uma perda pecuniária, e abrange todo atentado à reputação da vítima, à sua autoridade legítima, ao seu pudor, a sua segurança e tranquilidade, ao seu amor-próprio estético, à integridade de sua inteligência, a suas afeições etc.".

Assim, chegamos à conclusão de que dano moral se traduz em dano efetivo, embora não patrimonial, atingindo valores internos e anímicos da pessoa, pela desídia das Recorrentes.

Não podemos nos olvidar de que o d. Juízo, *a quo*, fixou os danos morais de acordo com o princípio da razoabilidade, levando em conta o ofensor, bem como a vítima, não merecendo prosperar as alegações das Recorrentes no sentido de que "o recorrido tem problemas psiquiátricos", o que é por demais crível, pois, se as Recorrentes cumprissem norma legal atinente ao meio ambiente, a presente demanda não existiria.

Desta forma, verifica-se que a interposição do presente recurso tem caráter meramente protelatório.

Diante do exposto requer a este Egrégio Tribunal que negue provimento ao Recurso por ausência de fundamento jurídico e por forte comprovação contrária, para reforma da decisão ora impugnada, condenando-se as Recorrentes em custas e honorários advocatícios, na forma da Lei.

E. deferimento.

Local e data.

NOME DO ADVOGADO
OAB

MATERIAIS COMPLEMENTARES

Acesse os materiais complementares pelos QR codes e amplie seu conhecimento de forma prática e interativa:

1 – Fluxograma rito comum novo CPC mudanças:

2 – Ação monitoria fluxograma:

3 – Fluxograma ação de consignação em pagamento:

4 – Fluxograma ação de exigir de contas

5 – Fluxograma cumprimento de sentença quantia certa cálculo aritmético:

6 – Fluxograma embargos de terceiro:

7 – Tabela do artigo 337 (preliminar) e do artigo 485 do novo CPC:

8 – Quadro comparativo da petição inicial 1939, 1973 e 2015:

REFERÊNCIAS

- ALVIM, Agostinho. *Da Inexecução das Obrigações e suas Consequências*. 3ª edição, Editora Jurídica e Universitária Ltda., 1965. p. 177.

- ALVIM, Eduardo Arruda. Curso de Direito Processual Civil. v. 1, *Revista dos Tribunais*, 1999.

- ALVIM, Eduardo Arruda. *In*: Responsabilidade Civil pelo Fato do Produto no Código de Defesa do Consumidor. *Revista de Direito do Consumidor*. v. 19, p. 122.

- ALVIM, Eduardo Arruda; ALVIM, Thereza; MARINS, James. Código do Consumidor Comentado, 2ª ed., *Revista dos Tribunais*, 1995. p. 223-224.

- ALVIM, J. E. Carreira. Direito na Doutrina. *In: Subsiste o efeito Ativo do Agravo de Instrumento?* Rio de Janeiro: Editora Juruá, 2006. p. 249-251

- ALVIM, J. E. Carreira. *Elementos de Teoria Geral do Processo*. 5ª ed., Forense, 1996.

- ALVIM, J. E. Carreira. *Teoria Geral do Processo*. 11ª ed., Forense, 2006.

- ARAGÃO, Egas Dirceu Moniz de. *Comentários ao Código de Processo Civil*. v. II, 7ª ed., Rio de Janeiro: Forense, 1991.

- AROCA, Juan Montero. *Evolución Y Futuro del Derecho Procesal*, Bogotá: Ed. Temis, 1984.

- BANCO CENTRAL DO BRASIL. Conselho Monetário Nacional. Resolução nº 1.129 de 1986. Disponível em: https://www.bcb.gov.br/estabilidadefinanceira/exibenormativo?tipo=RESOLU%C3%87%C3%83O&numero=1129. Acesso em: 12 mar. 2024.

- BANCO CENTRAL DO BRASIL. Conselho Monetário Nacional. Resolução nº 2.309/96. Disponível em: https://www.bcb.gov.br/pre/normativos/res/1996/pdf/res_2309_v2_L.pdf. Acesso em:10 mar. 2024.

- BARBI, Celso Agrícola. *Comentários ao Código de Processo Civil*. 10ª ed. v. I. Forense, 1998.

- BENJAMIN, Antônio Herman de Vasconcellos e. *Anteprojeto do Código de Defesa do Consumidor Código Brasileiro do Consumidor, comentado pelos autores do Anteprojeto*. 6ª ed., Forense Universitária, 2000. p. 336.

- BERMUDES, Sérgio. *A Reforma do Código de Processo Civil*. 1ª ed., 2ª tiragem, Freitas Bastos, 1995. p. 35-37.

- BERMUDES, Sérgio. *Introdução ao Processo Civil*. 4ª ed., Rio de Janeiro: Forense, 2006.

- BITTAR, Carlos Alberto. *Reparação Civil Por Danos Morais*. 4ª Ed., São Paulo: Saraiva Jur, 2022.

- BONVICINI, Eugenio. *La Responsabilità Civile*. Milano, 1971. v. 11, p. 870, § 368.

- BRASIL. [Constituição (1988)]. *Constituição da República Federativa do Brasil de 1988*. Brasília, DF: Presidência da República. Disponível em: https://www.planalto.gov.br/ccivil_03/constituicao/constituicao.htm. Acesso em: 12 mar. 2024.

- BRASIL. Conselho Nacional de Educação. *Resolução CNE/CEB nº 1 de fevereiro de 2005*. Disponível em: http://portal.mec.gov.br/cne/arquivos/pdf/rceb001_05.pdf. Acesso em: 14 mar. 2024.

- BRASIL. Lei nº 10.406, de 10 de janeiro de 2002. *Institui o Código Civil*. Diário Oficial da União: Brasília, DF. Disponível em: https://www.planalto.gov.br/ccivil_03/leis/2002/l10406compilada.htm. Acesso em: 11 mar. 2024.

- BRASIL. Lei nº 10.741, de 1º de outubro de 2003. *Dispõe sobre o Estatuto da Pessoa Idosa e dá outras providências*. Diário Oficial da União: Brasília, DF. Disponível em: https://www.planalto.gov.br/ccivil_03/leis/2003/l10.741.htm. Acesso em: 12 mar. 2024.

- BRASIL. Lei nº 13.105, de 16 de março de 2015. *Código de processo civil*. Diário Oficial da União. Brasília, DF. Disponível em: https://www.planalto.gov.br/ccivil_03/_ato2015-2018/2015/lei/l13105.htm. Acesso em: 11 mar. 2024.

- BRASIL. Lei nº 5.478, de 25 de julho de 1968. *Dispõe sobre ação de alimentos e dá outras providências*. Diário Oficial da União: Brasília, DF. Disponível em: https://www.planalto.gov.br/ccivil_03/leis/l5478.htm. Acesso em: 12 mar. 2024.

- BRASIL. Lei nº 7.394, de 29 de outubro de 1985. *Regula o Exercício da Profissão de Técnico em Radiologia, e dá outras providências*. Disponível em: https://www.planalto.gov.br/ccivil_03/leis/l7394.htm. Acesso em: 12 mar. 2024.

- BRASIL. Lei nº 8.078, de 11 de setembro de 1990. *Dispõe sobre a proteção do consumidor e dá outras providências*. Diário Oficial da União: Brasília, DF. Disponível em: https://www.planalto.gov.br/ccivil_03/leis/l8078compilado.htm#:~:text=Disp%C3%B5e%20sobre%20a%20prote%C3%A7%C3%A3o%20do%20consumidor%20e%20d%C3%A1%20outras%20provid%C3%AAncias.&text=Art.,Art. Acesso em: 11 mar. 2024.

- BRASIL. Lei nº 8.245, de 18 de outubro de 1991. *Dispõe sobre as locações dos imóveis urbanos e os procedimentos a elas pertinentes*. Diário Oficial da União. Brasília, DF. Disponível em: https://www.planalto.gov.br/ccivil_03/leis/l8245.htm. Acesso em: 11 mar. 2024.

- BRASIL. Lei nº 8.560, de 29 de dezembro de 1992. *Regula a investigação de paternidade dos filhos havidos fora do casamento e dá outras providências*. Diário Oficial da União: Brasília, DF. Disponível em: https://www.planalto.gov.br/ccivil_03/leis/l8560.htm. Acesso em: 12 mar. 2024.

- BRASIL. Lei nº 8.906, de 4 de julho de 1994. *Dispõe sobre o Estatuto da Advocacia e a Ordem dos Advogados do Brasil (OAB)*. Disponível em: https://www.planalto.gov.br/ccivil_03/leis/l8906.htm. Acesso em: 12 mar. 2024.

- BRASIL. Lei nº 9.099, de 26 de setembro de 1995. *Dispõe sobre os Juizados Especiais Cíveis e Criminais e dá outras providências*. Diário Oficial da União. Brasília, DF. Disponível em: https://www.planalto.gov.br/ccivil_03/leis/l9099.htm. Acesso em: 11 mar. 2024.

- BRASIL. Lei nº 9.394, de 20 de dezembro de 1996. *Estabelece as diretrizes e bases da educação nacional*. Disponível em: https://www.planalto.gov.br/ccivil_03/leis/l9394.htm Acesso em: 12 mar. 2024.

- BRASIL. Medida Provisória nº 1963-17, de 31 de março de 2000. *Dispõe sobre a administração dos recursos de caixa do Tesouro Nacional, consolida e atualiza a legislação pertinente ao assunto e dá outras providências*. Disponível em: https://www.congressonacional.leg.br/materias/medidas-provisorias/-/mpv/43608#:~:text=Medida%20Provis%C3%B3ria%20n%C2%B0%201963%2D17%2C%20de%202000&text=Disp%C3%B5e%20sobre%20a%20administra%C3%A7%C3%A3o%20dos,assunto%20e%20d%C3%A1%20outras%20provid%C3%AAncias. Acesso em: 12 mar. 2024.

- BRASIL. Superior Tribunal de Justiça. *É possível cumular pedidos de prisão e de penhora no mesmo procedimento para execução de dívida alimentar*. Disponível em: https://www.stj.jus.br/sites/portalp/Paginas/Comunicacao/Noticias/30082022-E-possivel-cumular-pedidos-de-prisao-e-de-penhora-no-mesmo-procedimento-para-execucao-de-divida-alimentar.aspx. Acesso em: 09 mar. 2024.

- BRASIL. Superior Tribunal de Justiça. *Súmula nº 292*. Disponível em: https://www.stj.jus.br/publicacaoinstitucional/index.php/sumstj/article/download/5819/5938#:~:text=Nada%20h%C3%A1%20de%20incompat%C3%ADveis%20entre,292%2C%20%C2%A7%202%C2%BA%20do%20CPC. Acesso em: 12 mar. 2024.

- BRASIL. Superior Tribunal de Justiça. *Súmula nº 294*. Disponível em: https://www.stj.jus.br/publicacaoinstitucional/index.php/sumstj/article/download/5750/5869. Acesso em: 12 mar. 2024.

- BRASIL. Superior Tribunal de Justiça. *Súmula nº 37*. São cumuláveis as indenizações por dano material e dano moral oriundas do mesmo fato. Disponível em: https://www.stj.jus.br/publicacaoinstitucional/index.php/sumstj/article/view/5223/5348. Acesso em: 12 mar. 2024.

- BRASIL. Superior Tribunal de Justiça. *Súmula nº 596*. A obrigação alimentar dos avós tem natureza complementar e subsidiária, somente se configurando no caso de impossibilidade total ou parcial de seu cumprimento pelos pais. Disponível em: https://portal.stf.jus.br/jurisprudencia/sumariosumulas.asp?base=30&sumula=2017. Acesso em: 15 mar. 2024.

- BRASIL. Supremo Tribunal Federal. 0054789-41.2023.8.19.0000 - *Agravo de Instrumento*. 1ª Ementa Des(a). MÔNICA MARIA COSTA DI PIERO - Julgamento:

06/10/2023 - Primeira câmara de direito privado (antiga 8ª câmara). Agravo de instrumento. Plano de saúde. Menor portador de transtorno do espectro autista. Tratamento multidisciplinar. Tutela deferida. Verossimilhança e Perigo de Dano Irreversível. Manutenção da Decisão. Disponível em: https://scon.stj.jus.br/SCON/.

– BRASIL. Supremo Tribunal Federal. 3ª Turma, REsp 238.925-SP, Relator: Min. Ari Pargendler, j. 21.8.01, deram provimento parcial, v.u., DJU 1.10.01, p. 206. Disponível em: https://scon.stj.jus.br/SCON/.

– BRASIL. Supremo Tribunal Federal. 4ª Turma, REsp 327.086-PR. Relator: Min. Sálvio de Figueiredo, j. 8.10.02, deram provimento, dois votos vencidos, DJU 10.2.03, p. 214; no mesmo sentido: RT 659/80, 766/358. Disponível em: https://scon.stj.jus.br/SCON/.

– BRASIL. Supremo Tribunal Federal. 4ª Turma, REsp. 108.683-MG, Relator: Min. Ruy Rosado, j. 4.10.01, não conheceram, v.u., DJU 4.2.02, p. 364; JTJ 235/95. Disponível em: https://scon.stj.jus.br/SCON/.

– BRASIL. Supremo Tribunal Federal. *Ação de cobrança c/c reintegração de posse*. Arts. 476 e 477 do cc/2002. Prequestionamento. Ausência. Contestação. Alegação de nulidade de cláusula contratual e compensação de valores. Possibilidade. Fatos impeditivos, modificativos e extintivos do direito do autor. Defesa substancial indireta. Formulação de pedido de revisão ou rescisão contratual. Impossibilidade. Ressalva quanto à alegação de prévio desfazimento do contrato. Art. 299 do CPC/1973. Apresentação da pretensão reconvencional e da contestação em peça única. Mera irregularidade formal. Precedentes. Pedido de produção de provas. Ausência de apreciação por decisão fundamentada. Cerceamento de defesa. Configuração. Dissídio jurisprudencial. Cotejo analítico. Ausência. REsp nº 2.000.288/MG. Relatora: Ministra Nancy Andrighi, Terceira Turma, julgado em 25/10/2022, DJe de 27/10/2022. Disponível em: https://scon.stj.jus.br/SCON/.

– BRASIL. Supremo Tribunal Federal. AgInt no AREsp 1615038/RJ, DJe 01/10/2020. Disponível em: https://scon.stj.jus.br/SCON/.

– BRASIL. Supremo Tribunal Federal. AgInt no RE no AgInt no AREsp 2105000 / AL Agravo interno no recurso extraordinário no agravo interno no agravo em recurso especial 2022/0103374-0 agravo interno no recurso extraordinário. Negativa de seguimento. Direito processual civil. Ação individual. Suspensão em razão da existência de ação civil pública. Matéria infraconstitucional. Tema nº 675/STF. Ausência de repercussão geral. Disponível em: https://scon.stj.jus.br/SCON/.

– BRASIL. Supremo Tribunal Federal. Agravo interno na ação rescisória. Gratuidade de justiça. Revogação. Intimação para recolhimento do depósito. Não cumprimento da diligência. Petição inicial indeferida. Extinção sem resolução do mérito. Requerimento posterior de correção do valor da causa. Comportamento desidioso e contraditório do autor da ação. AgInt nos EDcl nos EDcl na AR nº 7.391/DF. Relatora: Ministra Nancy Andrighi, Segunda Seção, julgado em 3/10/2023, DJe de 5/10/2023. Disponível em: https://scon.stj.jus.br/SCON/.

- BRASIL. Supremo Tribunal Federal. *Agravo interno na ação rescisória. Erro de fato. Tutela provisória. Cognição sumária.* Existência de fato controvertido pronunciado pelas instâncias ordinárias. AgInt na AR nº 5.839/CE. Relator: Ministro Luis Felipe Salomão, Segunda Seção, julgado em 15/6/2021, DJe de 21/6/2021. Disponível em: https://scon.stj.jus.br/SCON/.

- BRASIL. Supremo Tribunal Federal. *Agravo interno no agravo em recurso especial.* Ação anulatória de contrato c/c pedido de indenização por danos morais. Decisão de inadmissibilidade do apelo. Aplicação de precedente obrigatório. Não conhecimento do agravo do art. 1.042 do CPC/2015. Inscrição indevida. Cadastro de inadimplentes. Dano moral *in re ipsa. Súmula 83/STJ.* Valor da indenização. Reexame. Descabimento. Montante razoável. Agravo interno improvido. AgInt no AREsp nº 2.114.822/SP. Relator: Ministro Raul Araújo, Quarta Turma, DJe de 13/10/2022. Disponível em: https://scon.stj.jus.br/SCON/.

- BRASIL. Supremo Tribunal Federal. *Agravo interno no agravo em recurso especial.* Declaratória de inexistência de débito. Indenização. Inversão do ônus da prova. Regra de instrução. Comprovação mínima dos fatos alegados. Súmulas 7 e 83 do STJ. Agravo não provido. AgInt no Resp XXXXX/RO. Relator: Ministro Marco Aurélio Bellizze, Terceira Turma, julgado em 05/06/2018, DJe de 15/06/2018). Disponível em: https://scon.stj.jus.br/SCON/.

- BRASIL. Supremo Tribunal Federal. *Agravo interno no agravo em recurso especial.* Embargos à execução. Cerceamento de defesa. Inexistência. Conexão. Pedido de reunião dos feitos, um deles já sentenciado. Súmula 235/STJ. Ausência de liquidez do título extrajudicial. Rejeição. Reexame. Súmula 7/STJ. Agravo interno provido para, em novo julgamento, conhecer do agravo e negar provimento ao recurso especial. Súmula 235/STJ. AgInt no AREsp nº 2.312.135/MA. Relator: Ministro Raul Araújo, Quarta Turma, julgado em 18/9/2023, DJe de 22/9/2023. Disponível em: https://scon.stj.jus.br/SCON/.

- BRASIL. Supremo Tribunal Federal. *Agravo interno no agravo em recurso especial.* Reintegração de posse. Compra e venda de imóvel. Cláusula compromissória expressa. Competência do juízo arbitral. Acórdão recorrido em consonância com jurisprudência desta corte. Súmula nº 83 do STJ. Decisão mantida. AgInt no AREsp nº 2.273.814/RJ. Relator: Ministro Antonio Carlos Ferreira, Quarta Turma, julgado em 14/8/2023, DJe de 18/8/2023. Disponível em: https://scon.stj.jus.br/SCON/.

- BRASIL. Supremo Tribunal Federal. *Agravo interno no mandado de segurança.* Servidor. Demissão. Mandado de segurança e ação anulatória de processo administrativo. Litispendência. Identidade de partes, pedido e causa de pedir. Art. 485, v, do CPC/2015. Extinção sem resolução do mérito. AgInt no MS nº 28.795/DF, relator Ministro Benedito Gonçalves, Primeira Seção, julgado em 3/10/2023, DJe de 5/10/2023. Disponível em: https://scon.stj.jus.br/SCON/.

- BRASIL. Supremo Tribunal Federal. *Agravo interno no mandado de segurança.* Servidor. Demissão. Mandado de segurança e ação anulatória de processo administrativo.

Litispendência. Identidade de partes, pedido e causa de pedir. Art. 485, v, do CPC/2015. Extinção sem resolução do mérito. AgInt no MS nº 28.795/DF, relator Ministro Benedito Gonçalves, Primeira Seção, julgado em 3/10/2023, DJe de 5/10/2023. Disponível em: https://scon.stj.jus.br/SCON/.

– BRASIL. Supremo Tribunal Federal. *Agravo Interno no Recurso Especial*. Ação de Indenização. Construção de Hidrelétrica. Atividade Pesqueira. Extinção sem Resolução do Mérito. Petição Inicial. Requisitos. Regularização. Emenda. Oportunidade. Juízo Singular. Supressão de Instância. AgInt no REsp nº 2.026.725/PA. Relator: Ministro Ricardo Villas Bôas Cueva, Terceira Turma, julgado em 18/9/2023, DJe de 20/9/2023. Disponível em: https://scon.stj.jus.br/SCON/.

– BRASIL. Supremo Tribunal Federal. *Agravo interno no recurso especial*. Processual civil. Ação de obrigação de fazer. Compra e venda de imóvel. Determinação de baixa da hipoteca instituída em favor do agente financeiro. Sentença. Condenação da vendedora ao pagamento de honorários sucumbenciais. Falta de impugnação no momento oportuno. Preclusão consumativa. Modificação posterior. Inviabilidade. Princípio da inalterabilidade da decisão judicial. Precedentes. Agravo interno desprovido. AgInt no REsp nº 1.943.856/PB. Relator: Ministro Marco Aurélio Bellizze, Terceira Turma, julgado em 14/8/2023, DJe de 16/8/2023. Disponível em: https://scon.stj.jus.br/SCON/.

– BRASIL. Supremo Tribunal Federal. *Agravo interno no recurso especial*. Ausência de violação do arts. 489 e 1.022 do CPC. Art. 996 do CPC. Ilegitimidade recursal. Embargos de declaração não conhecidos. Ausência de interrupção do prazo recursal. AgInt no REsp nº 2.017.642/MG. Relator: Ministro Humberto Martins, Terceira Turma, julgado em 16/10/2023, DJe de 18/10/2023. Disponível em: https://scon.stj.jus.br/SCON/.

– BRASIL. Supremo Tribunal Federal. *Agravo interno*. Embargos à execução. Honorários advocatícios. Omissão da base de cálculo no título executivo. Incidência sobre o valor da causa. Critério de equidade. Art. 20, §§ 3º e 4º, do CPC/1973. Devida e tempestiva arguição pela embargante. Inexigibilidade e excesso de execução. Matéria de ordem pública. Preclusão. Inexistência. Reexame de matéria fático-probatória. Impossibilidade. Ratificação de voto. Ratificação da decisão monocrática do Ministro Francisco Falcão. AgInt nos EDcl no AREsp nº 1.143.975/RJ. Relator: Ministro Herman Benjamin, Segunda Turma, julgado em 18/8/2022, DJe de 19/12/2022.) Disponível em: https://scon.stj.jus.br/SCON/.

– BRASIL. Supremo Tribunal Federal. *Agravo interno*. Recurso em mandado de segurança. Impetração no prazo para interposição de apelação. Afastamento da súmula nº 202 do STJ em razão da ciência do impetrante, terceiro prejudicado, no prazo para recurso. Precedentes. AgInt no RMS nº 68.202/DF. Relator: Ministro Mauro Campbell Marques, Segunda Turma, julgado em 30/5/2022, DJe de 3/6/2022. Disponível em: https://scon.stj.jus.br/SCON/.

– BRASIL. Supremo Tribunal Federal. *Agravo interno*. Recurso especial. Civil. Plano de saúde. Fornecimento de prótese importada. Indicação do médico da paciente.

Recusa da operadora. Abusividade. Precedentes. Contestação intempestiva. Alegação de inexistência de prótese equivalente no mercado nacional. Presunção de veracidade. Óbice da súmula 7/STJ. Inocorrência. Alegação de fato notório. Inovação recursal. AgInt no REsp nº 1.436.348/SC. Relator: Ministro Paulo de Tarso Sanseverino, Terceira Turma, julgado em 8/11/2016, DJe de 16/11/2016. Disponível em: https://scon.stj.jus.br/SCON/.

- BRASIL. Supremo Tribunal Federal. AgRg no AREsp 729768/DF. Relator: Ministro REYNALDO SOARES DA FONSECA, QUINTA TURMA, julgado em 19/04/2018, DJe 30/04/2018. A REsp 1664199/DF (decisão monocrática), Relator: Ministro MARCO BUZZI, QUARTA TURMA, julgado em 27/04/2020, publicado em 29/04/2020. Disponível em: https://scon.stj.jus.br/SCON/.

- BRASIL. Supremo Tribunal Federal. *Conflito negativo de competência*. Execução fiscal ajuizada na seção judiciária da justiça federal em que a autarquia federal exequente possui domicílio, após a revogação do inciso i do art. 15 da Lei nº 5.010/66, pela Lei nº 13.043/2014, contra devedor domiciliado em localidade diversa, também sede de vara federal. Competência relativa. Declinação da competência, de ofício. Impossibilidade. Incidência da súmula 33/STJ. Precedentes do STJ. Conflito de competência conhecido, para declarar competente o juízo federal perante o qual foi proposta a execução fiscal. Agravo interno improvido. AgInt no CC nº 170.216/MG. Relatora: Ministra Assusete Magalhães, Primeira Seção, julgado em 15/12/2020, DJe de 18/12/2020. Disponível em: https://scon.stj.jus.br/SCON/.

- BRASIL. Supremo Tribunal Federal. Decisão: Relator: Ministro AYRES BRITTO. Publique-se. Brasília, 20 de setembro de 2011. Disponível em: https://scon.stj.jus.br/SCON/.

- BRASIL. Supremo Tribunal Federal. *Demarcação de terra indígena*. Pedido de interdito proibitório deferido. Agravo de instrumento. Alegação de nulidade diante da falta de intimação do ministério público federal para manifestação antes do julgamento. Comprovação de prejuízo com a falta de citação. AgInt no AgInt no AREsp nº 1.200.499/PR. Relator Ministro Francisco Falcão, Segunda Turma, julgado em 9/5/2019, DJe de 18/6/2019. Disponível em: https://www.jusbrasil.com.br/jurisprudencia/stj/859666092/inteiro-teor-859666094.

- BRASIL. Supremo Tribunal Federal. *Direito De Família*. Ação de destituição do poder familiar. Possibilidade de comunicação de atos processuais por aplicativos de mensagens. Decisão e resolução do Conselho Nacional de Justiça. REsp nº 2.045.633/RJ. Existência de normativos locais disciplinando a questão de modo desigual. Ausência de autorização legal. Lei que dispõe apenas sobre a comunicação de atos processuais por correio eletrônico (e-mail). Insegurança jurídica. Necessidade de disciplina da matéria por lei, estabelecendo critérios, procedimentos e requisitos isonômicos para os jurisdicionados. Existência de projeto de lei em debate no poder legislativo. Nulidade, como regra, dos atos de comunicação por aplicativos de mensagens por inobservância da forma prescrita em lei. Necessidade de exame da questão à luz da teoria das nulidades processuais. Convalidação da nulidade da citação efetivada sem a observância das formalidades legais. Impossibilidade na hipótese. Entrega do mandado de citação e da contrafé sem a prévia certificação de se tratar do citando. Ré, ademais, analfabeta, que deve ser citada pessoalmente por oficial de justiça, vedada a citação por meio eletrônico. Relatora Ministra Nancy Andrighi, Terceira Turma, julgado em 8/8/2023, DJe de 14/8/2023. Disponível em: https://scon.stj.jus.br/SCON/.

- BRASIL. Supremo Tribunal Federal. *Embargos de declaração no agravo interno no agravo em recurso especial*. Ação de reconhecimento e dissolução de união estável e partilha de bens. Escritura do pacto antenupcial juntada após o ajuizamento da ação. Cabimento. Contradição sanada. Embargos de declaração acolhidos. EDcl no AgInt no AREsp nº 2.064.895/RJ, relator Ministro Raul Araújo, Quarta Turma, julgado em 15/5/2023, DJe de 22/5/2023. Disponível em: https://scon.stj.jus.br/SCON/.

- BRASIL. Supremo Tribunal Federal. *Embargos de declaração*. *Recurso especial*. Omissão. Existência. Recurso acolhido. EDcl no REsp nº 1.461.655/SC. Relator: Ministro Paulo Sérgio Domingues, Primeira Turma, julgado em 16/10/2023, DJe de 18/10/2023. Disponível em: https://scon.stj.jus.br/SCON/.

- BRASIL. Supremo Tribunal Federal. PETIÇÃO DE RECURSO ESPECIAL: REsp XXXXX. Disponível em: https://scon.stj.jus.br/SCON/.

- BRASIL. Supremo Tribunal Federal. *Processual civil*. Mandado de segurança. Cumprimento de sentença. Honorários advocatícios. Descabimento. AgInt no REsp nº 2.016.469/MG. Relator: Ministro Gurgel de Faria, Primeira Turma, julgado em 23/10/2023, DJe de 27/10/2023. Disponível em: https://scon.stj.jus.br/SCON/.

- BRASIL. Supremo Tribunal Federal. *Proposta de afetação*. Recurso especial representativo da controvérsia. Possibilidade de aplicação do princípio da fungibilidade recursal aos casos em que, embora cabível a interposição de recurso em sentido estrito, a parte impugna decisão mediante apelação. ProAfR no REsp nº 2.082.481/MG, relator Ministro Sebastião Reis Júnior, Terceira Seção, julgado em 17/10/2023, DJe de 20/10/2023. Disponível em: https://scon.stj.jus.br/SCON/.

- BRASIL. Supremo Tribunal Federal. *Questão de ordem na proposta de afetação*. Recurso especial. Acórdão proferido em IRDR. Art. 256-h do RISTJ, C/C O ART. 1.037 do CPC/2015. Processamento sob o rito dos recursos repetitivos. Contratos bancários. Empréstimo consignado. Distribuição do ônus da prova. Delimitação da controvérsia. ProAfR no REsp nº 1.846.649/MA. Relator: Ministro Marco Aurélio Bellizze, Segunda Seção, julgado em 23/6/2021, DJe de 1/7/2021. Disponível em: https://scon.stj.jus.br/SCON/.

- BRASIL. Supremo Tribunal Federal. *Recurso em mandado de segurança*. Ato administrativo de autoridade judiciária. Vista ao ministério público de processos previdenciários que envolvam interesses de idosos ou de pessoas com deficiência.

Função institucional do MP. Entendimento pacífico do STJ e do STF. Recurso não provido. RMS nº 61.319/GO. Relator: Ministro Herman Benjamin, Segunda Turma, julgado em 19/11/2019, DJe de 11/9/2020. Disponível em: https://scon.stj.jus.br/SCON/.

- BRASIL. Supremo Tribunal Federal. *Recurso Especial Nº 2045121 - PA (2022/0400092-9)*. Ementa agravo interno no recurso especial - ação condenatória - decisão monocrática que deu parcial provimento ao reclamo da ora agravante. Insurgência da parte autora. REsp nº 2.013.351/PA. Relatora: Ministra Nancy Andrighi, Segunda Seção, julgado em 14/9/2022, DJe de 19/9/2022. Disponível em: https://scon.stj.jus.br/SCON/.

- BRASIL. Supremo Tribunal Federal. *Recurso especial repetitivo*. Tema 1000/STJ. Processual civil. CPC/2015. Cominação de astreintes na exibição de documentos requerida contra a parte 'ex adversa'. Cabimento na vigência do CPC/2015. Necessidade de prévio juízo de probabilidade e de prévia tentativa de busca e apreensão ou outra medida coercitiva. Caso concreto. Inscrição negativa em cadastro de inadimplentes. Pedido autônomo de exibição do contrato pertinente à inscrição negativa. Indeferimento da inicial pelo juízo de origem. Aplicação da teoria da causa madura pelo tribunal de origem. Procedência do pedido de exibição com cominação de astreintes. Descabimento. Necessidade de prévio juízo de probabilidade e de prévia tentativa de busca e apreensão ou outra medida coercitiva. Anulação da sentença e do acórdão recorrido. Retorno dos autos ao juízo de origem. REsp nº 1.777.553/SP. Relator: Ministro Paulo de Tarso Sanseverino, Segunda Seção, julgado em 26/5/2021, DJe de 1/7/2021. Disponível em: https://processo.stj.jus.br/processo/julgamento/eletronico/documento/mediado/?documento_tipo=91&documento_sequencial=136579091&registro_numero=201802913600&peticao_numero=202100694338&publicacao_data=20211129&formato=PDF.

- BRASIL. Supremo Tribunal Federal. *Recurso especial*. Ação de consignação em pagamento. Contrato bancário. Improcedência. Finalidade de extinção da obrigação. Necessidade de depósito integral da dívida e encargos respectivos. Mora ou recusa injustificada do credor. Demonstração. Obrigatoriedade. Efeito liberatório parcial. Não cabimento. Código civil, arts. 334 A 339. CPC de 1973, arts. 890 a 893, 896, 897 e 899. Recurso representativo de controvérsia. CPC de 2015.Necessidade de depósito integral da dívida e encargos respectivos. REsp nº 1.108.058/DF. Relator: Ministro Lázaro Guimarães (Desembargador Convocado do TRF 5ª Região), relatora para acórdão Ministra Maria Isabel Gallotti, Segunda Seção, julgado em 10/10/2018, DJe de 23/10/2018. Disponível em: https://scon.stj.jus.br/SCON/pesquisar.jsp?b=ACOR&livre=%28RESP.clas.+e+%40num%3D%221108058%22%29+ou+%28RESP+adj+%221108058%22%29.suce.&O=JT.

- BRASIL. Supremo Tribunal Federal. *Recurso especial*. Ação de exibição de documentos. Reconvenção. Conexão entre a reconvenção e a ação principal ou o fundamento da defesa. Pressuposto de admissibilidade específico. Independência entre a ação principal e a reconvenção. Extinção da ação principal, sem exame do mérito. Prosseguimento da reconvenção. REsp nº 2.076.127/SP. Relatora: Ministra Nancy Andrighi, Terceira Turma, julgado em 12/9/2023, DJe de 15/9/2023. Disponível em: https://scon.stj.jus.br/SCON/.

– BRASIL. Supremo Tribunal Federal. *Recurso especial*. Ação declaratória c/c indenização por danos materiais. Limites da coisa julgada. Questão expressamente decidida no dispositivo da decisão. Condenação implícita. Possibilidade em hipóteses excepcionais. Juros remuneratórios. Necessidade de pedido e condenação de forma expressa. Eficácia preclusiva da coisa julgada. Impossibilidade apenas de rediscussão, com base em novas alegações, de pedido já apreciado. Requisitos para a formação de coisa julgada. Sentença proferida em ação anterior que determinou a restituição de tarifas abusivas. Nova ação pleiteando a restituição de juros remuneratórios sobre essas tarifas. Possibilidade. Questão não apreciada na decisão transitada em julgado. Ofensa à coisa julgada. Não ocorrência. REsp nº 2.000.231/PB. Relatora: Ministra Nancy Andrighi, Terceira Turma, julgado em 18/4/2023, DJe de 5/5/2023. Disponível em: https://scon.stj.jus.br/SCON/.

– BRASIL. Supremo Tribunal Federal. *Recurso especial*. Apelação. Embargos à monitória. Acolhimento. Litisconsortes passivos. Exclusão parcial. Ação monitória. Encerramento. Não ocorrência. Agravo de instrumento. Cabimento. Erro grosseiro. Inexistência. Princípio da fungibilidade. Aplicação. Recurso provido. REsp nº 1.828.657/RS. Relator: Ministro Antonio Carlos Ferreira, Quarta Turma, julgado em 5/9/2023, DJe de 14/9/2023. Disponível em: https://processo.stj.jus.br/jurisprudencia/externo/informativo/?aplicacao=informativo&acao=pesquisar&livre=REsp+1.4&refinar=S.DISP.&&b=INFJ&p=true&t=&l=25&i=176. Acesso em: 15 mar. 2024.

– BRASIL. Supremo Tribunal Federal. *Recurso Especial*. Exceção de incompetência. Alegação de conexão. Possibilidade, desde que ausente prejuízo. REsp nº 1.559.059/MG. Relatora: Ministra Nancy Andrighi, Terceira Turma, julgado em 2/4/2019, DJe de 4/4/2019. Disponível em: https://scon.stj.jus.br/SCON/.

– BRASIL. Supremo Tribunal Federal. *Recurso Especial*. Execução de título extrajudicial. Negativa de prestação jurisdicional. Ausência. Interrupção da prescrição. Despacho que ordena a citação. Retroage à data do ajuizamento da ação. Emenda à inicial para retificar o valor da causa. Aplicação da regra prevista no art. 240, § 1º, do CPC/15. Hipótese dos autos. Prescrição afastada. REsp nº 2.088.491/TO. Relatora Ministra Nancy Andrighi, Terceira Turma, julgado em 3/10/2023, DJe de 9/10/2023. Disponível em: https://scon.stj.jus.br/SCON/.

– BRASIL. Supremo Tribunal Federal. *Recurso especial*. Processual civil. Ação de alimentos. Alimentos provisórios. Liminar inaudita altera parte. Litisconsórcio passivo. Agravo de instrumento. Prazo em dobro. Artigo 191 do CPC/1973. Aplicabilidade. REsp nº 1.593.161/SP. Relatora: Ministra Nancy Andrighi, relator para acórdão Ministro Ricardo Villas Bôas Cueva, Terceira Turma, julgado em 26/6/2018, DJe de 6/9/2018. Disponível em: https://scon.stj.jus.br/SCON/.

- BRASIL. Supremo Tribunal Federal. *Recurso especial.* Processual civil. Gratuidade da justiça. Alegação de insuficiência de recursos. Presunção relativa. Afastamento. Necessidade de indicação de elementos concretos constante dos autos. REsp nº 2.055.899/MG. Relatora: Ministra Nancy Andrighi, Terceira Turma, julgado em 20/6/2023, DJe de 27/6/2023. Disponível em: https://scon.stj.jus.br/SCON/GetInteiroTeorDoAcordao?num_registro=202300939240&dt_publicacao=27/09/2023. Acesso em: 15 mar. 2024.

- BRASIL. Supremo Tribunal Federal. *Recurso Especial*: REsp XXXXX PR XXXX/XXXXX-0 Recurso Especial. Processual Civil. Pedido Reconvencional. Requisitos. Atendimento. Nomem Iuris. Irrelevância. Disponível em: https://scon.stj.jus.br/SCON/.

- BRASIL. Supremo Tribunal Federal. *Recuso especial.* A audiência de conciliação é fase obrigatória do processo civil atual. Nova legislação processual civil. Justiça multiportas. Valorização da composição amigável. Tarefa a ser implementada pelo juiz do feito. Ausência de comparecimento do INSS. Aplicação de multa de 2% sobre o valor da causa. ART. 334, § 8o. do CPC/2015. Interesse do autor na realização do ato. Multa devida. Recurso especial do INSS a que se nega provimento. REsp nº 1.769.949/SP. Relator: Ministro Napoleão Nunes Maia Filho, Primeira Turma, julgado em 8/9/2020, DJe de 2/10/2020. Disponível em: https://processo.stj.jus.br/jurisprudencia/externo/informativo/?acao=pesquisar&livre=%22REsp%22+com+%221769949%22. Acesso em: 15 mar. 2024.

- BRASIL. Supremo Tribunal Federal. REsp 1568244/RJ, DJe 19/12/2016, Tema 952 e AgInt no REsp 1902493/SP, DJe 12/03/2021. Disponível em: https://processo.stj.jus.br/SCON/GetInteiroTeorDoAcordao?num_registro=201502972780&dt_publicacao=19/12/2016. Acesso em: 15 mar. 2024.

- BRASIL. Supremo Tribunal Federal. REsp 1061530 /RS RECURSO ESPECIAL 2008/0119992-4 DJe 10/03/2009 RSSTJ vol. 34 p. 216. RSSTJ vol. 35 p. 48. Disponível em: https://scon.stj.jus.br/SCON/GetInteiroTeorDoAcordao?cod_doc_jurisp=913712. Acesso em: 15 mar. 2024.

- BRASIL. Supremo Tribunal Federal. AgInt no AREsp 1699331/SP, DJe 29/10/2020. Disponível em: https://scon.stj.jus.br/SCON/.

- BRASIL. Supremo Tribunal Federal. *Súmula 302*. É abusiva a cláusula contratual de plano de saúde que limita no tempo a internação hospitalar do segurado. Disponível em: https://www.stj.jus.br/docs_internet/revista/eletronica/stj-revista-sumulas-2011_24_capSumula302.pdf. Acesso em: 15 mar. 2024.

- BRASIL. Supremo Tribunal Federal. AgInt nos EDcl no AREsp 1577135/SP, DJe 15/06/2020. Disponível em: https://scon.stj.jus.br/SCON/.

- BRASIL. Supremo Tribunal Federal. AgInt no AREsp 1680216/SP, DJe 15/03/2021. Disponível em: https://scon.stj.jus.br/SCON/.

- BRASIL. Supremo Tribunal Federal. *Súmula 597*. A cláusula contratual de plano de saúde que prevê carência para utilização dos serviços de assistência médica nas situações de emergência ou de urgência é considerada abusiva se ultrapassado o prazo máximo de 24 horas contado da data da contratação. Disponível em: https://scon.stj.jus.br/SCON/sumstj/doc.jsp?livre=%22597%22. num.&b=SUMU&p=false&l=10&i=1&operador=E&ordenacao=-@NUM.

- BRASIL. Supremo Tribunal Federal. Recurso especial. Rito dos recursos especiais repetitivos. Plano de saúde. Controvérsia acerca da obrigatoriedade de fornecimento de medicamento não registrado pela Anvisa. REsp 1712163/SP, DJe 26/11/2018, Tema 990 e AgInt no REsp 1872545/SP, DJe 03/03/2021. Disponível em: https://processo.stj.jus.br/processo/revista/documento/mediado/?componente=ATC&sequencial=100139434&num_registro=201701829167&data=20190927&tipo=91&formato=PDF.

- BRASIL. Supremo Tribunal Federal. AgInt no REsp 1818484/SP, DJe 12/06/2020. Disponível em: https://scon.stj.jus.br/SCON/.

- BRASIL. Supremo Tribunal Federal. REsp 1595897/SP, DJe 16/06/2020. Disponível em: https://scon.stj.jus.br/SCON/.

- BRASIL. Supremo Tribunal Federal. AgInt no REsp 1899296/SP, DJe 17/03/2021. Disponível em: https://scon.stj.jus.br/SCON/.

- BRASIL. Supremo Tribunal Federal. AgInt no REsp 1852722/SP, DJe 12/06/2020; REsp 1882034/SP, DJe 13/10/2020. Disponível em: https://scon.stj.jus.br/SCON/.

- BRASIL. Supremo Tribunal Federal. AgInt nos EDcl no REsp 1784934/SP, DJe 29/10/2020. Disponível em: https://scon.stj.jus.br/SCON/.

- BRASIL. Supremo Tribunal Federal. AgInt no AgInt no AREsp 998.394/SP, DJe 29/10/2020. Disponível em: https://scon.stj.jus.br/SCON/.

- BRASIL. Supremo Tribunal Federal. REsp 1595897/SP, DJe 16/06/2020. Disponível em: https://scon.stj.jus.br/SCON/.

- BRASIL. Supremo Tribunal Federal. AgInt no REsp 1853540/PR, DJe 26/06/2020. Disponível em: https://scon.stj.jus.br/SCON/.

- BRASIL. Supremo Tribunal Federal. AgInt no REsp 1861524/DF, DJe 01/07/2020; REsp 1811909/SP, DJe 12/11/2020. Disponível em: https://scon.stj.jus.br/SCON/.

- BRASIL. Supremo Tribunal Federal. AgInt no REsp 1848717/MT, DJe 18/06/2020. Disponível em: https://scon.stj.jus.br/SCON/.

- BRASIL. Supremo Tribunal Federal. AgInt no AREsp 1545104/SP, DJe 24/09/2020. Disponível em: https://scon.stj.jus.br/SCON/.

- BRASIL. Supremo Tribunal Federal. AgInt no AREsp 1597527/DF, DJe 28/08/2020; AgInt no AgInt no AREsp 1642079/SP, DJe 01/09/2020. Disponível em: https://scon.stj.jus.br/SCON/.

- BRASIL. Supremo Tribunal Federal. AgInt no AREsp 1574594/SP, DJe 18/06/2020; AgInt no AREsp 1626988/SP, DJe 27/08/2020. Disponível em: https://scon.stj.jus.br/SCON/.

- BRASIL. Supremo Tribunal Federal. AgInt no AREsp 1544942/SP, DJe 26/06/2020. Disponível em: https://scon.stj.jus.br/SCON/.

- BRASIL. Supremo Tribunal Federal. AgInt no AREsp 1606167/SP, DJe 01/07/2020; AgInt no REsp 1772800/RS, DJe 24/09/2020. Disponível em: https://scon.stj.jus.br/SCON/.

- BRASIL. Supremo Tribunal Federal. REsp 1756283/SP, DJe 03/06/2020; REsp 1805558/SP, DJe 03/06/2020. Disponível em: https://scon.stj.jus.br/SCON/.

- BRASIL. Supremo Tribunal Federal. AgInt no REsp 1857075/PR, DJe 24/09/2020. Disponível em: https://scon.stj.jus.br/SCON/.

- BRASIL. Supremo Tribunal Federal. REsp 1.794.629/SP, DJe 10/03/2020. Disponível em: https://scon.stj.jus.br/SCON/.

- BRASIL. Supremo Tribunal Federal. REsp 1815796/RJ, DJe 09/06/2020. Disponível em: https://scon.stj.jus.br/SCON/.

- BRASIL. Supremo Tribunal Federal. AgInt no AgInt no AREsp 1642079/SP, DJe 01/09/2020. Disponível em: https://scon.stj.jus.br/SCON/.

- BRASIL. Supremo Tribunal Federal. AgInt no AREsp 1573618/GO, DJe 30/06/2020. Disponível em: https://scon.stj.jus.br/SCON/.

- BRASIL. Supremo Tribunal Federal. *Súmula 608*. Aplica-se o Código de Defesa do Consumidor aos contratos de plano de saúde, salvo os administrados por entidades de autogestão. Disponível em: https://scon.stj.jus.br/SCON/sumstj/doc.jsp?livre=%22608%22.num.&b=SUMU&p=false&l=10&i=1&operador=E&ordenacao=-@NUM.

- BRASIL. Supremo Tribunal Federal. EDcl no REsp 1799343/SP, DJe 01/07/2020; EDcl no CC 165.863/SP, DJe 03/08/2020 Disponível em: https://scon.stj.jus.br/SCON/.

- BRASIL. Supremo Tribunal Federal. AgInt no AREsp 1615038/RJ, DJe 01/10/2020 Disponível em: https://scon.stj.jus.br/SCON/.

- BRASÍLIA (Estado) Tribunal de Justiça. TJ-DF - XXXXX20168070005 DF XXXXX-51.2016.8.07.0005 Direito civil. Indenização por dano moral. Lesão. Mordida. Animal. Responsabilidade objetiva do dono. Art. 936 do código civil. Dever de cautela. Proprietário. Omissão. Dano moral. Existência. Sentença mantida. Apelação improvida. Disponível em: https://scon.stj.jus.br/SCON/.

- BUENO, Cássio Scarpinella. *Manual de Direito Processual Civil*. 8ª edição. São Paulo: SaraivaJur, 2022.

- CAHALI, Yussef Said. *Dano Moral*. 2ª ed., Editora Revista dos Tribunais, 1998. p. 370.

- CALAMANDREI, Piero. *Eles, Os Juízes, Vistos Por Um Advogado*. Editora Martins Fontes, *1998*.

- CÂMARA, Alexandre Freitas. *Lições de Direito Processual Civil*. v. II, 6ª edição, Rio de Janeiro: Lumen Juris, 2002. p. 49-53.

- CÂMARA, Alexandre Freitas. *Lições de Direito Processual Civil. v. I.*, 8ª ed., Lumen Juris, 2004.

- CÂMARA, Alexandre Freitas. *Lições de Direito Processual Civil*. v. I., 14ª ed., Ed. Lumen Juris, 2006.

- CÂMARA, Alexandre Freitas. *Juizados Especiais Cíveis Estaduais e Federais – Uma Abordagem Crítica*. Ed. Lumen Juris, 2004.

- CÂMARA, Alexandre Freitas. *Juizados Especiais Cíveis Estaduais e Federais – Uma Abordagem Crítica*. Ed. Lumen Juris, 2014. p. 85-86.

- CARNEIRO, Athos Gusmão. *Da Antecipação de Tutela*. 6ª ed., Ed. Forense, 2005.

- CARNEIRO, Athos Gusmão. *O Novo Recurso de Agravo e Outros Estudos*. Editora Forense, 1996. p. 18

- CARNELUTTI, Francesco. *Estudios de Derecho Procesal*. v. II, Tradução: Santiago Sentís Melendo. Buenos Aires: EJEA, 1952.

- CASTRO FILHO, José Olympio de. *Prática forense*. Rio de Janeiro: Forense, 1975.

- CHIOVENDA, Giuseppe. *Instituições de Direito Processual Civil*. Tradução: J. Guimarães Menegale. 3ª ed., São Paulo: Saraiva, 1969.

- CINTRA, Antonio Carlos de Araújo. *Teoria Geral do Processo*. São Paulo: Malheiros, 1996.

- COELHO, Fábio Ulhoa. *Comentários ao Código de Proteção ao Consumidor*, Saraiva, 1991, p. 173.

- COELHO, Wilson do Egito. *O Factoring e a Legislação Bancária Brasileira*. São Paulo: Revista de Direito Mercantil, 1971.

- COMPARATO, Fábio Konder. *In: Revista dos Tribunais*, 389/7. 1968.

- COSTA, Alfredo de Araújo Lopes da. *Medidas Preventivas*. Editora: Bernardo Alvares, 1958.

- COUTURE, Eduardo Juan. *Fundamentos do Direito Processual Civil*. Tradução: Rubens Gomes de Souza. São Paulo, Saraiva, 1946.

- COUTURE, Eduardo Juan. *Os Mandamentos do Advogado*. Tradução Ovídio A. Baptista da Silva e Carlos Otávio Athayde. 3. ed. Porto Alegre: Fabris, 1987. p. 45.

- DALL'AGNOL JR, Antonio Janyr. *Revista de Processo - Considerações em torno do valor da causa*. São Paulo: Revista dos Tribunais, 1979.

- DIAS, José de Aguiar. *Da Responsabilidade Civil*. v. II. Editora Lumen Juris.

- DINAMARCO, Cândido Rangel. *A Reforma do Código de Processo Civil*, 2ª ed. Malheiros Editores, 1995, p. 138-148.

- DINAMARCO, Cândido Rangel. *A Reforma do Código Processo Civil*. 4ª ed. São Paulo: Malheiros Editores, 1997.

- DINIZ, Maria Helena. *Curso de Direito Civil*. São Paulo: Editora Saraiva: 2019, p. 82.

- DÓRIA, Jorge Viana; et al. *CODJERJ Comentado*. 3ª ed. Editora Impetus, 2004. p. 69.

- ESPINOLA, Eduardo. *Família no Direito Civil Brasileiro*. Campinas: Bookseller Editora e Distribuidora, 2001.

- FACHIN, Rosana Amara Girardi. *Dever Alimentar Para Um Novo Direito de Família*. Rio de Janeiro: Renovar, 2005.

- FAMÍLIA, Instituto Brasileiro de Direito da. *Enunciado 32*. Disponível em: https://ibdfam.org.br/conheca-o-ibdfam/enunciados-ibdfam. Acesso em: 14 mar. 2024.

- FAZZALARI, Elio. *Il Processo Ordinário di Cognizione*. Turim, UTET, Ristampa, 1990.

- FERNANDES, Sérgio Ricardo de Arruda. *Questões Importantes de Processo Civil: Teoria Geral do Processo*. Rio de Janeiro: DP&A, 1999.

- FERRARA, Francesco. *Como Aplicar e Interpretar as Leis*. Tradução do Tratatto de Diritto Civille Italiano – Roma, 1921 –, Joaquim Campos de Miranda. Ed. Líder, 2003.

- FERREIRA, Pinto. *Comentários à Constituição Brasileira*. Editora Saraiva, 6º volume, 1994. p. 570.

- FILHO, Nagib Slaibi. *Doutrina, do Instituto de Direito*. [s. l.], [19--].

- FILHO, Sérgio Cavalieri. *Programa de Responsabilidade Civil*. Malheiros Editores, 1996. p. 78.

- FILHO, Sérgio Cavalieri. *Programa de Responsabilidade Civil*. 5ª ed. Malheiros, 2003.

- FILHO, Vicente Greco. *Direito Processual Civil Brasileiro*. 14ª ed. v. 1. Saraiva, 2000.

- FPJC. *Enunciados Cíveis*. Enunciado 4. Disponível em: https://www.cnj.jus.br/programas-e-acoes/juizados-especiais/enunciados-fonaje/enunciados-civeis/#:~:text=ENUNCIADO%204%20%E2%80%93%20Nos%20Juizados%20Especiais,que%20identificado%20o%20seu%20recebedor. Acesso em: 12 mar. 2024.

- GOIÁS (Estado). Tribunal de Justiça. *Recurso Inominado* Cível: RI XXXXX20228090007 Anápolis. Ementa: Recurso inominado. Ação indenizatória por danos materiais e morais. Violação de bagagem. Extravio de itens de significativo valor. Disponível em: www.jus.com.br
- GOMES, Luiz Roldão de Freitas. *Contrato*. Rio de Janeiro: Editora Renovar, 1999. p. 161.
- GOMES, Luiz Roldão de Freitas. *Elementos de Responsabilidade Civil*. Renovar, 2000, p. 174.
- GOMES, Luiz Roldão de Freitas. *Palestra*. Escola de Magistratura do Estado do Rio de Janeiro. 22 mar. 1995.
- GONÇALVES, Carlos Roberto. *Direito Civil Brasileiro*. v. III. Ed. Saraiva, 2004.
- GONÇALVES, Marcus Vinícius Rios. *Direito Processual Civil: Procedimentos Especiais*. v. 13. São Paulo, Saraiva, 1999.
- GONÇALVES, Marcus Vinícius Rios. *Novo Curso de Direito Processual Civil*. v. 1. Ed. Saraiva, 2004.
- GONÇALVES, Marcus Vinícius Rios. *Sinopses Jurídicas. Direito das Coisas*. v. 3. Ed. Saraiva. 2003.
- GRINOVER, Ada Pellegrini. *As condições da Ação Penal*. São Paulo: Bushatsky, 1977.
- GRINOVER, Ada Pellegrini; DINAMARCO, Cândido R.; CINTRA, Antonio Carlos. *Teoria Geral do Processo*. 13ª ed. Rio de Janeiro: Malheiros, 1996.
- GRINOVER, Ada Pellegrini. OLIVEIRA, Vicente Gomes de. *Código Brasileiro do Consumidor, comentado pelos autores do Anteprojeto*. Forense Universitária, 6ª ed., 2000, p. 336.
- GUIMARÃES, Nathália Arruda. Metamorfose urbana - entre a renovação e a conservação: breves comentários sobre a proteção do Patrimônio Cultural Arquitetônico no contexto das Ordens Urbanísticas do Brasil e de Portugal. *Revista de Direito da Cidade*, [S. l.], v. 1, n. 2, p. 71–131, 2014. Disponível em: https://www.e-publicacoes.uerj.br/rdc/article/view/11251. Acesso em: 13 mar. 2024.
- HOFFMANN, Carlos César. *A Inversão do ônus da prova*. FURB. Pró-Reitoria de Pesquisa em Pós-Graduação, 1998. p. 83-84.
- JUNIOR, Alberto do Amaral. A Invalidade das cláusulas limitativas de responsabilidade nos contratos de transporte aéreo. In: Ajuris: *Revista da Associação dos Juízes do Rio Grande do Sul*. Edição Especial, mar. 1998. p. 445.
- JÚNIOR, Fredie Didier. Recurso de Terceiro: Juízo de Admissibilidade. *Revista dos Tribunais*, 2003.
- JÚNIOR, Fredie Didier. Possibilidade de Sustentação Oral do Amicus Curiae. In: *Revista Dialética de Direito Processual*. v.8, São Paulo: Dialética, 2003.

- JÚNIOR, Humberto Theodoro. *A Reforma do Código de Processo Civil*. 1ª ed., 2ª tiragem, Freitas Bastos, 1995. p. 35/37.

- JÚNIOR, Humberto Theodoro. *Código de processo civil anotado*. Rio de Janeiro: Forense, v. I, 2006.

- JÚNIOR, Humberto Theodoro. *Curso de Direito Processual Civil*. 28ª ed., v. II, Ed. Forense, Rio de Janeiro, 2000.

- JÚNIOR, Humberto Theodoro. *Curso de Direito Processual Civil*, 41ª ed., Editora Forense, 2005, p. 560.

- JÚNIOR, Humberto Theodoro. *Curso de Direito Processual Civil*, 44ª ed. v. I, Forense, 2016.

- JÚNIOR, Humberto Theodoro. *Direitos do Consumidor*. Forense, 2000. p. 143.

- JÚNIOR, Humberto Theodoro. *As Inovações no Código de Processo Civil*. Forense, 1995. p. 13-14.

- JUNIOR, Luiz Antonio Scavone. *Juros no Direito Brasileiro*. 5ª edição. Editora Forense, 2014.

- JUNIOR, Nelson Nery; NERY, Rosa Maria de Andrade. *Código de Processo Civil Comentado*. 7ª ed. Revista dos Tribunais, 2003.

- JUNIOR, Nelson Nery. *Código Brasileiro de Defesa do Consumidor – Comentado pelos autores do Anteprojeto –* Forense Universitária, 5ª ed., 1998. p. 400.

- LACERDA, Galeno. *Comentários ao Código de Processo Civil*. 4ª ed. v. VIII, t. I. Forense, 1980.

- LEAL, Rosemiro Pereira. *Teoria Processual da Decisão Jurídica*. Landy, 2002.

- LEITÃO, José Ribeiro. *Direito processual civil*. Rio de Janeiro: Forense, 1980.

- LIEBMAN, Enrico Túlio. *Estudos Sobre o Processo Civil Brasileiro*. Bestbook, 2001.

- LOBO, Paulo Netto. *Direito Civil. V. 5 - Famílias* -14ª edição 2024, v.5, São Paulo: SaraivaJur, 2020.

- LUFT, Celso Pedro; Fernandes, Francisco; Guimarães, E. Marques. *In: Dicionário Brasileiro Globo*. 32ª edição, São Paulo: Globo, 1993.

- MARIANI, Irineu. *Leasing: Valor Residual, Garantia, Antecipação e Descaracterização*. São Paulo: Revista dos Tribunais: n. 756, p. 78.

- MARINONI, Luiz Guilherme. Estudos de Direito Processual Civil. *Revista dos Tribunais*, 2006.

- MARQUES, Claudia Lima. Contrato no Código de Defesa do Consumidor. 4ª ed. *Revista dos Tribunais*, 2002.

- MARQUES, Claudia Lima. Contratos No Código De Defesa Do Consumidor - O Novo Regime Das Relações Contratuais. São Paulo: *Revista dos Tribunais*, 2019.

- MARQUES, José Frederico. *Ensaios Sobre a Jurisdição Voluntária*. Millennium, 2000.

- MARTINS, Fran. *Contratos e Obrigações Comerciais*. 6ª ed., Editora forense, 1981. p. 545.

- MATO GROSSO DO SUL (Estado). Tribunal de Justiça. Apelação Cível: AC XXXXX20188120021 MS XXXXX-22.2018.8.12.0021 apelação cível - ação de indenização de danos morais e materiais decorrentes de extravio de bagagem – dano moral caracterizado – valor indenizatório a título de dano moral mantido em R$ 10.000,00 – dano material configurado – sentença mantida – recurso improvido. Disponível em: https://scon.stj.jus.br/SCON/.

- MAXIMILIANO, Carlos. *Hermenêutica e Aplicação do Direito*. 9ª ed., Rio de Janeiro: Forense, 1979.

- MELLO, Cleison. Direito Civil – *Introdução e Parte Geral*. Ed. Impetus, 2006.

- MELLO, Celso Antonio Bandeira de. *Curso De Direito Administrativo*. 35ª Ed., São Paulo: Malheiros Editores, 2021.

- MELO, Marco Antonio Bezerra de. *Novo Código Civil Anotado*. Lumen Júris, v. 5., 2004.

- MINAS GERAIS (Estado). Tribunal de Justiça. *Agravo de Instrumento*-Cv: AI XXXXX21238991001 MG. Ementa: agravo de instrumento - obrigação de fazer c/c tutela provisória de urgência - plano de saúde - internação - período de carência - recusa de cobertura - urgência/emergência - tutela de urgência - natureza antecipada. Disponível em: https://scon.stj.jus.br/SCON/

- MIRANDA, Francisco Cavalcanti Pontes de. *Comentários ao Código de Processo Civil* (de 1973), Rio de Janeiro, Forense, 3ª ed., 1995.

- MIRANDA, Francisco Cavalcanti Pontes de. *Comentários ao Código de Processo Civil* (de 1939), Rio de Janeiro, Forense, 2ª ed., 1959.

- MIRANDA, Francisco Cavalcanti Pontes de. Comentários à Constituição de 1967, com a Emenda nº 1, de 1969. t. I, *Revista dos Tribunais*, 1973. p. 110-111.

- MIRANDA, Francisco Cavalcanti Pontes de. *Comentários ao código de processo civil*. 5. ed., atualizada por Sérgio Bermudes. Rio de Janeiro: Forense, 1997, v. 18.

- MIRANDA, Francisco Cavalcanti Pontes de. Comentários ao Código de Processo Civil, t. III, atualização legislativa de Sérgio Bermudes. 3ª ed., Forense. p. 533-534.

- MONTENEGRO. Antonio Lindbergh. *Ressarcimento de Danos*. 1ª ed. Editora Lumen Juris, p. 138.

- MORAIS, Alexandre de. *Direito Constitucional*. 38ª ed., Editora Atlas, 2022.

- MOREIRA, José Carlos Barbosa. *O Novo Processo Civil Brasileiro*. Rio de Janeiro: Forense, 1999.

- MOREIRA, José Carlos Barbosa. A Antecipação da Tutela Jurisdicional na Reforma do Código de Processo Civil. In: *Revista de Processo*, nº 81, Editora Revista dos Tribunais, p. 200.

- MOREIRA, José Carlos Barbosa. *Os Novos Rumos do Processo Civil Brasileiro*. Revista de Processo, nº 78, 1995. p. 134.

- NEGRÃO, Theotonio. *Código de processo civil e legislação processual em vigor*. São Paulo: Saraiva, 2004.

- NETO, Paulo Restiffe; RESTIFFE, Paulo Sérgio. *Garantia Fiduciária*. 3ª ed., Editora Revista dos Tribunais, 2000.

- NEVES, Daniel Amorim Assumpção. *Manual de Direito Processual Civil*. São Paulo: Editora Juspodivm, 2023. p. 350.

- NOGUEIRA, Gustavo Santana. *Curso Básico de Processo Civil – T. I – Teoria Geral do Processo*. Lumen Juris, 2004.

- OLIVEIRA, Francisco Cardozo. *Hermenêutica e Tutela da Posse e da Propriedade*. Forense, 2006.

- OLIVEIRA, José Maria Leoni Lopes de. *Introdução ao Direito Civil*. Rio de Janeiro: Editora Lumen Juris: 2021. p. 272.

- PASSOS, José Joaquim Calmon de. *Comentários ao Código de Processo Civil*. vol. III, Forense, 8ª ed., 2000. p. 238.

- PAULA, Alexandre. *Código de processo civil anotado*. v. 1, São Paulo: Revista dos Tribunais, 1998.

- PEDROTTI, Irineu Antonio. *Responsabilidade Civil*, vol. 2, ed. 1990, São Paulo: Leud, 1995. p. 982.

- PEREIRA, Caio Mário da Silva. *Responsabilidade Civil*. Editora Forense, 2018. p. 315-316.

- PINHO, Rodrigo César Rebello. *Da Organização do Estado, dos Poderes e Histórico das Constituições*. Sinopses Jurídicas, nº 18. Saraiva, 2003.

- PODETTI, Juan Ramiro. *Teoria y Tecnica del Proceso Civil y Trilogia Estructural de la Ciencia del Proceso Civil*. Buenos Aires: Ediar, 1963.

- QUEIROGA, Antônio Elias de. *Responsabilidade Civil e o Novo Código Civil*. 2ª ed., Renovar, 2003.

- REIS, Clayton. *Dano Moral*. 6ª edição. São Paulo: Revista dos Tribunais, 2020.

- RIBEIRO, Eduardo. *Aspectos Polêmicos e Atuais dos Recursos Cíveis de Acordo com a Lei nº 9.756/98.* (artigo intitulado Prequestionamento) 1ª ed., 2ª tiragem, Editora Revista dos Tribunais, 1999. p. 252.

- RIO DE JANEIRO (Estado). Conselho Estadual de Educação do Estado do Rio de Janeiro. CEE nº 1.021/2002.

- RIO DE JANEIRO (Estado). Tribunal de Justiça. CODJERJ. Art. 94, § 3º, inciso VII. Disponível em: https://www.tjrj.jus.br/documents/10136/18186/codjerj.pdf. Acesso em: 14 mar. 2024.

- RODRIGUES, Silvio. *Direito Civil*, vol. III, Saraiva, 18ª ed., 1989, p. 249.

- RUGGIERO, Roberto de. *Instituições de Direito Civil, tradução da 6ª edição com notas do Dr. Ary dos Santos.* São Paulo: Ed. Saraiva, 1937.

- SÃO PAULO (Estado). Tribunal de Justiça. TJ-SP XXXXX20168260132 SP XXXXX-31.2016.8.26.0132 AÇÃO INDENIZATÓRIA. DANOS MATERIAIS E MORAIS. EXTRAVIO DE BAGAGEM. Disponível em: https://scon.stj.jus.br/SCON/.

- SAVATIER, René. *Traité de la Responsabilité Civile*, v. II, nº 459.

- SANTOS, Moacyr Amaral. *Primeiras Linhas de Direito Processual Civil.* 13ª ed., v. 1, São Paulo: Saraiva, 1987.

- SILVA, Orozimbo Nonato da; AZEVEDO, Philadelpho; GUIMARÃES, Hahnemann. *Anteprojeto de Código de Obrigações: parte geral.* Rio de Janeiro: Imprensa Nacional, 1941.

- SILVA, Ovídio Baptista; GOMES, F. L. *Teoria Geral do Processo Civil.* Revista dos Tribunais, 1997.

- SILVA, Wilson Melo da. *O Dano Moral e sua Reparação*, 2ª ed., Editora Forense, 1999. p. 365.

- SOUZA, Gelson Amaro de. *Do valor da causa.* São Paulo: Sugestões Literárias, 1987.

- STOCO, Rui. *Responsabilidade Civil e sua Interpretação Jurisprudencial.* Editora Revista dos Tribunais, 1994.

- TEIXEIRA, Sálvio de Figueiredo (coord.). *Recursos no Superior Tribunal de Justiça.* Ed. Saraiva, 1991. p. 183.

- TUCCI, José Rogério Cruz e. *Lineamentos da Nova Reforma do CPC.* 2ª ed. Revista dos Tribunais, 2002.

- VENOSA, Sílvio de Salvo. *Direito Civil.* v. IV, 5ª edição, Jurídico Atlas, 2005. p. 49.

- VENOSA, Sílvio de Salvo. *Direito Civil.* v. VI, Jurídico Atlas, 2003. p. 371/372.

- WALD, Arnold. *Curso de Direito Civil Brasileiro.* v. II, Editora Revista dos Tribunais, 1992, p. 121.

- WAMBIER, Luiz Rodrigues. TALAMINI, Eduardo. *Curso Avançado de Processo Civil.* 6ª ed., v. I. Revista dos Tribunais, 2004.

- WAMBIER, Alvim; Arruda, Teresa. *Aspectos Polêmicos e Atuais dos Recursos Cíveis de Acordo com a Lei nº 9.756/98.* 1ª ed., 2ª tiragem, Editora Revista dos Tribunais, 1999, artigo intitulado Prequestionamento, p. 252.

- WHITAKER, Fernando. *Instituições Financeiras e Mercado de capitais – Jurisprudência.* v. I – Nelson Eizirik. Editora Renovar. p. 748/749.

- ZAVASCKI, Teori Albino. *Processo Coletivo: Tutela de Direitos Coletivos e Tutela Coletiva de Direito.* São Paulo: Revista dos Tribunais, 2017.